中国文字研究

教育部人文社会科学重点研究基地
华东师范大学中国文字研究与应用中心　主办
华东师范大学语言文字工作委员会

臧克和　主编

第三十四辑

华东师范大学出版社
·上海·

THE STUDY OF CHINESE CHARACTERS

Vol.34

Chief Editor

Zang Kehe

Organized by

Center for the Study and Application of
Chinese Characters at East China Normal University
(Key Research Institute in University Authorized by
the Ministry of Education of
People's Republic of China)
East China Normal University Language Work Committee

EAST CHINA NORMAL UNIVERSITY PRESS
· SHANG HAI ·

编委会委员

目　录

Contents

[古文字研究]

殷墟卜辞"唯"字的一种特殊用法

姚　萱

【摘　要】殷墟甲骨文早期就已出现的"唯"字,在卜辞中除作虚词外,还有一种很少被注意到的特殊用法。其字旧多误释作"鸣",正确释为"唯"者,亦多以为系一般虚词用法。这类用法的"唯"字意义与"咎"相近,可能与《诗经》中的"摧"字有关。

【关键词】甲骨卜辞;"唯"字;"鸣"字;"摧"

【作者简介】姚萱,女,复旦大学国际文化交流学院副教授,研究方向为古文字学、对外汉语汉字教学。(上海　200433)

一

古汉语常见的虚词"{唯}",在先秦古文字中绝大多数时候是用"隹"字表示的。不过,添加意符"口"旁的"唯"字本身,也很早就出现了。一开始就已被注意到的,是殷墟晚期黄组卜辞中已数见者。例如:

(1) 弜(勿)改(改),其唯小臣临令,王弗每(悔)。　　　　　　　　　　　《合集》36418

又见于《合集》36423、37387、38729 和《辑佚》816 等,辞例皆为"其唯……"。《甲骨文字诂林》"唯"字下姚孝遂先生"按语"谓:

晚期卜辞有从"口"之"唯"字,专用为语词,"唯"与"隹"已开始分化。罗振玉以隹与唯"同为一字",卜辞早期则然,晚期则否。①

这是流行最广的一般看法,如研究者或谓"从隹,追加口旁"的"唯"字"仅见于无名组和黄组卜辞"云云②,但其实是不够全面准确的。早期圆体类子卜辞中的如下一版,即已有加了"口"旁但写在下方、全字作"售"形的"唯"字,与作"隹"形者同见:

(2A) 戊申,贞:亡㞢(咎)。

(2B) 戊申:又(有)㞢(咎)。

(2C) 己酉:丁匕(妣)㞢(咎)。

(2D) 辛亥:丁子售(唯)㞢(咎)。

(2E) 辛亥:丁匕(妣)隹(唯)㞢(咎)。

(2F) 辛亥:己匕(妣)售(唯)㞢(咎)。

(2G) 辛亥:庚匕(妣)售(唯)㞢(咎)。

《合集》21839 左(《乙编》1850)+《合集》21878+《合集》21952+《乙补》684③

黄天树先生指出:

上引卜辞中除了第三条[按即上引(2E)]借用同音词"隹"为虚词"唯"外,其余各条都已加注

---

①　于省吾主编:《甲骨文字诂林》,中华书局,1996 年,第二册第 1740 页。

②　赵伟:《殷墟甲骨语词汇释》,博士学位论文,河南大学,2018 年,第 538—539 页。

③　有关缀合情况参看宋雅萍:《背甲新缀十二例》之第十一例,《台大中文学报》第 36 期,台湾大学中国文学系,2012 年,第 26—28 页。

形符"口"写成"唯"。加注形符"口"的虚词"唯"字,在第一期卜辞中就已经产生了。①

"售"原作近于析书之形,故常被误释作"隹口"两字。②

此外,"售(唯)"字还见于《合集》26845(后下 30.8)何组卜辞"贞:售(唯)☑",其形作。西周甲骨、金文亦有用"唯"字表"{唯}"者,可见"唯"字很早就造出、一直在使用,只是长期未通行开。

二

除了作虚词的一般用法,有如下两版无名组卜辞的"唯"字,研究者或说为有实在意义。

(3A)庚午卜:☑大晶(星)☑☑

(3B)非唯。   《合集》29696(《安明》1934)

(4A)其公令局。

(4B)弜(勿)唯。   《怀特》1465(《合补》10383)

许进雄先生释(3B)之"唯"字为"鸣",考释谓:

非鸣之辞亦见粹编 1256[按见后引(14A)《合集》31677]、戬寿 42.10[按见后引(6B)《合集》31287]、南明 576(明续 2219)[按见后引(7B)《合集》27251],不详何义,但必与上卜之大星有关。非鸣是与祭祀有关之事,可能打鼓鸣锣以驱除怪异大星之出现。③

按其说建立在错误的释字基础上(所举所谓"非鸣"诸辞亦皆系"非唯"),自不可信。不过,(3A)(3B)两条卜辞确实也可能是有联系的,参见后文。

单育辰先生谓:

虽然在典籍中"唯"常用为虚词,然而(10)[按即上引(3B)](11)[按即上引(4B)])的"唯"应具有实际意思,但意义难以确知。④

按卜辞命辞仅言"否定副词+唯",确实是较为少见特别的,这大概就是其说的主要理由。但其实,命辞仅作"否定副词+隹"之例本多有之,"隹"应系表虚词"唯"并无问题,详见后文。因此,此说仍然缺乏切实根据。

其实,真正有实际意思、亦即我们所谓"特殊用法"的"唯"字,卜辞中确实是存在的。首先最可肯定者,是如下一版何组卜辞:

(5A)己亥[卜,☑],贞:王☑寤,又(有)囚(忧),丝(兹)隹(唯)且(祖)辛唯。

(5B)☑王受又₌(有祐)。   《合集》27253(《合补》10391 重出)

略检各种工具书和论著,"唯"字多被误释作"鸣"。如《甲骨文编》(第 189 页)《甲骨文合集释文》《甲骨文合集补编》释文《甲骨文校释总集》,等等。但如《殷墟卜辞综类》《殷墟甲骨刻辞摹释总集》《殷墟甲骨文摹释全编》等,则亦已正确释作"唯"。我们看其形及同版"隹"形对比如下:

---

① 黄天树:《殷墟甲骨文"有声字"的构造》,收入《黄天树古文字论集》,学苑出版社,2006 年,第 289 页。又此类"售"形岛邦男《殷虚卜辞综类》已作为"唯"字别体收录(单立字头,下注"唯")。

② 除旧有各种释文等外,近年出版的几种文字编或仍沿其误。如《甲骨文字编》(李宗焜编著,中华书局,2012 年)第 231 页"口"字下收《合集》21878 三形,第 621 页"隹"字下收《合集》21878 四形;《新甲骨文编(增订本)》(刘钊主编,福建人民出版社,2014 年)第 54 页"口"字下收《合集》21878 一形;《殷墟甲骨文编》(韩江苏、石福金著,中国社会科学出版社,2017 年)"隹"字下收《合集》21878 一形(组别误为"午组")。

③ 许进雄:《明义士收藏甲骨·释文篇》,加拿大皇家安大略博物馆,1977 年,第 148 页;收入宋镇豪、段志洪主编:《甲骨文献集成》,四川大学出版社,2001 年,第 5 册第 157 页。

④ 单育辰:《甲骨文"隹"及"鸟"字形研究》,《出土文献研究》第十七辑,中西书局,2018 年,第 3 页;又单育辰:《甲骨文所见动物研究》,上海古籍出版社,2020 年,第 273 页。

释"唯"是显而易见完全没有问题的。

本文涉及的诸"唯"字,也往往被各种工具书及论著误释为"鸣",所以先在此集中略作辨析。其形如下(皆属无名组):

《合集》27251　　《怀特》1465　　《合集》31731　　《合集》29696

《美藏》491(《斯德哥尔摩》附12)　　《合集》31288　　《合集》31677　　《屯南》773

末一形《屯南》释文原释"隹",刘风华博士指出,"左侧所从的口旁漫漶,不过基本可以辨认",此可从;但她仍误释为"鸣",并举《合集》27251、31287(见后)、29696所谓"非鸣"为证。①

我们知道,甲骨文"鸣"字绝大多数形作有冠的鸟类(罗振玉《殷虚书契考释》说为"鸡"形,研究者多从之)张口鸣叫之形、再加口旁,如《合集》4722　、《合集》17366反　,等等。也有作与"隹"形近者,其字遂与"唯"易混。②诸家之误释,亦可谓事出有因。如下所举"鸣"字诸形:

《合集》4724　　、《合集》4725　　《合集》10514

近年有研究者主张上举此类形应释为"鸣"③,是否合于事实尚待研究。但总之与"唯"不可混为一谈。

开头所述黄组卜辞用作虚词之一般的"唯"字,其形如下所举:

《合集》38729(录660)　　《合集》36423(前5.39.8)　　《合集》36418(前4.47.2)

前举无名组诸"唯"字与此对比,可以说看不出什么真正的区别。

此外,后引《合集》31287(戬42.10、续6.20.8、《上博》17647.446)"非唯"之"唯"字,还应该略作特别讨论。此字自王国维《戬寿堂所藏殷虚文字考释》即误释作"鸣",被一直沿袭下来。各种工具书,如《甲骨文编》(第189页)《甲骨文合集释文》《殷墟甲骨刻辞摹释总集》汉达文库释文《殷墟甲骨文摹释全编》《甲骨文校释总集》《上博》释文等,皆作"鸣"。我们看如下有关诸形:

《合集》31287　　《上博》17647.446　　《戬》42.10

《甲骨文编》第189页摹本　　《甲骨文字编》第651页摹本

《新甲骨文编(增订本)》第56页翻转处理本　　《殷墟甲骨文编》第518页摹本

其"隹"形头部左方略有漶痕,遂似"张大之口形",造成与"鸣"之纠葛。上举第一行最末之形系据我们的理解,将拓本翻转后加以处理者。上所举《甲骨文字编》《新甲骨文编(增订本)》皆已正确收在"唯"字下,但对字形的处理仍嫌不够准确;《殷墟甲骨文编》则摹形较确,但又将其与前举《合集》27251等那类字形皆收在"鸣"字下(又所归组别作"何组""历组"亦多误),仍非是。

①　刘风华:《小屯南地甲骨残字补释廿例》,《纪念徐中舒先生诞辰110周年国际学术研讨会论文集》,巴蜀书社,2010年,第76页。

②　《甲骨文字诂林》第二册第1740页"唯"字下姚孝遂先生"按语"已指出:"卜辞'鸣'字所从之'鸟'均张其喙,无一例外,与'唯'字有明显区分。"

③　张惟捷:《从西周金文看商代卜辞中的"乌"与"鸣"字》,《"鼎甲"杯甲骨文字有奖辨识大赛论文集》,中州古籍出版社,2015年,第72—83页。

三

前引(5)即《合集》27253,经刘影博士缀合如下(6)关键一版之后,联系起了更多卜辞:

(6A) 己亥卜,[贞:王□寤,又(有)囚(忧),丝(兹)隹(唯)且(祖)辛唯]。

(6B) 非唯。

(6C) 其又(侑)且(祖)辛,王受又(佑)。吉。用。

(6D) 弜(勿)又(侑)。　　　　　　　　　　　　　《合补》9710+《合集》31287①

(7A) 己亥[卜,贞:王□寤,又(有)囚(忧),丝(兹)隹(唯)且(祖)辛唯]。

(7B) 非唯。

(7C) 其又且(祖)辛,王受又(佑)。丝(兹)用。牢又[牛]。　　　　　　《合集》27251

刘影指出,"本组缀合的重要之处是据缀合后的卜辞可以系联《合集》27251、《合集》27253两版",并谓:

> 本组缀合与《合集》27251均为无名类骨条卜辞,且二者为同对卜辞。这组同对卜骨下端均只余前辞"己亥(己亥卜)",不知卜辞要卜问的中心内容,但二者与龟腹甲卜辞《合集》27253又是龟骨同文的关系,据此,可推知同对卜骨下端卜辞为:"己亥[卜],□贞:王[梦]寤,又(有)[囚],兹隹祖辛鸣。"②

按其拟补"梦"字或不可据,"鸣"字则应作"唯",且无名组卜辞不著贞人;为直观起见,上引(6A)(7A)两辞即已据此直接拟补出。

卜辞中的"寤"字,王子杨先生有专文详加考释。③ 他指出,"寤"字用法与"梦"甚为相近,卜辞或就"寤"是否有"害"(《合补》452+《合集》17333;《合集》17467同文),是否"孽"(《合集》5080+《合集》17331+《合集》9572+《合集》16399+《合集》17464+《合集》9583)等贞卜,与不少"梦"字辞例相同;"寤"字之义,王子杨先生解释谓:"据《说文》及古书训诂,'寤'大概是人处于半睡半醒状态,兼有呓语,也就是说梦话,是一种浅度睡眠状态下有所梦的行为。"亦可从。我们看与"梦"有关的如下卜辞:

(8A) 乙未卜:梦,匕(妣)丁㞢(咎)。

(8B) 不㞢(咎)。　　　　　　《合集》21666+21667+21705(《甲骨缀合汇编》810)[子组]

(9) 癸酉卜:王梦豕,隹(唯)示求(咎)。　　　　　　　《合集》21380[师小字]

由此可以推知,前引(5A)"王□寤,有忧,兹隹(唯)祖辛唯",最末的"唯"字,其意义应与"咎"相近,至少应该是属于同一类。上引(6B)(7B)两条"非唯"之"唯",研究者大概都是将其理解作一般虚词的。三版卜辞系联起来以后才知道,此"非唯"应系对"祖辛唯"之"唯"的否定。其字正作"唯"而非普通之"隹",与(5A)"唯"字相合。卜辞"非"多与"隹(唯)"对言,见于同辞者如"非亏,隹(唯)疾"(《合集》13845)、"叀(非)囚(忧),隹(唯)若"(《合集》33698)等;见于对贞之辞者如《合集》33694:"癸酉贞:日夕又(有)食,隹(唯)若。〇癸酉贞:日夕又(有)食,叀(非)若。"④"非唯"与"隹祖辛唯"对比,应该理解作,"非"同样系与"隹"相对,两"唯"字则表同词。有关贞卜的逻辑应理解作,商王因"寤"而"有忧",关

---

① 刘影:《甲骨新缀第156组》,中国社会科学院历史研究所先秦史研究室网站2013年5月18日(http://www.xianqin.org/blog/archives/2966.html),其释文"唯"字作"鸣";收入黄天树主编:《甲骨拼合四集》第850则,学苑出版社,2016年,第42—43页图版,第254—255页"说明与考释",其释文"唯"字作"鸣"。

② 刘影:《甲骨文中的残字整理》,宋镇豪主编:《甲骨文与殷商史》新五辑,上海古籍出版社,2015年,第211—212页。

③ 王子杨:《释甲骨文中的"寤"》,《中国文字》新三十八期,台北艺文印书馆,2012年,第152页;又见中国社会科学院历史研究所先秦史研究室网站2010年12月30日(http://www.xianqin.org/blog/archives/2238.html),下引卜辞有关缀合情况亦参见此文。

④ 参看张玉金:《甲骨文虚词词典》,中华书局,1994年,第79—80页"非"下,第211—212页"唯"下。

注是否系"属于祖辛的'唯'"或"由祖辛带来/造成/导致的'唯'",还是"并非'唯'"(自然也就谈不上是否与祖辛有关);大概贞卜的结果是肯定的,故再就是否"侑祖辛"即祭祀作祟者以除咎灾而进一步贞卜。总之,此所论三个"唯"字之义,应该与"咎"相类。

循此推论以求其词,我们曾考虑"唯"读为"罪"或"祟",但终觉难以说服自己相信。由于材料有限,如果优先在同一声符之字中寻找考虑其词,大概是比较能保证其必然性的。由此容易想到,《诗经》中也与祖先有关的"先祖于摧"之"摧"字。

《诗经·大雅·云汉》第三章谓:

> 旱既大甚,则不可推。兢兢业业,如霆如雷。周余黎民,靡有孑遗。昊天上帝,则不我遗。**胡不相畏?先祖于摧**。

或说"胡不相畏"的主语为"先祖"[1],谓"先祖怎么不相与畏惧呢"云云[2],不合于《诗经》中他例,应非是。例如,《小雅·何人斯》:"彼何人斯?胡逝我陈?我闻其声,不见其身。不愧于人,不畏于天。"《小雅·雨无正》:"凡百君子,各敬尔身。胡不相畏?不畏于天!""畏"的主语均为当时人而非所谓"先祖"。"先祖于摧"即"摧于先祖",亦就当时人而言。《诗经》中较为相类之例如,《大雅·崧高》"申伯还南,谢于诚归",即"诚归于谢"。二者虽有动词与介词宾语意义关系的不同,但皆为名词作介词宾语而倒置于介词"于"之前的结构。

此诗"摧"字的理解异说很多,不必赘举。我们认为,下引清代马瑞辰之说,是最为合理的:

> "先祖于摧",《传》:"摧,至也。"《笺》:"摧当作嗺。嗺,嗟也。……(按此处省去之文为'天将遂旱,饿杀我与?先祖何不助我恐惧,使天雨也?')先祖之神于嗟乎!告困之辞。"瑞辰按:曾钊曰:"《说文》:'摧,挤也。'《春秋》昭十三年《左传》云'知挤于沟壑矣',杜注:'挤,队也。''队',今之'坠'字,则'摧'亦'坠'也。《召诰》'坠厥命'与《诗》同义,言先祖之业将坠也。《传》训为'至'者,'至'义亦与'坠'近。《说文》:'至,鸟飞从高下至地也。'"今按:曾说申毛甚析,然必申言"先祖之业将坠",其义始明。若言"先祖于坠",则不词矣。**窃谓"摧"与"譕"通。《邶风》"室人交遍摧我",《笺》:"摧者,刺讥之言。"韩诗作"譕",云:"譕,就也。""就"当为"誢"字形近之讹。以下章"谪我"类之,"摧"亦"谪"耳。**《广雅·释诂》:"摧,折也。"义亦相近。**"先祖于摧"亦当读"譕",谓先祖方见谪罚也。**《传》训"摧"为"至",《笺》读"于"为"吁",读"摧"为"嗺嗟",并失之。[3]

此说非常合于《诗》意。《云汉》第二章谓:"后稷不克,上帝不临。耗斁下土,宁丁我躬?"第四章谓:"群公先正,则不我助。父母先祖,胡宁忍予?"第五章谓:"群公先正,则不我闻。昊天上帝,宁俾我遁?"第六章谓:"昊天上帝,则不我虞。敬恭明神,宜无悔怒!"皆无不体现出自认为得罪于上天先人,对上天不照顾、先人作祟的怨责愤懑之情。《小雅》中同类的诗句,如《四月》:"先祖匪人,胡宁忍予!"《小弁》"何辜于天?我罪伊何?"可相印证。

上引《邶风·北门》:"我入自外,室人交遍摧我。"其异文"譕"字《廣韻·脂韻》音"以佳切",与"唯"同在"惟"小韵,二者完全同音。"譕"字跟上第二章"室人交遍谪我"之"谪"一样,皆强调"以言语""谴责"。同时,"谪"字也常用为一般的"谪罚""过谪"等义,其例甚多。如《国语·周语中》"王孙满观师"章谓"秦师必有谪",韦昭注:"谪,犹咎也。"与此所论更为相合的一点,则是"谪"亦多见用于日月异常等自然天象对人间、人主所显示的"谪罚",其字古书亦作"適、謫"。例如:

> 《左传·昭公七年》:"国无政,不用善,则自取谪于日月之灾,故政不可不慎也。"杜预注:"谪,谴也。"《汉书·五行志下》"谪"作"適"。

---

① 如胡承珙撰,郭全芝校点:《毛诗后笺》,黄山书社,1999年,第1428页。
② 程俊英、蒋见元:《诗经注析》,中华书局,1991年,第884页。
③ 马瑞辰撰,陈金生点校:《毛诗传笺通释》,中华书局,1989年,第980—981页。

《左传·昭公三十一年》:"十二月辛亥朔,日有食之。……庚午之日,日始有谪。"孔颖达《正义》:"谪,谴责也。"

《礼记·昏义》:"是故男教不修,阳事不得,适(谪)见于天,日为之食。妇顺不修,阴事不得,适(谪)见于天,月为之食。"郑玄注:"适之言责也。"

《后汉书·郑兴传》:《春秋》以天反时为灾,地反物为妖,人反德为乱,乱则妖灾生。……往年以来,谪咎连见,意者执事颇有阙焉。

与先祖之"摧/誰"一样,皆应理解作系一般的"谪罚"而不必强调"言语"。二者相联系印证,将卜辞说为"唯祖辛摧",还是颇可成立的。前举(3)《合集》29696 时已经提到,其上两条卜辞可能有联系,(3A)所言"大星如何如何",最可能也是某种异常天象,则(3B)的"非唯"亦系就其是否为"摧/誰"而贞,与上举诸文更可合观印证。

四

卜辞其他"唯"字,有两例系见于残辞者,即《合集》31288"唯日桒(禱)○▢小桒(禱)▢○",和《合集》31731"▢唯,受又(佑)。○大吉"。前者大概可以确定同样系表{唯},后者则尚难断定。其余的,则皆系命辞仅作"非唯"者。我们知道,卜辞多见的命辞仅作"非佳"者,系其后有省略。如下所举诸辞对比,可以观察得很清楚:

(10A) 辛亥[卜]:商老佳(唯)若。

(10B) 叀(非)佳(唯)若。　　　　　　　　　　　　　　　　《村中南》356[历二类]

(11A) 允佳(唯)蔑(焚)。

(11B) 非佳(唯)蔑(焚)。　　　　　　　　　　　　　　　　《合集》34479[历二类]

(12A) 佳(唯)之疾子旬(腹)。

(12B) 非佳(唯)。　　　　　　　　　　　　　　　　　　　　《花东》241

其余命辞只说"叀/非佳(唯)"者,还见于《合集》26808、26809(皆无名组)等。张玉金先生引《合集》26808 谓"此例的'非唯'后省说了某些成分"[1],正确可从。

据此,缺乏辞例对比的那些"非唯","唯"字就有可能还是跟"佳"一样是表虚词{唯}的。如《屯南》773:"叀(惠)母▢○非唯。"此"唯"字与"惠"对举,无名组《合集》31934:"己丑卜:叀(惠)▢○非佳(唯)。"二者相类,"唯"字最可能仍系一般虚词。还有如下两版:

(13A) 非唯。

(13B) 其殻自盂,征(延)大启。

(13C) 弜(勿)殻,其雨。

(13D) 其殻,亡大雨,征(延)启。

(13E) ▢大雨。　　　　　　　　　　　　　　　　《美藏》491(《斯德哥尔摩》附12)

(14A) 非唯。

(14B) ▢其用三卜。　　　　　　　　　　　　　　　　　　　《合集》31677

由于同版其他卜辞皆看不出与"非唯"有何联系,也缺乏他版卜辞的系联对比,此两例"唯"字的用法尚难断定。尤其是(14A),如考虑到如下卜辞:

(15) 乙卜,贞:二卜又(有)求(咎),佳(唯)见,今又(有)心戚,亡囚(忧)。　　《花东》102

则其中"唯"与"咎"相近、仍应系就某卜是否为"摧"而言的可能性,还是难以完全排除的。

① 张玉金:《甲骨文虚词词典》,第212页。

"弜(勿)唯"仅前举(4B)一例。我们知道,"弜(勿)隹(唯)……"于宾组卜辞等中极为常见,何组与无名组卜辞中仅言"弜(勿)隹(唯)"者,同样可以断定系其后有省略。例如:

(16A) 癸亥卜,賈,贞：翼(翌)史亚又□,叀(惠)用。

(16B) 弜(勿)隹(唯)。　　　　　　　　　　　　　　　　《合集》27932[何组]

(17A) 桒(祷)年上甲、示壬,叀(惠)丝(兹)祝用。

(17B) 弜(勿)隹(唯)。丝(兹)用。吉。①　　　　　　　　　《屯南》2666[无名组]

皆系"弜(勿)隹(唯)"与"惠"相对,其后省略内容的主要动词为"用"。

命辞仅作"弜(勿)隹(唯)"者还见于《合集》31936 何组(仅此一辞)、27133 无名组(亦与"惠"对言)。我们知道,"勿、弜、弔"类否定词系对说话人主动发出、可以控制的动作的否定,本文所论与"咎"相近的"唯"字特殊词义,与此不合。因此可以断定,前引(4B)"弜(勿)唯"之"唯"字,仍应系与"隹(唯)"同表肯定判断的虚词,而非所谓"具有实际意思"者。

A Special Usage of the Character "Wei(唯)" in Oracle Inscriptions of Yin Ruins

Yao Xuan

(International Cultural Exchange School，FuDan University，ShangHai 200433，China)

Abstract：The character "wei(唯)", which appeared in the early oracle bone inscriptions of Yin Ruins, is often used as a function word in oracle inscriptions. In addition to this usage, it has a special usage which is seldom noticed. The "唯" of this special usage used to be misinterpreted as "鸣". Some scholars have correctly interpreted it as "唯", but they still think that it is a general function word. The meaning of the "唯" of this special usage is similar to that of "咎", it may be related to the character "摧" in the Book of Songs.

Key words：oracle bone inscriptions；the character "wei(唯)"；the character "ming(鸣)"；"cui(摧)" in the Book of Songs

① "弜隹"与"丝用"原作两列各两字排列,"丝(兹)用"应理解作用辞为好。《屯南》释文、《甲骨文校释总集》、汉达文库释文等皆连读为命辞,恐不确。

甲骨文"𩾔"字考释

袁伦强

【摘　要】本文考释了甲骨文中的一个疑难字,把"𩾔"分析为从虎从吕,进而与"𢀛吕"相认同,释为加注虎声的"吕"字。

【关键词】甲骨文;𩾔;吕

【作者简介】袁伦强,首都师范大学文学院、甲骨文研究中心博士生,研究方向为古文字学。(北京100048)

金文中常见一个写作"𢀛"的字,或独体使用或用作偏旁,已经有不少学者认为是"金"字。[①] 刘传宾先生曾在复旦大学出土文献与古文字研究中心网站上发表过一篇题为《说"金"字的一种特殊形体》的文章,认为此字是"金"字的一种特殊形体,为"金"字的象形,象两个金属块,是"金"的最初写法。[②] 陈剑先生在此文评论区中指出,"'𢀛'就是'吕'字,同时又是'𡆻'字",是"证据确凿、无可怀疑的问题",并从字形演变、字音、字形解释等方面进行论证和分析,确实可谓"证据确凿"。说此字即"吕"字,在甲骨文中也可以得到很直接的支持。

《屯南》3726 从字体分类来看,应该属于历二类。这片甲骨上残存如下两条卜辞:

(1a) 丙寅,贞:惠 A、启、兀由(堪)王[事]。

(1b) 丙寅,贞:惠 A 二□。(《屯南》3726,历二)

第二辞后半段的字残泐不清,具体内容还很难明确,第一辞完整,但各家释文略有差异,对卜辞的理解也所不同。第一辞中所释"由"字拓本作 𦮈,学者一般都未释,或释为"舌"[③],彭裕商先生释为"叶"[④]。现在我们知道,据陈剑先生考释,旧释"叶"之字当改释为"由"[⑤]。此字中竖上的短斜笔当是从 𡴎(《合集》5488)类写法的"由"竖笔上的小点变来。从辞例来看,释"由"亦可信,"由王事"为卜辞习语,"事"字虽残但仍可见上部笔画。如此释读卜辞是将"A、启、兀"看作三个并列的人名,"启、兀"皆有作人名的用例("启"作人名见《合集》10514,"兀"作人名见《合集》19642 正),所以此处将其都看作人名也是合理的,卜辞是就"A、启、兀"能否胜任王事进行的占卜记录。

上揭卜辞中的"A"还是个未释的疑难字,其原篆写作:

A.

这两个字形略有差异,前者身上多出的一斜笔也可能并不是笔画。整理者的释文将字形摹写为

---

① 参李学勤:《论荣仲方鼎有关的几个问题》,《黄河文明与可持续发展》2008 年第 1 期;严志斌:《"彭尊"研究》,《殷墟与商文化——殷墟科学发掘 80 周年纪念文集》,科学出版社,2011 年,第 490 页;董莲池:《从金文匀、钧的构形说"𢀛"为金之初文》,《古文字研究》第二十九辑,中华书局,2012 年。

② 刘传宾:《说"金"字的一种特殊形体》,复旦大学出土文献与古文字研究中心网站 2010 年 12 月 1 日(http://www.gwz.fudan.edu.cn/Web/Show/1318)。此文正式发表在《中国国家博物馆馆刊》2014 年第 9 期。

③ 姚孝遂主编:《殷墟甲骨刻辞摹释总集》,中华书局,1988 年,第 1034 页。

④ 彭裕商:《也论历组卜辞的时代》,《四川大学学报(哲学社会科学版)》1983 年第 1 期;收入氏著《述古集》,巴蜀社社,2016 年。

⑤ 陈剑:《释"𡴎"》,《出土文献与古文字研究》第三辑,复旦大学出版社,2010 年,第 1—89 页。

，谓"字从虎，下有二点，可能是虎之异构，也可能是另一个字，在此辞中是人名"。① 此字尚无确释，仅《甲骨文校释总集》将其释为"彪"②，学者大都将其视为未识字③，按部编排的甲骨文字编类工具书一般都收在虎部④。从字形来看，释"彪"并不可信，但学者将字形的主体看作"虎"则可从，与𧆜（《合集》37368）、(橹，《合集》20397)中"虎"旁的写法很接近。如此形体的字，目前所见甲骨文中仅此两例，卜辞中又用作人名，确识此字存在一定的难度。但是通过对字形的分析，可以联系到甲骨文中的其他形体，寻找到考释线索。

此形在"虎"的尾部有意安排两个点画，这在文字构形中显然是起作用的，不能看作无意义的羡符。我们认为，这两个点画就是前文所述金文中常见写作"𠯑"形的"吕"字，只是此处的"吕"写得不如金文规整，这是甲骨文作为当时的一种俗体的表现。金文中用作偏旁的"吕"有时也写得倾斜，如"金"写作𨤾（《集成》3948），所从"吕"旁就与"A"所从如出一辙。所以，"A"很可能是一个从虎从吕的字。

甲骨文另有一字写作：

B. 𧆜 𧆜《合集》4961(《前编》6.54.5)

此字旧皆不释，蒋玉斌先生在《说殷卜辞中关于"同吕"的两条冶铸史料》中对字形有非常细致的分析：

> 细辨左旁，实应为虎头曲身形。《合》所用拓本大概拓得较实，字形中尾稍与躯干略有黏连（《山东省博物馆珍藏甲骨墨拓集》0974略同）。不过在旧著录《殷虚书契前编》6.54.5中该字作𧆜，尚可看出尾稍与躯干间的空隙。据此，该字左旁似可摹作𧆜。⑤

又通过字形的比较，指出"𧆜"即"虎"之简化写法，"具体来说就是将虎的躯干、尾部写成一条曲线，而略去了对虎足的描摹"，"B"即可隶定为"𧆜"。

我们认为，蒋先生对"B"字的分析可信。就字形而言，前揭"A"与此"B"应该是一字之异体，所从两个偏旁之间的形体差异都是繁简关系。"虎"旁的变化，蒋先生已有论述。"吕"旁是勾廓与线条化的区别，陈剑先生在前引刘传宾先生文下评论说：

> 众所周知，填实与钩廓无别系古文字通例；具体到"𠯑"与"吕"字，注10已经提到"甲骨文中有𠯑字"、"所从吕形可能是𠯑字的勾勒"……甲骨文之𠯑又见于近年所出荣仲方鼎（《文物》2005年第9期），云"子易白金𠯑"，确凿无疑地系"钧"之本字，与金文"𠯑"一类字形系声符繁简之不同，正与甲骨文用为"旬"之字有从"目"与不从"目"繁简之不同相应。"𠯑"形有两路简化的方式，一是钩廓，变为"吕"又分化出"予"；一是线条化，变为两短横、两点若"点、提"，见于"勾/匀"及诸从"勹"之字。早期与"勾"有关之字正好两路写法都有。

在甲骨文书写系统中"□"形与"一"形相通的例子很多，如"天"可作𧆜（《合集》17985）、𧆜（《合集》22093），"奠"可作𧆜（《合集》18554）、𧆜（《合集》41866）、𧆜（《合集》2953正）、𧆜（《合集》11987反）为一字异体。故从字形来看，"A"与"B"完全可以认同。

---

① 中国社会科学院考古研究所编：《小屯南地甲骨》下册第一分册，中华书局，1983年，第1102页。

② 曹锦炎、沈建华：《甲骨文校释总集》，上海辞书出版社，2006年，第6394页。

③ 姚孝遂、肖丁：《小屯南地甲骨考释》，中华书局，1985年，第346页；姚孝遂主编：《殷墟甲骨刻辞摹释总集》，中华书局，1988年，第1034页；陈年福：《殷墟甲骨文摹释全编》，线装书局，2010年，第5154页。

④ 参李宗焜：《甲骨文字编》，中华书局，2012年，第602页；刘钊主编：《新甲骨文编（增订本）》，福建人民出版社，2014年，第971页；韩江苏、石福金：《殷墟甲骨文编》，中国社会科学出版社，2017年，第477页；陈年福：《甲骨文字新编》，线装书局，2017年，第194页。

⑤ 蒋玉斌：《说殷卜辞中关于"同吕"的两条冶铸史料》，《吉林大学古籍研究所建所三十周年纪念论文集》，上海古籍出版社，2014年，第4页。本文所引蒋先生观点，皆出自此文，此后不再一一出注。

从用法上来看,"A"用作人名。"B"所在的卜辞为:

(2) 丙申卜,宾贞:B 其同。(《合集》4961,典宾)

蒋玉斌先生认为"B"是加注"虎"声的"吕"字,其辞"'䚦(吕)其同(铜)'是问铜料块要熔合吧",反映的是"精炼时熔化粗铜的程序","应看作一条珍贵的冶铸史料"。由于这条卜辞本身的限定性不强,这样理解当然是合理的。根据卜辞文例及"同"字的用法,还可以有其他的解释。

宾组和师组卜辞习见"肩同有疾"一语,又可省作"肩同""肩同疾"。学者已经指出此"同"为"兴"之省,意义是"起","肩同有疾"的意义是"肩兴有疾",也就是说疾病状况有起色,即病情好转。① 还可仅称"同"表示"肩同有疾"之意,且看如下卜辞:

(3a) 子𦥑肩同有疾。

(3b) 子𦥑弗其同。

(3c) 子求肩同。

(3d) 子求弗其同。(《合集》811 正,典宾)

(4) 芒其同。(《英藏》1792,师小字)

显然,(3b)(3d)的"弗其同"意即"弗其肩同有疾",(3c)的"肩同"意即"肩同有疾"。(4)辞可以对照:

(5) 辛酉卜,贞:芒不其肩同。(《合集》21051,师小字)

两条卜辞所属组类一致,"芒"指同一人无疑。"同"与"肩同"皆相当于"肩同有疾"的意思。(4)辞"芒其同"与(2)辞"B 其同"的表达完全相同,(2)辞的"B"则可理解为人名,"同"读为"兴",即卜问"B"的病情是否好转。准此,则"A""B"所指很可能就是同一个人。

"A"属于历二类,"B"为典宾类。关于历组卜辞所属时代的问题,学界已有非常充分的讨论,自不必多说。黄天树先生说:"历类卜辞是武丁晚年到祖庚时期的卜辞这一说法是可信的。虽然目前各家意见仍有分歧,但我们相信,随着新的考古资料的不断发现,这一结论将会进一步得到证实。"②历组与宾组所属时代有重叠,同一人名在两个不同组类都出现,自然是很正常的事情。裘锡圭先生曾详细列举既见于宾组又见于历组的人名③,此处所论"A""B"应该也是属于这种情况。从(1)辞"A"参与王事的情况来看,显然在当时是具有一定身份的重要人物,(2)辞关心其病情是否好转也是十分合理的。

最后,从虎从吕的字应该怎么释呢?"古文字里常见由同音或音近的两个字组成的字,如'䚦'、'䚦'等。"④蒋玉斌先生指出,"古文字中从'虎(或省作虍)'声之字与从'吕'声之字读音相通","'䚦'当是加注'虎'声的'吕'字"。其说可信。宾组有占卜"吕"是否会殒命的卜辞:

(6a) 吕不殒。

(6b) 吕其殒。

(6c) 贞:唯吕祐。

(6d) 不唯吕祐。(《合集》2002 反,典宾)

"䚦"所指的人应该就是这个"吕",(2)辞卜问其病情是否好转与此处卜问其会不会死亡,内容上是密切相关的。时间往后的卜辞中便不见"吕"或"䚦",说明此人确实死在了武丁时期。

---

① 参蔡哲茂:《殷卜辞"肩凡有疾"解》,《屈万里先生百岁诞辰国际学术研讨会论文集》,台北"国家图书馆",2006 年,第 389—431 页;王子杨:《甲骨文旧释"凡"之字绝大多数当释为"同"——兼谈"凡"、"同"之别》,《出土文献与古文字研究》第五辑,上海古籍出版社,2013 年,第 6—30 页。

② 黄天树:《殷墟王卜辞的分类与断代》,科学出版社,2007 年,第 189 页。

③ 裘锡圭:《论"历组卜辞"的时代》,《裘锡圭学术文集·甲骨文卷》,复旦大学出版社,2012 年,第 104—109 页。

④ 裘锡圭、李家浩:《曾侯乙墓》上册附录二《曾侯乙墓钟、磬铭文释文与考释》,文物出版社,1989 年,第 554 页注 2。

An Interpretation of the Character "䖐" in Oracle Bone Inscriptions

Yuan Lunqiang

(Center for the Study of Oracle Bone Inscription，School of Literature of

Capital Normal University，Beijing 100048，China)

Abstract： This paper explained a character in oracle bone inscriptions. The character "䖐" consists of "hu (虎)" and "lv (吕)"，which is the same as "䖐". Both of them should be interpreted as "lv (吕)".

Key words： oracle bone inscriptions；䖐；lv (吕)

说"秜"*

赵　伟

【摘　要】殷墟甲骨文旧释为秜的字应释为秜。宾组卜辞中从彳从尻之字可以证明其字声符为尻,不是尼。尻和巨古音极近。秜应读作秬。

【关键词】秜;秜;秬

【作者简介】赵伟,河南大学黄河文明与可持续发展研究中心、黄河文明省部共建协同创新中心讲师,博士后,研究方向为古文字学。(河南 开封　475001)

一

殷墟甲骨文中有如下一字:

该字仅见于典宾类卜辞《合》13505 正。其辞曰:

(1) 丁酉卜,争贞:乎甫于娟,受出(有)年? 王占曰:[吉]。一。

辞中"甫"为人名,"于"后一字为地名。占辞刻于龟版反面相对应的位置,"吉"字较为漫漶,此据文例增补。《乙》3213 略显清晰,可以参阅。从"受有年"一语来看,这是一条与农业生产有关的卜辞。""是一个表示农作物名称的字,辞中活用为动词。胡厚宣先生曾释其字为秜,读作稗。① 李孝定先生从之,谓"从禾,从北,《说文》所无"。② 陈梦家先生释秜,于字形无说。③ 于省吾先生从之,并有详细论述。④ 此后,学界一般将其字释为秜,几成定论,就连胡厚宣先生主编的《甲骨文合集释文》也改从释"秜"之说。⑤ 近来,黄锡全先生又在此说的基础上提出:"甲骨文的'秜'相当于'稻'。"⑥

曹锦炎、沈建华两位先生曾将其字隶作秜⑦,因没有展开论述,并未引起学界的重视。实际上,这一释读是正确的。

---

*　基金项目:本文为国家社科基金重大委托项目子课题"甲骨文全文数据库及商代语言文字释读研究"(项目编号:16@ZH017A2)、河南省高校人文社会科学研究一般项目"殷契集语"(项目编号:2021—ZZJH061)的阶段性成果。

本文引用古文字著录书用简称,《甲骨文合集》称《合》,明义士《殷虚卜辞》称《明前》,《殷虚文字乙编》称《乙》,《英国所藏甲骨集》称《英》,《甲骨文合集补编》称《补》,《殷墟花园庄东地甲骨》称《花》,《殷墟小屯村中村南甲骨》称《村中南》,《小屯南地甲骨》称《屯》,《殷周金文集成》称《集成》,《金文总集》称《总集》,《侯马盟书》称《侯马》,《上海博物馆藏战国楚竹书》称《上博》,《安徽大学藏战国竹简》称《安大》,《郭店楚墓竹简》称《郭店》,《清华大学藏战国竹简》称《清华》。

① 胡厚宣:《卜辞中所见之殷代农业》,《甲骨学商史论丛二集》,齐鲁大学国学研究所,1945 年,第 147 页。

② 李孝定:《甲骨文字集释》,台北"中研院"史语所,1965 年,第 2373 页。

③ 陈梦家:《殷墟卜辞综述》,科学出版社,1956 年,第 533 页。

④ 于省吾:《甲骨文字释林》,中华书局,1979 年,第 251—253 页。

⑤ 见胡厚宣主编:《甲骨文合集释文》第 13505 正片释文。

⑥ 黄锡全:《从金文的"旅""旅"说到甲骨文的"秜"》,《中国文字研究》第三十辑,社会科学文献出版社,2019 年,第 1—7 页。

⑦ 曹锦炎、沈建华:《甲骨文校释总集》,上海辞书出版社,2006 年,第 1599 页。近来张军涛先生从曹、沈之说释秜,参见氏著《〈合集〉13505 释读》,宋镇豪主编:《甲骨文与殷商史》新十辑,上海古籍出版社,2020 年,第 564—571 页。

二

之右侧构件是尼还是尸，是释读其字首先要解决的问题。

于省吾先生说：

> 稆字作，胡厚宣同志释秜，读秜为稗，谓即小米（《论丛二集·卜辞中所见之殷代农业》一文）。陈梦家隶定作秜（《综述》五三三）是对的，但还不知道《说文》有秜字。甲骨文秜字从尼作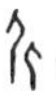，与伲字所从之尼形同。尼字是会意字，象人坐于人上。①

不难看出，于先生所摹字形与原篆是有明显出入的。人形右下方的构件本作形，两侧向下为直笔，右上方不出锋，且开口朝正下方，而于先生所摹却是一形体略小的直立侧面人形。因此，其所谓甲骨文尼字“象人坐于人上”之说是值得怀疑的。

目前所见古文字材料中可以确定的尼字属春秋战国时期，其写法可分为两种（参见表1）。一种是从二人相背，一般作“左高右低”，并于人形下部添加点笔，但也有例外②；另一种是从尸，匿声③。前者与于省吾先生“象人坐于人上”之说似乎相合④，然其所从二人形均甚为显豁，与所从（下文径释为尸）有显著区别。后者之声符“匿”或省作匚形，与尸所从开口朝下之形亦不可相混。

表1

	尼字写法1				尼字写法2		
字形							
出处	《侯马》195：1	《侯马》88：6	《侯马》200：2	《集成》537	《上博五·君子》11	《上博三·中弓》8	《上博三·周易》40 柅字所从

宾组卜辞中有一人名用字，可为之释读提供重要的参照。该字从彳（或作行），从尸，凡60余例，李宗焜先生所著《甲骨文字编》列为2923号⑤。郭沫若先生在《卜辞通纂》第260片考释中释其字为伲，谓“伲即迡字，遲之异也”，于其构形演变则未论及。⑥ 后之学者多从其说。⑦

首先对释伲之说提出质疑的是饶宗颐先生，他在《殷代贞卜人物通考》中指出：

> 伲旧释迡，遲之异字，《说文》又作迟。《盘庚》：“遲任有言。”郑玄云：遲任古之贤史。日本唐写本作迡任。伲即遲姓之遲。然除《京津》《明义士》作伲外，其余字并从尸。《说文》几部：“尸，處

① 于省吾：《甲骨文字释林》，第251页。

② 张颔：《侯马盟书丛考续》，《古文字研究》第一辑，中华书局，1979年，第78—102页。

③ 苏影、董莲池：《中国汉字文物大系》第八卷，大象出版社，2013年，第441页；徐在国：《上博楚简文字声系》，安徽大学出版社，2013年，第2004—2006页。

④ 林义光谓尼应是“象二人相昵形”，此较“象人坐于人上”之说更为可信。参见林义光：《文源》，上海古籍出版社，2017年，第90页。

⑤ 李宗焜：《甲骨文字编》，中华书局，2012年，第879页。除《甲骨文字编》所收录之外，该字另见于《合》627、3317反、4369正、4370、4372、4373、4376、5836、8111、9052、9054反、10042、10140、10261、10262、10263、10264正、10264反、10403、10631、10853、10854、11421、11587、《补》1711、2370、4174等版。另，《合》9053正与7584（部分）、18695为一版之折，参见林宏明：《甲骨新缀第453—470例》，中国社会科学院历史研究所先秦史研究室网站2014年2月25日（http://www.xianqin.org/blog/archives/3717.html）。该字从行之写法仅见于林先生所缀合之版，凡4例。林先生已言从行与从彳者为一字异体，参见氏著《醉古集：甲骨的缀合与研究》，台北万卷楼图书股份有限公司，2011年，第128页。

⑥ 郭沫若：《卜辞通纂》，东京文求堂书店，1933年，第57页。

⑦ 如屈万里先生所著《殷虚文字甲编考释》第3247版考释、于省吾先生主编《甲骨文字诂林》第2316号、刘钊先生主编《新甲骨文编》（2014年增订本）第110页等均从郭说。

也,从尸、几。"契文有彳旁,似释为尻之古文更合。①

饶先生释𡰥为尻之古文,应属可信。甲骨文中一些表示行为动词的字,添加义符彳(或作止、辵)可以无别,例如,後字可作 (《合》18595),亦可作 (《屯》2358);及字一般作 (《合》940 正),亦可添加彳旁作 (《合》21653)。② 此不备举。

同时还应看到,饶先生虽然释其字为𡰥,但对《合》4375(即饶著引《京津》2725)、《合》3795(《明前》654,饶著称《明义士》)、《合》71(《佚存》85)三版中的字形仍从郭沫若先生的说法释伲(参见表2,出自《甲骨文合集》者仅标著录号,下文同),所以他又说:

武丁时贞人有𡰥,字亦作伲。③

这里把𡰥、伲视为一字异体,恐不可信。古音尼在泥纽脂部,尻在见纽鱼部,音读远隔,后世文献也不见通用之例。

表 2

字形						
出处	4375	《京津》2725	3795	《明前》654	71	《佚存》85

由表2可以看出,饶先生认为当释伲的诸字,也不是没有疑问的。《合》4357 伲字所从之"几"形构件,向左上方似乎略有出锋,容易被误认为人形。这应该是刀刻文字在笔画衔接处出现的不规整现象,例如:口字本作 形,《合》24133 君字作 ,所从口右侧一竖笔向下出锋;丁字习写作圆形或方形的封闭状,《合》23061 却作 ,左右竖笔分别向上、向下出锋。西周金文中處字所从几形一般作 (《集成》252)、(《集成》4237)、(《集成》10175),亦偶见作 (《集成》109)者,同样属于个别现象。《合》71 和《佚存》85 中"几"形之上方一斜笔并不显示。《合》3795 人形下方的笔画()亦与甲骨文常见的人字不类。

为了进一步理清伲字所从是尼还是尻,我们对殷墟甲骨文中 62 例伲字的写法进行了全面梳理,发现可以根据构件"几"写法的不同,将其大体分为平顶(A)、斜顶(B)和尖顶(C)三类(参见表3)。

表 3

	平顶(A)			斜顶(B)			尖顶(C)		
字形									
出处	9051	4371	8153	10261	《英》756 正	11421 正	《英》336 正	3795	158

A 类字形 13 例④,其中有见于自宾间类卜辞者(《合》10852 正),无疑属于较早的写法,濮茅左已释

---

① 饶宗颐:《殷代贞卜人物》,《饶宗颐二十世纪学术文集》第二卷,台北新文丰出版股份有限公司,2003 年,第 769 页。

② 彶字在殷墟甲骨文中仅见于子组卜辞《合》21653,辞曰"彶五月乎帚来归",用与及同。后世别为二字。

③ 饶宗颐:《殷代贞卜人物》,第 678 页。饶著释《合》4375(《京津》2725)之伲为贞人未必可信。该版为胛骨之残,仅存"伲""贞"二字上下排列,很可能不属于同一条卜辞。《甲骨文合集释文》(胡厚宣主编)、《殷墟甲骨刻辞摹释总集》(姚孝遂、肖丁主编)、《甲骨文校释总集》(曹锦炎、沈建华主编)、《殷墟甲骨文摹释全编》(陈年福撰)均将其看作两条卜辞。

④ 见于《合》256、4369 正、4371、5708 正、8153、9051、9052、10852 正、10852 反、11003、《补》1711、2370 正等版。

其字为从彳从尸①。B 类字形 40 例②，所占比重最大，也最容易与人形混同。"∩"之斜顶的朝向可左可右，但一般是朝向人形的臀部。所谓斜顶，很可能是为了强调"∩"与人之臀部的关系而在笔势上作出的调整。C 类字形 5 例③，可以看作是 B 类字形的进一步省简。这就如同甲骨文中的倒口形可写作，亦可写作。此外，另有因残缺或漫漶而无从分辨者 4 例。④ 不难看出，这三类写法呈现出一定的嬗变关系，人形下部的构件∩、∧、∧等皆为"∩"形之变体。它们与人形有着本质区别，随着倾斜度的增加和向斜上方略作出锋，才出现个别类似于"象人坐于人上"的写法。

《合》5708 正与《补》1711 属同文卜辞，其佤字一作，一作。《殷墟甲骨刻辞摹释总集》于前者摹而不释，于后者释佤，显然是没有注意到两版之间的关系。⑤《甲骨文字编》将前者作为佤之第二种字形收录在 2923 号之下。两部著作都将《合》5708 正之字摹作，如此摹写显然是无法支持释佤之说的。或许这也正是《殷墟甲骨刻辞摹释总集》对其字不作释读的原因。细审该版拓片可知，人形下方的笔画应该是平顶的"几"形，而不是口形。这与《补》1711 同文卜辞中的写法是一致的。其下部所谓的一横笔实为残漶，并向左延伸至人形的下肢。⑥

尤其值得注意的是，还有一些字形，拓片比较清晰，学者在摹写的过程中却出现了明显的偏差，将构件"∩"顶部的斜笔向上出锋，变成了与"匕"或"勹"相接近的写法（参见表 4）。这种摹写上的失误，无疑也是造成甲骨文"佤""佤"二字的释读被广为接受的原因之一。

表 4

拓片字形					
《甲骨文字编》摹写字形					
出　处	9050 正	8848	71	《补》4174	《英》756 正

甲骨文中含有构件"几"的另有处、处、殳等字。⑦ 构件"几"的写法有诸多变体，字形上部或双笔勾勒，或作单笔。两侧笔画多作外翻形，亦有作直笔者。顶部也有平顶、斜顶以及尖顶的分别（参见表 5）。字形上部双笔勾勒者，与典宾类卜辞（《合》135 正）和花东子卜辞（《花》294）之片（宁字所从）可繁作形类似，是更为象形的写法。"几"之中间空阔处或作一斜笔，此种写法应是由上部双笔勾勒者演化而来。

①　上海博物馆编，濮茅左编著，谢海元裱摄：《上海博物馆藏甲骨文字》下册，上海辞书出版社，2009 年，第 643 页。

②　见于《合》71、627、628、3904、4367、4368、4370、4372、4373、4374、4375、4376、4377、5835、5836、8111、8848、9050 正、9055、10042、10140、10261、10262、10263、10264 正、10631、11421 正、11587、《补》4174、《英》756 正、756 反、824 以及林宏明先生缀合第 460 例（《合》9053＋18695＋《乙补》3811＋R37748）。

③　见于《合》158、3795、10853、10854 和《英》336 正。

④　见于《合》3317 反、10141、10264 反和 10403。

⑤　《补》1711 即《合》4366＋5709，为裘锡圭先生所缀，见氏著《甲骨缀合拾遗》，收入《裘锡圭学术文集·甲骨文卷》，复旦大学出版社，2015 年，第 285—298 页。蔡哲茂先生释其字为佤，于字形无说，参见氏著《甲骨缀合汇编释文与考释》，新北花木兰文化出版社，2013 年，第 40 页。

⑥　《甲骨文字编》879 页所收《合》9053 正、18695 之字，人形下方的笔画也存在因龟版纹路或残漶而出现摹写偏差的问题，可以参看前引林宏明先生《甲骨新缀第 453—470 例》一文。

⑦　魏慈德先生释处为处之简体，陈剑先生认为处字所从点笔为装饰性笔画，它与处字在卜辞中均用作范围副词，读作皆。魏说见氏著《殷墟 YH127 坑甲骨卜辞研究》，新北花木兰文化出版社，2011 年，第 139—140 页。陈说见氏著《甲骨文旧释"智"和"盤"的两个字及金文"飆"字新释》，《甲骨金文考释论集》，线装书局，2007 年，第 177—233 页。《甲骨文字编》将两字径释为皆，收入 4241 号，似不可取。甲骨文皆字旧多释为从彳，陈文释为从几，应属可信。殳仅见于《村中南》267。

表5

字目	冘					尢			殷
拓片									
出处	《乙》1209	31128	26972①	33296	32211	《安明》910	《乙》1625	22074	《村中南》267

总之,稅、㞢二字所从的"几"没有一例写作ₐ或↑形,但可以和上述"几"形相对应。尻在战国文字中写作ᵃ(《安大》32)、ᵃ(《清华·晋文公》4)、ᵃ(《清华·处位》1)、ᵃ(《清华·子犯》1)、ᵃ(《郭店·成之》8)、ᵃ(《郭店·性自》54)等形,可以说与殷墟甲骨文中的"尻"一脉相承。

三

稅应是一个从禾、尻声的字。尻的读音是释读其字所面临的第二个问题。

传世文献中一般把尻看作是居处义的本字,把居看作是蹲踞义的本字,两者或可通作,后居行而尻废。《说文》卷八尸部:

居,蹲也,从尸古者,居从古。踞,俗居从足。②

卷十四几部:

尻,處也,从尸得几而止。《孝经》曰"仲尼尻",尻谓閒居如此。

段注改"處"为"处"(今作处),曰:

处也,各本作處,今正。凡尸得几谓之尻。尸即人也。引申之为凡尻处之字。既又以蹲居之字代尻,别制踞为蹲居字,乃致居行而尻废矣。

然而在出土战国文献中,尻和居却可以同时出现,例如:鄂君启车节铭文中既有"王尻於茂郢之遊宫",又有"就居郢";包山楚简第32号简和上博简《性情论》第28简均有"尻居"连文。针对这些现象,不少学者认为,尻应读作處,而不是居,比如林沄先生就认为:

按尻即處之异体,字并从几。《说文》尻注音作"九鱼切",实误。③

张世超先生曾从语源角度对尻与居、處的关系作过系统考证。他的意见值得我们重视。兹将张先生的主要观点归纳如下:

1. "居""處"是一组同源词,源于一个本义为"据几而坐"的古词。"据几而坐"这一"原始词义"源于西周。

2. "居""處"原始词的语音形式在战国时期经历了从牙音向舌音的转变,两者在分化之前均属牙音。"處"在秦文字中已固定为舌音。"尻"在战国楚系文字中兼有牙、舌二音。

3. "尻居"连用,是把两个同义的单音词连在一起,与"仇雠""澹淡""麤粗""麤楣"等类似。

4. "尻"的出现时代不应晚于"居"。④

我们认为,张先生所论基本上廓清了尻、居、處三者之间的关系,但是尚未明确点出"据几而坐"这一"原始词义"和"尻"的关系。

---

① 陈剑先生《甲骨金文考释论集》179页将著录号误植为26072。
② 段注本作:"居,蹲也,从尸,古声。踞,俗居从足。"
③ 林沄:《读包山楚简札记七则》,《江汉考古》1992年第4期。
④ 张世超:《居、尻考辨》,《中国文字研究》第十三辑,大象出版社,2010年,第33—36页。

根据目前所见的出土材料，居字最早见于春秋金文（《总集》2677），處字最早见于西周中期金文（《集成》252、2838、4237、10175）。① 尻字则主要见于战国时期的楚系文字。这种时代上的差异，无疑是张先生把"据几而坐"这一"原始词义"认定为起源于西周的主要原因。他在解释尻与居、處二字的关系时说：

　　"處"字省去下部的足止形与上部标音的"虍"头，仍象人著几形，是为"尻"。将"几"替换为声符"古"，即为"居"。②

这里似把尻看作是由西周金文中写作𠱾（《集成》252）的處字省简而来③，有本末倒置之嫌。虽然如此，张先生坚持认为"尻"的出现应当早于"居"，可谓是慧眼独具。

"尻"在殷墟甲骨文中可以作为声符使用，说明具有独立的读音。据统计，甲骨文中的声符有260余个，其中既有表意字，又有形声字，而且大都沿用至后世。④ 商代文字中已经存在尻字，这种可能性是很大的。前文所引饶宗颐先生释㳂为尻之古文，也能说明这个问题。因此，张先生所说的"据几而坐"这一原始词义，完全可以追溯到殷商时期。"尻"是"居""處"这一组同源词最为原始的书写形式，它在殷商时期的读音应是在牙音鱼部。

四

接下来我们回到开篇提到的秜。该字从尻得声，读音亦当属牙音鱼部，其义为农作物名称，所以应与后世的秬相当。

《说文》以秬为𥝩之或体，卷五鬯部：

　　𥝩，黑黍也，一稃二米以酿，从鬯，矩声。秬，𥝩或从禾。

段注谓秬曰：

　　今经典字皆如此作。

秬、𥝩皆由巨得声，古音在群母鱼部，与见母鱼部的秜韵部相同，且均属牙音，读音极近。如前文所言，尻居古本同源。而巨、居作为声符时每可相通，如郭店简《唐虞之道》"夫古者舜佢於艸茅之中而不忧"，佢读作居；睡虎地秦简《为吏之道》"一曰见民昊敖"，昊敖读作倨傲；武威汉简甲本《少牢》"肠三、胃三，长皆及俎（俎）椐"，椐读作拒；银雀山汉简《孙膑兵法·势备》"夫陷齿戴角，前蚤后锯"，锯读作距。⑤ 把秜看作秬的古体，在读音上不存在障碍。

秬从禾，谓与谷物有关。𥝩从鬯，谓可用以酿制鬯酒。后者应是秬大量用于酿制鬯酒之后而专门造的字。朱骏声认为："秬当为正篆，以为鬯酒，复制𥝩字。"⑥这是有一定道理的。不过秬字仅见于传世典籍，而𥝩则见于西周中期金文（参见表6，出处系指《殷周金文集成》）。相比之下，秬字应属晚出。许慎不以"秬"为正篆，大概当时所见亦以𥝩字为古。从出现时代的早晚来说，朱骏声所谓的"正篆"应是从禾尻声的秜。根据张世超先生的研究，"尻"在秦系文字中就已经分化为"居"和"處"。或许在更早的时候，人们已经注意到"尻"的读音发生了变化，故转而使用"矩"或"巨"来作为"秬"这一词义书写形式的声符。

① 董莲池：《新金文编》，作家出版社，2011年，第1200、1958页。
② 张世超：《居、尻考辨》，第35页。
③ 此说另见张世超、孙凌安、金国泰、马如森：《金文形义通解》，中文出版社，1996年，第3289页。
④ 王蕴智：《商代形声字探论》，《天津师范大学学报（社会科学版）》2004年第6期。
⑤ 白于蓝：《战国秦汉简帛古书通假字汇纂》，福建人民出版社，2012年，第225、237页。
⑥ 朱骏声：《说文通训定声》，中华书局，1984年，第435页。

表6

字形					
铭文	～鬯一卣	～鬯一卣	～鬯一卣	～鬯一卣	～三卣①
出处	4302	9898	2816	9728	2754

秬是酿制鬯酒的主要原料。《说文》卷五鬯部云:"鬯,以秬酿鬱艸,芬芳攸服,以降神也。"殷人已广泛使用鬯酒进行祭祀,单次使用少则一卣二卣,多则上百,如"父丁岁鬯一卣"(《合》23227)、"鬯五卣,又正"(《合》30815)、"今日其用五十鬯[于]父丁"(《合》32686)、"王又(侑)百鬯、百牛"(《合》32044)等。但是卜辞中秬却仅见 1 例,似乎与大量出现的"鬯"不相协调。这很大程度上与卜辞刻写的简略有关。一些不点明具体农作物的占卜,未必不是就秬而言。

《合》13505 正尚有如下辞例:

(2) 甫耤于姀,受年? 二告。二。

(3) 受年? 三、四。

(4) 贞:受年? 五、六。

(5) 丁酉卜,争贞:弗其受虫[年]? □月。一。

(6) 贞:弗其受虫年? 二告。二、三。

(7) 弗其受? 四。

(8) 弗其受虫年? 五、六。

这些卜辞中,(2)至(4)辞与(1)辞兆序连贯,为正面卜问;(5)至(8)辞兆序连贯,为反面卜问。其中的"受年"显然都是针对"甫秬于姀"或"甫耤于姀"而言的。涉及到的农作物应该都是秬。(5)辞中"□月"正好位于第一道齿缝之上,旧多漏释。② "月"之前的数字在拓片中不可见,王蕴智先生刊布的该版照片中尚可见两横笔,③但不能确定是"二"还是"三"。

《合》900 正有辞曰:

(9) 丁酉卜,殻贞:我受甫耤在姀年? 三月。五、六。

(10) 丁酉卜,殻贞:我弗其受甫耤在姀年? 二告。五六。

(11) □酉[卜],宁贞:姀受年?

(12) [贞]:姀不其受年?

此与《合》13505 同属典宾类,且同出于 YH127 坑。裘锡圭先生曾指出,这两版中关于"受甫耤在姀年"的占卜是在同一天进行的。④ 如(5)辞的记时名词"□月"确为"三月",则可为裘先生之说提供进一步的证明。据此,(9)至(12)辞所针对的农作物,也应该是秬。

秬(秬)为黑黍,并非主要粮食作物。自史前至商代,中原地区最主要的粮食作物是禾本科的粟。即便是普通的黍,也可称得上是"贵重食粮","主要为统治阶级所享用"。⑤ 由黑黍酿制而成的鬯,自然尊贵。《礼记·郊特牲》郑注云:"不以三酒沛秬鬯者,秬鬯尊也。"由此看来,与甲骨文中的禾、黍等农作物相比,秬之少见亦在情理之中。

---

① 李孝定先生曾指出,"秬为黑黍,不得以卣计",故其字可能是"秬鬯二字合文之简略急就者"。参见李孝定:《金文诂林读后记》,台北"中研院"史语所,1982 年,第 203 页。

② 前引张军涛先生《〈合集〉13505 释读》一文已将其释出。

③ 王蕴智:《殷墟甲骨文书体分类萃编:甲骨照片精选(一)》,河南美术出版社,2018 年,第 9 页。

④ 裘锡圭:《甲骨文中所见的商代农业》,《裘锡圭学术文集·甲骨文卷》,复旦大学出版社,2012 年,第 266 页。

⑤ 宋镇豪:《夏商社会生活史》,中国社会科学出版社,2005 年,第 367 页。

从地域来说，将 [字] 释为秬也比释秜更为合适。卜辞所见秬之生产地只有妌。《合》9741 正在占卜"妌受年"的同时又有"西土受年"之卜。《合》418 正有庚戌日"沚于妌"和"于河屮亡"的占卜。学者一般认为妌地属殷王朝西土，在晋西南。① 据陈文华先生的《中国农业考古图录》统计，北方地区曾发现新时期时代至商周时期稻类作物遗迹的地方有河南的汝州、郑州、渑池、淅川、洛阳、禹州、安阳和陕西的扶风、户县、华县、西乡等。② 山西省未曾发现相应时期的稻类作物遗迹，但在晋南地区的万荣、侯马、平陆等地发现有粟和黍的遗迹。③ 商代的妌地产黍类作物秬，又在晋南，与考古发现相合。

还有一点需要指出，宾组卜辞中有一个表示农作物名称的字写作 [字]（《合》9551）、[字]（《合》18637）、[字]（《合》10054），《甲骨文字编》见 3422 号。陈梦家先生谓该字下部构件与厚同音，而厚又与巨古音相近，因释为秬。④ 于省吾先生谓厚、豆古音属侯部，菽在幽部，故其字当为菽与豆的古字。⑤ 唐兰先生又曾读其字为粱，谓字形下部的声符读作覃。⑥ 裘锡圭先生指出，"这三说提出的古音方面的证据都不够坚强"，"究竟指哪一种粮食作物，还有待进一步研究"。⑦ 现在看来，其字非秬，应该是可以肯定的。

附记：匿名评审专家对小文初稿的论证思路、论证材料等方面提出不少宝贵意见，作者在此表示十分感谢！

On the Character "秬"

Zhao Wei

(Key Research Institue of Yellow River Civilization and Sustainable Development, Henan University，Henan Kaifeng 475001，China)

Abstract：The character in oracle bones inscriptions which is recognized as ni(秜) should be recognized as ju(秬). The character formed by chi(彳) and ju(凥) in oracle inscriptions of the bin（宾）group can prove that its sign indicating pronunciation is ju(凥)，not ni(尼). The ancient pronunciations of ju(凥) and ju(巨) are basically the same, so ju(秬) shoud be ju(秬).

Key words：ni(秜)；ju(秬)；ju(秬)

---

① 张秉权先生在《丙》332 考释中首先提出妌地属殷商西土。学者多从其说，参见钟柏生：《殷商卜辞地理论丛》，台北艺文印书馆，1989 年，第 289 页；彭邦炯：《甲骨文农业资料考辨与研究》，吉林文史出版社，1997 年，第 572 页。钟著将著录号《丙》332 误作《丙》322。孙亚冰、林欢两位先生认为其地在晋西南，"近于黄河东岸运城盆地'甫'"，参见氏著《商代地理与方国》，中国社会科学出版社，2010 年，第 119—120 页。饶宗颐先生认为妌地即《说文》之郉，在"汝南召陵里"，参见氏著《殷代贞卜人物通考》96 页。从《合》418 正之辞来看，饶说似不可信。
② 陈文华：《中国农业考古图录》，江西科学技术出版社，1994 年，第 5—8 页。
③ 陈文华：《中国农业考古图录》，第 28—30 页。
④ 陈梦家：《殷墟卜辞综述》，第 527 页。陈先生同时指出："殷代既有𪃸，一定种植秬一类的作物，但这个字是否秬字，是不能肯定的。"
⑤ 于省吾：《商代的谷类作物》，《东北人民大学人文科学学报》1957 年第 1 期。
⑥ 唐兰：《殷虚文字记》，中华书局，1981 年，第 33—34 页。
⑦ 裘锡圭：《甲骨文中所见的商代农业》，第 240 页。

曾亘嫚鼎与否叔器*

何景成

【摘　要】曾亘嫚鼎和否叔器这两组器物的铭文辞例存在相似之处,相互比照可加深我们对铭文语句的理解。曾亘嫚鼎铭文中的"非录",是指没有福气,与否叔器铭文中的"疾不已"一样,都是交代作器缘由,即器主发生了不幸之事,故作器求福消灾。曾亘嫚鼎铭文中的"尔",当指代曾亘嫚本人。否叔器中的"女",研究者或读为"母",本文指出当读为"汝",指代否叔献其人。

【关键词】曾亘嫚鼎;否叔器;金文

【作者简介】何景成,吉林大学考古学院古籍研究所教授,博士生导师,研究方向为古文字学。(吉林 长春 130012)

曾亘嫚鼎和否叔器两组铭青铜器,铭文辞例较为特别,研究者对于其铭文的解读颇存分歧。这两组铭文有相通之处,可互相参照,以加强对铭文文句的理解。

一　曾亘嫚鼎

图一:曾亘嫚鼎(GM17:1)
(选自《枣阳郭家庙曾国墓地》第62—63页)

2002年11月至2003年4月,湖北省的考古工作者对枣阳市东湖村郭家庙岗地的古墓葬进行了抢救性发掘。由于不同墓葬分别出土带有"曾国"之"曾"的铭文铜器,这片墓地被称为郭家庙曾国墓地。曾亘嫚鼎出土于该墓地编号为GM:17的墓葬中。此墓葬早年被盗,现出土铜器22件。曾亘嫚鼎有2件,形制、纹饰及铭文相同,大小相次,年代为春秋早期。铭文位于鼎腹内壁上,三行13字。[①]

第二行铭文上部分空缺(图一)。根据我们的理解,铭文释文作:

> 曾亘嫚非录,
> 为尔
> 行器,尔永祜福。

关于此铭文的释读,黄锡全认为,"嫚"是邓国姓氏"曼","亘"可读为"桓",似为敬称或谥称。"非录"可能是"嫚"之名。"尔"是人名,为受器者。同时,黄锡全还提出另外两种可能,一是"亘嫚"和"非录"为二人,这二人为"尔"作器。二是将"非录"理解为"不录",是对死亡的讳称。两个"尔"都是指曾亘嫚。此器是他人或者后人为死者曾亘嫚作器。[②] 张昌平认为这是曾

＊　基金项目:本文为吉林大学"中央高校基本科研业务费专项基金资助项目"(项目编号:2018XXJD06)的阶段性成果。

① 湖北省文物考古研究所、襄樊市考古队、湖北孝襄高速公路考古队编著:《枣阳郭家庙曾国墓地》,科学出版社,2005年。

② 黄锡全:《枣阳郭家庙曾国墓地出土铜器铭文考释》,《枣阳郭家庙曾国墓地》,第368—369页。

亘嫚非录为"妳"所作的铜器，妳为 M17 的墓主。① 韩宇娇认为，铭文中第一个"尔"是人名，第二个"尔"读为"弥"，表长久之义。② 刘丽认为，曾亘嫚鼎铭文中"尔"的位置与"其"相当，用"尔"或许是曾国的用字习惯。如此，或可认为曾亘嫚鼎是曾亘嫚自作器。③

对于"非录"指称"死亡"的说法，吴镇烽作过详细论证：

> "非录"即"不禄"、"无禄"。禄者，福运，气运也。《仪礼·少牢馈食礼》："使女受禄于天，宜稼于田。"郑玄注："古文禄为福。"《左传·庄公四年》："（楚武王）入告夫人邓曼曰：'余心荡。'邓曼叹曰：'王禄尽矣。'"朱谋玮《骈雅·释训》："即世、物故、登假、不讳、不禄，死也。"不禄就是无禄、无福，无福运了，也就是亡故了、死亡了。汉刘熙《释名·释丧制》："人始气绝曰死，死澌也，就消澌也。士曰不禄，不复食禄也。"……《左传·成公十二年》："天祸晋国，文公如齐，惠公如秦，无禄献公即世，穆公不忘旧德，俾我惠公，用能奉祀于晋，秦纳惠公。"《国语·晋语》："二十六年，献公卒，……大夫许诺乃使梁由靡告于秦穆公，曰：'天降祸于晋国，谗言繁兴，延及寡君，使寡君之绍续昆裔，隐悼播越，托在草莽，未有所依，又重之以寡君之不禄，丧乱并臻。'"韦昭注："士死曰不禄，礼君死赴于它国曰寡君不禄，谦也，臻至也。"其实，天子死曰崩，诸侯死曰薨，大夫死曰卒，士死曰不禄，这是战国时期形成的等级观念，西周到春秋时期并没有严格的区别，一般人死亡亦可讳称"非录"、"不禄"、"无禄"。曾亘嫚鼎铭文明确说"曾亘嫚非录"就是说亘嫚去世了，所以为她铸造了行器，祈求她在阴间永得祜福。④

西周时期嗌簋铭文（《商周青铜器铭文选》142 号）有"不录嗌子"一词：

> 作册嗌作父辛尊，厥义（宜）曰：子子孙孙宝。不录嗌子诞先盡死，亡子子，勊有孙，不敢娣扰兄铸彝，用作大御于厥祖厥父母多神。毋念哉！式勿叨嗌鳏寡，遗祜石宗不制。

研究者认为"不录"即"不禄"，是死亡的意思。⑤ 作册嗌簋铭文大致是说，作册嗌的儿子均先于作册嗌死亡，其没有儿子，更没有孙子，因此作铸彝器以隆重祭祀祖考诸神。⑥ "不录（禄）嗌子"的说法与上引《左传·成公十二年》"无禄献公"的说法一致。"曾亘嫚非禄"的说法与上引《国语·晋语》"寡君之不禄"的表述基本一致。⑦ "非"与"无""不"含义相近，可见"非录（禄）"是有可能为"无禄""不录（禄）"的另一种说法。不过，需要注意的是，从目前所见"尔永祜福"或类似辞例来看，这一祈福嘏辞多针对生者或其子孙后代而言：

1. 黄君孟自作行器，子子孙孙，则用祜福。（黄君孟豆，《铭图》⑧4686）
2. 黄子作黄甫（夫）人行器，则永祜福，霝终霝后。（黄子壶，《集成》⑨9663）
3. 曾子白誩铸行器，尔永祜福。（曾子伯誩鼎，《集成》2450）
4. 伯彊为皇氏白行器，永祜福。（伯彊簋，《集成》4526）
5. 曾子沙自作行器，则永祜福。（曾子沙簋，《集成》4528）
6. 曾子叔封父作行器，永古（祜）福。（叔封父簋盖，《集成》4544）

---

① 湖北省文物考古研究所编：《曾国青铜器》，文物出版社，2007 年，第 93 页。
② 韩宇娇：《曾国铜器铭文整理与研究》，博士学位论文，清华大学，2015 年。
③ 刘丽：《两周时期诸侯国婚姻关系研究》，上海古籍出版社，2019 年，第 328—330 页。
④ 吴镇烽：《论青铜器中的"行器"及其相关器物》，载复旦大学出土文献与古文字研究中心网站 2018 年 9 月 11 日（http://www.gwz.fudan.edu.cn/Web/Show/4287）。
⑤ 马承源主编：《商周青铜器铭文选》（三），文物出版社，1988 年，第 95 页。
⑥ 参看单育辰：《作册嗌卣初探》，《出土文献研究》第十一辑，中西书局，2012 年，第 24—31 页。铭文中"盡"的含义，研究者多认为是"尽""悉"之类的含义。参看马立志：《试释金文中一个可能读为"悉"的字》，《古文字研究》第三十三辑，中华书局，2020 年，第 223 页。
⑦ "之"为语助词。
⑧ 吴镇烽：《商周青铜器铭文暨图像集成》，上海古籍出版社，2012 年。文中简称《铭图》。
⑨ 中国社会科学院考古研究所：《殷周金文集成》，中华书局，1984—1994 年。文中简称《集成》。

7. 曾孟嬴捐自作行簠,则永祜福。(曾孟嬴捐簠,《铭图》5834)

8. 作朕皇祖恭公、皇考惠公彝,称祼馈,用旂寿考,子之子孙之孙,永祜是保。(倪公韦父鎛,《铭图》15815—15818)

9. 唐侯制隋夫人行壶,其永祜福。(唐侯壶,《铭图续编》[①]3·0829)

上引第1、2两条铭文均出自河南光山县宝相寺的黄君孟夫妇墓葬中。邓佩玲在讨论这批铜器铭文时,根据"永祜福"出现的位置,将这批铭文分为甲乙两类。甲类是"黄君孟"器,"永祜福"均置于"子子孙孙"之后,作为整篇铭文的结束语,其前有连词"则",作为转折语。乙类是"黄子"器,"永祜福"均置于作器者及受器者之后,其前有连词"则",其后则有祝嘏辞。[②] 据此,上引诸器所载祈求"永祜福"的对象[③]可分为两类,一类是器主,一类是器主之"子孙"。黄子壶是黄子为其夫人所作之行器,作器以求"霝终"。"霝终"即"善终",则器主黄子或黄夫人应未故去。上引吴镇烽文认为"行器"多是随葬之器,为死者而作。根据黄子壶,以及下引尹氏士叔善父壶、宿儿缶、公父宅匜、叔师父壶诸器铭文来看,这一说法是不准确的:

10. 尹氏士叔善父作行尊壶,其万年眉寿,永宝用。(尹氏士叔善父壶,《铭图》12355)

11. 唯正八月初吉壬申,苏公之孙宿儿择其吉金,自作行缶,眉寿无期,永保用之。(宿儿缶,《铭图》14091)

12. 唯王正月庚午,襄公之孙公父宅铸其行匜,其万年,子子孙永宝用之。(公父宅匜,《铭图》14992)

13. 唯王正月初吉甲戌,邡太宰孙叔师父作行具,眉寿万年无疆,子子孙永宝用之。(叔师父壶,《铭图》12414)

这些器物的铭文交代,器主作"行器"以祈求眉寿无疆或眉寿无期。说明作器者均非死者。综合上论,将曾亘嫚鼎铭文解释成为死者亘嫚作器以祈求其在阴间之祜福的说法,是不恰当的。

与曾亘嫚鼎铭文可作比较的两件牧臣簠,铭文分别作:

14. 牧臣簠甲:牧臣行器,尔永祜福。(器盖对铭,《铭图三编》[④]0553)

15. 牧臣簠乙器铭:牧臣行器,尔永祜福。

牧臣簠乙盖铭:曾公鹅鬻为尔行簠,尔永祜福。(《铭图三编》0554)

综合器铭与盖铭,可知盖铭和器铭中的"尔",都指器铭中的"牧臣"。牧臣簠铭文说明此器是"曾公鹅鬻"为"牧臣"所作。曾子牧臣壶铭文记载:"曾子牧臣自作行器,永祜福。"说明牧臣的身份为"曾子"。牧臣簠中的"曾公"应该为牧臣的长辈。牧臣簠盖铭与曾亘嫚鼎铭文的表述方式基本一致,则后者铭文应读为:"曾亘嫚非录(禄),为尔行器,尔永祜福。"铭文中的两个"尔"与牧臣簠盖铭之"尔"一样,都是第二人称代词。上文阐明"永祜福"之类的嘏辞,多是针对器主或其子孙后代而言,则"非禄""不禄"大概是泛指不幸,没有福佑。死亡只是其中最严重的一种。《尔雅》将"无禄"解释为死亡,大概是较晚起的一种解释。曾亘嫚大概是遇到了疾病等不幸的事情,故作器以求福佑。这种情况,也见于下文要讨论的否叔器铭文中。

---

① 吴镇烽:《商周青铜器铭文暨图像集成续编》,上海古籍出版社,2016年。文中简称"《铭图续编》"。

② 邓佩玲:《春秋黄器铭文文例"永某某"考释——兼谈古文字所见"胡"与相关字形》,《出土文献与物质文化——第五届出土文献青年学者论坛会议论文集》,香港浸会大学饶宗颐国学院,2016年7月,第399页。

③ 邓佩玲:《春秋黄器铭文文例"永某某"考释——兼谈古文字所见"胡"与相关字形》,第399—422页。关于倪公韦父鎛铭文"永胡是保"之"胡"的释读,邓佩玲概括说,董珊将之读为"固"。王宁读为"胡",训"远","永胡"即"永远"。苏建洲读为"故",认为铭文似乎是说"不死"。黄杰读为"嘏",训"福","永嘏"即长久地福禄。孟蓬生读为"祜",认为"永祜是保"与黄国器"则永祜宝"辞例相类。邓佩玲读为"胡",训"寿考","永胡"即"长命寿考"。

④ 吴镇烽:《商周青铜器铭文暨图像集成三编》,上海古籍出版社,2020年。文中简称"《铭图三编》"。

二　否叔器

1999 年，张光裕撰文刊布了一组其称之为"否叔器"的青铜器，对器物和铭文作了很好的研究。据张光裕介绍，这是一组同坑出土并且带有铭文的青铜器，属私家收藏，计有尊 1、卣 1、爵 2、觚 2、觯 1 等 7 件。器物铸制精良，器身厚重，无论形制、花纹和铭文风格都具有西周早、中期的特色。[1] 这批资料公布后，引起了研究者浓厚的兴趣。李学勤[2]、陈英杰[3]、谢明文[4]、李春桃[5]等先生都曾对这批材料作过解读。各家在铭文字词的解读上存在不同的理解。

为讨论方便，我们先根据张光裕的释读意见，作释文如下：

1. 否叔尊：否叔献彝，疾不已，为母宗彝则备，用遣母霝。

2. 否叔卣：否叔献彝，疾不已，为母宗彝则备，用遣母霝。

3. 否叔觚 1：否，用遣母霝。

4. 否叔觚 2：用遣母霝。

5. 否叔爵(2 件)，左钮柱：用；扳下：遣

6. 否叔觯：遣

对于铭文的解读，上引诸家的分歧主要集中在对所谓"霝"字的释读上。该字原篆作"■■■"。张光裕、陈英杰、谢明文将此字释为"霝"。张先生认为"霝"字可作两种解释，一是理解为否叔母亲的名字，一是训为"善"。其倾向于第二种解释，认为"用遣母霝"的意思是说："母有善终，因以为谱。"陈英杰将"霝"理解为神灵，认为铭文是说否叔患病不能痊愈，以为是母亲的神灵在作祟，故作器以遣送作祟的母亲的神灵。谢明文在引用此篇铭文时，将部分释文写作："为母宗彝，则备用遣母霝。"李学勤将该字释为"星"，读为"眚"。李春桃亦采此说，认为此铭文大意是说否叔由于母亲的鬼魂作祟而害病，因此作器奉献给母亲，以遣送亡母所作之灾眚。

对于这篇铭文的理解，我们认为除了需要对争议较大的所谓"霝"字作讨论外，对上引诸家没有异议的"母"字的释读也是需要讨论的。由于这一释读牵涉到作器对象，我们先从这一问题谈起。

所谓的"女"字，原篆作"■""■"，依字形当释为"女"。西周时期"女""母"二字已基本分化，"女"字的基本用法是表示{女}{汝}{如}等词，"母"字用来表示{母}{毋}等字，但确实仍存在用"女"字来表示{母}这个词的现象。如西周早期的作母辛簋(《集成》3689)，器铭(3689.1)"母辛"二字，在盖铭(3689.2)上则写作"女辛"。[6] 否叔器的"女"是否可径读为"母"呢？与其表述方式相似的西周其他铭文资料，可为我们提供参考。

与否叔器"为女宗彝"类似的表述，见于商铜鼋铭文[7]：

7. 丙申，王逸于洹，获。王一射，■■射三，率亡(无)法(废)矢。王令(命)寝馗兄(贶)于作册般，曰："奏于庸，作女宝。"

关于此铭"女"字的释读，有读为"母""毋""模"和"汝"等意见。沈培赞同读为"汝"：

---

① 张光裕：《西周遗器新识——否叔尊铭之启示》，台北《中研院史语所集刊》第 79 本第三分册，1999 年，第 761—776 页。下引张先生观点，均出自此文，不再出注。

② 李学勤：《论殷墟卜辞的新星》，《北京师范大学学报(社会科学版)》2000 年第 2 期。

③ 陈英杰：《西周金文作器用途铭辞研究》，线装书局，2008 年，第 547—551 页。

④ 谢明文：《侯古堆一号墓编镈"音"字补释》，《华夏考古》2016 年第 3 期。

⑤ 李春桃：《否叔诸器铭文释读——兼释甲骨文中的"眚"字》，《文史》2019 年第 1 期。

⑥ 关于"女"、"母"二字的用法的讨论，参看田炜：《西周金文字词关系研究》，上海古籍出版社，2016 年，第 99—103 页。

⑦ 见《中国历史文物》2005 年第 1 期。

这里简单交代一下"女"读为"汝"的问题。此字一般释为"母",有读为"父母"之"母"(李学勤)、读为"毋"(裘锡圭)、读为"模"(董珊)之说,唯有朱凤瀚先生释为"女",读为"汝",他说:"'女'字作 ♦,双臂中间没有两点,不当隶定作'母'。女字在殷墟卜辞中虽也可读作'母',但在这里如读成'作母宝',便很费解。所以'女'在这里还是读为'汝'较为妥帖。'作汝宝'乃承上句'奏于庸'而言,是王命作册般作此铭功之庸器后嘱其永宝之。"①

我们认为他对"女"字的释读是正确的。商末金文常见"♦"字,妇好墓所出铜器,"妇好"二字所从的"女"旁皆作此形。②又如《集成》10.5375有"子作妇媌卣","妇"作 ♦,所从"女"旁跟"♦"一样的,此铭所谓"媌"字所从的"女"旁也作此形。同铭又有"女子母庚","女"作 ♦,"母"作 ♦,分别明显。《作册矢令方尊》(《集成》11.06016)和《作册矢令方彝》(《集成》16.09901)"令 ♦ 二人"的"♦",也是用"女"为"汝"。回头看《作册般鼋》,把铭文中的此字释为"女"读为"汝",意思也很合适。"作汝宝"之说亦与例(14)《中方鼎》"今贶畀汝冉土,作乃采"的"作乃采"表达方式和所处语境相似。③

否叔器"为女宗彝"之"为",与"作"含义相近。"为女宗彝"与"作女(汝)宝"的表达方式相近,前者的"女"也应读为"汝"。"为汝宗彝"即制作你的宗庙彝器。

与"作女(汝)宝""为女(汝)宗彝"类似的表达,还见于下引铜器铭文中:

8. 庚姬器:庚姬作肆女宝尊彝。举。(《集成》16.10576,西周早期)

铭文中"肆"字的释读从陈剑意见,指肆祭。④与庚姬器相似的表达见于盂方鼎⑤,作"盂肆文帝母日辛尊"。盂方鼎铭文表明"此器是盂用以祭祀其日名为'辛'的嫡母之器"⑥。庚姬器铭文中的"女"应读为"汝"⑦,表示第二人称。铭文讲庚姬作肆祭汝的彝器,但没有具体交代"汝"为何人。同人所作的庚姬卣/庚姬尊(《集成》10.5404/11.5997)铭文作:"唯五月辰在丁亥,帝后赏庚姬贝三十朋,迨兹二十孚赏,用作文辟日丁宝尊彝。"可知器物是庚姬为其过世的丈夫所作,则庚姬器很有可能也是为其丈夫所作。

据此,我们将否叔器铭文释写如下:

否叔献彝,疾不已,为女(汝)宗彝则备,用遣汝星(眚)。

否叔器"否叔献彝"的语例与牧臣簋"牧臣行器"类似,"献"可理解为否叔的私名。这句话是说此器为"否叔献"之彝器。"疾不已"是说明作器原因,与曾亘嫚鼎之"非录"一致,都是指身临某种不幸。"为汝宗彝则备"是说给否叔献作了一套彝器,即目前发现的否叔这一组器物。"▉"字依李学勤、李春桃等先生释为"星",读为"眚","用遣汝眚"是说以此消遣灾祸。

本文讨论所涉及的作册嗌簋、曾亘嫚鼎和否叔器等铭文,均记载器主遇到不幸之事而作器求福。如作册嗌因儿子早亡,没有子孙,作器祭祀先祖。曾亘嫚不受福佑,故作器求福。否叔献因疾不已,作器祈求消遣灾祸。这三件器物铭文辞例相似,可互相类比以加深对此类铭文的理解。这类作器缘由与一般因接受封赏、土地交易而作器记录不一样,折射出周代社会生活的一个侧面。

---

① 原注:朱凤瀚:《作册般鼋探析》,《中国历史文物》2005年第1期。
② 原注:参看《集成》3.1320-1339。
③ 沈培:《说古文字里的"祝"及相关之字》,《简帛》第二辑,上海古籍出版社,2007年。
④ 陈剑:《甲骨金文旧释"将"之字及相关诸字新释》,《出土文献与古文字研究》第二辑,复旦大学出版社,第13—47页。
⑤ 《文物》1997年第12期第31页图六:1、2。
⑥ 陈剑:《甲骨金文旧释"将"之字及相关诸字新释》,第30页。
⑦ 金文中"女"表示"女儿"这一亲称,或用"女子"表示,如寻仲盘(《集成》10135)"中(仲)女子",吴王夫差盉(《上海博物馆集刊》第七期,第18—22页)"女子"。或用"元女"等方式,如"孟姬元女"(矢叔匜,《考古》2016年第5期,第48页)。

A Study on the Inscription on the Bronze Zenghuanman Ding-Vessel and Pishu Zun-Vessel

He Jingcheng

（School of Archaeology，Jilin University，Jinlin Changchun 130012，China）

Abstract：There are some similar expressions between the bronzes Zenghuanman Ding-Vessel and Pishu Zun-Vessel. We acquire a better understanding basing on studying this two bronzes together. The inscription "feilu(非录)"on the bronze Zenghuanman Ding-Vessel refers to catastrophe，and the word "er(尔)" on Zenghuanman Ding-Vessel refer to zenghuanman，the owner of the bronze. In this papers，we also point out that the word "nv（女）" should be read as "ru（汝）"，referring to "Pishuxian"，the owner of the bronze Pishu Zun-Vessel.

Key words：Inscription；Zenghuanman Ding-Vessel；Pishu Zun-Vessel

令鼎铭文考释二则*

任学蓥

【摘　要】令鼎是西周早期重要的青铜器。自清以来,诸多著录收录此器,鼎铭释读研究成果亦颇为丰富,然尚有需要商榷之处。本文分析认为鼎铭旧多释为"溓宫"的铭文实为"康宫";"敡"当读为"易",是兑现赏赐之义。

【关键词】令鼎;康宫;敡

【作者简介】任学蓥,女,华东师范大学中国文字研究与应用中心博士研究生,研究方向为古文字学。(上海 200241)

令鼎又名大蒐鼎、藉田鼎、諆田鼎,是西周早期的青铜器。铭文内容丰富有趣,记录了西周时期重要的礼仪活动"藉田礼",以及礼毕举行的燕射和人车争先的竞速赛事。据闻此器出土于陕西省芮城县,清时已经佚失,不知器形如何。吴荣光《筠清馆金文》最先收录此器摹本,其后,吴式芬《攈古录》收录另一摹本。后来的著录收录了拓本,且多称此器为令鼎,如刘心源《奇觚室吉金文述》、吴大澂《愙斋集古录》、刘体智《小校经阁金石文字》。其中吴大澂《愙斋集古录》收录的拓本对学界影响最大,《两周金文辞大系图录考释》《商周青铜器铭文选》《殷周金文集成》(2803)及诸多研究令鼎铭文的学者多选择此拓,作下揭:

---

　*　本文为国家社会科学基金项目"商周金文字词集注与释译"(项目编号:13&ZD130)阶段性成果。

自清时研究至今,虽然取得了不少成绩,却仍有需要商榷之处,本文将对其中的两个问题逐一进行讨论。

一　是"康宫"还是"潇宫"?

拓片可见,器铭左上部有残泐,"宫"上一字左旁笔画不甚清晰,作:

清代金石家吴荣光最早将这个字释为"霅"(雪),却没有分析此字构形。① 吴大澂《愙斋》从吴荣光之说,然亦未训释此字。② 吴式芬《攈古录》摹此字作"甫",隶释作"康"。③ 刘心源赞同吴式芬的释法,并略作考说,云:"康,本庚字,用为康。康宫屡见于钟鼎文,旧释作雪宫,非也。"明确批驳前人释"雪"之误。④ 而郭沫若则在《大系》中将此字改释为"潇"⑤,但未加以说解,不知所据为何。后来研究令鼎铭文的学者,如马承源⑥、袁俊杰⑦等,多从郭说。

早期金石家认为此残字是"霅"(雪)。"霅"(雪)字甲骨已见,字作"🦅"(《合》20914),从雨、从彗的象形文,西周金文作"🔲"(《近出二》390),亦从雨,金文"彗"之形较甲骨已有变化,为小篆所本。而此残字,上部根本不从"雨",下部可见的笔画亦与"彗"字不同,释"霅"(雪)显然不可信。一些学者将此残字与前文之"🔲"字视为一字,释为"潇"。然详察两字字形,残字上部的"∨"形下明显有一横,作"丫"形,而"🔲"字上部为手握二"矢"之形,所握之"矢"为"丫"形,视为箭矢尾羽的"∨"形下无横画,与残字形异。此残字所从之"丫"绝不是"矢",且旁边不似有另一"丫",下部亦不似有"水"之位置,与前文"🔲"字明显不是同一字。

此外,若将"🔲"字与前文"🔲中"之"🔲"视为一字,"🔲宫"就是指"🔲中"的家庙,即言王是在"🔲中"的家庙中对令进行颁赏。先秦君主册赐臣下有严格的礼仪制度,赏赐处所亦彰显着周工室权威,有着极其重大的政治意义。《礼记·祭统》云:"古者明君爵有德而禄有功,必赐爵禄于大庙,示不敢专也。"金文中可见的册赐地点,如"周新宫"(师汤父鼎,西周中期,集成 2780)、"周般宫"(七年趞曹鼎,西周中期,集成 2783)、"蠱侲宫"(大鼎,西周中期,集成 2807)等,皆是王之宫庙。于"仆"者"🔲中"的家庙对令进行颁赏,实在不大妥当。且王既然是从藉田处返回,可以称为王"归"之处,断不会是"仆"者的家庙。

仔细观察此字残留笔画,确近金文"康"字:

甫(康伯壶,西周早期,《洛阳青铜器》126)

甫(矢令方彝,西周早期,集成 9901)

甫(应侯见工钟,西周中期,集成 107)

甫(趞鼎,西周晚期,集成 2815)

①　吴荣光:《筠清馆金文》卷四,第 1—3 页。《金文文献集成》(第 12 册),据清宜都杨守敬重刻本影印,第 91—92 页。

②　吴大澂:《愙斋集古录》(第五册),第 12 页。《金文文献集成》(第 12 册),据 1930 年涵芬楼影印本影印,第 219 页。

③　吴式芬:《攈古录金文》卷三之一,第 67—68 页。《金文文献集成》(第 11 册),据 1913 年西泠印社翻刻光绪二十一年吴氏家刻本影印,第 340 页。

④　刘心源:《奇觚室吉金文述》,第 13—14 页。《金文文献集成》(第 13 册),据清光绪二十八年(1902)自写刻本影印,第 411 页。

⑤　郭沫若:《两周金文辞大系图录考释》,第 30—31 页。《金文文献集成》(第 21 册),据 1957 年科学出版社影印本影印,第 413 页。

⑥　马承源:《商周青铜器铭文选》(第 3 册),文物出版社,1988 年,第 70 页。

⑦　袁俊杰:《令鼎铭文通释补证》,《华夏考古》2014 年第 3 期。

金文"康"字上部之"∨"形下明显有一横,正与令鼎残字上部"∀"形相应;残字下部隐约可见的点画,亦与"康"字下部相合。且"康宫"多见于青铜铭文中,如走马休盘(西周中期,集成10170)、辅师嫠簋(西周晚期,集成4286)等,是西周时期王室十分重要的活动场所,常作为王册赐臣下的地点。王归至康宫,并在此地兑现给令的赏赐,可谓十分合情合理。

二 "𣪊"到底是什么字?

"𣪊",只见于令鼎,且在铭文中独立成句,甚难释读,多位学者对此字曾有说解。

吴荣光释为"驶",与前文之"𩣑"字同。[1] 孙诒让非之,说二者并非一字。[2] 刘心源认为此形是"吏",将㠯侧置,为"使"之异写。[3] 吴式芬认为"𣪊"即"般"。[4] 吴大澂认为此字为"夙"之异文,释为宿卫之"宿"。[5] 唐兰释为"外",是时间词,与"夙"相对,指晚间。[6] 王龙正认为"夙"有敬拜月神的意味,后来转变为主人对客人的揖让之礼。[7] 杨树达将此字读为"娭",《说文·女部》云:"娭,说乐也。"《列子·力命》注引《字林》云:"娭,欢笑也。"[8] 马承源从杨树达之说,皆言此字以"臣"为声符。[9] 袁俊杰隶定为"𣪊",通"抵"或"振",有振给、如数发放以相足之义,与上文"捨"近同。[10]

几位学者对"𣪊"字有各自的训解,然诸家所训的"驶""吏""夙""外""般"几字,在金文研究中已有共识:

驶　𩣑(令鼎,西周早期,集成2803)

吏　𣇄(井侯方彝,西周早期,集成9893)

夙　𠁥(大盂鼎,西周中期,集成2837)

外　𤰆(静簋,西周中期,集成4273)

般　𦨶(夨甲盘,西周晚期,集成10174)

五字字形与"𣪊"皆有所差异。按,"𣪊"与同铭可见之"𩣑"字形差异极大,吴荣光认为是一字实不可信。金文中"吏"字未见侧置"口"之字形,而"夙"字皆是从"丮",从未见从"攴"之例。释"𣪊"为"吏"或"夙"皆不确。甲骨用"卜"表示"外"这个位置,因"外"与卜兆之事关系紧密,是指与兆枝相背的部分,故字从"卜",绝不可能从"攴","𣪊"非"外"字。"般"字从舟,金文"舟"作"𦨶"(楚簋,西周晚期,集成4249),是描摹舟的轮廓,两竖笔上下皆出头,未与最上和最下的两横笔形成闭合结构。而"𣪊"左所从"臣"形,上下皆无出头竖笔,右竖笔更是在下部形成弧度,与左边竖笔相交,同金文"舟"字殊异,"𣪊"亦非"般"字。释为"驶""吏""夙""外""般"几字,皆不可从。

"𣪊"左所从当是"臣",金文"臣"字作"𦥑"(旗姬盨,西周中期,集成532,"姬"字所从),即"𣪊"左所从之"臣",可将"𣪊"隶定为"𣪊"。杨树达、马承源、袁俊杰几位学者从读音方面对"𣪊"字进行解说,认为"𣪊"左所从之"臣"为"臣",用作声符。详察从"攴"之字,其左所从大多是用作声符,如"政""效"

---

① 吴荣光:《筠清馆金文》卷四,第1—3页。《金文文献集成》(第12册),据清宜都杨守敬重刻本影印,第91—92页。

② 孙诒让:《古籀拾遗》卷下之十六,中华书局,1989年,第39页。

③ 刘心源:《奇觚室吉金文述》,第13—14页。《金文文献集成》(第13册),据清光绪二十八年(1902)自写刻本影印,第411页。

④ 吴式芬:《攈古录金文》卷三之一,第67—68页。《金文文献集成》(第11册),据1913年西泠印社翻刻光绪二十一年吴氏家刻本影印,第340页。

⑤ 吴大澂:《愙斋集古录》(第五册),第12页。《金文文献集成》(第12册),据1930年涵芬楼影印本影印,第219页。

⑥ 唐兰:《西周青铜器铭文分代史征》,中华书局,1986年,第239页。

⑦ 王龙正:《令鼎与射礼中的车战》,《黄盛璋先生八秩华诞纪念文集》,香港中国教育文化出版社,2005年,第196—204页。

⑧ 杨树达:《积微居金文说·令鼎跋》,上海古籍出版社,2013年,第28—30页。

⑨ 马承源:《商周青铜器铭文选》(第3册),文物出版社,1988年,第70页。

⑩ 袁俊杰:《令鼎铭文通释补证》,《华夏考古》2014年第3期。

等字；而"臣"于西周金文中仅用作声符，如"姬"。当从杨树达、马承源、袁俊杰之见，"㿳"确是一个从"臣"声之字。

"㽌"仅见于令鼎，未有其他文例可供参考，只能从令鼎铭文内容加以推究。令鼎铭文不仅记录了藉田礼与燕射礼，还记录了典礼仪式之后的活动。王允诺令如能"先马走"而"至"，则"舍臣十家"于令。"王至于康宫"后检验令的完成情况，发出"㿳"的指令。接受"㿳"后，令"拜稽首"，并"对扬王休"。依铭文所见，令完成了"先马走"而"至"的任务，所以王有"㿳"的命令。令拜谢王，表明令得到了"臣十家"，王"㿳"的指令就是兑现之前"舍臣十家"给令的允诺。"㿳"从"臣"声，"臣"古音属喻纽之部，铭文中多用来表示赏赐义之"易"古音属喻纽锡部，"易""臣"二字声母同而韵部相近，"㿳"与"易"音义当有所关联。令鼎铭文中，王先许下了"舍臣十家"的奖励，后来兑现了赏赐。相应的，"㿳"这种赏赐便带有极重的兑现允诺的意味，就是兑现赐赏之意。

Two Complementary Interpretations of the Inscription of Lingding

Ren Xuemeng

（Center for the Study and Application of Chinese Characters，

East China Normal University，Shanghai 200241，China）

Abstract：Lingding is an important bronze in the early Western Zhou Dynasty. Since the Qing Dynasty，this bronze has been included in many descriptions，and the research results of the interpretation of the inscriptions have also been quite rich. However，there are still some points that need to be discussed. This article analyzes the character form of the inscription and gets the conclusions：the inscription which was often interpreted as "溓宫（Liangong）" in the past is actually "康宫（Kanggong）"；the word "㿳（Yi）" should be read as "易（Yi）"，which means to honor a reward.

Key words：Lingding；Kanggong；Yi

《战国文字字形表》金文部分订补*

崔智博

【摘　要】《战国文字字形表》是一部新出的战国文字工具书,在汇集新材料、吸收新的考释成果等方面成就突出。但其中也存在一些疏误,如所收字形有误、考释不当,以及字形遗漏等。本文针对其问题进行订补,包括校字形、校考释、补异体和补系别四个方面。

【关键词】战国文字字形表;字形;金文;订补

【作者简介】崔智博,女,华东师范大学中国文字研究与应用中心博士研究生,研究方向为战国文字。(上海 200241)

由黄德宽先生主编、徐在国等先生编著的《战国文字字形表》(下简称《字形表》)于 2017 年由上海古籍出版社出版。《字形表》是近年来集战国文字研究的大成之作,吸收学界最新的考释研究成果,涉及古文字器类全面,收字资料详实,为学界战国文字研究提供极大的方便,"是研究古文字尤其是研究战国文字学者的必备工具书"①。《字形表》尚有一些疏误,吉林大学的一篇硕士学位论文《〈战国文字字形表〉校订》②已就新的考释意见对《字形表》进行了部分校订。笔者就金文部分敬陈管见,祈请方家指正。

一　校订

校订部分包括校字形和校考释两个部分,每条先列《字形表》字头编号、字头、所属系别,再加按语。校字形是对《字形表》处理有误的字形进行校订,包括字形缺笔、摹写、出处和隶定有误等问题。校考释是根据新的考释意见对《字形表》中部分释读进行校订。

(一) 校字形

0003③"天"字下【燕】所收字形为 ,经查验原拓,该字形实际应该是 ,顶上有一饰笔,这是战国时期六国文字"天"的特点。

0071"闰"字下【晋】金文所收字形为摹写字形,字形缺笔作 。见于《收藏》2009 年第 1 期的元年闰矛,字形作 ,字形完整,无缺笔,宜收入该字下。

0276"范"字【晋】异体"郖"下金文所收摹写字形作 ,核查原拓,该字作 ,摹写字形与原形字左旁下部相差较大,所从"卩"的形态也不同。

0380"茛"字下【晋】金文所收字形为 ,经过核查原拓,图片处理有误。该字下部所从"皀"上有一竖笔,下部笔画向下曳出,字形应该作 。

0469"告"字下【晋】金文字形 ,"口"上多出一笔,该字应该作 。

0817"衡"字下【燕】金文收字形 ,该字实则作 。"衡"从行时,"率"省作"幺"形,疑与"行"合用

＊　本文得到 2019 年华东师范大学优秀博士生学术创新能力提升计划项目(YBNLTS2019－062)资助。

① 曹锦炎:《研究战国文字的重要工具书——战国文字字形表》,《战国文字研究》第一辑,安徽大学出版社,2019 年,190 页。
② 曹磊:《〈战国文字字形表〉校订》,硕士学位论文,吉林大学,2020 年。
③ 字头前的编号为《字形表》原始编号。

笔画,而从辵时,"率"两侧的笔画通常不省。①

2423"桴"字下【晋】金文收摹写字形,经过核查原拓片,该字原形作。《字形表》的摹写字形右侧"孚"下"子"左侧有缺笔。

3418"算"字下【晋】收入杕氏壶的,"宀"下是"算"字异体,"算"字中间所从是"鼎","算本从竹具,具本从贝,古贝、鼎字每互讹,此其一例"②,字头下宜添加隶定字形"籑"。

3769"作"下【楚】异体"复"收字形,"又"右侧有饰笔。《集成》2623中"作"的字形作,所从"又"的右边并无饰笔。《字形表》所示字形的出处应该是《集成》2479。

4483"马"字下【燕】金文所收字形作,经过核查原拓片,该字作,《字形表》字形下缺一横笔。

6322"毁"字下【楚】金文所收字形作,右侧从攴。该字同见于《集成》12110,字形右侧所从为"殳"而非"攴",《集成》12112原拓片不清楚,《摹释总集》摹写作,可信。

(二) 校考释

0070"王"和0073"玉"【晋】下均收录(《集成》00980,鱼鼎匕)。按,此字三横笔之间等距,中间横笔与竖笔相交位置有填实,与"王"字不类,已有学者改释为"玉"③,可从。再补充字形证据如次,三晋"玉"字除了常见的字形作三横笔等距以外,也有竖笔上下两个部分各作填实,常见于古玺文,字形如(《玺汇》155.1452)、(《玺汇》108.0897),或者只在下部的竖笔处填实或以笔画勾勒,多见于偏旁,如(《集成》2840中山王鼎)、(《玺汇》195.1935)、(《玺汇》132.1178),与楚简字形相近。鱼鼎匕中的铭文很可能是"玉"的一种异写形体。

0264"折"【晋】下收(《集成》2840,中山王鼎)。按,当读为"慎"。赵诚先生认为该字形体可有两种解释,一是从木所声,即上部是"所"字的减省,与"质"通假;二是从折从木,即悊字,从木和从心相通,上部是"折"的减省。④ 周波先生赞同赵先生的第一种分析思路,并指出该字"也许是'梽'之本字或是为本质、朴质之'质'所造的专字","可以读为'慎'",铭文中意为谨慎。⑤ 中山王鼎铭字形左侧与"折"所从的像斧斤砍斫草木不类,与古玺文中从心所省声的构形相近⑥,周说可从。

5865"匩"下收【晋】金文(《集成》2840中山王鼎),读"委"。按,林沄先生指出隶定为"匩"未确,该字是"委"字异体。⑦ 凡例未明确按隶定收字,宜归到"委"字下,以呈现最新考释成果,展现战国文字面貌。该构形亦见于越国文字,《字形表》宜增收(《新收》1870,越王州句剑)、(《集成》11579,余王剑)。

徐中舒、伍士谦二位先生根据《汗简》"魏"字,指出该字是"魏"的简写字,读作"委"。⑧ 黄盛璋先生也指出此字就是"委"字,"取'委'上部而加匚为'匩',看来明确无疑"。⑨《说文》:"委,委随也。从女从禾。"徐铉曰:"委,曲也。取其禾谷垂穗委曲之貌,故从禾。"施谢捷先生指出该字"应该是委曲、委积之'委'的本字,是'从乚(或从匸)从禾'"。⑩ 该字就是"委"字,不必借读。鼎铭中引用作"委任"意。

6607"鍱"下收【晋】(《集成》04688上官豆)、(《集成》10456姊室门鍱),读为尊。按,这两字

① 参见董莲池:《新金文编》,作家出版社,2011年,159—160页。
② 郭沫若:《两周金文辞大系》,中华书局,1998年,第158页。
③ 参考容庚:《金文编》,科学出版社,1959年,第20页。何琳仪:《鱼颠匕补释——兼说昆夷》,《中国史研究》2001年第1期。单育辰、李松儒:《介绍一件罗振玉旧藏的羹匕》,《经学文献研究集刊》第十三辑,上海书店出版社,2015年,330页。
④ 赵诚:《中山壶、中山鼎铭文试释》,《古文字研究》第一辑,中华书局,1979年,第257页。
⑤ 周波:《中山器铭文补释》,《出土文献与古文字研究》第三辑,2010年,复旦大学出版社,第197页。
⑥ 古玺文构形参考廖名春:"慎"字本义及其文献释读》,《文史》2003年第3期,第185页。
⑦ 林沄:《新版金文编正文部分释字商榷》,中国古文字学会第八届年会论文,1990年,第10页。
⑧ 徐中舒、伍士谦:《中山三器释文及宫堂图说明》,《中国史研究》1979年第4期,第90页。
⑨ 黄盛璋:《中山国铭刻在古文字、语言上若干研究》,《古文字研究》第七辑,中华书局,1982年,第85页。
⑩ 施谢捷编著:《吴越文字汇编》,江苏教育出版社,1998年,第581页。

应隶定作"鉄",宜增加字头"叁"。林沄先生指出以往将上官豆中的这个字隶定为"鉄"有误,该字是上官豆的自名,从金从关,是《说文》中"叁"的或体,"叁,豆属,从豆关声"。① 李家浩先生指出"关"即"卷"字的声符,与"朕"的声符是不同的字,并认为哀成叔豆(《集成》04663)自名的"![字]"也应该为"叁"。② 谢明文先生根据《芮良夫毖》简22"女(如)(关)枨扃![字]"中的"![字]",整理者隶定作鑑,指出该字与酥室门鉄中的"![字]"是异体关系,也是"叁"的异体,"应该是该器的自名,结合其器形作'圆棍形'以及语音两方面来看",宜读为"键",作名词,指用来关闭门户的门栓。③ 谢说可从。

二　补遗

《字形表》收录字形原则见于"凡例"第五条,"每一字头下所收字形为具有文字学意义之典型字形,各类异体异构字尽量全数收录"。"凡例"未对"文字学意义之典型字形"进行解释,如果理解不错,所谓的典型字形是指某地文字系统中具有代表性的字形,能在一定程度上反映该地文字构形的情况,因而能达到"完整反映战国文字的全貌"的目的。基于《字形表》的收字原则,本文对其金文部分遗漏的字形进行增补,包括补异体异构字和补系别文字两方面。

(一) 补异体

该部分增补《字形表》未收之异体字,包括增补战国早期字形、异体字头和鸟虫书等。

0001"一"【齐】下宜出异体"弌",该字形见于庚壶,根据张光远先生摹本④字形作,与《说文》古文"弌"构形一致。按照《字形表》体例所示,该字形只见于秦、楚两地竹简文字,而事实并非如此。庚壶属春秋晚期,该字显示有较早的来源,宜收入"齐"下,以完整反映齐系文字特点。

0020"祀"【燕】下宜收。该字形左右结构,与其他地域文字结构特点相同。《字形表》只收录上下结构的字形,从完整展现战国文字面貌来讲,左右结构的"祀"也是具有文字学意义的典型字形,所以应该收入。

0070"王"【齐】⑤下宜收,【燕】下宜收。战国时期五系均有三横等距的"王",与古文字中"玉"形混同,因此战国时期的"玉"多增羡笔。

0072"皇"【楚】下宜收,上部构形与《字形表》所收的楚系常见构形不同。【齐】宜增收,与《字形表》所收"皇"下部作"王"形的字形不同,该字形是战国早期的构形,继承了春秋文字的特点。

0134"屯"【齐】宜收。以往此字不识,细审此字为"屯","屯"是《说文》小篆"春"字的声符,铭文中读为春,是为月名。《字形表》只收一砖文,该形体也宜收录。

0142"庄"【齐】宜收入,张光远先生读为"庄",李家浩先生指出此字从畱从

---

① 林沄:《新版金文编正文部分释字商榷》,中国古文字学会第八届年会论文,1990年,第4、11页。
② 参见李家浩:《信阳楚简"浍"字及从关之字》,《中国语言学报》1983年第1期。
③ 谢明文:《金文丛考(二)》,《出土文献综合研究集刊》第三辑,巴蜀书社,2016年,第33—36页。
④ 摹本详见张光远:《春秋晚期齐庄公时庚壶考》,《故宫季刊》第十六卷,1982年第3辑,第83—106页。下同。
⑤ 《字形表》"王"下【齐】、、,应该是刘钊先生所释"主"字。(参见刘钊:《齐国文字"主"字补证》,《书馨集:出土文献与古文字论丛》,上海古籍出版社,2013年,第296页。原载《出土文献与古文字研究》第三辑,复旦大学出版社,2010年,第144—145页。)刘钊先生认为判断"主"与"王"的重要差异是字形最上部的横笔向中间倾斜,但金文、、上部横笔无弯曲姿态,且齐国东周纪年铭文除此三例外皆作"唯王某月/年"。此外,曾国文字曾旨尹龔缶),从乔从主,由此小篆中"主"的构形似乎有更早的来源。

臧声①。《字形表》收录的"牆","甾"下从口,该字形从丌省形与其有别,故也宜收录。

0238"蔡"【楚】（《集成》11602,蔡侯产剑）、（《集成》11604,蔡侯产剑）,《字形表》对《鸟虫书》字形收录不多,宜收录明确的已释字。

0264"折"【晋】宜增异体"斲"（《图像》02387,春平相邦葛得鼎）。与《字形表》所收字形左侧中间作两横的构形不同,这种写法的"折"与楚简中的写法一致,鼎铭中用作姓氏。②

0402"莫"【楚】宜收入（《集成》00144,越王者旨于赐钟）。"越国文字属于战国文字的一个分支",《字形表》"收录不多","可适当选采"。③

0419"余"【齐】下宜收（《集成》04630,陈逆簠器）、（《集成》11035,陈余戈）,与《字形表》所收齐古玺文"余"竖笔增加横划的构形不同;【燕】下宜收（《集成》11541,不降矛）,竖笔左右两笔作上扬姿态,与《字形表》所收古玺文中两笔省作短横的字形有别。

0484"吾"【楚】宜加异体"䰮",（《考古与文物》2013(1),二十九年弩机）。《字形表》楚系下只收录从五从口的字形,迭加"五"的"吾"不只见于齐陶文,也见于楚金文。

0546"严"【楚】宜收（《集成》11381,楚王酓章戈）。《字形表》收录"嚴""㘉""䚗"三种构形,楚王酓章戈的字形与这三种构形皆不相同。

0569"趄"【楚】宜收（,《集成》00034,董武钟）。【晋】宜增收异体（《通鉴》02379,宄保之女鼎）,所从"夭"形独特。

0605"登"【晋】宜收（《集成》01497,周登鼎）,上部"止"两笔交叉,战国晋、楚文字中常见的特点。

0611"正"【楚】宜收（《集成》01500,正易鼎）,"止"的两笔作交叉状;【晋】宜收（《集成》11864,私库嗇夫镶金银泡饰）,与《字形表》所收"正"字上部无饰笔的构形不同。

0629"造"【楚】宜增加异体字头"俈",见于金文（《集成》,11251 陈旺戟）、（《集成》02302,膡所佶鼎）、（《新收》1373,新造自司之矛）,也见于楚简（《上博》,五三德 12）等,不同于《字形表》楚下收录的"造""敖""貼""戗"几种构形。【晋】"戗"下宜收（《集成》11376,十八年戈）、（《近出二》1246,十八年冢子韩矰戈）,左侧从曹。

0790"得"【燕】宜增异体字头"寻",（《新收》,1481 渔阳铍）,与《字形表》所收从辵或从彳构形不同。"寻"见于楚、晋、齐和燕四地文字。

0810"建"【晋】宜收（《通鉴》02378,建阴氏孝子鼎）,所从的"聿"是三晋的典型构形,与《字形表》所收构形不同。

0813"行"【楚】宜收（《集成》11175,曾侯邸双戈戟）,战国早期曾国字形;【燕】宜增加异体（《集成》11350,郾王詧戈）,不同于《字形表》燕下所收构形,这一形体通行于五系。

0869"商"【楚】（《集成》11915,悍距末）,与《字形表》所收"商"内"口"上作"大"形的形体不同。

0885"廿"【晋】宜收（《集成》02610,廿七年大梁司寇鼎）,与西周时期"廿"的字形特点一致,与《字形表》所收的战国常见的构形不同。

1227"鬲"【晋】"䇤"下宜收（《新收》1639,君子之弄鬲）,"鬲"下从"圭",很可能是《字形表》所收戈铭构形的来源。

1240"为"【楚】宜收（《集成》00327,曾侯乙钟中三 7）、（《集成》00287,曾侯乙钟下一 2）、（《集成》00321,曾侯乙钟中三 1）,战国早期曾国字形与《字形表》所收的从"象"形体减省的形体不同。

1263"尹"【晋】"君"下宜收（《新收》1775,廿年相邦建信君剑）,与《字形表》所收"君"上所从的

---

① 见李家浩:《庚壶铭文及其年代》,《古汉语研究》第十九辑,中华书局,第 94—95 页。
② 参考董珊:《五年春平相邦葛得鼎》,《古文字与古代史》第三辑,台北"中研院"历史语言研究所,2012 年,第 287 页。
③ 曹锦炎:《研究战国文字的重要工具书——战国文字字形表》,《战国文字研究》第一辑,安徽大学出版社,2019 年,第 190 页。

“尹”内一笔穿出的形体不同。

1284“史”【晋】宜收（《集成》09982，丧史賓瓶），与常见的战国“史”写法不同，上部构件减省，这种写法见于西周时期的殷簋、此簋等。

1302“臧”【晋】宜增异体字头“𣪠”，（《图像》02387，春平相邦葛得鼎），下部从止，不同于《字形表》所收的从立或从土的构形。

1357“寇”【晋】宜收（《珍·吴》297 页，五年成阴啬夫戟），从宀从伐，“元”讹作“亻”形。

1366“敌”【楚】宜增异体字头“㪇”，（《近出》1225，攻敌王夫差剑）、（《新收》1734，吴王夫差剑）；增异体字头“敳”，（《集成》11046，敌之造戟），累加“五”。

1446“教”【楚】“效”下宜收（《集成》11602，蔡侯产剑），与《说文》古文、郭店简（唐虞 4）、（唐虞 5）构形特点一致，或许楚系文字中从爻从攴的构形有比较早的来源。

1447“斅”【楚】宜增异体字头“学”，（《集成》00126，者沪钟）、（《集成》00121，者沪钟）等不从攴。

1523“者”【楚】宜收（《集成》00120，者沪钟）、（《集成》00122，者沪钟），战国早期字形；（《新收》1869，者差剑），若摹写不误，则与上博简（《缁衣》，简 22）、（《缁衣》，简 1）下部构形特点一致；【晋】宜收（《集成》10396，左緐箕）、（《集成》11561，閃令赵狈矛），战国时期“者”上部笔画交叉，与“之”字构形有平行的形体演变规律。

1542“翏”【楚】宜增收（《集成》11136，蔡仲戈）、（《集成》10910，玄翏戈）。

1868“割”【楚】宜收（《集成》00314，曾侯乙钟中二 6），“害”下不从口从目，与“害”形混。

2040“箕”【楚】“其”下宜收（《集成》00328，曾侯乙钟中三 8）、（《集成》00428，冉钲鍼），战国早期字形；“倂”下宜收（《考古与文物》2013(1)，二十九年弩机）。

2051“奠”【晋】宜收（《集成》02707，右使车啬夫鼎），所从“丌”形减省。

2092“喜”【楚】宜收（《集成》00320，曾侯乙钟中二 12），所从“豆”保留早期形体特点。

2171“飤”【楚】宜收（《集成》01980，卲之飤鼎），战国早期楚国字形。

2220“入”【晋】宜收（《集成》00157，厵羌钟），增添饰点，与《字形表》所收形体不同。

2221“内”【楚】宜收（《集成》00034，董武钟），战国楚国字形。

2266“亩”【晋】宜增加异体字头“亩”，（《集成》02307，右廪鼎），该字从宀，与大盂鼎“亩”构形特点相同。

2287“夏”【齐】宜增（《集成》10007，邳伯缶），战国早期字形，与《字形表》所收“止”形与“页”分离的形体不同。

2570“楚”【楚】（《集成》00321，曾侯乙钟中三 1）、（《集成》11381，楚王酓章戈），前者下作“子”形，后者“疋”上圆圈内添加饰笔。

2584“市”【晋】宜收（《集成》11330，卅三年大梁戈），铭文中“工师”不合文。该构形与《字形表》所收竖笔添加饰笔的构形不同。

2585“师”【楚】宜收（《集成》00428，冉钲鍼），战国早期字形，与《字形表》所收字形“帀”竖笔、横笔上分别添加饰笔的构形不同。

2604“剌”【楚】宜收（《集成》00123，者沪钟），《字形表》少收越国文字。

2615“国”【楚】宜收（《考古》2014 年第 07 期，曾大司马国鼎），所从囗省写作匚，方向与《字形表》所收字形相反。

2773“鄦”【楚】宜增加异体字头“䣽”，（《通鉴》17126，鄦子戈），增加“甘”形。

3059“巷”【楚】宜增（《飞诺》，向寿戈），与《字形表》所收从辵或从行的形体不同，这一构形见于秦、楚、晋等多地。

3065“昭”【晋】宜收（《集成》00158，厵羌钟），从日从卲，与《字形表》所收减省“口”的形体不同。

3144 "月"【齐】宜收 ▨（《集成》04190,陈肪簠盖）,战国早期字形,保留早期文字特点。

3149 "期"【楚】宜增异体字头"具",字形见于 ▨（《集成》02766,徐 ▨ 尹謦鼎）,与《字形表》所收从月其声和从日丌声的构形不同。

3155 "明"【楚】宜收 ▨（《集成》02766,徐 ▨ 尹謦鼎）,《字形表》所收字形从日或从目,徐 ▨ 尹謦鼎铭所从可能是"目"形的变体。

3172 "齐"【齐】宜收 ▨（《集成》04595,齐陈曼簠）,上部竖笔穿过两横,下部讹作"土"形。

3191 "禾"【楚】 ▨（《集成》00015,留镈）;【晋】 ▨（《集成》10385 司马成公权）。

3217 "年"【楚】宜收 ▨（《考古与文物》2013 年第 1 期,二十九年弩机）,下部作"壬";【燕】 ▨（《集成》11916,廿年距末）。

3224 "秦"【楚】宜收 ▨（《考古与文物》2013 年第 1 期,二十九年弩机）,"廾"形不省。

3272 "緒"【楚】宜收 ▨（《集成》00914,铸客盙）,"者"下部从口,与楚系常见"者"字构形不同,该特点多见于春秋文字。

3305 "宅"【楚】"宒"下宜收 ▨（《集成》00126,者沪钟）、 ▨（《集成》09711,曾姬无恤壶）,战国早期文字。

3308 "向"【晋】宜收 ▨（《飞诺》,王之一年戈）,上部所从的"宀"形是三晋的典型构形,与《字形表》所收形体不同。

3315 "安"【楚】宜收 ▨（,《集成》10001,蔡公子缶）,战国早期字形,所从的"宀"继承春秋时期文字特点。《字形表》所收多为战国中晚期字形,这一时期楚系"宀"的典型构形作"▨"。

3325 "容"【晋】宜收 ▨（《沇水》603 页,中阳王鼎）,与《字形表》所收文字形体不同。

3351 "宗"【齐】宜收 ▨（《音乐·山东》,司马椸编镈）,战国早期文字,保留春秋文字特点。

3352 "宝"【晋】宜收 ▨（《铭文选》882,舒蚕壶）,与《字形表》所收字形"主"上添加饰笔的构形不同。

3431 "宫"【燕】宜收 ▨（《集成》11455,右宫矛）,所从"宀"与《字形表》所收构形不同。

3467 "疾"【秦】宜收 ▨（《集成》11297,王六年上郡守疾戈）,所从"疒"与《字形表》秦下所收形体不同,这种构形的"疒"在楚简中非常常见。

3638 "两"【秦】宜收 ▨（《集成》02530,王子中府鼎）、 ▨（《近出》0353,蒖阳鼎）;【晋】 ▨（《图像》02255,春成家子鼎）,与《字形表》所收从羊的形体不同。

3707 "帛"【楚】宜收 ▨（《考古与文物》2013 年第 1 期,二十九年弩机）,"巾"形演变与"万"等下部类似。

3785 "使"【晋】宜收 ▨（《灵寿城》60·1,左使车铲）,从"人"形,与《字形表》所收从彳形的构形不同。

3921 "从"【楚】宜收 ▨（《鸟虫书》147 页,蔡公子从戈）,战国早期蔡国文字。

3924 "北"【楚】宜收 ▨（《通鉴》18049,越王丌北古剑）,战国早期越国文字。

3934 "重"【楚】宜收 ▨（《考古与文物》2013 年第 1 期,二十九年弩机）,与《字形表》所收从主构形不同,中间作"目"形,构形与郭店《唐虞之道》 ▨ 字形相近。

3943 "殷"【晋】宜收 ▨（《集成》09683,十朱扁壶）,从敄从殳,相比《字形表》所收的五年邢令戟铭文构形清晰准确。

3978 "衧"【晋】宜收 ▨（《近出二》1237,八年阳城令戈）,《字形表》所收字形"干"在"衣"内。

4078 "朕"【楚】宜收 ▨（《集成》00122,者沪钟）,战国早期文字,无饰笔。

4095 "兄"【楚】下宜增异体字头"佲", ▨（《集成》04694,郘陵君王子申豆）、 ▨（《集成》10297,郘陵君鉴）,与《字形表》所收的从兄的构形不同。

4104 "视"【晋】宜收 ▨（《集成》09583,韩氏私官方壶）、 ▨（《集成》02611 卅五年鼎）;"眡"下宜增 ▨

（《集成》09449，卅五年盉）、[字形]（《集成》10478，兆域图铜版），"目"在"氏"上，"氏"上有饰笔。

4256"令"【楚】宜收[字形]（《考古与文物》2013年第1期，二十九年弩机），与《字形表》所收从命从攴的构形不同。

4270"辟"【晋】宜收[字形]（《集成》00161，鷹羌钟），从卩从辛，减省像玉璧之形的构件。

4277"冢"【晋】"塚"下宜增[字形]（《图像》02387，春平相邦葛得鼎），"冢"上"土"下。

4281"敬"【晋】[字形]（《新收》1206，新城戈），"苟"本作羊头，讹作"至"形，符合三晋文字特点。

4289"畏"【楚】下宜增异体字头"鬼"，[字形]（《集成》11602，蔡侯产剑），战国早期蔡国文字。

4332"库"【晋】宜收[字形]（《集成》11039，邯郸上库戈）、[字形]（《图像》02387，春平相邦葛得鼎）、[字形]（《集成》11356，廿四年邯阴令戈）、[字形]（《飞诺》，四年冢子戈）、[字形]（《故宫文物月刊》2005年总第272期，元年安平相邦戈），"宀"构形多样。

4483"马"【燕】宜增[字形]（《集成》10583，匽侯载器），与《字形表》所收形体不同。

4752"大"【楚】宜增[字形]（《集成》00287，曾侯乙钟下一2）、[字形]（《集成》11544，越王大子矛），战国早期字形；【晋】宜增[字形]（《集成》2840中山王方壶），这是广泛见于各系的构形。

4793"夫"【楚】宜增[字形]（《新收》1734，吴王夫差剑），像人手部的笔画平直，与[字形]（上博《缁衣》，简12）、[字形]（《语丛》一，简109）等字形特征一致；【晋】宜增[字形]（《集成》12062，左使车嗇夫帐桿母扣），继承早期字形特点，战国晚期三晋"夫"多作上下分离；[字形]（《集成》12061，左使车嗇夫帐桿母扣），像人手部的笔画平直，与楚系文字特点一致；[字形]（《集成》10475，十四茉帐）、[字形]（《集成》10477，十四茉风方案），三晋"夫"常添加饰点。

4881"愻"【楚】宜收[字形]（《集成》00121，者沪钟），战国早期字形。

5000"态"【楚】宜收[字形]（《文物》2008年第01期，楚王酓悆盘），战国早期字形。

5429"冶"【晋】宜收[字形]（《集成》02611，卅五年鼎）、[字形]（《集成》02481，二年宁鼎），三晋"冶"构形繁多，四要素常变换位置，这两种构形多见于赵、魏两国。

5496"西"【秦】宜收[字形]（《集成》11008，蜀西工戈）；【燕】宜收[字形]（《集成》01503，西官鼎）。

5604"搏"【楚】宜收[字形]（《集成》00034，董武钟），下增"土"，读为董。

5789"戟"【楚】"戈"下宜收[字形]（《集成》11161新鄀戟）。

5792"战"【楚】宜收[字形]（《通鉴》19084，楚王酓忎衡末饰），与秦、晋文字构形相同，与《字形表》所收楚简文字下作"大"的构形不同。

5874"曲"【晋】宜收[字形]（《近出》1179，十一年皋落戈），与楚简文字构形一直，《字形表》所收三晋铭文构形不同。

5910"粥"【楚】宜收[字形]（《集成》00126，者沪钟），"西"保留了早期形体。

5956"终"【秦】宜收[字形]（《集成》10372，商鞅量），与《说文》古文相同，与《字形表》所收从糸的字形不同；【楚】[字形]（《近出二》268，曾侯乙鼎），减省了像打结之形。

6297"在"【晋】宜收[字形]（《图像》02387，春平相邦葛得鼎）。

6311"城"【楚】"赫"下宜收[字形]（《考古与文物》2013年第1期，二十九年弩机），所从"章"构形不减省，作两亭相对状，与《字形表》所收"章"下减省的构形不同。

6437"畺"【楚】"疆"下宜收[字形]（《集成》00428，冉鉦鍼），以"阜"代替义符"土"。

6498"金"【楚】宜收[字形]（《考古与文物》2013年第1期，二十九年弩机）。

6506"铸"【秦】宜收[字形]（《首阳》183页，商鞅鈹），从"口"与《字形表》所收从火的构形不同。

6631"斤"【秦】宜收[字形]（《近出》0353，莴阳鼎），与《字形表》所收构形不同。

6653"料"【晋】宜收[字形]（《集成》02693，廿三年枭朝鼎）、[字形]（《集成》02590，十三年上官鼎），"斗"在"八"内，与《字形表》所收"八"上"斗"下的构形不同。

6741"陵"【楚】宜收 （《集成》04695，郎陵君王子申豆），与《字形表》所收构形不同。

6744"陆"【齐】宜收 （《集成》10926，平陆戈），省形，与《字形表》所收古玺文字形不同。

6772"陈"【齐】宜收 （《集成》04190，陈肪簋盖），"东"形上添加笔画，竖笔上部左倾，战国早期字形。与《字形表》所收构形不同。

6836"甲"【晋】宜收 （《近出》1200，廿七年安阳戈），与《字形表》所收构形不同。

6844"成"【齐】宜收 （《国博馆刊》2012 年第 09 期，乐城戈），添加饰点，与《字形表》所收构形不同。

6886"卯"【楚】宜收 （《集成》11645，越王剑），战国早期越国文字。

6927"亥"【楚】宜收 （《考古》2014 年第 07 期，琚盘），战国中期字形，与《字形表》所收构形不同。

（二）补系别

该部分是针对《字形表》漏收某系的文字字形进行增补。

0002"元"，补【晋】（《集成》11290，子孔戈），战国早期字形，书写风格与楚文字接近。

0153"苏"，补【楚】（《考古与文物》2013 年第 1 期，二十九年弩机），战国晚期文字。

0511"荠"，补【齐】（《音乐·山东》，司马楙编镈），与《字形表》所收秦、楚文字构形一致。

0570"赵"，补【晋】（《集成》09537，赵君壶）。

0581"历"，补【楚】（《考古与文物》2013 年第 1 期，二十九年弩机），所从"止"是战国文字特点。

0762"遣"，补【楚】（《集成》10190，王子造匜），所从"会"构形独特。

0839"践"，补【燕】（《上博》第 8 期，郾王职壶）、（《上博》8 期，郾王职壶）、（《集成》11525，郾王戎人矛），右侧所从是"戈"的变体①。

0999"诃"，补【晋】（《集成》11182，朝歌右库戈），从言从可，读为歌，"言"的构形体现三晋的构形特点。

1120"音"，补【齐】（《集成》10985，音宫左戈）。

1142"丞"，补【齐】（《近出》1244，廿四年莒阳斧）。

1232"虞"，补【楚】（《考古》2014 年第 07 期，曾孙伯国甗），与《字形表》所收三晋文字不同。

1599"蒐"，补【燕】（《集成》02237，王蒐鼎）。

2125"齍"，补【燕】（《集成》10583，匽侯载器），下部从酉不从皿。

2234"矢"，补【楚】（《考古与文物》2013 年第 1 期，二十九年弩机），战国晚期字形，与其他地域"矢"构形一致。

2661"贰"，补【齐】（《新收》1080，少司马耳杯），战国晚期字形。

2665"质"，补【楚】（《考古与文物》2013 年第 1 期，二十九年弩机），"贝"省作"目"形。

2814"邾"，补【晋】（《新收》0571，邾戈）。邾，三晋地名，可能地属魏国。②

2827"邨"，补【晋】（《珍·吴》109 页，廿七年顿丘令麋酉戟）。

3174"枣"，补【齐】（《新收》1032，陈发戈），读为"造"，与三晋宜乘戟（《集成》11112）"枣"字用法相同。

3932"望"，补【晋】（《集成》11313，九年戴丘令瘫戈），与秦文字构形相同。

4078"朕"，补【齐】（《近出二》48，司马楙编镈）。

4110"毗"，补【晋】（《飞诺》，王之一年戈），三晋魏国器，人名用字。

4257"邵"，补【秦】（《集成》10357，邵宫和）。

---

① 董珊、陈剑：《郾王职壶铭文研究》，《北京大学中国古文献研究中心集刊》第三辑，北京大学出版社，2002 年，第 48—49 页。
② 参考吴良宝：《二十二年邾嗇夫戈考》，《出土文献》第六辑，中西书局，2015 年，第 76—81 页。

4262"印",补【燕】,(《集成》11926,左周弩牙)。

4433"丹",补【楚】,(《集成》00428,冉钲铖),战国早期文字。

4488"朝",补【晋】,(《集成》09449,卅五年盉)。

4428"端",补【晋】,(《近出》1196,六年襄城令戈)、(《新收》0583,八年阳翟令矛),右侧从"耑","戟刃"或"戟束"前的修饰语。①

5421"羡",补【晋】,(《集成》2840,中山王方壶)、《新收》1500,永世取库干剑)。

6270"亘",补【楚】,(《集成》00328,曾侯乙钟)。

6740"官",补【燕】,(《集成》01503,西官鼎)。

6847"庚",补【齐】,(《近出二》47,司马楙编镈),战国早期字形。

编纂这样一部嘉惠学林的工具书实属不易,《字形表》的学者们知难而上,为古文字学研究提供了难得的资料平台。后学求全责备,只希望能起一点拾遗补缺的作用。

Supplement and Revision for Bronze Inscriptions in
Warring States Character Glyph Table

Cui Zhibo

(Center for the Study and Application of Chinese Characters,

East China Normal University, Shanghai 200241, China)

Abstract: This paper maked up for some mistakes of *Warring States Character Glyph Table*, which are incorrect glyphs, improper interpretation of glyphs and missing typical glyphs, ect.

Key words: *Warring States Character Glyph Table*; character form; bronze script; supplement and revision

---

① 参考谢明文:《说耑及相关诸字》,《文史》第三辑,中华书局,2020年,第5—18页。

林乡司武玺及相关问题考辨*

滕胜霖

【摘　要】"林乡司武"玺是一纽战国宋官玺，其中"武"的写法又见于大武戈。本文结合楚简中"兴"的一种写法，对大武戈铭文进行了新的释读。

【关键词】林乡司武；宋；大武戈；兴

【作者简介】滕胜霖，安徽大学文学院汉字发展与应用研究中心博士研究生，研究方向为古文字学。（安徽　合肥　230039）

赖非先生主编的《山东新出土古玺印》编号 017 著录如下一纽铜官玺：

此玺长宽均 2.8 厘米，通高 1.6 厘米，鼻纽，方形印面，四字白文，四周有边框，出土于诸城市昌城镇巴山村王绪祖墓。墓主人王绪祖是清末金石大家，王氏生前嗜典籍、金石、篆刻、古泉，又与王懿荣、罗振玉等相识，收藏宏富，著作颇丰。王绪祖逝世后，部分藏品殉于墓中，1957 年秋王氏家族墓地被当地群众私自挖掘，出土铜、石印章百余枚，此玺即其中之一。赖非先生定此玺时代为汉，释文作"司武替粟"。① 庄新兴先生的《战国玺印分域编》将此玺归入齐系，释文作"司武替鄙"。② 徐在国师认为"武"字可疑，释文作"楚乡司□"，认为是战国时齐国楚乡司□之官所用之玺。③ 肖毅先生的《古玺文分域研究》释文作"□巷司□"。④ 我们打算在已有研究成果的基础上，谈一点不成熟的意见，敬祈方家指正。

一　"林乡司武"玺补释

先说对印文几个字的释读。

"替"，印蜕下面已漫漶不清，著录者将该字隶定作"替"。从轮廓看，我们认为把下面看作"日"是有道理的。古文字中"日""口"常作为羡符，"林"下部从"口"的写法又见于上博简《競公瘧》8"**杁**"、西替簠（《集成》4503）、西替盆（《集成》3710）、西替繡戈（《铭续》1190）、西替踣戈（《铭续》1203）等。《競公瘧》中"替"用为"山林"之"林"。⑤ 我们怀疑金文中"西替"可读作"西陵"，是一个复姓。"林""陵"古通，

---

* 基金项目：本文为国家社科基金"出土文献《诗经》异文整理与研究"（项目编号：18BYY155）的阶段性成果。

① 赖非主编：《山东新出土古玺印》，齐鲁书社，1998 年，第 6 页。
② 庄新兴：《战国玺印分域编》，上海书店出版社，2001 年，第 120 页。
③ 徐在国：《山东新出土古玺印考释（九则）》，《中国文字研究》第二辑，广西教育出版社，2001 年，第 275—276 页。
④ 肖毅：《古玺文分域研究》，崇文书局，2018 年，第 383 页。
⑤ 马承源主编：《上海博物馆藏战国楚简（六）》，上海古籍出版社，2007 年，第 180 页。

《礼记·月令》"山林不收",《吕氏春秋·季春纪》"林"作"陵"。① 《史记·五帝本纪》:"黄帝居轩辕之丘,而娶于西陵之女,是为嫘祖。"《世本》载春秋时有大夫西陵羔。②

"替"下一字,目前释法较多,或释作"罨或迁""鄲""廛""乡""州""巷""聚"等,其中以释"乡""巷""州"的影响较大。③ 郑超、何琳仪、高明等先生主张释"乡",其中郑超、何琳仪先生均结合三体石经"靀"的写法,分析为从邑,襄省声,读作"乡";而高明先生认为"迁""乡"读音上相近。李学勤先生认为是"巷"的另一种写法,分析为从行、从邑,共声或共省声。赵超、董珊、陈剑等先生主张读为"州",认为从娄或铸的声符得声;陆德富先生亦同意与"娄"读音相近,而读作"聚"。这些说法中,孙刚先生已指出古文字"巷"与该字写法存在一定距离。释作"州"与齐地文献差别较大,《管子·度地》"州者谓之术,不满术者谓之里。故百家为里,里十为术,术十为州,州十为都"④,则一万户为一州。据孙刚先生统计,从齐都周围出土的陶文看,陶工至少来自十四个左右不同的乡,錼乡下辖的里可以有九个以上,按照《管子·度地》"百家为里"的说法,该单位的规模应在千家以上,但绝达不到一万户。我们更倾向将此字分析为从邑,襄省声,读作"乡"。《国语·齐语》:"五家为轨,轨为之长;十轨为里,里有司;四里为连,连为之长;十连为乡,乡有良人焉。"韦昭注:"二千家为一乡。"⑤两千家与陶文的情况也较为接近。

"武",写法又见于湖北荆门出土的大武戈(《集成》11063),详见下文。

其次讨论对"林乡司武"印文的理解。

从大小和印文来看,我们认为这是一纽宋国官玺。战国时宋夹居于齐、楚两国之间,文字上也深受两国文字的影响,胡小石、何琳仪等先生曾将宋国文字划入楚系文字⑥,周波先生对较为确定的宋国金文进行全面考察,认为"春秋以来的宋国文字从形体、用字和书体风格来看,多与齐鲁文字相合,将之划归于齐鲁文字是比较合理的"⑦。印文中"乡"是齐系文字中特有写法,"司"在齐、楚两系文字中区别不大,而"替"和"武"却和齐系文字有着明显的不同。目前"替"的这种写法多见于楚地材料,西替簠和西替盆出土于江苏邳县戴庄镇刘林村战国墓葬,战国时属楚,与宋国临近。西替踦戈铭文更是明确其国别为宋。和印文"武"字写法相同的大武戈出土地在湖北荆门。由此可见,印文中"替"和"武"可能是受到了楚系文字的影响。我们将印文四个字与齐楚文字进行对比,制表如下:

释文	印文	齐系文字	楚系文字
林		无	競公瘧 8　 西替簠　 西替盆　 西替踦戈
乡		玺汇 0196　 陶录 2·50·1　 陶录 2·108·1　 陶录 2·105·4	无

---

① 阮元校刻:《十三经注疏》,台北艺文印书馆,2001 年,第 305 页;许维遹:《吕氏春秋集解》,中华书局,2009 年,第 65 页。

② 宋衷注,茆泮林辑:《世本八种》,中华书局,2008 年,第 68 页。

③ 孙刚:《东周齐系题铭研究》,上海古籍出版社,2019 年,第 352—366 页。

④ 黎翔凤撰,梁运华整理:《管子校注》,中华书局,2004 年,第 1051 页。

⑤ 徐元诰:《国语集解》,中华书局,2002 年,第 224 页。

⑥ 胡小石:《齐楚古金表》,《胡小石论文集》,上海古籍出版社,1982 年,第 174 页;何琳仪:《战国文字通论(订补)》,上海古籍出版社,2017 年,第 210—211 页。

⑦ 周波:《说几件宋器铭文并论宋国文字的域别问题》,《战国铭文分域研究》,上海古籍出版社,2019 年,第 160—194 页。

（续表）

释文	印文	齐系文字		楚系文字	
司		玺汇 5539	玺考 37	玺汇 0065	包山 206
		集成 11131	陶录 2·168·2①	用曰 11	耆夜 03②
武		无		大武戈	

印文"司武"首见，为宋国官职，掌管军事。《左传·襄公六年》："子荡怒，以弓梏华弱于朝。平公见之，曰：'司武而梏于朝，难以胜矣。'"杜预注："司武，司马。"③

林乡，又称林中，今河南省尉氏县西，战国时属魏。李家浩先生曾怀疑《古玺汇编》0004 晋玺"郎襄君"即"林乡"④，《史记·魏世家》"从林乡军以至于今"，又《苏秦列传》"兵困于林中"⑤。战国中期，宋国曾短暂崛起，《史记·宋微子世家》："君偃十一年，自立为王。东败齐，取五城；南败楚，取地三百里；西败魏军，乃与齐、魏为敌国。"⑥彼时又被称为"五千乘之劲宋"（《战国策·燕策一》），我们怀疑宋国"西败魏军"很可能是将魏国东部的林乡击败并纳入了宋国的版图。林乡属于边界城市，在此设置司武一职管理军事是合乎情理的。

二 "大武兴兵"戈新考

上文提到"林乡司武"中"武"的写法与大武戈相似，下面我们谈谈对此戈铭文的理解。

1960 年 5 月，大武戈出土于湖北省荆门市漳河车桥大坝战国墓葬，戈长 21.9 厘米，宽 2.9 厘米，整体似宽剑，援较宽且直，前锋尖突厉害，直内，中部有一尖状穿，阑侧有两穿。内两面饰相同兽纹，兽纹似龙，满身鳞片，伸出四爪。戈两面援部亦纹饰相同，均为一身披鳞甲的神人，双目圆睁，嘴巴大张，头上伸出两羽状物，双耳珥蛇，一手操龙，一手操蛇，足踏日月，坐骑一条龙上，气势非凡。内部穿孔两侧各有一字，两面共四字，每面从左至右依次是：

A 面		
B 面		

此戈最早由王毓彤先生在《文物》上介绍，其后马承源、俞伟超、李家浩、李学勤、黄锡全、李零、黄

---

① 张振谦：《齐鲁文字编》，学苑出版社，2014 年，第 933—937,1209—1213 页。
② 徐在国、程燕、张振谦编：《战国文字字形表》，上海古籍出版社，2017 年，第 1284 页。
③ 杨伯峻：《春秋左传注》，中华书局，1981 年，第 946 页。
④ 李家浩：《战国官印考释三篇》，《出土文献研究》第六辑，上海古籍出版社，2004 年，第 16—21 页。
⑤ 司马迁：《史记》，中华书局，2013 年，第 1860,2275 页。
⑥ 司马迁：《史记》，中华书局，2013 年，第 1632 页。

盛璋、胡文辉等先生对铭文和戈上图像均有过讨论。① 关于戈铭"𤷍"字的考释,各家观点不一,主要有释作"閈""开""辟"等说法,其中以黄锡全先生的观点影响最大,黄先生根据山东海阳县出土齐大刀"𤷍"的写法将此字释作"辟",认为中间的"〇(璧)"是加注的声符。此说虽被大多数学者所接受,但不免有些疑问,因为目前所见古文字中"辟"的写法除"𤷍"和戈铭"𤷍"之外,均不加"〇(璧)"声,如"𤷍"(《郭店·语三》42)②、"𤷍"(《上博九·卜书》1)③、"𤷍"(《玺汇》4091)④、"𤷍"(中山王鼎,《集成》2840)、"𤷍"(《玺考》132)⑤、"𤷍"(《齐币》36)、"𤷍"(《先秦编》397)、"𤷍"(《陶录》3.137.4)等。⑥ 其实"𤷍"字也不并从"〇(璧)","𤷍"见于《齐币图释》038"节墨之大刀"的背面,从偏旁组合来看,"〇"与"门"的搭配极不协调。仔细观察不难发现,"门"中所谓的"〇"中间是有点的,应释作"日"。齐系货币中"日"字写作"☉"(《齐币》93)、"☉"(《货系》2514)、"☉"(《齐币》29)等⑦,可兹为证。齐大刀背面多铸有"日""上""人""刀""吉""工""中""立""士""本""生""中"等单字铭文,或铸有"辟封""大行""安邦""大昌"等二字铭文。⑧ 仅"节墨大刀"而言,背面单独铸有"日"或"辟封"的例子就不在少数(图二),但像"𤷍"将"日"和"辟封"铸刻在一起的情况还是第一次见到,或属于一种巧合,其原因待考。

图一

① 王毓彤:《荆门出土一件铜戈》,《文物》1963 年第 1 期;俞伟超:《"大武开兵"铜戚与巴人的"大武"舞》,《考古》1963 年第 3 期;马承源:《关于"大武"戚的铭文及图像》,《考古》1963 年第 10 期;俞伟超:《"大武"舞戚续记》,《考古》1964 年第 1 期;马承源:《再论"大武"戚的图像》,《考古》1965 年第 8 期;黄锡全:《大武辟兵浅析》,《江汉考古》1983 年第 3 期;李家浩、俞伟超:《论"兵辟太岁"戈》,《出土文献研究》,文物出版社,1985 年,第 138—145 页;李家浩:《再论"兵避太岁"戈》,《考古与文物》1996 年第 4 期;李学勤:《"兵避太岁"戈新证》,《江汉考古》1991 年第 2 期;李零:《湖北荆门"兵避太岁"戈》,《文物天地》1993 年第 2 期;黄盛璋:《论"兵避太岁"戈与"大一避兵图"争论症结、引出问题是非检验与其正解》,《陕西历史博物馆馆刊》第十辑,三秦出版社,2003 年,第 17—34 页;胡文辉:《荆门"辟兵"戈考述》,《中国早期方术与文献丛考》,中山大学出版社,2000 年,第 305—327 页。
② 荆门市博物馆编:《郭店楚墓竹简》,文物出版社,1998 年,第 100 页。
③ 马承源主编:《上海博物馆藏战国楚竹书(九)》,上海古籍出版社,2012 年,第 129 页。
④ 罗福颐主编,故宫博物院编:《古玺汇编》,文物出版社,1981 年,第 376 页。
⑤ 汤志彪编著:《三晋文字编》,作家出版社,2013 年,第 1646 页。
⑥ 张振谦编著:《齐鲁文字编》,学苑出版社,2014 年,第 1429—1430 页。
⑦ 孙刚编著:《齐文字编》,福建人民出版社,2010 年,第 183 页。
⑧ 张振谦:《齐系文字研究》,科学出版社,2019 年,第 300 页。

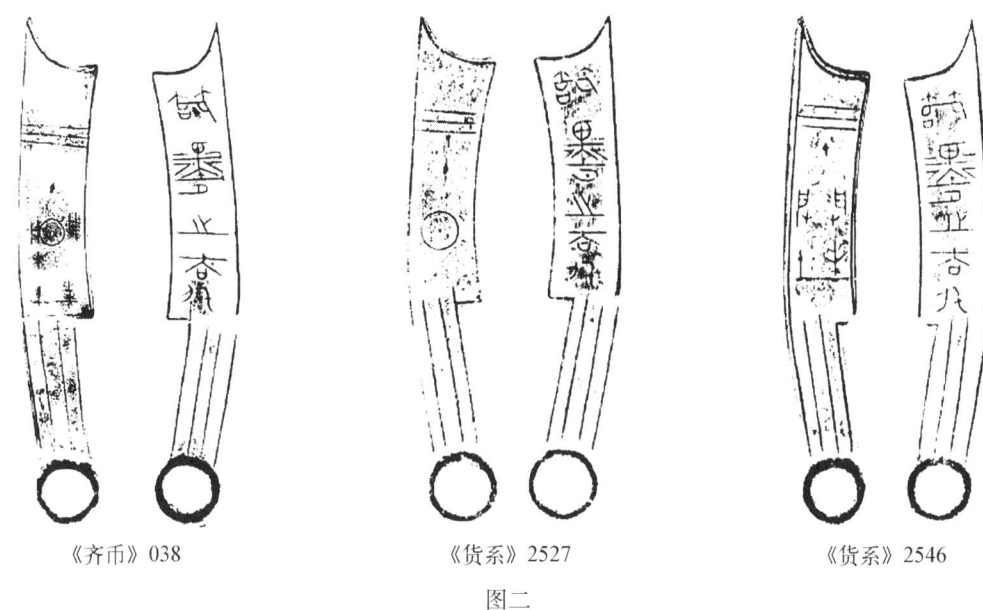

《齐币》038　　　　　《货系》2527　　　　　《货系》2546

图二

我们认为"𦥑"应改释作"兴"。楚系文字的"兴"字承袭商周文字写法，会四手共举"𠔼（盘）"之意，或增"口""止"繁化，字形主要如下：

A1. 𦥑上博三《中弓》11、𦥑上博二《从甲》8、𦥑郭店《穷达》5、𦥑包山 159

A2. 𦥑上博九《举治》8

B1. 𦥑清华一《程寤》4、𦥑上博六《天乙》6、𦥑上博四《曹沫》37

B2. 𦥑楚帛书、𦥑清华五《三寿》2、𦥑清华一《皇门》6、𦥑安大 47、𦥑上博五《三德》17、𦥑上博六《孔子》17①

C1. 𦥑新蔡简甲三 134、108②

C2. 𦥑清华九《治政》4、𦥑7、𦥑11、𦥑14、𦥑30、𦥑33、𦥑33③

C3. 𦥑清华三《芮良夫》19、𦥑20、𦥑22④

根据中间"𠔼"两竖笔的不同写法，我们可将其分成两类：A 类"𠔼"两竖笔上端互相靠近，构成一个尖角"人"，A2 可看成其变体，两竖笔重合省成一竖。B 类"𠔼"两竖笔下半部分有不同程度的弧笔，B1"𠔼"下部弧度不大，而 B2 中"𠔼"下部弧度明显加大且变短，以安大简和上博六《孔子》17 中的"兴"字最为典型。这样的写法导致人们产生一个错觉：两边弧笔和左右的两横画构成偏旁，即"兆""北"，与"门"的上部形体极为接近。鉴于此，我们倾向于将上列 B2 类看作是向 C 类的过渡形体。

① 徐在国、程燕、张振谦编：《战国文字字形表》，上海古籍出版社，2017 年，第 366—367 页。
② 张新俊、张胜波：《新蔡葛陵楚简文字编》，巴蜀书社，2008 年，第 190 页。
③ 黄德宽主编：《清华大学藏战国竹简（玖）》，中西书局，2019 年，第 210 页。
④ 李学勤主编：《清华大学藏战国竹简（叁）》，中西书局，2012 年，第 226 页。

C 类字形最早见于新蔡简,整理者释作"辟",何有祖改释为"兴"①,理由是:

在"甲戌兴乙亥祷之"与"庚申之昏以起辛酉之日祷之"这两个句式中,"兴""起"应是同义词。……简文"甲戌兴"当强调从甲戌这一天开始。

其后,与新蔡简 C1 写法较为类似的 C2 出现在清华九《治政之道》中,辞例如下:

(1) 简 4:C2(兴)人是慎。

(2) 简 6-7:故天下之贤民皆 C2(兴),而盗贼无所中朝立。

(3) 简 11:其失则弗可 C2(兴)。

(4) 简 14:是以不刑杀而修中治,诸侯服,不唯上能 C2(兴)乎?

(5) 简 30:紧取相废 C2(兴)未轨於圣人。

(6) 简 33:是尽夫 C2(兴)人之过者。

(7) 简 33-34:苟其 C2(兴)人不度,其废人必或不度,起事必或不时。②

从相关辞例上看,C2 诸字无疑都是读作"兴"的,但其与 C1 上端还存在着明显的差别,C1 上部并不对称,左上部与上举 B 类**岂**同,而右上作**岂**,几乎与"门"形无别。至 C2 类"兴"靠边的两竖笔向下延长,就讹作了"门"形。需要注意的是,C2 中简 7**兽**字所从"门"形右侧竖笔省,盖因借用竹简边缘所致。③ 从 C2 得声的字还见于清华三《芮良夫毖》,辞例分别是:

(8) 简 19-20:德刑怠绰,民所訹(交)訨(比),约结 C3(绳)准。

(9) 简 20:C3(绳)准既正,而五(午)相柔訨(比)。

(10) 简 22:如关板(门)不闭,而 C3(绳)准失楔。④

整理者将 C3 隶定作"繩"是非常正确的,在辞例中读作"绳准"的"绳"文从字顺。⑤ "兴""黾"古音极近,上博简《孔子诗论》中"青蝇"的"蝇"字就写作从"兴"得声的。从 C2 和 C3 所从声符的写法来看,把大武戈中的"**興**"改释作"兴"是没有什么问题的。

那么,"兴"在戈铭中如何解释呢?这还得涉及 B 面左侧"**发**"字的隶释问题,关于此字,目前主要有两种意见:一是释作"武",认为"大武"与周代祭祀乐舞有关,马承源、黄锡全、黄盛璋、胡文辉等先生赞成此说。二是释作"岁",认为与"兵辟(避)太岁"有关,李家浩、俞伟超、李学勤、李零等先生赞成此说。

古书中"兴兵"一词常见,若把"**发**"释作"岁",则"太岁"与"兴兵"关系上矛盾,上引第二种意见中论之已详,兹不赘述。我们认为"**发**"还应释作"武",1994 年 10 月湖北荆州市沙市区公安局又缴获了一件纹饰与之十分相似的战国晚期兵戈⑥,戈内部穿孔两侧亦发现有两字,从左至右分别是"**去方**",从两个戈的联系上看,我们怀疑"**发**"是"武"的变体。上文讨论的"替巷司武"玺中"武"写作"**发**",这种写法与戈铭写法极为相似。因此铭文可读作"大武兴兵",即 B 面"大武"从右往左读,A 面"兴"与 B 面"武"字对应,故应承接 B 面,读序上从左往右读,和 B 面的读序正好相反。

"大武"是周代六舞之一,《周礼·春官·大司乐》:"以乐舞教国子,舞云门、大卷、大咸、大韶、大

① 河南省文物考古研究所:《新蔡葛陵楚墓》,大象出版社,2003 年,第 192 页;何有祖:《楚简散札六则》,简帛网 2007 年 7 月 21 日(http://www.bsm.org.cn/show_article.php? id=646)。

② 黄德宽主编:《清华大学藏战国竹简(玖)》,第 126—129 页。

③ 苏建洲先生认为"门"是 C2 类"兴"的声符,但文部和蒸部两部有一定距离,似不应看作声符。"臼"与"门"的讹混还可以参看上文举到《陶录》3.137.4"辟"的写法。苏建洲:《谈谈楚文字的"龟"与"響"》,"出土文献与物质文化"第五届出土文献青年学者论坛,2016 年 7 月 28—29 日。

④ 释文从沈培先生说,参看沈培:《试说清华〈芮良夫毖〉跟"绳准"有关的一段话》,《出土文献与中国古代文明——李学勤先生八十寿诞纪念论文集》,中西书局,2016 年,第 177—189 页。

⑤ 袁金平、孙莉莉:《清华简〈越公其事〉合文"**重墨**"新释》,《出土文献》第十三辑,中西书局,2018 年,第 124—130 页。

⑥ 吴镇烽编著:《商周青铜器铭文暨图像集成》第三十卷,上海古籍出版社,2012 年,第 446 页。

夏、大濩、大武。"郑玄注云："大武，武王乐也。武王伐纣以除其害，言其德能成武功。"①《礼记·明堂位》："朱干玉戚，冕而舞《大武》。"②周武王兴兵伐商，屡为周人所歌颂，而"大武"正是描写这一内容的乐舞，这样来看，戈铭的"大武兴兵"应该也与此相关，意在比拟周武王的赫赫武功。文献中还有一些有关"大武"与"兴兵"的内容，如：

《吕氏春秋·古乐》："武王即位，以六师伐殷，六师未至，以锐兵克之于牧野。归，乃荐俘馘于京太室，乃命周公为作大武。"③

《东观汉记·郊祀志》："以兵平乱，武功盛大。歌所以咏德，舞所以象功，世祖庙乐名宜曰大武之舞。"④

《白虎通疏证·礼乐》："武王起兵，前歌后舞。克殷之后，民人大喜，故中作所以节喜盛。"⑤

《华阳国志·巴志》："周武王伐纣，实得巴蜀之师，著乎《尚书》，巴师勇锐，歌舞以凌殷人，前徒倒戈，故世称之曰：'武王伐纣，前歌后舞'也。"⑥

上引《华阳国志》讲武王伐纣过程中，巴人歌舞以凌殷人的说法值得注意，说明"大武"舞也与巴人歌舞有关，汉初西南地区猛锐粗犷的"巴渝舞"就被刘邦认为是"大武"舞的遗存。从器型上看，大武戈与楚戈风格迥异，而更接近于巴蜀地区的一类圭首形直内无胡戈⑦，以大武戈和什邡城关战国墓出土铜戈（M49：19）⑧、巴县冬笋坝战国墓出土铜戈（M9：23）⑨为例，三个戈均为圭首形锋，援中部略束腰，援上下端均有穿。俞伟超、李家浩等先生已指出大武戈的形制在年代上要早于巴县冬笋坝战国墓铜戈，时代大约在公元前四至三世纪之交，国别是巴蜀。黄盛璋先生也认为墓主是巴人，大武戈"戈铭汉字后刻，戈则早在此前铸成，就是家传祖物一直由他保藏并作为宝物葬于身边，文字应就是他所刻"。⑩

我们认为以上这些意见都是可取的，大武戈不具有锋刃，是宗庙祭祀时歌舞所用之器。从字形上看，戈铭与楚系文字相合，与巴蜀符号有着非常大的区别。墓主应是一位久居楚地的巴人，其对楚系文字的写法已有一定了解，故加刻"大武兴兵"以彰明此戈原来的用途，战国时期楚地的巴人已开始尝试用汉字来记录事物，如郊并果戈、伯命戈就是在巴蜀戈上铸刻楚文字的例子，这与楚地发现的加以改造的巴蜀戈不同，前者是身居楚地的巴人自己拥有的，后者大部分是楚人根据蜀戈的形制而进行仿制的，如荆门包山楚墓（M4：42）⑪、常德德山楚墓（M26：1）⑫、江陵九店楚墓（M616：9）⑬、长沙砚瓦池楚墓（M1331：2）、长沙烈士公园楚墓（M967：3）⑭等出土的巴蜀戈。

结语

通过对"林乡司武"玺和大武戈的讨论，我们可以得出如下认识：

① 孙诒让撰，王文锦、陈玉霞点校：《周礼正义》，中华书局，1987年，第1725页。
② 孙希旦撰，沈啸寰、王星贤点校：《礼记集解》，中华书局，1989年，第845页。
③ 许维遹：《吕氏春秋集解》，第127页。
④ 刘珍等撰，吴树平校注：《东观汉记校注》，中华书局，2008年，第164页。
⑤ 陈立撰，吴则虞点校：《白虎通疏证》，中华书局，1994年，第104页。
⑥ 刘琳校注：《华阳国志新校注》，四川大学出版社，2015年，第6—7页。
⑦ 井中伟：《早期中国青铜戈·戟研究》，科学出版社，2011年，第275页。
⑧ 四川省文物考古研究院等编著：《什邡城关战国秦汉墓地》，文物出版社，2006年，第166页。
⑨ 四川省博物馆：《四川船棺葬发掘报告》，文物出版社，1960年，第45页。
⑩ 黄盛璋先生认为墓主身份与伍长相当，参看黄盛璋：《论"兵避太岁"戈与"大一避兵图"争论症结、引出问题是非检验与其正解》。
⑪ 湖北省荆沙铁路考古队：《包山楚墓》，文物出版社，1991年，第300页。
⑫ 周世荣：《湖南出土战国以前青铜器铭文考》，《古文字研究》第十辑，中华书局，1983年，第274页。
⑬ 湖北省文物考古研究所编著：《江陵九店东周墓》，科学出版社，1995年，第227页。
⑭ 湖南省博物馆等编著：《长沙楚墓》，文物出版社，2000年，第191、202页。

第一,"林乡司武"玺是一纽宋国官玺,"林""武"的写法接近于楚系文字。司武在出土文献中首见,是宋国官职,林乡原属魏国,此玺内容可能与战国中期宋国短暂崛起有关。

第二,大武戈中原释作"辟"的"![字]"应改释作"兴",《齐币图释》038 的"![字]"是将"日"和"辟封"铸刻到一起的结果,"武"的写法和"林乡司武"玺一致,故铭文应作"大武兴兵",此戈为巴蜀戈,其内容的重新释读对了解早期巴人与"大武"舞的联系提供了有力的证据。"大武兴兵"铭文铜戈不仅是先秦时代楚地与巴蜀之间文化交流融合的产物,也是今人探索早期巴人文化的直接物证。

总之,这两件出土材料文字的考释对于官职、战国历史、文字分域等方面的研究均具有重要意义。

附记:小文蒙程燕师、徐在国师、王磊师兄审阅并提出宝贵意见和建议,谨致谢忱。

The Interpretation of Lin Xiang Si Wu Seal and Relevant Problems

Teng Shenglin

(College of Liberal Arts, Anhui University, Anhui Hefei 230039, China)

Abstract: This paper believes that Lin Xiang Si Wu is an official seal in the State of Song, and the writing style of Wu is also seen in Da Wu Ge. Besides, this paper reinterprets the implication of Da Wu Ge based on the variant of Xing in Chu bamboo slips.

Key words: Lin Xiang Si Wu; Song; Da Wu Ge; Xing

谈谈新见的齐"即墨吏徙盐之玺"封泥*

赖怡璇　田　炜

【摘　要】最近新见一件战国齐国封泥,通过字形与辞例的比对,可释为"节(即)墨事(吏)逃(徙)盬(盐)之鉨(玺)","节"与"墨""事"字形皆具有齐文字特征,"盬"是"盐"字的初文,此封泥的"盬"字可以补充战国齐文字"盐"字字形演变的环节。

【关键词】封泥;齐系;徙盐;即墨

【作者简介】赖怡璇,女,中山大学中国语言文学系博士后,研究方向为古文字学、出土文献;田炜,中山大学中国语言文学系教授、博士生导师,研究方向为古文字学、出土文献。(广东 广州　510275)

最近新见一件私人收藏的战国封泥,传出于山东临淄,文字具有明显的齐系风格,见下图:

封泥上方三字和左下角一字较为清晰,其余部分则需要细致辨析。我们先把封泥上的文字摹写如下:

---

　*　基金项目:本文为国家社会科学基金一般项目"出土战国至西汉早期文献书写特点研究"(批准号:20BYY182)的阶段性成果。

封泥右上一字是"节","卪"旁写法略繁。在战国文字中,"节"字的"卪"旁有时候会讹变成"旡"形,如:

《商周青铜器铭文暨图像集成》19168 韩将庶虎节

《殷周金文集成》(下文简称《集成》)12107 辟大夫虎符

"旡"形很可能是从写法较繁的"卪"旁进一步变化而来的。封泥"节"字"皀"旁上方的横笔向右伸出而与"卪"旁相连,朱德熙先生曾经指出这种写法为齐文字的特色。① 封泥右下部分残碎,从残存的笔画偏旁来看,第二字应该是"墨"字。齐文字"墨"字如下:

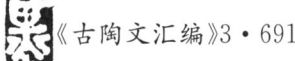《古陶文汇编》3·691　　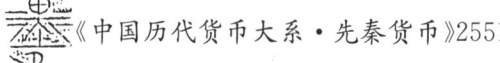《中国历代货币大系·先秦货币》2551

顶部一横向右伸出,也是齐文字的特点。封泥"墨"字下部残存的部分偏右,而且与上部残划距离似乎也不足,这是因为封泥断裂错位所致。"节墨"即"即墨",是在战国齐系文字资料里屡见的地名,如货币文"节墨之大刀"、陶文"节墨之亓市工"等。封泥第三字作鱼,上半部形体具有明显的齐系文字特征,与《集成》9703 号陈璋方壶铭文的写法基本相同。此字也见于《古玺汇编》(下文简称《玺汇》)0277 号同为齐的"莒丘吏鉨":

"吏"字或释为"事人"二字②,或又进而读为"使人"③,不过这些解释放在封泥中似乎并不合适。因此,我们还是倾向于把它看作一个字而读为"吏"。"即墨吏"是指即墨的地方官吏。

"吏"后二字错位严重,但通过综合分析字形与辞例,𥄂 显然应该向左上方复位。复位以后我们不难发现这两个字其实就是在齐玺中屡见的"遝盦"。"遝盦"还见于以下齐系玺印资料:

《玺汇》0198　　《玺汇》0201

《玺汇》0202　　《玺汇》0322

① 朱德熙:《战国文字中所见有关厩的资料》,《朱德熙文集》第五卷,商务印书馆,1999 年,第 157—159 页,原载于《古文字学论集(初编)》,香港中文大学中国文化研究所、吴多泰中国语文研究中心,1983 年。

② 汤余惠:《略论战国文字形体研究中的几个问题》,《古文字研究》第十五辑,中华书局,1986 年,第 80 页。

③ 何琳仪:《战国古文字典》(上册),中华书局,1998 年,第 108 页。

《吉林大学藏古玺印选》第 1 页

"遷"字的释写现在已无太大争议，大多数学者都同意这个字就是"徙"字的古文。释读的分歧主要在"盬"字。这个字至少有"盟（盟）""畾""盬（盐）"三种释法，结合前面的"遷"字，则有"告盟"①"举盟"②"徙盟（畾）"③"誓盟"④"徙盐"⑤"选矿"⑥"徙饷"⑦等不同解释。近年影响较大的当属"徙盐"一说。这种说法的最大问题在于字形上存在缺环："盬"是"盐"字的初文，从卤，而在上面列举的五枚齐玺中"卤"旁均已变形而与"目"旁相近。近年发表的战国竹简也屡见"盐"字，作（《清华大学藏战国竹简（六）·郑武夫人规孺子》简 8），或省略"卤"旁中间的小点而作（包山楚简简 147），齐玺中的"盬（盐）"字似乎也不能与之完全相合。这也是有的研究者不同意把此字释为"盐"的主要原因。但这件封泥中的"盬（盐）"字是十分清晰的，写作，与包山楚简的"盐"字写法相同，正可以补充字形变化中的缺环。"盬（盐）"字字形演变的情况可以图示如下：

除了"盬（盐）"字以外，这件封泥"遷"字的写法也比较正规。上面所列古玺中的"遷"字所从"尾"旁都有省略，封泥则没有，写法与《集成》4190 号陈眆簠盖字所从接近。应该顺便一提的是，裘锡圭先生曾经指出《玺汇》0199 号重新著录的下揭印章是伪印：

理由是印章末字是根据清人误释的"鉌"字伪造的。⑧ 吴振武先生后来指出《黄宾虹藏秦汉印拾遗》中也有一件相似的伪作。⑨ 他们的意见是正确的。吴先生还怀疑传世的"遷盬"玺中可能还有伪作，只是一时不能确指。其实《玺汇》0199 号伪印除了那个伪造的"鉌"字之外，作伪者显然也不知道"盬"字的正确写法，把"卤"旁的变形写成了"人"，作伪的依据可能就是上文提到的《玺汇》0201 号。

---

① 何琳仪：《战国文字通论》，中华书局，1989 年，第 271—272 页。按：作者在后来出版的《战国古文字典》和《战国文字通论（订补）》中改从曾宪通先生说读为"誓盟"。

② 王恩田：《莒公孙潮子钟考释与臧家庄墓年代——兼说齐官印"阳都邑"巨玺及其辨伪》，《远望集——陕西省考古研究所华诞四十周年纪念文集》，陕西人民美术出版社，1998 年，第 313—318 页。

③ 葛英会：《战国齐"徙畾"玺与"爱土易居"》，《中国历史博物馆馆刊》总第十五、十六期合刊，1991 年，第 43—46 页。

④ 曾宪通：《论齐国"遷盟之玺"及其相关问题》，《华学》第一期，中山大学出版社，1995 年，第 72—81 页，又载《容庚先生百年诞辰纪念文集》，广东人民出版社，1998 年，第 181—192 页。

⑤ 赵平安：《战国文字中的盐及相关资料研究——以齐"遷盐之玺"为中心》，《华学》第六辑，紫禁城出版社，2003 年，第 107—113 页，又载《考古》2004 年第 8 期，收入《新出简帛与古文字古文献研究》，商务印书馆，2009 年。

⑥ 李家浩：《关于齐国官印"徙盟"二字的释读》，《印学研究》第八辑，文物出版社，2016 年，第 278—293 页。

⑦ 刘洪涛：《战国官印"阳都邑伺徙饷之玺"考释》，《出土文献》第十三辑，中西书局，2018 年，第 174—185 页。

⑧ 裘锡圭：《浅谈玺印文字的研究》，《裘锡圭学术文集·金文及其他古文字卷》，复旦大学出版社，2012 年，第 288—289 页，原载于《中国文物报》1989 年 1 月 30 日。

⑨ 吴振武：《关于战国"某某金玺"的一个解释》，《简帛》第九辑，上海古籍出版社，2014 年，第 3 页。

《玺汇》0201 号"盨"字写作![字],上面很像是"人",但如果对照吉林大学藏的那枚"遮盨之鈢"细心观察，我们就会发现该字上部三直笔中间都有略微突出的笔画残痕。这是作伪者没有注意到的。《玺汇》5275 号单字印字形与《玺汇》0199 号伪印中的"盨"字完全相同，很可能也是有问题的。《玺汇》0200 号把"盨"字写成![字]，不仅把"卤"旁的变体写成了"人"，还进一步把横笔和两斜笔断开了，也是很可疑的。值得注意的是，这些伪印和疑伪之印不仅"卤"旁的写法有问题，"皿"旁的写法基本是一样的，都与《玺汇》0201 号相同，模仿沿袭的痕迹比较明显。

　　齐地自古盛产渔盐，春秋后期时齐景公将盐业改为官制政策，定价、运输、销售皆由政府所掌控，可见盐业对于齐国的重要性。① 赵平安先生曾引用《管子·轻重甲》等文献证明齐国盐业生产规模、销售市场盛大，"徙盐之玺"就是指在盐流通过程中使用的官印。② 这件封泥辞曰"即墨吏徙盐之玺"而出于临淄，应该就是即墨把盐运输到临淄所用的封泥。

The New Discovered Sealing Clay: Jimo Li Xi Yan Zhi Xi

Lai Yi-Syuan　　Tian Wei

(Department of Chinese Language and Literature, Sun Yat-Sen University,

Guangdong Guangzhou 510275, China)

Abstract: A recent excavated sealing clay of Warring States period is recognized as "Jimo Li Xi Yan Zhi Xi", which means the seal of transporting salt by the government of Jimo city. This sealing clay belongs to Qi, the inscription of which is quite meaningful to paleography.

Key words: Sealing clay; Qi system; Xi Yan; Jimo city

---

① 吕世忠：《齐国的盐业》，《管子学刊》1997 年第 4 期，第 52—55 页。

② 赵平安：《战国文字中的盐及相关资料研究——以齐"遮盐之玺"为中心》，《华学》第六辑，紫禁城出版社，2003 年，第 107—113 页；又载《考古》2004 年第 8 期；收入《新出简帛与古文字古文献研究》，商务印书馆，2009 年。

济南灵岩寺古文诗刻补释
——一种基于诗律的古文字考释思路

杨加深

【摘　要】济南长清灵岩寺中有一块用传抄古文字刻写的七言律诗石碑,2019 年李春桃先生为该碑释文,功莫大焉。但按七言律诗首句平起之格律推断,其末句释文"相思来和弦物琴",不但不合律诗平仄,句义也不明确。笔者经研究发现两处问题,一处是原碑中的"弦""物"二字位置被刻颠倒,另一处是其中被释为"物"的字符应是"没(殁)"字,故该诗末句的正确释读应是"相思来和没弦琴"。

【关键词】长清灵岩寺;古文诗刻;释文;诗律;没弦琴

【作者简介】杨加深,山东大学历史文化学院教授,硕士生导师。研究方向为古文字学、书法学、古典诗词。

（山东 济南　250100）

　　济南长清灵岩寺中有一块用传抄古文字书写的石碑,年代不明。传抄古文字与传世的金石文字不同,是指汉代以后经历代辗转传抄的先秦古文字,王国维先生认为传抄古文字与出土的战国文字是"一家之眷属"①。但经过历代辗转传抄之后,这些文字与传世金石载体上的古文字相比,已经产生了或细微或明显的不同,释读有相当难度,故该碑文直至 2019 年经李春桃教授释文后方可解读。本文则是在该释文基础上做出的补充研究。

长清灵岩寺古文诗刻,碑长 50 厘米,高 33 厘米;照片由山东工艺美术学院徐学炳老师提供

---

① 曾宪通:《传抄古文字编·序》,《中国文字学报》第一辑,商务印书馆,2006 年,第 199 页。

一　依据诗律发现的释文疑点

2019 年,《中国文字研究》第二十九辑发表李春桃教授《灵岩寺古文诗刻考释》一文,对石碑上的古文字进行了释读,释读出的文字是一首押"侵部(-m 韵尾)"韵的七言律诗。若没有深厚的传抄古文字学和相关文化功底,是很难做到这一步的。全诗释文有理有据,令人信服。释文如下:

奉送凵(筌)禅师之灵岩

冲　上

溪山渐远飞凫里,杖锡行趋济水阴。

晓月升沉本无意,孤云去住亦何心。

峥嵘莫睹象王驾,哮吼谁闻狮子音。

异日倘能归旧隐,相思来和弦物琴。①

由释文可知,诗的作者叫"冲上",考察此二字在刻石中的位置可知,"冲上"的确是该诗作者无疑,且根据名字判断,"冲上"也应是僧人法号。该诗是冲上写给即将到济南长清灵岩寺的"凵(筌)禅师"的。由诗文可知,冲上并没有亲自陪凵(筌)禅师到济南长清,否则就不会说"异日倘能归旧隐"这句话啦。但至于冲上是谁,凵(筌)禅师是谁,何时从何处出发去济南长清灵岩寺的(诗中的"溪山"应该不是具体的地名),限于资料,目前均无从考稽。

纯粹从文字学角度看,该诗释文毫无问题。但从七言律诗的格律看,其最后一句——"相思来和弦物琴",无论从平仄,还是从句义上都说不通。读此诗可知,这是一首首句平起不入韵的七言律诗,不但额联(第三四句,如果"本"字处改用平声字更好)、颈联(第五六句)对仗工稳,而且颈联还使用了"拗救"的写作方法。上联"峥嵘莫睹象王驾"之"象"用仄声"拗",下联"哮吼谁闻师(狮)子音"之"师"用平声救。可见诗作者冲上是一位格律诗高手。既然是高手,一般就不会在格律上出现硬伤。

但依据释文,恰恰在该诗的最后一句出问题了。"相思来和弦物琴",使用了"平平仄仄平仄平"的格式,与正常的"平平仄仄仄平平"的诗律相比照,显然是破坏了节奏。按格律,凡首句平声起的七言律诗,无论入韵与否,末句都是"平平仄仄仄平平"。我们不妨也用李春桃教授文章中引用的陈抟《归隐》诗尾联之平仄进行比照:"携取琴书归旧隐,野花啼鸟一般春。"格律十分严谨。此外,北宋人蔡延庆也恰好有一首以"侵部(-m 韵尾)"字为韵脚的七言律诗,题为《送详禅师往灵岩》,也是首句平起,与《奉送凵(筌)禅师之灵岩》唯一不同的是,该诗首句入韵,但这并不影响诗中其他七句的平仄格律。原文录如下:

灵岩川上白云深,十里青松昼自阴。

远寺幽佳传已古,名山绝胜冠于今。

群峰环翠凝秋色,危壁飞泉泻暮音。

此景去为风月主,五湖应不起归心。②

遵照七言律诗之格律,凡首句平起(即首句第二字为平声)的七言律诗,其中的最后三个字都是"仄平平",如上文诗中的"一般春""起归心"皆是。而《奉送凵(筌)禅师之灵岩》末句释文中的"弦物琴",却是反常节奏的"平仄平",而且句意也语焉不详。也就是说,问题就出在这里。那么,到底是释文出了问题,还是在其他环节出了问题呢?

① 李春桃:《灵岩寺古文诗刻考释》,《中国文字研究》第二十九辑,上海书店出版社,2019 年,第 53—58 页。
② 《古典文献研究》第二十辑,凤凰出版社,2017 年,第 23 页。

二 "弦""物"二字错位推断与""字补释

考察李教授的释文解读，可见他对自己的释读结果也不十分肯定，所以在表述上也留有余地。原文如下：

"弦"字据小篆写法而释，"勿"，《古文四声韵》用为"物"或"**旃**"，此处盖为琴名，暂取第一种用法，"弦物"为琴之名字。①

单从字形考察，"弦"和"物"的释文都讲得通，但这样释读不但平仄错位，不合常规，而且查阅古琴名称可知，历史上并没有以"弦物"命名的古琴。所以"弦物"为古琴名的说法也不妥。问题是否出在文字释读之外的其他环节上呢？

除释文出现错误的可能性外，还有另外一种可能性，就是在书写时或刻碑时，倒数第二、三字的位置被书写者或刻石者弄颠倒了。这种现象在用毛笔书写的古代很常见，或者是书写者写错了位置，或者是书写者发现写错位置后，在原稿的两个字之间加了"倒乙符号"（一种形似"乙"字，用来标注文字位置颠倒的符号），或者是刻石者因忽略"倒乙符号"而没有调整这两个字的位置，都是有可能的。总之，该诗刻中有文字错位的判断毋庸置疑，因为如果将"弦""物"二字颠倒过来，至少符合诗律平仄了。

新的问题是，如果这个文字错位的判断成立，"物弦琴"又是何义呢？"物弦"不是古琴名，问题仍然没有解决。这样，问题的焦点就集中在了对""这个字符的释读上。除"勿"字而外，传抄古文字中还有许多与""相似的字形或偏旁。宋人夏竦《古文四声韵》中，与""字形相近字中的偏旁很多，如其中含"又"旁的字如"友（爰）"（收录自《说文》），含"丮"旁的字如"埶"（收录自《古老子》）"热"（收录自《说文》），含"刀（刂）"旁的字如"刻"（收录自《义云章》）"则"（收录自《云台碑》）"利"（收录自《天台经幢》），含"羽"（收录自《汗简》）及"羽"旁的字如"翮"（收录自《义云章》），含"彡"（收录自《古史记》）及"彡"旁的字如"轸"（收录自《南岳碑》）"勃"（收录自《古史记》），等等。下表（表一）中的最后两个"轸"字取自汉代简帛，不属于传抄古文字，列在表中，是为了与《古文四声韵》中的传抄古文字形相比照。

表 1 《古文四声韵》中与形字符（偏旁）相同相近字一览表

偏 旁	字 例				
"勿"作声符。					
	古老子"勿"	汗简"勿"	义云章"旃"	林罕集"没"	说文"虎"
"又（手）"旁，或"丮（执）之本字"。					
	说文"睯（友）"	古老子"抑"	古老子"埶"	义云章"热"	古老子"执"

① 李春桃：《灵岩寺古文诗刻考释》，《中国文字研究》第二十九辑，2019年，第55页。

（续表）

偏　旁	字　　例			
相当于"刀（刂）"旁	义云章"刻"	云台碑"则"	天台经幢"利"	
"羽"旁之半	汗简"羽"	义云章"翢"		
"勿"旁（注：此表中最后两"轸"字非传抄古文字）	古毛诗"勿"	南岳碑"轸"	古史记"劾"	战国·云梦日乙"轸"	汉·帛书"轸"

　　汉代简帛书中的"轸"字形与""十分相近，故也不排除该字符是"勿"字的可能性，用"勿"表示"轸"也合乎同音假借规律。"轸"义为调琴弦的轴，且文献中确实有"轸弦""弦轸"和"轸琴"等词，但从句义上讲，"轸弦琴"仍然不通。仔细考察"勿""勿"之字形可知，此二字在传抄古文字体系中确实有差别。更大的问题是，夏竦《古文四声韵》中已收录了从车旁的"轸"字。故可以排除释"轸"的可能性。

　　""尽管与传抄古文字中"勿"字上部多作弯曲钩状的写法略微不同，但经与多个相似字形或偏旁比对，还是释"勿"最合适。但这个"勿"究竟假借为"勿"做声符的哪个字，单凭文字学知识仍难以取舍，尚需依据相关文史资料进行多方位核实。

　　经考察与琴有关的古文献得知，原来最后一句是用了陶潜"素琴"的典故。"素琴"就是古诗文中经常出现的"无弦琴"。《晋书·隐逸·陶潜传》载："（陶潜）性不解音，而畜素琴一张，弦徽（系琴弦的绳）不具，每朋酒之会，则抚而和之，曰：'但识琴中趣，何劳弦上声！'"①《宋书·陶潜传》中亦载："潜不解音声，而畜素琴一张，无弦，每有酒适，辄抚弄以寄其意。"②后来"素琴"被用为典故，有闲适归隐之意。尽管有诸如白居易《夜凉》诗"舞腰歌袖抛何处，唯对五弦琴一张"等名句，但将"无弦琴"作为格律诗的结尾，属于格律诗大忌之一的"三平调"，换言之，这个""一定不是声调为平声的"无"。检索《汉语典故大辞典》得知，"无弦琴"还有诸多别称，适合本诗的有两个，分别是"不弦琴"和"没弦琴"。③ 如清人闫尔梅《沜置草堂读史诗》之七中，有"斗室蹒跚抱膝吟，空阶露洗不弦琴"句④，元人耶律楚才《寄平阳净名院润老》诗中，有"刻烛赋成无字句，按徽弹彻没弦琴"句⑤，等等。单从声调上看，"不"和"没

① 《晋书》卷九十四《陶潜传》，中华书局，1974年，第2463页。
② 《宋书》卷九十三《陶潜传》，中华书局，1974年，第2288页。
③ 赵应铎：《汉语典故大辞典》，上海辞书出版社，2007年，第989页。
④ 同上注。
⑤ 韩进廉主编：《禅诗一万首》，河北科学技术出版社，1994年，第1046页。

（古入声字，详见后文）"均符合条件，那么，诗刻中的这个""，是"不"还是"没"呢？

在今人看来，"没"在汉语普通话中读阳平调，似乎又犯了"三平调"之忌，但从古音韵学角度看，"勿（物部）""不（物部）""没（月部）"均属唇音入声字，都是仄声。但从字形上考察，适合的却只有"没"字一个。因为"不"是独体字，不用"勿"做声符，而《古文四声韵》中收录的《林罕集字》中的"没（殁）"字，恰恰是个从歹勿声的形声字。

林罕集"没"

这个"殁"字，在元代文字学家周伯琦的《六书正讹》中已收录，其中说："殁，终也。从歹勿声。通用没。"[1]李春桃《古文异体关系整理与研究》"殁"条下也说："古文为殁字。""没"条下说："古文系'殁'字，古'殁、没'通用。"[2]用"勿"假借"没"字，这种用声符同音假借的方法，在古文字释读中十分常见，如本诗中的"师"可以释读作"狮"就是一个典型例子。

结合全诗的诗意理解，"没弦琴"也再合适不过。既符合音韵、训诂和文字学三方面的条件，也符合诗律之平仄。更为重要的是，"没玄琴"的典故含有闲居归隐之意，不但与全诗之上下文高度和谐，而且末句的用典也大大提升了该诗的意境。

还有一个问题需要说明，即《古文四声韵》中既然收录了从歹勿声的"没"字，为何该诗刻中却偏偏用"勿"来同音假借呢？这应该有两种可能性，一种可能是，该诗刻的年代早于宋人整理传抄古文字的时代，书写者因一时搜集不到足够数量的字形，使用同音假借法是权宜之计。另一种可能是，该诗刻的年代晚于《古文四声韵》的成书年代。据元代人吾丘衍《学古编》载："夏竦《古文四声韵》五卷。前有《序》并全衔者好，别有僧翻本，不可用。"[3]该碑中有不少文字之字形与传抄古文字写法有出入，也很有可能是因"僧翻本不可用"所致。吾丘衍的这段话还能给我们另外一种启示，即当时僧界有使用传抄古文字书写石刻铭文的习惯，诗作者冲上很有可能是当时书僧中的一位，他既是该诗的作者，也是该诗的书写者。

结语

由以上推断及考证可知，该诗末句中的"弦""没（殁，原释'物'）"确实是被书写或刻写者搞颠倒了。""是"勿"，用来同音假借传抄古文字中从歹勿声的"没（殁）"。这样，按此结论还原该诗之尾联，应该是："异日倘能归旧隐，相思来和没弦琴。"译成现代汉语，大致意思是说，如果有一天您从济南灵岩寺回归原来的隐居处，相互想念了，我们就像陶渊明那样素琴相谈吧。

① 周伯琦：《六书正讹》卷五，《景印文渊阁四库全书》第 228 册，台湾商务印书馆，2008 年，第 172 页。
② 李春桃：《古文异体关系整理与研究》，中华书局，2016 年，第 231—232 页。
③ 吾丘衍：《学古编》，车吉心、王育济总主编，罗炳良卷主编：《中华野史》第 6 卷，泰山出版社，2000 年，第 743 页。

Supplementary Research to the Interpretation of the Poetry Stele in Lingyan Temple: A Research Approach Based on Poetry Rules

Yang Jiashen

(School of History and Culture, Shandong University, Shandong Jinan 250100, China)

Abstract: In the Lingyan Temple of Jinan, there is a Poetry tablet inscription in ancient Chinese characters. Professor Li Chuntao of Jinlin University gave his interpretation in 2019. But the last sentence of the poem is hard to be understood and discordant with the rules of Chinese poetry. My research finds two problems: One is that the words "xuan(弦)" and "wu(物)" are misplaced, the other one is "wu(物)" is actually "mu(没)".

Key words: Changing Lingyan Temple; poetry tablet inscription in ancient character; interpretation; poetry rules; stringless violin

《肩水金关汉简(叁)》释文校订*

秦凤鹤

【摘　要】本文主要根据《肩水金关汉简(叁)》所公布的红外线图版和释文,在充分吸收已有研究成果的基础上,对肩水金关汉简部分简文提出新看法。文中共校读 8 条释文,改释 10 字。

【关键词】肩水金关汉简;释文;校订

【作者简介】秦凤鹤,女,湖南科技大学人文学院副教授、硕士生导师,研究方向为古文字。(湖南 湘潭 411201)

近年出版的《肩水金关汉简(叁)》①,由于利用红外线技术,图版清晰,简文释读精准。这批材料公布后,学界已对其进行全面深入研究。但在研读过程中,我们发现部分释文仍可推敲斟酌。今校订如下,敬请方家指正。

1. 平禚方□尺□于……　□　　　　　　　　　　　　　　　　　　(73EJT24：640)

按：此简下半部分字迹模糊不清。“□”原简写作，当释“九”。《居延汉简》2848A、《金关简》73EJT7：35 中“九”字原简分别写作 ②、，可参照。一尺的实际长度,西汉和新莽时期为 23 厘米,东汉为 23.4 厘米。据此标准量值计算,“九尺”约为 207 厘米。简文中的“禚”字,《汉语大字典》等大型工具书均未收。故不知具体为何物,存疑待考。该简文应释读作“平禚方九尺□于……”

2. ☑□羽☑　　　　　　　　　　　　　　　　　　　　　　　　(73EJT24：734)

按：此简残损较为严重,简文仅存两字。“□”原简写作，当释“子”。《居延汉简》433·31、《金关简》73EJT10：152 中“子”字原简分别写作 、，可证。“子羽”作为人名,见于《敦煌汉简》1004A“夫幸为与子羽钱三百已付数□”。③《金关简》73EJT21：65：“房史子羽所属予房者也告而留之。”文献典籍用例,如《汉书·高帝刘邦纪》：“是月,项梁与兄子羽起吴。”④《汉书·五行志》：“郑行人子羽曰：‘假不反矣。’”⑤该简文应释读作“子羽”。

3. 買肉治黍饭□☑　　　　　　　　　　　　　　　　　　　　　　(73EJT26：144)

按：此简文是关于汉代饮食方面的记录。“買”原简写作，当释“肎”。《敦煌汉简》239A、《居延新简》EPT59：58 中“肎”字原简分别写作 、⑥,可参证。《金关简》73EJT9：242 和《居延汉简》113·29 中“買”原简分别写作 、，可比对。“買”,从“网”从“貝”。“肎”,从“肉”从“骨”省。“肎”,是附着在骨头上的肉。《说文·肉部》：“肎,骨间肉肎肎箸也。”段玉裁注：“隶作肯。”⑦“治”,即

＊　基金项目：本文为国家社会科学基金青年项目“秦汉篆文整理与综合研究”(编号18CYY036)的阶段性成果,同时得到湖南省汉语方言与文化科技融合研究基地的资助。

①　甘肃简牍博物馆、甘肃省文物考古研究所、甘肃省博物馆、中国文化遗产研究院古文献研究室、中国社会科学院简帛研究中心编：《肩水金关汉简(叁)》,中西书局,2013 年。文中涉及肩水金关汉简(壹—伍)》中的字形,均简称《金关简》,以简号区别。

②　中国社会科学院考古研究所编：《居延汉简甲乙编》,中华书局,1980 年。以下简称《居延汉简》。

③　甘肃省文物考古研究所编：《敦煌汉简》,中华书局,1991 年;张德芳主编：《敦煌马圈湾汉简集释》,甘肃文化出版社,2013 年。

④　《汉书》,中华书局,1962 年,第 11 页。

⑤　《汉书》,中华书局,1962 年,第 1382 页。

⑥　甘肃省文物考古研究所、甘肃省博物馆、中国文物研究所、中国社会科学院历史研究所编：《居延新简——甲渠候官》,中华书局,1994 年。以下简称《居延新简》。

⑦　许慎撰,段玉裁注：《说文解字注》,浙江古籍出版社,2006 年,第 177 页。

为,做。"黍",古代专指一种子实叫黍子的一年生草本植物。其子实煮熟后有黏性,可酿酒、做糕等。《说文·黍部》:"黍,禾属而黏者也。"① "黍饭",又见于《后汉书·礼仪下》:"七日大敛棺,以黍饭羊舌祭之脯中。"② 该简文应释读作"胥(肯)肉治黍饭□"。

4. ☑界中者毋令擅□□
　　　　　　　　　　　　□ (73EJT27:7A)

按:此简两端残断较为严重。"□"原简写作今,当释"今"。《居延新简》EPT6:11、《居延新简》EPF22:188中"今"字原简分别写作今、今,可证。"界中",即"部界中",指一定的辖区,或即指部都尉管辖区。③ 简文内容强调居住在辖区的人不要擅自去做什么事。与其相关的辞例,如《居延新简》EPT43:92:"大逆,同产当坐,重事,推迹求穷,毋令居部界中不觉。"邬文玲对这条简文进行过细致校读,邬先生指出:"此事重大,各级机构要认真彻查,不要出现让追查对象留居在自己辖区内却没有被发觉的情形。"④ 该简文应释读作"界中者毋令擅今"。

5. 戍卒淮阳郡苦平阳里不更金□广年卅二　　☑ (73EJT30:25)

按:此简为戍卒名籍。"□"原简写作梗,当释"梗"。《居延汉简》71·19、《额济纳汉简》2000ES7SF1:2A、《武威医简》79中"梗"字原简分别写作梗、梗⑤、梗⑥,可证。"金梗广",为戍卒名字。"不更",是爵位名,秦、汉时期二十等爵的第四级。不更者,即可免充更卒(轮流服役的兵卒),其他之役仍须照服。《金关简》73EJT10:294:"戍卒淮阳郡西华南川里不更周充年廿三。"《金关简》73EJT1:81:"戍卒梁国睢阳秩里不更丁姓年廿四。庸同县驼诏里不更廖亡生年廿四。"该简文应释读作"戍卒淮阳郡苦平阳里不更金梗广,年卅二"。

6. ☑□作者见廿一人半日初□　有方卿急遣诸亭封传之须服兵 (73EJT30:134)

按:"□"原简写作事,当释"事"。"初事",即任职之初。《后汉书·李王邓来列传》:"初事刘歆,好星历谶记,为王莽宗卿师。"⑦《后汉书·窦融列传》:"弃子徼功,于义何如? 言违义也。且初事本朝,稽首北面,忠臣节也。"⑧ "封传",即由官府签发的出境凭证。如《史记·孟尝君列传》:"孟尝君得出,即驰去,更封传,变名姓以出关。"司马贞《索隐》:"封传犹今之驿券。"⑨ "须",要求。"服兵",即按规定吏卒每人装备的兵器。该简文应释读作"□作者见廿一人半日初事。有方卿急遣诸亭封传之须服兵"。

7. 大阴在□　　　　□□☑
　　大时小时南方　　　　日□□☑ (73EJT30:151B)

按:此简文有关天文纪年方面的内容。"□"原简写作辰,当释"辰"。该字笔划略残,但字形清晰。《敦煌汉简》70、《居延新简》EPT50:13A中"辰"字原简分别写作辰、辰,可比照。"辰",地支的第五位。在太岁纪年法中或与天干相配用以纪年。《尔雅·释天》:"太岁在寅曰摄提格,在卯曰单阏,在辰曰执徐。"⑩《淮南子·天文训》:"太阴在辰,岁名曰执除。"⑪《史记·天官书》:"岁阴在辰,星居亥。"⑫

---

① 许慎:《说文解字》,中华书局,1963年,第146页。
② 《后汉书》,中华书局,1965年,第3148页。
③ 薛英群:《居延汉简通论》,甘肃教育出版社,1991年,第226页。
④ 邬文玲:《〈甘露二年御史书〉校读》,《中国古代法律文献研究》第五辑,社会科学文献出版社,2012年,第56页。
⑤ 魏坚主编:《额济纳汉简》,广西师范大学出版社,2005年。
⑥ 甘肃省博物馆、武威县文化馆编:《武威汉代医简》,文物出版社,1975年。以下简称《武威医简》。
⑦ 《后汉书》,中华书局,1965年,第573页。
⑧ 《后汉书》,中华书局,1965年,第801页。
⑨ 《史记》,崇文书局,1981年,第2355页。
⑩ 《尔雅》,中华书局,1985年,第71页。
⑪ 《淮南子》,河南大学出版社,2010年,第203页。
⑫ 《史记》,崇文书局,1981年,第1289页。

"大阴"即"太阴",指太岁。古代天文占星家假设太岁作与岁星实际运行方向相反的运动,以每年太岁所在辰纪年。《史记·货殖列传》:"太阴在卯,穰。"张守节《正义》:"太阴,岁后二辰为太阴。"①"大时"又称"太岁""咸池"。"大时",指有闰月之年,即一年有十三个月。"小时",相对于"大时"而言,又称"小岁""月建"。即一年分为十二个月。此二神煞传世文献、出土文献皆常见。"南方",简文列出地支对应的方位。《淮南子·天文训》:"大时者,咸池也;小时者,月建也。"②程少轩在《肩水金关汉简"元始六年(居摄元年)"历日复原》一文中,对"大时""小时"进行过论述③,可参看。该简文应释读作"大(太)阴在辰,□□。大时、小时南方。日□"。

8. ☑□□候长齐　　□主官致尉四年正月以来
　　尽六月舍人迎付居延府卿舍　　　　　　　　(73EJT31:97A)

按:第一个"□"原简写作　,当释"可"。《敦煌汉简》616A、《居延新简》EPF22:304 中"可"字原简分别写作　、　,以资佐证。第二个"□"原简写作　,当释"久"。《敦煌汉简》1305、《居延新简》EPT65:87 中"久"字原简分别写作　、　,可资参证。因简首残损,未知"可久"的确切含义。第三个"□"原简写作　,当释"晓"。《居延汉简补编》N43、《居延新简》EPT56:7 中"晓"字原简分别写作　④、　,可参照。"晓",即告知。"主官",汪桂海认为,这一职名未见于史书。由字面分析,"官",应指候官。汉简中"候官"常省称为"官"。"主"是主持之意。"主官"当为主持候官事务。此职或非正式官职名称,故不见于史书《官志》。当为主持候官事务。似应是在候官最高长吏候外出、病休或刚离任而新任命者尚未到任的情况下,"行候事""兼行某官事"的掾、令史、尉史等属吏的一种称呼。他们临时代候主持候官事务,故被称为"主官"。⑤"致",传的一种,为官府发给行者沿路各地关卡请予放行的文书,由官府直接发送。出入关隥,或以符,或以致传,后者往往附行路者名籍。⑥"尉",即塞尉,候官(塞)长吏之一。"舍人",汉代王公贵族私门之官。《汉书·高帝刘邦纪》:"南阳守欲自到,……其舍人陈恢曰:'死未晚也。'……苏林曰:'蔺相如为宦者令舍人。韩信为侯,亦有舍人。'师古曰:'舍人,亲近左右之通称也,后遂以为私属官号。'"⑦该简文应释读作"可久,候长齐晓主官致尉四年正月以来。尽六月舍人迎付居延府卿舍"。

【参考文献】

[1]　陆锡兴.汉代简牍草字编[Z].上海:上海书画出版社,1989.
[2]　甘肃简牍博物馆等编.肩水金关汉简(壹)(贰)(肆)(伍)[M].上海:中西书局,2011.2012.2015.2016.
[3]　李洪财.汉简草字整理与研究[D].长春:吉林大学博士学位论文,2014.
[4]　谢桂华.汉晋简牍论丛[M].桂林:广西师范大学出版社,2014.
[5]　王梦鸥.汉简文字类编[Z].台北:艺文印书馆,1974.
[6]　汉语大字典字形组.秦汉魏晋篆隶字形表[Z].成都:四川辞书出版社,1985.

---

① 《史记》,崇文书局,1981 年,第 3259 页。
② 《淮南子》,河南大学出版社,2010 年,第 190 页。
③ 程少轩:《肩水金关汉简"元始六年(居摄元年)历日"复原》,《出土文献》第五辑,中西书局,2014 年。
④ 台北"中研院"历史语言研究所简牍整理小组编:《居延汉简补编》,台北文渊企业有限公司,1998 年。
⑤ 汪桂海:《汉简丛考(一)》,《简帛研究二〇〇一》,广西师范大学出版社,2001 年。
⑥ 中国简牍集成编委会:《中国简牍集成(三)》,敦煌文艺出版社,2001 年,第 83 页。
⑦ 《汉书》,中华书局,1962 年,第 19 页。

Notes on Collations and Explanations of an Annotated Collection on the Text of *Bamboo and Wooden Slips Excavated in Jian Shui Jin guan* (三)

Qin Fenghe

(Department of Humanities, Hunan University of Science and Technology,
Hunan Xiangtan 411201, China)

Abstract: This article is about a set of interpretation for *Bamboo and Wooden Slips Excavated in Jian Shui Jin guan* (三) published infrared chart and text. On the basis of fully absorbing the existing research results, new ideas on part of bamboo and wooden slips excavated in Jian Shui Jin guan. In the article, we corrected of errors about 8 annotations, collated and explained about 10 mistakes.

Key words: bamboo and wooden slips excavated in Jian Shui Jin guan; text; annotated collection

肩水金关汉简人名校札(二)

沈思聪

【摘　要】本文通过校读肩水金关汉简,同时结合其他出土文献与古籍中的材料,对其中的若干人名做校订,并对所涉及汉简中其他释文的疏漏之处进行校补。

【关键词】肩水金关汉简;人名校订;释文校补

【作者简介】沈思聪,女,复旦大学出土文献与古文字研究中心博士研究生,研究方向为秦汉简牍、古文字学。(上海　200433)

肩水金关汉简中有丰富的汉代人名资料,此前简牍整理者和研究者已经做过比较完善的研究,但内容仍有可补说之处。本文希望结合汉简、其他出土文献和传世文献材料,校订肩水金关汉简中的若干人名,并对部分释文的疏漏之处进行校补。

为称引方便,本文采用分条编号的方法。每条之首用括号标出序数,并注明所讨论释文的简号,然后另起一行引录释文,一般只节引有关部分,在需要校订的内容下加下划线,再另起一段讨论各条内容。

(1) 73EJT10:15

　　☑……遣丞从史<u>造昌</u>归陇西取衣用与从☑

"造"图版作 ,当释"遂"。肩水金关汉简中"造"字如 (73EJT6:135B)、 (73EJT24:256)、 (73EJF3:137)、 (73EJF3:368),"遂"字如 (73EJT1:39)、 (73EJT23:921)、 (73EJT29:92)、 (73EJT30:86),可参看。同时,根据辞例,"遂昌"在汉简中可作人名,如居延汉简"候史齐、遂昌"(20.12B),居延新简"甲渠候长遂昌"(EPT58:76)。汉印中有"贾遂昌"(《历代玺印辑存》335)、"尹遂昌印"(《新出历代玺印集录》168)、"昭信遂昌"(《共墨斋汉印谱》)。

(2) 73EJT10:223

　　☑亲里尹<u>真如</u>年卅☑

"真"图版作 ,当释"莫"。"莫如"作人名,《急就篇》有"解莫如",颜师古注:"莫如,言无有能如之者也。汉有毛莫如。"[1]肩水金关汉简有"华莫如"(73EJT37:1003),"莫"字作 ,居延新简有"田莫如"(EPT53:187),"莫"字作 ,可参看。汉印中有"樊莫如"(《印典》4.2486)、"赵莫如"(《印典》4.2486)、"解莫如印"(《印典》4.2486)。

汉简中"莫"字容易与"真"字相混,因为"真"头部容易写作"艹",如 (73EJT10:220B)、 (73EJT23:418)、 (73EJF3:132)、 (72EJC:108A),而"莫"字中间部分容易写作"目"。陈剑认为:"汉代文字'莫'字中间所从多一横笔作'目'形,是很常见的。"[2]在判别汉简字形为"真"还是"莫"时,不仅需要根据字形判断,还需借助辞例判别。

(3) 73EJT21:197A

　　正月辛巳隐园长□丞□谒移过所毋留☑

---

①　张传官:《急就篇校理》,中华书局,2017年,第121页。

②　陈剑:《几种汉代镜铭补说》,复旦大学出土文献与古文字研究中心网站2018年1月12日(http://www.fdgwz.org.cn/Web/Show/4204)。

释文显示"长"后有未释字,细审图版,"长"字后无墨迹,"隐园长"名应为空。汉简中此类现象常见,如肩水金关汉简 73EJT37：157"阳陵令　守丞勋"、居延新简 EPT5：4"甲沟鄣候　敢言之"、EPT6：46A"鄣守候　敢言之"、EPT50：16A"居延都尉汤、丞　谓甲渠"、EPT50：62"居延左尉　敢言之"等。

73EJT21：197A	73EJT37：157	EPT5：4	EPT6：46A	EPT50：16A	EPT50：62

这一现象的产生与文书的制作过程有关。冨谷至在《文书行政的汉帝国》中提到,制作文书时,首先书记写好全部的文书内容,然后在发信日期、署名者亲笔签名以及部分官职名称的位置留出空白,发信之际,书记再把日期和发信人官职添加上去,最后由行官亲笔署名。[1] 上举几例简中,同一支简上的笔迹没有出现明显变化,说明署名者亲笔签名的工作有时也由书手代劳,但行官姓名留空的情况确实存在。

（4）73EJT21：385

　　騅喜隧卒黄小□□

"黄小□"图版作 [图] [图] [图],当释"武小儿"。肩水金关汉简中"黄"字如 [图]（73EJT1：1）、[图]（73EJT4：81）、[图]（73EJT9：54）,"武"字如 [图]（73EJT10：115A）、[图]（73EJT26：3）、[图]（73EJT23：938）,可参看。汉简中"武"作姓氏的如居延新简"武后"（EPT51：251）、"武习"（EPF22：300）等。

汉简"儿"字一般有 [图]（73EJT24：273）、[图]（73EJT37：673）、[图]（73EJD：107B）、[图]（《北京大学藏西汉竹书（贰）》老·145·16）和 [图]（73EJT24：11）、[图]（73EJT27：21）、[图]（EPT43：33A）两种写法。本简"儿"字为第一种写法。

"小儿"为汉代人名。《急就篇》有"田细儿",颜师古注："细儿,言小儿也。"[2]居延新简有"申小儿"（EPT52：562）,其中"小儿"图版作 [图] [图],可参看。汉印中有"贾小儿"（《澄秋馆印存》）、"阳小儿-阳翁中"（《常熟博物馆藏印集》）。

（5）73EJT21：478

　　……梁☑

原简字迹较模糊,细审图版,"梁"前三字当释"翁叔进"。"翁"字从"公"从"羽",肩水金关汉简中"叔"字如 [图]（73EJT3：54A）、[图]（73EJT9：3）、[图]（73EJT21：111）,可参看。

---

①　冨谷至著,刘恒武、孔李波译：《文书行政的汉帝国》,江苏人民出版社,2013 年,第 179—180 页。
②　张传官：《急就篇校理》,第 85 页。

翁	叔	进	梁

"翁叔"为汉代常见人名，肩水金关汉简有"翁叔"(73EJT9∶13)，《汉书》有"金日磾字翁叔"（《霍光金日磾传》），汉印中有"笪翁叔"（《印典》1.729）、"牟翁叔"（《印典》1.730）、"厚翁叔印"（《印典》1.730）。

此外，73EJT23∶481A：

朱幼季少九ノ　散幼君少十四ノ☐

段子宾多十ノ　杨翁前多十☐

"翁前"图版作 ，第二字当为"叔"。该字左半部分写法同上举"叔"字形，右半部分的"寸"写法较怪，应该是书手的书写习惯（该简"多"字写作 、 ）或受前"翁"字写法的影响。

(6) 73EJT21∶481

☐☐少兄得事☐☐☐

原简右半稍有残损，首个未释字图版作 ，当释"傅"。肩水金关汉简中"傅"作姓氏的有"傅少翁"(73EJT2∶53B)、"傅章"(73EJT7∶41)、"傅☐"(73EJT21∶390)、"傅孙☐"(73EJT24∶321)等，其中"傅"字分别作 、 、 、 ，可参看。

"少兄"为汉代常见人名。肩水金关汉简有"李少兄"(73EJT30∶145)，居延汉简有"杨少兄"(103.44)，汉印中有"孟少兄印"（《印典》3.1816）。"少兄"意同"小兄"，《急就篇》有"昭小兄"，颜师古注："小兄，言上有昆而下有弟也。"①

(7) 73EJT23∶900A

程诩　廉宪　杜嘉　黄辅

所送卒名　李袠　黄钦　董☐　干尊友

孙克　张丰

"克"图版作 ，当释"充"。肩水金关汉简中"克"字如 (73EJT30∶7＋19)②，居延汉简中"克"字如 (57.17＋57.16)，居延新简中"克"字如 (EPT49∶4B)，可以看出"克"字上部的"十"笔画明确，其中竖笔与"口"相连。而本简中该字形上部写作"亠"，没有竖笔与"口"相连，这与"充"字写法一致。肩水金关汉简中"充"字如 (73EJT9∶92A)、 (73EJT10∶122)、 (73EJT30∶9)、 (73EJT30∶120)，可参看。

此外，73EJT23∶1023＋1016③：

肩水候官主关隧长公乘郭克中劳一岁六月七能书会计治官民颇知☐

"克"图版作 ，上半部分写作"亠"，与"口"不连，当释"充"。

73EJT29∶23：

东阿北平里宋克

"克"图版作 ，上半部分写作"亠"，与"口"不连，当释"充"。

而 73EJD∶287：

以食受降隧卒庄充六月积卅日食

---

① 张传官：《急就篇校理》，第48页。

② 整理者释"充"，高一致已改释为"克"。高一致：《读〈肩水金关汉简(叁)〉札记(十八则)》，《珞珈史苑》2015年第1期。

③ 姚磊：《〈肩水金关汉简(贰)〉缀合(六)》，简帛网 2016 年 11 月 17 日（http://www.bsm.org.cn/show_article.php？id=2663）。

"充"图版作,上半部分写作"十",与"口"相连,当释"克"。

(8) 73EJT23:929

　　　☑敢言之遣候长外人送昭武所讼遝令史董幸复范德赵赦之刑常致昭

"幸复"图版作,当释"承禄"。肩水金关汉简中"承"有两种写法,第一种如(73EJT3:50)、(73EJT7:39),第二种如(73EJT21:107)、(73EJT30:68)、(73EJD:140)。本简"承"字写法为第二种。

第二字为"禄",从"示"从"录",字形左下方可见"示"的点画,"录"旁写得较为潦草,肩水金关汉简中其他"禄"字如(73EJF3:76A+448A)、(73EJH1:38),"示"旁写法与本简一致。

"承禄"为汉代常见人名,《急就篇》有"乌承禄",颜师古注:"承,受之也。"①肩水金关汉简有"守令史承禄"(73EJT37:531),居延汉简有"成承禄"(116.40)、"尉史承禄"(311.6),居延新简有"尉史承禄"(EPT52:398B)、"公乘史承禄"(EPT53:109A),其中 EPT52:398B 中"承禄"作,写法与本简类似。汉印中有"司马承禄之印"(《印典》4.2451)、"张承禄"(《印典》4.2451)、"刘承禄"(《印典》4.2451)。

本简"候长"的"候"作,当释"坞"。肩水金关汉简中有"坞长"这一辞例,参看 73EJT37:618、73EJT37:840、73EJT37:1083、73EJC:486,其中"坞"字分别作、、、。

(9) 73EJT24:76

　　　☑□□□毋卑　　取钱四百为秋政廿石

"毋卑"为秦汉时代常见人名,如秦印中有"徐毋卑"(《印典》4.2501),其上一字缺释,图版作,当释"唐"。肩水金关汉简中用作姓氏的"唐"如"唐□"(73EJT3:108)、"唐偃"(73EJT37:1108)、"唐赢"(73EJH2:43B),其中"唐"字分别作、、,可参看。

(10) 73EJT24:89

　　　☑伏地再拜☑

缺释字图版作,当释"顺",为人名。肩水金关汉简中"顺"字作(73EJT10:384)、(73EJT24:127)、(73EJT37:938)等,可参看。"伏地再拜"为敬礼语,王贵元《简帛文献字词研究》:"伏地,匍匐在地上,行礼动作。书信中'伏地'常与同样是敬礼语的'再拜'组合使用。"②汉简中"伏地再拜"前常接人名,如"充伏地再拜请"(73EJT9:388)、"寿伏地再拜"(73EJT10:374A)、"昌伏地再拜"(73EJT30:212A)等。

(11) 73EJT24:100

　　　☑□□□□常年卅二岁长七尺二寸黑☑

"常"前未释字图版作,当释"孔"。肩水金关汉简中用作姓氏的"孔"如"孔宏叔"(73EJT21:130A)、"孔目"(73EJT21:482)、"孔德"(73EJT24:257)、"孔长伯"(73EJT37:1455)等,其中"孔"字分别作、、、,可参看。

(12) 73EJT24:232

　　　付□长占谷千石☑

"占"图版作,当释"公"。肩水金关汉简中"公"字如(73EJT27:9)、(73EJT30:89)、(73EJT31:145),与此相类。

根据文意,"付"后的"□长公"为人名。"长公"为汉代常见人名,《汉书》有"夏侯胜字长公"(《眭两夏侯京翼李传》)、"韩延寿字长公"(《赵尹韩张两王传》)。肩水金关汉简有"庄长公"(73EJT24:381)、"夏长公"(73EJT26:169)。汉印中有"颜长公"(《印典》1.195)、"王长公"(《印典》1.196)、"贾长

---

① 张传官:《急就篇校理》,第 40 页。
② 王贵元:《简帛文献字词研究》,中国社会科学出版社,2020 年,第 258 页。

公"(《印典》1.196)、"田长公印"(《印典》1.199)。

(13) 73EJT30：56A

　　□□□□孙枚

"枚"图版作[图]，当释"放"。肩水金关汉简中"枚"字如[图](73EJT4：47A)、[图](73EJT24：96)、[图](73EJT37：972)，"放"字如[图](73EJT3：78)、[图](73EJT31：160)、[图](73EJT37：814)，可参看。其中73EJT37：814的"放"作人名("公孙放")，本简所讨论的字形与"放"更接近，但"孙"字前的简文字迹漫漶，目前还无法辨识是否为"公"字。

(14) 73EJT30：208B

　　又丞相史□卿及居延都尉夫人来使守阁熹取二斗

"熹"图版作[图]，该字从喜从心，当释"意"，为人名。肩水金关汉简中用作人名的"意"字如[图]("意失时"73EJT3：70)、[图]("验问意"，73EJT8：56)、[图]("奉宗、意"，73EJT21：64)、[图][图]("阁意"，73EJT37：151)，可参看。

(15) 73EJF3：179B

　　氏池庶士□子河

缺释字图版作[图]，右侧为"口"部残笔，当释"和"。肩水金关汉简中常见"和"氏，如"和焉息"(73EJT30：10)、"和长卿"(73EJT30：138)、"和铁柱"(73EJT30：152)、"和昌"(72ECC：13)，其中"和"字分别作[图]、[图]、[图]、[图]，可参看。汉印中有"和龙"(《印典》1.236)、"和忠印"(《印典》1.236)。

(16) 73EJF3：217B+309A+593A

　　☑召襄叩头白任掾絮成掾何时到拜食待愿幸临之幸=甚=

"絮成掾"三字图版作[图][图][图]，首字当释"阳"，"阳成"为姓氏。汉简中"阳"的草字写法如居延汉简[图](284.8A)、居延新简[图](EPF22：327)、[图](EPF22：334A)、肩水金关汉简[图](73EJT1：62)等。

《通志·氏族略》："阳成氏。《风俗通》，阳成肾梁，晋隐士也。汉有谏议大夫阳成公衡。《功臣表》，梧齐侯阳成延，传封六代。'成'或作'城'。王莽时阳成修，献符命。"[1]肩水金关汉简有"阳成未央"(73EJT37：767)、"阳成武"(73EJF3：181)，汉印中有"阳成婴"(《印典》4.3004)、"阳成党印"(《印典》4.3012)。

简文中"任掾""阳成掾"为两位姓"任""阳成"的掾。陈梦家在《汉简缀述》中提到："汉人在官衔后通常举名而不系以姓，但汉简所见，诸掾之前则称姓而不名"[2]，并举"牛掾""左掾""苏掾""范掾"等例。本简应释为："召襄叩头白，任掾、阳成掾何时到？拜食待，愿幸临之，幸=甚=(幸甚幸甚)"。

(17) 73EJC：592B

　　令史之长房子都子侣数事言子□遣不相为之

缺释字图版作[图]，当释"方"。肩水金关汉简中"方"字如[图](73EJT3：38A)、[图](73EJT3：38B)、[图](73EJT24：547)、[图](73EJD：218)，可参看。"子方"为汉代常见人名，《急就篇》有"郑子方"，颜师古注："子者，男子美称。方者，言其正直不回也。"[3]《汉书》有"田子方"(《公孙刘田王杨蔡陈郑传》)、"王子方"(《霍光金日磾传》)。肩水金关汉简有"李子方"(73EJT3：38A)、"张子方"(73EJT3：38B)、"成子方"(73EJT23：167A)、"丁子方"(73EJT24：978)、"许子方"(73EJT25：15B)、"宋子方"

---

① 郑樵：《通志二十略》，中华书局，1995年，第204页。秦印和悬泉汉简所见"阳成"的材料可参看刘钊：《关于秦印姓名的初步考察》，《书馨集——出土文献与古文字论丛》，上海古籍出版社，2013年，第228页；张俊民：《悬泉汉简所见汉代复姓资料辑考——敦煌悬泉置出土汉简所见人名综述(三)》，《秦汉研究》2008年第1期。

② 陈梦家：《汉简缀述》，中华书局，1980年，第119页。

③ 张传官：《急就篇校理》，第21页。

(73EJT29：109)、"刘子方"(73EJD：75A)等。汉印中有"杨子方印"(《印典》3.1808)、"王子方"(《印典》3.1809)。

附记：本文写作过程中蒙施谢捷先生与石继承先生提供珍贵印谱资料和宝贵意见,谨致谢忱!

Reading Notes on the Names in Jianshuijinguan
Bamboo Slips of Han Dynasty

Shen Sicong

(Center for Research on Chinese Excavated Classics and Palaeography,

Fudan University, Shanghai 200433, China)

Abstract: This article examines the names in Jianshuijinguan Bamboo Slips of Han Dynasty. By combining and comparing these bamboo documents with seals and the literature handed down, give some new translations to the names and related bamboo texts.

Key words: Jianshuijinguan Bamboo Slips of Han Dynasty; reading notes on names; new translations

长沙走马楼西汉简《都乡七年垦田租簿》考论*

吕志峰

【摘　要】《都乡七年垦田租簿》是目前出土的一份重要的"乡"一级行政单位土地面积和租税统计材料,记录了临湘县都乡长沙顷王七年的垦田总面积、总田租和平均每亩所收田租,以及各项"出田"记录,并指明了整个都乡的土地使用情况。本文对部分词语进行了解释,对垦田租簿的结构与内容进行了讨论。

【关键词】都乡七年垦田租簿;词语补释;结构和内容

【作者简介】吕志峰,华东师范大学中文系副教授,研究方向为汉语史、文字训诂学。(上海　200241)

马代忠先生《长沙走马楼西汉〈都乡七年垦田租簿〉初步考察》一文首次公布了《都乡七年垦田租簿》(临时编号为 1056 号)的释文,并对简文进行了释读,文章还对该文书所反映的西汉武帝时期南方水稻的平均亩产进行了考察。① 文章指出:"从出土材料看,这是目前唯一的一份'乡'一级行政单位土地面积和租税统计材料。"②朱德贵先生《长沙走马楼西汉简牍所见"都乡七年垦田租簿"及其相关问题分析》一文就汉代乡级"垦田租簿"的文书内容和田租征收方式做了分析,并称这是"第一次披露了传世文献和以往出土简牍未见记载的西汉中期乡级'垦田租簿'"③。由此可见这份垦田租簿的罕见和重要性。

本文将在学界已有研究基础之上围绕个别词语的解释、垦田租簿的结构与内容等问题展开讨论,不当之处,敬请大方之家指正。

首先将释文录出如下:

【上栏】

·都乡七年垦田租簿

垦田六十顷二亩租七百九十六石五斗七升半率斗三升奇十六石三升一斗半

凡垦田六十顷二亩租七百九十六石五斗七升半

出田十三顷四十五亩半租百八十四石七斗临湘蛮夷归义民田不出租

出田二顷六十一亩半租卅(丗)三石八斗六升乐人婴给事柱下以命令田不出租

【下栏】

凡出田十六顷七亩租二百一十八石五斗六升

定入田四十三顷九十五亩租五百七十八石一斗半

提封 四万一千九百七十六顷七十亩百七十二步

其八百一十三顷丗(卅)九亩二百二步可垦不垦

四万一千一百二顷六十八亩二百一十步群不可垦

---

　*　本文是 2016 年国家社科基金重大项目"中国语言学史(分类多卷本)"(批准号:16ZDA206)的阶段性成果。

①　马代忠:《长沙走马楼西汉简〈都乡七年垦田租簿〉初步考察》,《出土文献研究》第十二辑,中西书局 2013 年 12 月,第 213—222 页。

②　马代忠:《长沙走马楼西汉简〈都乡七年垦田租簿〉初步考察》,第 215 页。

③　朱德贵:《长沙走马楼西汉简牍所见"都乡七年垦田租簿"及其相关问题分析》,《中国社会经济史研究》2015 年第 2 期,第 1—11 页。

一 字词补释

1. 率

意思是"平均",汉代统计及会计活动中常见。如居延新简:"四百廿人代运薪上转薪立彊落上蒙涂辎车衰二百六十一丈率人日涂六尺二寸奇六尺"(E.P.T59:15)①。

2. 奇

意思是"剩余"。如果按平均每亩一斗三升计算,六十顷二亩应收租七百九十六石五斗七升半,剩余恰好是"奇"后的十六石三升一斗半。

3. 出田

出田,应与下文"入田"相对,指无需缴纳租税的田亩。出,应该是舍弃、除去、丢掉之意。如《韩非子·外储说左下》:"孟献伯相鲁……叔向闻之,以告苗贲皇。贲皇非之曰:'是出主之爵禄以附下也。'"

4. 蛮夷归义民田不出租

蛮夷归义民,应该是指归附朝廷的少数民族。田不出租,即无需缴纳租税。这里记载了已经归附朝廷的少数民族不需要缴纳租税的情况。里耶秦简9-2300载:"都乡黔首毋濮人、杨人、奥人。"②这里的三类人均不用交赋税徭役,是外族户口编制。汉承秦制,秦汉时期均存在分开外族编户的举措,例如荆州纪南松阳汉墓尚未公布的"归义簿",很可能统计记载的就是当时归顺的蛮夷外族户口。据同出的《南郡元年户口簿》记载,汉武帝时江陵县除正常的口数外,尚存在"延户",而这种"延户"大部分就是由所谓的"外越"构成。③ 张家山汉简《二年律令·户律》:"卿以上所自田户田,不租,不出顷刍稾。"④意为卿占有的土地全部不出田租、刍稿,也是对几种不出田租的情况的记录。

5. 乐人婴给事柱下

"乐人",古代指掌管音乐的官吏。《仪礼·燕礼》:"膳宰具官馔于寝东,乐人县。"胡培翚正义:"是悬乐诸官皆有其事,故总称乐人。"给事,犹供职、供事。《史记·卫将军骠骑列传》:"其父郑季,为吏,给事平阳侯家。"居延汉简中常见有给事佐、给事都尉、给事令史等官职的记载。《居延汉简释文合校》:"居延都尉给事佐居延始至里万常善年卅四岁长七尺五寸黑色。"⑤(合43.2,77.81)"柱下"是周秦时对宫殿内任职人员的泛称,西汉前、中期仍然沿用,而中晚期基本不用此说。朱德贵先生认为"给事柱下"指在"柱下"中做事的人。⑥

这一句中的难点在"婴",马代忠先生认为"婴"指古代从事制造"颈饰"类物品的人群。所以,这句话应该断句作:出田二顷六十一亩半,租卅(卅)三石八斗六升,乐人、婴给事柱下,以命令田不出租。朱德贵先生认为"婴"是乐人的名字。"婴"在秦汉简牍中多见。睡虎地秦简《秦律十八种·金布律》69号简:"有买及卖也,各婴其价;小物不能各一钱者,勿婴。金布。""婴其价",指在货物上系签表明价格。婴,应该是"系"的意思。《里耶秦简》8-1519号简:"户婴四石四斗五升,奇不衞(率)六斗。"陈伟先生认为这里的"婴"是"当、值"的意思,可以引申为"计算、折合"。⑦ 张家山汉简《二年律令·田律》

① 甘肃省文物考古研究所等编:《居延新简》,文物出版社,1990年,第360页。
② 湖南省文物考古研究所编:《里耶秦简(贰)》,文物出版社,2017年,第88页。
③ 唐俊峰:《里耶秦简所示秦代的"见户"与"积户"——兼论秦代迁陵县的户数》,简帛网(2014年2月8日),http://www.bsm.org.cn/show-article.php?id=1987。
④ 张家山二四七号汉墓竹简整理小组:《张家山汉墓竹简二四七号墓》(释文修订本),文物出版社,2006年,第52页。
⑤ 谢桂华、李均明:《居延汉简释文合校》,文物出版社,1987年,第74页。
⑥ 朱德贵:《长沙走马楼西汉简牍所见"都乡七年垦田租簿"及其相关问题分析》,第5页。
⑦ 陈伟主编:《里耶秦简牍校释(第一卷)》,武汉大学出版社,2012年,第347页。

243 号简：“县道已狠（垦）田，上其数二千石官，以户数婴之，毋出五月望。”①整理者认为这里的“婴”是“系”的意思，指标明垦田的户数。

我们认为，秦汉简牍中出现的“婴”意思应该是一样的，即“系”的意思，回到这句话，“乐人婴给事柱下”，指的就是给柱下服务的乐人。秦汉时期，乐人分工精细，这里强调专门给官员服务的乐人可以不交田租，他们之所以不用交税，朱德贵先生认为“乐人”在祭祀礼仪上不可或缺，因为在祭祀的每一环节乐人都要演奏不同的音乐，所以，乐人在当时的地位和身份很高。② 另外，有可能这一类“乐人”由盲人充当，他们无法耕种，所以可以免征他们的田租。张家山汉简《二年律令·户律》：“民宅园户籍、年细籍、田比地籍、田命籍、田租籍，谨副上县廷，皆以箧若匣匮盛，缄闭，以令若丞、官啬夫印封，独别为府，封府户。”（简 331－332）③这里提到了“田命册”，杨振红先生推测说：“田命籍可能是记录那些具有豁免特权不需交纳田租者的土地册。”④

6. 定入田

定入田，马代忠先生认为与“出田”相对，是指须按额定标准缴纳租税的田亩。其实，这里的“定”在秦汉三国时期的简牍中多见，是副词，表示“实际”“事实上”的意思。⑤ 如：

1）冗佐八岁上造阳陵西就日駬，廿五年二月辛巳初视事上衍，病署所二日。凡尽九月不视事二日，定视事二百一十一日。（《里耶秦简》，8－1450）

2）最凡吏九十七人，其十四人已前出，定受奉八十三人，用绛一匹，用布十八匹，用羊韦八十三件，交钱五万九百八钱。（《居延新简》，EPT40·6B）

3）石下丘男子唐靖，田卅一町，凡八十七亩。其六十七亩，皆二年常限田。其五十四亩旱败不收，亩收布六寸六分。定收十三亩，亩收米一斛二斗，为米十五斛六斗。（《长沙走马楼三国吴简·嘉禾吏民田家莂》4·193）

所以，“定入田”应该指事实上需要缴纳田租的田。

7. 提封

“提封”二字漫漶，整理者据文意补足，作“通共、大凡”解，《汉书·刑法志》：“一同百里，提封万井。”王先谦补注引王念孙曰：“《广雅》曰：‘提封，都凡也。’都凡者，犹今人言大凡，诸凡也……都凡与提封一声之转，皆是大数之名。提封万井，犹言通共万井耳。”《汉书·食货志上》：“地方百里，提封九万顷。”这里“提封”后的田亩数当是统计的行政区内总的土地面积，可能就是临湘全县所有土地面积的总数。《汉书·匡衡传》：“初，衡封僮之乐安乡，乡本田提封三千一百顷，南以闽佰为界。”尹湾汉墓出土的《集簿》：“提封五十一万二千九十二顷八十五亩二口……人如前”⑥。《汉书·地理志》：“提封田一万万四千五百一十三万六千四百五顷……其三千二百二十九万九百四十七顷，可垦不（可）垦。”

二　结构和内容

该《都乡七年垦田租簿》从形制上看，文字分上下栏书写，每栏存文各五行，共 219 字。但从结构上看，可以分为两部分。

---

① 张家山二四七号汉墓竹简整理小组：《张家山汉墓竹简二四七号墓》（释文修订本），第 42 页。
② 朱德贵：《长沙走马楼西汉简牍所见“都乡七年垦田租簿”及其相关问题分析》，第 5 页。
③ 张家山二四七号汉墓竹简整理小组：《张家山汉墓竹简二四七号墓》（释文修订本），第 54 页。
④ 杨振红：《秦汉“名田宅制”说——从张家山汉简看战国秦汉的土地制度》，《中国史研究》2003 年第 3 期。
⑤ 路方鸽：《〈嘉禾吏民田家莂〉“定收田”考》，《中国农史》2014 年第 2 期，第 48 页。
⑥ 连云港市博物馆等编：《尹湾汉墓简牍》，中华书局，1997 年，第 77 页。

第一部分：

【上栏】

    ·都乡七年垦田租簿

    垦田六十顷二亩租七百九十六石五斗七升半率斗三升奇十六石三升一斗半

    凡垦田六十顷二亩租七百九十六石五斗七升半

    出田十三顷四十五亩半租百八十四石七斗临湘蛮夷归义民田不出租

    出田二顷六十一亩半租丗（卅）三石八斗六升乐人婴给事柱下以命令田不出租

【下栏】

    凡出田定入田四十三顷九十五亩租五百七十八石一斗半

    十六顷七亩租二百一十八石五斗六升

这部分就是我们所说的"垦田租簿"。记录了临湘县都乡长沙顷王七年的垦田总面积、总田租和平均每亩所收田租，以及各项"出田"记录，即减免收田租的垦田面积、所减免的田租数额以及减免的事由。同时，统计了总的减免租税的田地面积和租税收入、实际上总的收取租税的田地面积和其田租数额。

第二部分：

    提封四万一千九百七十六顷七十亩百七十二步

    其八百一十三顷丗（卅）九亩二百二步可垦不垦

    四万一千一百二顷六十八亩二百一十步群不可垦

这一部分指明了整个都乡的土地使用情况，包括都乡的土地面积、可以开垦但尚未开垦的土地面积以及不可开垦使用的土地面积。

"垦田租簿"在之前的出土简牍中虽然没有直接提到，但里耶秦简第9层简牍中有一条："律曰：已狼（垦）田，辄上其数及户数，户婴之。（9-40）"[1]《二年律令·田律》243号简："县道已狼（垦）田，上其数二千石官，以户数婴之，毋出五月望。"[2]我们认为，这些材料中提到的统计县道垦田数的簿籍应该就是指垦田租簿，所以，垦田租簿应当属于田律规定的范畴。垦田租簿统计的范围是以"乡"或"县"等地区为单位，明确统计区域内垦田总数、应收租、免租等情况，并对区域内整个土地面积进行了统计。如果对比二年律令和里耶秦简中《田律》的相关简文，就可以发现这两份垦田租簿中某些差异其实来源于秦汉有关上计"垦田租簿"的规定的变化。例如秦律中明确提到需要"上其（垦田）数及户数，户婴之"，而汉代《二年律令》中却并没有规定需要在垦田租簿中统计户数，所以我们也看到8-1519号简中有迁陵县户数的记载"户百五十二，租六百七十七石。衙（率）之，亩一石五"[3]，而《都乡七年垦田租簿》中却没有都乡户数的记载。

秦汉时期《田律》中关于"垦田"的诸项规定是为了保证田租的足额征收。田租计量、核定和催收工作主要由负责管理田地、农事的田典、田啬夫和乡级政府的吏员承担。对于他们在计程收租时产生的误差，法律规定要给予相应的处罚；对故意匿租、重租、轻租者，则追究官员的责任。作为某年某地垦田亩数的统计报告，应当是考核地方官员垦田是否得力的一个重要凭据。

---

① 湖南省文物考古研究所编：《里耶秦简（贰）》，第7页。
② 张家山二四七号汉墓竹简整理小组：《张家山汉墓竹简二四七号墓》（释文修订本），第42页。
③ 湖南省文物考古研究所编：《里耶秦简（壹）》，文物出版社，2012年，第75页。

The Study on *The Land Reclamation and Rent Book of Du Country in 122 BC*

Lv Zhifeng

(Chinese Department of East China Normal University, Shanghai 200241, China)

Abstract: *The Land Reclamation and Rent Book of Du Country in 122 BC* is an essential statistical material containing land area and land tax of administrative units at township level among the unearthed materials. This book from midterm of Western Han Dynasty recorded total area of reclaimed land, total land rent, the average land rent received per mu (a Chinese unit of area) and land without tax in Du country, Linxiang county in the seventh year of King Qing of Changsha. Besides, it pointed out land use situation of the whole country. This academic article launches into a detailed explanation for part of ancient Chinese vocabulary which appeared in this book and makes an discussion about construction and content of the book.

Key words: *The Land Reclamation and Rent Book of Du Country in 122 BC*; explanation; construction and content of the book

秦汉出土文献记{韩}用字考察*

林　岚　张再兴

【摘　要】出土文献中作为国名、地名、姓氏的{韩}的用字情况比较复杂。先秦时期,六国文字习惯借用"倝"来表示;秦系文字则习惯以"韓(韩)"表示。两汉时期用字习惯有明显的时代差异。西汉早期继承秦系文字的特点,习惯用"韓"记{韩}。西汉中晚期多用"榦"。这些用字的共同特点是借用"倝"或从"倝"声之字。

【关键词】秦汉出土文献;{韩};用字

【作者简介】林岚,女,华东师范大学中国文字研究与应用中心博士研究生,研究方向为文字学;张再兴,华东师范大学中国文字研究与应用中心教授,博士生导师,研究方向为文字学、古文字信息化处理。(上海 200241)

我们所讨论的{韩},即表示国名、地名、姓氏之词。① 这三个义项密切相关,故若非特别需要,下文提及{韩}时不再区别。典籍中通用的字形"韩"为"韓"之省写异体,在不讨论字形时,下文皆以"韩"作为这两个异体字的代表。② 《说文解字·韦部》:"韓,井垣也。"钮树玉《说文解字校录》:"韓,俗作韩。"邵瑛《说文解字群经正字》释"韓":"今经典作韩,并假借为国邑名……经典相承隶省。然汉隶尚有作韓者,不尽省作韩也。"《左传·僖公二十四年》:"邢、晋、应、韩,武之穆也。"《史记·韩世家》:"韩之先与周同姓,姓姬氏。其后苗裔事晋,得封于韩原,曰韩武子。武子后三世有韩厥。从封姓为韩氏。"《说文》所载本义用法见于睡虎地秦简《日书甲种·梦》简21背肆/146反肆- 22背肆/145反肆:"庑居东方,乡(向)井,日出炙其韓,其后必肉食。"整理者引《说文》注:"'井垣也',字亦作榦。""韓"记录{韩}为据音借用。

传世文献中记{韩}习惯写作"韓",但从出土材料来看,{韩}的用字和书写形式相当复杂,且从历时来看,有一个定型的过程。学界对这一过程尚未见深入探讨。本文拟对出土材料进行整理,考察先秦两汉文字中{韩}的用字演变情况。

一　两汉以前记{韩}用字情况

{韩}最早见于西周金文,如西周早中期之昔鸡簋,整理者释文:"王姒乎昔奚(鸡)遣(会)芍姞于韩,韩侯宾,用贝、马。"③其中释为"韩"的字形作[1]或[2]。左下"乚"应是"𠃊"旁,为表示区域的表意符号④;中部[3]即是"倝"。"倝"的古文字字形像旗杆之形⑤,表示{韩}为借用。

---

　*　基金项目:2019年度教育部人文社会科学研究一般项目"基于语料库的秦汉简帛用字习惯研究"(19YJA740081)。

　①　绝大多数情况下,{韩}用作姓氏,偶见上下文残泐时难以判断其表姓氏或人名,如肩水金关汉简73EJF3:22:"☐里榦(榦-韩)宫卩"。但此种情况极少,故下文以姓氏为统称。

　②　"韩"的繁体作"韓",在需要讨论字形时,我们采用繁体字形进行说明。

　③　陕西省古籍整理办公室、陕西省考古研究院编,张天恩主编:《陕西金文集成》(第1册),三秦出版社,2016年,第48—51页。

　④　季旭昇:《说文新证》,台北艺文印书馆,2014年,第134页"廷"字条。

　⑤　关于"倝"的构形详参周法高主编:《金文诂林》,香港中文大学出版社,1974年,第4201页;谢明文:《释西周金文中的"垣"字》,《中国文字学报》,商务印书馆,2015年;刘洪涛:《释"韩"》,《古文字研究》第三十一辑,中华书局,2016年;张维捷:《说殷卜辞的"𣪘"字》,中国社会科学院历史研究所先秦史研究室网站,2017年6月29日。按,由于张文论述殷卜辞中释为"倝"的字,不确定是否表示{韩},故本文认为{韩}的最早用法仍出自昔鸡簋。

春秋战国时期，记{韩}用字有明显地域差异。六国文字多用"𩏑"记{韩}，如：鳳羌钟（殷周金文集成（下简称"集成"）01.00158）、十六年喜令戈（集成 17.11351）、四年成阴嗇夫戟（珍秦·吴越三晋篇 151 页）。各系写法上略有差异：相较于韩系文字，赵系文字多作反书，如八年建信君剑"𩏑"字作（集成 18.11706）；燕系文字偏旁多作，[1]如（玺汇 2794）；楚系多加短横为饰作，[2]如（清华楚简贰《系年》119）。但用法上，皆用以表示国名、地名或姓氏。另有{韩}不写作"𩏑"，但皆从𩏑得声，亦可将之看作"𩏑"的异体，如韩钟剑（集成 18.11588A）："鎛钟之鎛（造）鑑（剑）"，其中{韩}作，从金𩏑声，为"𩏑"之语境异体；魏石经古文《春秋·僖公》作，从邑𩏑声，为表示地名的专字；[3]侯马盟书 105 作，从弓𩏑声。

与六国文字不同，秦系文字以"韓"为{韩}的习用字。秦系文字中{韩}的记词用字情况见表 1[4]：

表 1

字　形	总　计	秦　简	玺　印
韓	21	6[5]	15
韓	5	1[6]	4

字形方面，写作"韓"是"韓"的 4 倍强。用法上，"韓"既表示"韩国"，如睡虎地秦简《编年纪》简 24 贰："十七年，攻韓（韩）。"又表示地名，如周家台秦简《历谱》简 2："宿丼（井）韓（韩）乡。"亦可表示姓氏，如里耶秦简（壹）第八层简 925："乐宵、韓（韩）欧毋正月食"。而"韓"基本只用于表示姓氏，如"韓昌""韓成""韓觿""韓波马"。[7] 材料载体上，"韓"出现在简牍和玺印中；"韓"集中出现在玺印材料里。文献分布上，"韓"的使用更加广泛，既用于《编年纪》等文书类文献，也用于《历谱》等数术类文献。由于玺印的时代暂时难以判断，故我们目前很难确知两种字形的分布差异是由时代造成的，还是由载体性质所决定。但考虑到北大秦简中 1 例"韓"未见图版，无法确认，因此我们推测，"韓"这一字形可能最早即是出现在玺印中的省略写法。古玺文字在构形上的简化较为普遍，曹锦炎先生指出："古玺由于文字所能施展的面积较小，笔划适宜于简省；另一方面，古玺（尤其是私玺）由于使用者广泛，而大量流行日常用的简体。"[8]玺印中表示姓氏的"韓"简化写作"韓"，即是简省了偏旁"𩏑"中右部的笔划。

二　西汉早期简帛文献记{韩}用字情况

西汉早期简帛文献中{韩}共 101 例。这一时期继承了秦文字的用字习惯，主要用"韓"，偶见用"乾"，六国文字中用"𩏑"的情况已经不见。其具体用字分布情况见表 2：

---

① 吴振武：《〈古玺文编〉校订》，人民美术出版社，2011 年，第 239 页。

② 何琳仪：《战国古文字典：战国文字声系》，中华书局，1998 年，第 968 页。

③ 李春桃：《古文异体关系整理与研究》，中华书局，2016 年，第 330 页。

④ 秦金文中暂未见{韩}。

⑤ 睡虎地秦简 3 见，里耶秦简 2 见，周家台秦简 1 见。

⑥ 1 例见于北大秦简《水陆里程简册》04-189"销到井韓三百一十五里"，图版暂未公布，故暂从整理者作"韓"。但根据周家台秦简中相同的地名"丼（井）韓（韩）"，疑北大秦简中亦应作"韓"。

⑦ 这 4 方玺印引自《秦印文字汇编》，暂未有明确时代，但该书所录秦印下限直至西汉初期的秦式印章，故这 4 方玺印是否为秦印仍需存疑。详见许雄志主编：《秦印文字汇编》，河南美术出版社，2001 年，第 98 页。

⑧ 曹锦炎：《古玺通论（修订本）》，浙江大学出版社，2017 年，第 73 页。

表2

字	总　计	马王堆	银雀山	阜　阳
韓	86	82	2	2
乾	15	15		

在目前所见的西汉早期简帛材料中,记录{韩}时主要用"韓"①,其次用"乾"。《说文解字·乙部》:"乾,上出也。从乙,乙,物之达也。倝声。""乾"字本义为干燥,如《诗经·王风·中谷有蓷》:"中谷有蓷,暵其乾矣。"孔颖达疏:"暵然其干燥矣。"该字目前最早见于睡虎地秦简《日书甲种》简39背壹/128反壹:"水则乾。"此处"乾"即表示干燥。"乾"字亦从倝得声,"乙"为无意的分化符号②,故可据音借来记录{韩}。

"韓"的分布十分广泛,见于六艺、诸子、数术、兵书等各类典籍文献;"乾"仅见于马王堆帛书《战国纵横家书》中的几篇,这可能与书手的个人习惯或抄写底本有关。各篇用字使用情况见表3:

表3

篇名　　　字	章　号	韓	乾
苏秦自赵献书燕王章	1	2	
苏秦使韩山献书燕王章	2	1	
苏秦使盛庆献书于燕王章	3	1	
苏秦自齐献书于燕王章	4		2
苏秦自梁献书于燕王章(一)	6	1	
苏秦自梁献书于燕王章(二)	7	1	1
苏秦谓齐王章(一)	8		3
苏秦自赵献书于齐王章(一)	11		3
苏秦自赵献书于齐王章(二)	12		3
韩冟献书于齐章	13		3
朱己谓魏王章	16	24	
谓起贾章	17	1	
谓燕王章	20	2	
苏秦献书赵王章	21	4	
苏秦谓陈轸章	22	10	
公仲倗谓韩王章	24	24	

整体上看,《战国纵横家书》中记{韩}多用"韓";用"乾"集中在第8章至第13章,以后各章皆不见使用,这种分布差异应与《战国纵横家书》的底本来源差异有关。陈怡彬通过考察《战国纵横家书》内部的用字情况,推测该书应至少由两部分来源不同的内容拼合而成,并赞同马王堆整理者的观点,认为前十四章应为一个整体,与其他篇章有不同来源。③

① 书写形式上,不见写作"韓"的情况。
② 单晓伟:《秦文字疏证》,博士学位论文,安徽大学,2010年,第571页。
③ 详见陈怡彬:《马王堆简帛用字研究》,硕士学位论文,华东师范大学,2020年,第100—113页。

而在《战国纵横家书》各章内部，〈韩〉的记词用字基本统一，且表义时无明显区别，皆可兼表国名和姓氏，如《苏秦谓陈轸章》皆用"韓"，而《韩晷献书于齐章》全用"乾"。同一章中二字并见只有 1 例，二者并见时，用字的不同反映了意义上的差别。《苏秦自梁献书于燕王章（二）》62 行既见"韓"，又见"乾"："虑反（返）乾（韩）晷，有（又）虑从勺（赵）取秦。今粱（梁）、勺（赵）、韓（韩）□☑。"在该章中，"韓"表示国名，而"乾"则表示姓氏。这可能是书手有意识对二者进行了区分，表示国名时用了传统且较正式的"韓"字，表示姓氏时则用了较为简略的"乾"。

三　西汉中晚期至东汉简帛文献记〈韩〉用字情况

西汉中晚期至东汉，〈韩〉共 107 例。由于各批材料的整理者释字标准不统一，为统计精确，我们对照图版重新进行隶定。其具体用字分布情况见表 4①：

表 4

字	字形	总计	北大	敦煌	金关	居延	居新	尹湾	英藏	张家界
韓	韓	22	1	2	6	4	1	1	2	
	韓				2	1	1			1
榦	榦	85		3	5	1②	4			
	榦			10	28③	23	9			
	幹			1	1					

这一时期的用字形式可分为两类，共 5 种字形。下文我们以《说文》所收字头"韓""榦"作为代表，分别指称这两类异体字形。

使用频率上，"榦"的使用频次最高，占了用字总数的八成以上；其次用"韓"，前者是后者的近 4 倍。

文献分布上，"榦"集中出现在文书类文献，尤其是西北名籍类简中；而"韓"的文献分布更为广泛，出现在这一时期的 8 种简牍材料中，涵盖了不同种类的文书和典籍类文献。如属书信文书的肩水金关汉简 T23：866A"韓（韩）君孙足下□数不一 ㇄二因言前韓（韩）君公□"；属簿籍文书的肩水金关汉简 T24：579"☑长安利成里韓（韩）□☑"；属古书的北大汉简《赵正书》简 31"故冬（终）以胁韓（韩）而弱魏"；属字书的英藏《苍颉篇》简 1792"曰书人名姓。赵莤韓（韩）□"。

表义方面，表示国名仅见于北大汉简《赵正书》的 1 例，用"韓"；表示姓氏则各类皆有用例，且更多地用"榦"。北大汉简整理者指出，《赵正书》的文体与战国时期流行的"语"类古书相似，其成书年代可能在西汉早期，抄写年代应在西汉中期武帝前后。④ 此处应是继承了西汉早期的用字习惯，倾向于用"韓"字来表示韩国。在表示姓氏时，虽然多数都用"榦"，但在字书中则都用"韓"⑤；且用于记录少数民

---

① 本表数据排除了部分字形残泐过甚或文意不明的辞例 9 条：肩水金关汉简 T26：105、肩水金关汉简 73EJD：169、肩水金关汉简 73EJD：228、肩水金关汉简 T03：097、肩水金关汉简 T09：180、居延汉简 218.2、居延汉简 334.29、居延新简 EPT59：329B、敦煌汉简 1909。另敦煌汉简 1565《中国简牍集成》释"榦"，认为是"韓"字异体，我们从白军鹏改释为"程"。见中国简牍集成编辑委员会：《中国简牍集成（标注本）》（第三册），敦煌文艺出版社，2001 年，第 220 页；白军鹏：《敦煌汉简校释》，上海古籍出版社，2018 年，第 32 页。

② 此条见于居延汉简 37.7，字作[4]，字形存疑。

③ 肩水金关汉简 73EJD：296 中该字作[5]，左侧讹与"车"类同。

④ 北京大学出土文献研究所编：《北京大学藏西汉竹书（叁）下》，上海古籍出版社，2015 年，第 187 页。

⑤ 字书用例共 4 见：1. 敦煌汉简 1462"赵莤韓（韩）砀"；2. 敦煌汉简 1463"曰书人名姓。赵莤韓（韩）砀"；3. 英藏《苍颉篇》简 1792"曰书人名姓。赵莤（莤）韓（韩）□"；4. 英藏《苍颉篇》简 2569："☑韓（韩）[鸣]。范（范）☑"。按，例 1、2 之"莤"，整理者原释为"芯"，据图版及英藏改释为"莤"。

族首领"单于"之名时,也选择用"韩"①。结合字书的性质来看,《苍颉篇》中这些统一的用字情况,可能反映了当时记作"韩"字是更为规范的写法;而"幹"则体现了当时民间用字的习惯。

在字形选择上,第一种用字形式共有"韓""韩"两个字形,前者较为常见,后者在西汉中晚期简帛材料中出现的频率很低,仅5见,且皆难以确认。肩水金关汉简2例作[6](T30:007+019)、[7](T30:083A),前者构形不明,后者图版模糊难定,故仍从整理者释"韩"。居延汉简中的1例作[8](565.5),字形亦模糊难辨。居延新简中的1例见于EPS4T2:11"戍卒河东绛邑兰里韩逢除",字作[9],《集释》释为"朝"。② 但该字字形当与肩水金关汉简[6]之"韩"字同,故暂释为"韩"。张家界汉简1例暂未见图版。

第二种用字形式"幹"在这一时期有三种书写形式,记录{韩}皆是借用。《说文解字·木部》:"幹,筑墙端木也。从木倝声。"秦汉简中有本用的"幹",如睡虎地秦简《秦律杂抄》24"工择幹,幹可用而久以为不可用,赀二甲",整理者注引《说文》如此。"幹"是使用数量最多的书写形式。裘锡圭先生指出,汉简"幹"字往往在"木"旁上加一横③,即作"榦"。马王堆整理者亦认为:"帛书文字'倝'旁、'飲'旁右上的'人'形笔划之下每作多出一横笔(或系受'餘'字形之类化影响)。"④"榦"出现的次数最少。《说文》"幹"字条下,段玉裁注:"幹俗作幹。"《墨子·非命上》"必有幹主",孙诒让《墨子间诂》:"汉隶幹榦皆作幹。"

四　汉代非简帛类文献记{韩}用字情况

汉代非简帛类材料比较零散,且时代常不十分明确,故不与简帛文献一起讨论。其记{韩}用字的具体情况见表5⑤:

表5

字　形	总　计	玺　印	铜　印	金　文	陶　文
韓	44	39	1⑥	3⑦	1⑧
韩	7	7			

从上表可知,两汉时期非简帛类文献中同样习惯用"韩"来记录{韩}。字形方面,更多地写作"韓",偶见作"韩"。在玺印材料中,可辨明时代的共3方,属于西汉时期,且皆作"韩",其余玺印无法区分西汉还是东汉。相对于其他类型的材料,"韩"这一写法较集中地出现在玺印中,这可能也与玺印的特质有关。

另外,汉碑中{韩}共55例。除甘陵相尚博残碑、鲁相韩敕造孔庙礼器碑、沇州刺史杨叔恭残碑、巴郡太守樊敏碑、营陵置社碑的8例字形作"韩"外,其余可见者均作"韓";尤其在熹平石经中,未残泐

---

① 单于之名共2见,皆用"韩":1.居延汉简387.17+407.14+387.26+387.10:"塞外诸菌(节)彀呼韓(韩)单于☐人以击";2.居延汉简562.4:"就屠与匈奴呼韓(韩)单于諆☐"。

② 张德芳主编:《居延新简集释(七)》,甘肃文化出版社,2016年,第681页。

③ 裘锡圭:《汉简中所见韩朋故事的新资料》,《复旦学报(社会科学版)》1999年第3期;后收入氏著《裘锡圭学术文集·简牍帛书卷》,复旦大学出版社,2012年,第322页。

④ 裘锡圭主编,湖南省博物馆、复旦大学出土文献与古文字研究中心编纂:《长沙马王堆汉墓简帛集成(叁)》,中华书局,2014年,第18页页17下注〔二〕。

⑤ 石刻材料残泐过甚,许多已难以看出所从,故不在表中列出具体情况。其他材料分别来自李鹏辉:《汉印文字资料整理与相关问题研究》,博士学位论文,安徽大学,2017年,第464页;郝轶男:《汉代铜印文字研究概况及文字编》,硕士学位论文,吉林大学,2013年,第29页;徐正考:《汉代铜器铭文综合研究》,作家出版社,2007年,第587页;佟艳泽:《汉代陶文研究概况及文字编》,硕士学位论文,吉林大学,2012年,第110页。(按,该文字编索引"韩"字页码为119,实际在第110页。)

⑥ 该字作[10],据残笔及位置释为"韩"。

⑦ 金文3例作[11]、[12]、[13],字形皆较模糊,但据残笔暂定为"韩"。

⑧ 该字作[14],左旁讹与"车"类同。

的{韩}皆写作"韓"。可见即便在东汉时期，记{韩}也更多地写作"韓"。据史书记载，石经刊刻的主要目的是为"正其文字"。结合我们上文提及西汉中晚期简帛的用字情况来看，可见当时{韩}记作"韓"字的确更具有规范性；而"韓"之字形在整个两汉时期，使用频率都不高。

五　先秦两汉"榦"字记词演变情况

为了探究{韩}的主要记词用字在西汉中晚期时由"韓"向"榦"转变的原因，我们在这里对"榦"的记词演变情况进行讨论。

"榦"字最早见于战国文字，如中山王圆壶"佳(惟)邦之榦"，字作[15]，义为桢干，喻重臣。燕系文字作[图]，"榦刀"，读为"寒号"，用作地名。① 长沙子弹库楚帛书甲 4·15"伥曰青榦"，作[图]，义指擎天神木。② 战国秦简作[图]（睡虎地秦简《秦律杂抄》24）。睡虎地秦简中有两种用法：一是表示夯土墙所用的立木，即《说文》之"筑墙耑木"，如上文提到过的睡虎地秦简《秦律杂抄》简 24；二是表示根本，如睡虎地秦简《为吏之道》42 壹"以忠为榦"。从现有材料来看，"榦"字本义当指夯土墙所用的立木，由此引申出主干、根本等义。

秦汉简帛材料中"榦"的分布情况见表 6③：

表 6

总计 时代	秦国至秦④	西汉早期⑤	西汉中期⑥
28	18	9	1

总体来看，秦至西汉中期"榦"字基本为本用，1 例他用出现在马王堆帛书《周易》17"白马榦(翰)茹(如)"。本用的"榦"，记录的意义很丰富，包括：夯土墙所用的立木；根本；木材⑦；树干⑧；制器原材料的总称⑨；官署名⑩；堪任等。⑪ 可见在这一时期，"榦"字的职能很繁重，因而表示根本、木材、树干等与树木相关的意义，后来分化出"幹"字记录；而表示官署名的意义，后来则用"榦"来记录。

结合西汉中晚期的简牍材料，我们能看出"榦"字记词具有显著的阶段性特征：西汉中晚期以前，"榦"基本为本用；西汉中晚期时，则基本全部借用来表示{韩}。这可能有几方面的原因：一是受材料限制，暂未在西汉中晚期以后见到表示本用的"榦"；二是在这一时期，"榦"的记词功能发生了转移，其他意义逐渐分化转移到"幹""榦"等字之上，其本身便被借用来记录{韩}；三是受文献性质影响，目前所见西汉中晚"榦"字皆出现于文书简中。在不出现其他文例的情况下，借用写法较为简便的"榦"来记录大量出现的{韩}，并不会产生混淆的可能。结合现有材料来看，我们认为第三种可能性最大，即是受文献性质的影响。秦文字以"榦"为本用、"韓"借作{韩}，全然不混。两汉时期，典籍类文献与前代相同，"榦"仍然保持本用，{韩}亦多用"韓"来记录；而文书类文献，尤其是西北大量的名籍类简，

---

① 何琳仪：《战国古文字典：战国文字声系》，中华书局，1998 年，第 969 页。
② 黄德宽主编：《古文字谱系疏证》，商务印书馆，2007 年，第 2546 页。
③ 此处排除了用作{韩}的情况。
④ 睡虎地秦简 4 例，里耶秦简 11 例，岳麓秦简 2 例，北大秦简 1 例。
⑤ 马王堆简帛 8 例，阜阳汉简 1 例。
⑥ 北大汉简 1 例，见于《反淫》简 4。
⑦ 如里耶秦简(壹)简 548："取车衡榦大八寸，袤七尺者二枚。"
⑧ 如北大汉简《反淫》简 4："榦车(枯)槁。"
⑨ 如岳麓秦简 330："西工室伐榦沮、南郑山。"
⑩ 如里耶秦简(壹)简 1831："一榦官居宜阳、新城(成)。"
⑪ 如马王堆帛书《周易》20："初六，榦父之蛊(蛊)。"

则多用"榦"来记录{韩},以求书写的简便。

目前所见玺印材料中,秦印 22 方,汉印 6 方。[①] 其中,秦印中的"榦"皆表示官署名,不表示{韩};汉印中可划分时代的 3 方,属西汉的"榦官泉丞"印表示官署名[②];新莽时期的"榦昌县徒丞"印及东汉的"榦中三老"印表示地名。这与我们上文所说两汉时期典籍类文献中"榦"仍然保持本用的情况正好相符。至于"榦安私印""榦稺翁""榦都私印"等 3 方表示姓氏,但不确定是否应读为"韩",故不多讨论。[③]

结论

结合秦汉时期出土材料的情况来看,我们可以得出以下结论:

1. 先秦到两汉时期表示国名、地名、姓氏的{韩}皆用借字表示,且所有用字均从"倝"声。先秦时各系文字记{韩}用字具有地域差异,六国文字习惯借"倝"来表示;秦系文字则习惯用"韓"表示。两汉时期用字具有明显的时代变化:西汉早期继承了秦系文字的特点,仍习惯用"韓"记录{韩};西汉中晚期则更多用"榦"来记录;东汉又习惯以"韓"记词。而用"乾"记{韩}是马王堆帛书《战国纵横家书》中某些篇章特有的用字情况,且书手可能有意区分了"韓""乾"的使用。

2. 西汉中晚期{韩}的记词用字随文献类型分化,典籍类文献与前代相同,亦用"韓"来记录;而文书类文献则多用"榦"来记录。尤其在表示姓氏时,整体上多用"榦",但在字书中皆用"韓",反映了"榦"是这一时期民间用字的特点。西汉中晚期民间用"榦"的流行与书写简便有关,也与文献类型密切相关。但这一用字形式并未被后世的规范用字继承,东汉时应已不再使用。

3. "韓"这一字形的产生与使用可能起于秦代玺印,但大量用于记录{韩}并固定下来,应在两汉之后。传世先秦两汉典籍中记{韩}皆用"韓",当多是汉以后之人所改。"韓"之字形的使用时代跨度很长,从秦一直延续到东汉。先秦两汉时期,简化写法的"韓"一直不占优势。

【附录】

字 形 表

[1]	[2]	[3]	[4]	[5]
[6]	[7]	[8]	[9]	[10]

---

① 详见朱晨:《秦封泥文字研究》,博士学位论文,安徽大学,2011 年,第 153 页;李鹏辉:《汉印文字资料整理与相关问题研究》,博士学位论文,安徽大学,2017 年,第 492 页。

② 按,李书所引作"泉榦官丞",据原书改。详见罗福颐主编,故宫研究室玺印组编:《秦汉南北朝官印征存》,文物出版社,1987 年,第 35 页。

③ 我们在上文提到,西汉中晚期简牍材料中,用"榦"记{韩}反映了这一时期民间用字的特点。若这 3 方私印上的"榦"确是用来记{韩},则亦可佐证汉时民间习用"榦"记{韩}。

（续表）

| ［11］ | ［12］ | ［13］ | ［14］ | ［15］ |

Study on Character Usage of the Word Han(﹛韩﹜) in Qin(秦) to Han(汉) Unearthed Literature

Lin Lan　Zhang Zaixing

(Center for the Study and Application of Chinese Characters, East China Normal University,

Shanghai 200241，China)

Abstract：In the unearthed literature，the characters of Han(韩) are quite complicated，used to represent country，place or surname. In the Pre-Qin period，the characters of the six states script usually borrow Gan(馯)，whereas Han(韓—韩) is more commonly used in the Qin system of writing. In Han Dynasty，different period has different usage. It is also use Han(韓—韩) in the Early Western Han Dynasty，while in the Middle and Late Western Han Dynasty，Gan(馯) is more frequently used. However，these characters have the same phonetic element "Gan(馯)".

Key words：Qin(秦) and Han(汉) unearthed literature；Han(韩)；character usage

吐鲁番出土文书疑难字考辨*

赵晨霞

【摘　要】吐鲁番出土文书所见"羋""㝫""慇""示"等字分别为"羖""容""態""桑"。其中，"容"通作"骒"，"摁"通作"洒"，"洒"为"酒"之误，"禾"为"未"之分化字，"黑"用为"纆"，又通作"糸"，"桑"用作"衫"（或"索"），"黑示""黑理"即为"糸衫"（或"纆索"）"糸履"。

【关键词】通假；形误；变体

【作者简介】赵晨霞，女，山西师范大学文学院副教授，研究方向为出土文献文字、词汇。（山西 临汾 041004）

唐长孺先生主编《吐鲁番出土文书》（图文对照版）对吐鲁番出土文书资料做了详细的考释，对这一时期吐鲁番地区社会文化、历史、政治、军事等各个方面的研究都发挥了重要的作用。但由于文书资料浩繁，该书录文仍有未释字与误释字现象，本文择其中几例加以考释。

一　羋

1. **羋**｜羖｜贰拾，殺羊拾肆，羠究，母……　　（阿斯塔那 15 号墓（16））

此字当为"羋"，从羊畐声。《类聚名义抄》："畐，俗畐字，福音。"查诸字书，无"羋"有"羖"，《龙龛手镜》有"羖，音福也。"《类聚名义抄》："羖，音腹。"有音无义。《广韵》"畐""復"皆房六切，"羖"当与此"羋"为一字，其义当为绵羊。

原文书为唐杂物牲畜帐，从上下文可见此字当与"羯""殺""羠"一样为羊之不同种类。《急就章》："群、殺、羯、羠、挑、羝、羭"，即为此类文字词汇。《广雅》："殺羊犗曰羯"，此处义当泛指阉割过的羊。"羠"既可指阉割过的羊，又可指雌性野羊，《说文》："羠，骟羊也。"又颜师古注《急就篇》："西方有野羊，大角，牡者曰羱，牝者曰羠。"《说文》："殺，夏羊牡曰殺。"朱骏声《说文通训定声》："夏羊，黑羊。"可见"殺"为黑色羊或黑色公羊。①

以上"羯""羠"字义皆无疑义，而"殺"则需讨论。与黑色羊义不同，据高启安考证，"殺"当为山羊之称，即"殺羝"，方言又作"据羝"等，敦煌文献也作"骨力"。"白羊"则为绵羊，"白羊"又作"吴羊""北羊"等。②

从文献的使用来看，"山羊"一词汉代即已出现，《说文解字》："麢，山羊而大者，细角。从鹿咸声。"汉张仲景《金匮要略方论》："妇人姅娠，不可食兔肉、山羊肉及鳖、鸡、鸭，令子无声音。""绵羊"一词则出现较晚，宋代可见，周去非《岭外代答》："绵羊出邕州溪峒及诸蛮国，与朔方胡羊不异，有白黑二色，

＊　基金项目：本文为山西省高校哲学社科研究项目"吐鲁番文书文字时代性变异及其断代作用研究"（项目编号：201803016）、山西省哲学社会科学规划课题"古代汉语'课程思政'元素整理与研究"（项目编号：2020YJ069）和山西师范大学教改课题"课程思政视角下的古代汉语教学改革研究与实践"（项目编号：2018JGXM－15）的阶段性成果。

①　《急就篇》颜师古注"殺，夏羊之牝也"，《尔雅》邢昺疏"云夏羊者黑殺羊也，……其牝者名殺"等，云"殺"为母羊者，经黑维强、毓春芳《"殺"字释义疏证》（《兰州大学学报（社会科学版）》2005 年第 5 期）考证，当为郭璞注《尔雅》传抄讹误的沿袭，故"殺"即黑羊或黑色公羊。

②　高启安：《"殺羊"及敦煌羊只饲牧方式论考》，《西北民族大学学报（哲学社会科学版）》2013 年第 2 期。

毛如蝟纩，剪毛作毡，尤胜朔方所出者。"宋赵汝适《诸蕃志》："居民架造屋宇与中国同，其地平坦，有港通舟车往来，产青盐、绵羊、鹦鹉之属。"《瑞竹堂经验方》："治小儿丹瘤：绵羊脑子(生用)、朴消，右二味调匀贴于瘤上，立效。"那么，宋代之前，是否有绵羊的概念？如果有，以何词来表示呢？我们认为，绵羊确当以高启安所考证"白羊""吴羊"等来表示。《四分律》："天子阿修罗子捷闼婆子或有象头，或有马头，或有骆驼头，或有牛头，或有驴头，或有猪头，或羧羊头，或有白羊头，或有鹿头，或有蛇头，或有鱼头，或有鸟头；或有二头，或有三头，或有多头；……"可见"羧羊""白羊"当为不同羊之类别。《一切经音义》："云何名哑羊僧？虽不破戒，钝根无慧，不别好丑，不知轻重，不知有罪无罪，若有僧事，二人共诤，不能断决，默然无言。譬如白羊，乃至人杀不能作声，是名哑羊僧。"显然"白羊"即为性格温顺、怯懦之绵羊，故以其为哑羊僧之喻。《北齐书》："白羊头毛秃，羧羺头生角。"亦为绵羊与山羊之别。《松漠纪闻》："秋毛最佳，不蛀，冬间毛落，去毛上之麤者，取其茸，毛皆关西羊为之，蕃谓之羢勃，北羊止作粗毛。""麤"同"粗"，羊绒来自山羊，即"羢勃"，取自粗毛的根部，而羊毛多取自绵羊，故"北羊止作粗毛"之"北羊"即绵羊。又《一切经音义》："羱羝，……《尔雅》'羱羊如吴羊'，郭璞云'似吴羊而大角'，山羊也。"清代王先谦《诗三家义集疏》："吴羊即今绵羊，惟牡者有角，牝者多无角；夏羊即今山羊，牝牡皆有角。"清李元《蠕范》："家畜二种，曰：吴羊，膻羊也。滑羊也，头身相等，毛直而短曰夏羊；绵羊也，头小身大，毛卷而长。"

关于为何山羊称羧羊，高启安引用《汉语印欧语词汇比较》的看法，认为"羧"与印欧语词根(山羊)对应；而至于为何又称"夏羊"，并理解为黑羊，则认为"夏"为"羧"之音借字，又因夏朝尚黑，且山羊多黑色，绵羊多白色，故称山羊为"夏羊"，且以之表示黑羊，以此逆推，则羧羊亦产生黑羊义。[①] 而为何称绵羊为"白羊""北羊""吴羊"等，则未作说明。

《宋史》："层檀国……谷有稻、粟、麦，食有鱼，畜有绵羊、山羊、沙牛、水牛、橐驼、马、犀、象。"又明《文献通考》："层檀国……谷有稻、粟、麦，食有鱼，畜有胡羊、山羊、沙牛、水牛、橐驼、马、犀、象。"可见，绵羊即指胡羊，据前述周去非《岭外代答》："绵羊出邕州溪峒及诸蛮国，与朔方胡羊不异，有白黑二色，毛如蝟纩，剪毛作毡，尤胜朔方所出者。"则当明此类羊朔方称胡羊，南方诸地域则称绵羊，"绵羊"为后起之称。三国魏张揖《埤苍》："羺，胡羊也。"《字汇补》："羺，与羺同"。《广韵》奴钩切。"羺"当从吴，"吴""胡""羺"音亦相近，故可相通。

我们认为，"夏羊""白羊"本为羊之颜色分类，"夏羊"即"黑羊"，"夏""黑"上古音近，故可通假，或又有夏朝尚黑的原因存在。羧羺、吴羊(白羊、北羊)古皆可称胡羊，早期古人所谓"山羊"当指野羊，并非后之驯养之山羊。"羧""吴"则本分别为山羊、绵羊之专名，两字或来自南西伯利亚山羊、绵羊的音译，"羧"来自山羊 коз 的音译，"吴"则来自绵羊 овца 的音译，而据张寅考证，东周时期北方地区出土金属器皿上羊形纹样，包括山羊、绵羊均应来自南西伯利亚地区。[②] 同时音译中也对读音加以汉化，"羧""吴"两字与"胡"皆属鱼部。又因"羧"与"夏"上古声韵皆近，且山羊多黑色，因而意义上发生互相的沾染，"羧"又用以表示黑色羊，同时又因山羊多长有角的显著特征，故而有公羊义。与此相对应，绵羊多白色，"吴羊"亦由绵羊进而又成为白羊的同义词。另一方面，"白羊"亦反过来沾染"吴羊"之绵羊义，同时，"北""白"古音相近，职、铎旁转，银川方言均读作piaↃ西安方言"白"读peiↃ，"北"读peiↃ，乌鲁木齐"白"读pei↘，"北"读peiↄↃ，西宁方言"白"读piↃ，"北"读piↄ，声韵皆同，仅声调不同，因此"白羊(白色羊/绵羊)"又可称为"北羊"。《松漠纪闻续》："北羊皆长面多髯，有角者百无二三，大仅如指长，不过四寸。皆目为'白羊'，其实亦多浑黑。亦有肋细如箸者，味极珍，性畏怯，不抵触，不越沟堑。善牧者每群必置羧羺羊数头。羧羺音古力，北人讹呼'羧'为'骨'。仗其勇狠，行必居前，遇水则先涉，群羊皆随其后。"

---

① 高启安：《"羧羊"及敦煌羊只饲牧方式论考》。

② 张寅：《略论东周时期北方地区金属器上羊形纹样的来源》，《四川文物》2018 年第 5 期。

而文书之"羺"当即"北羊",专门用以表示绵羊义。"畐"同"白""北"上古声韵亦相近,故而在"白羊""北羊"基础上又为绵羊义造专字"羺"。中古"畐"语音分化,《广韵》芳逼切,又房六切,故或仍沿用古音作"羺""北""白",或又分化读为腹,故又作"羺"。西北地区即称绵羊为"羺羊",如河西地区山丹县方言称绵羊为"伏羊"①,《西夏文》又有"羖羊""抚羊"的不同划分②,当是"羺""羺"音近借用写作"抚"。

以上各字词意义发展演变当如下图所示:

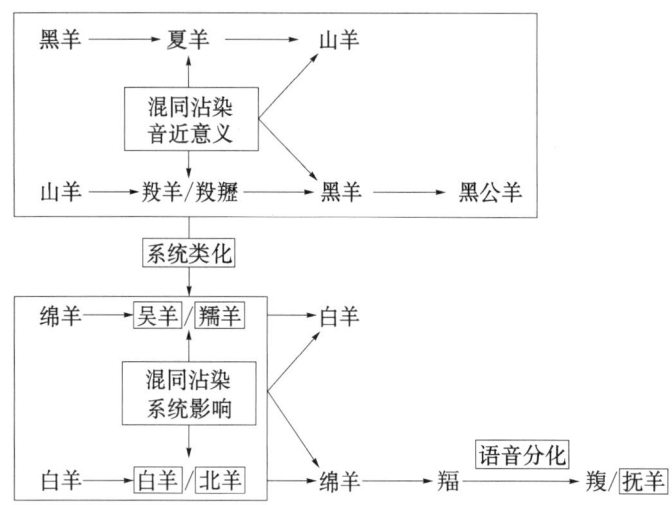

敦煌文献所见饲牧羊群,多白羊、黑羊混杂,其原因在于绵羊、山羊天性不同,绵羊如前《松漠纪闻续》所述,柔顺怯懦,山羊活泼勇敢,故多于绵羊中杂以山羊饲养,放牧中山羊可发挥领头作用。其比例据高启安先生对敦煌文献的考证,山羊约为绵羊数量的一半③,与本条"羺""羖"数量比例大致相当。

二 摁

1. 涿郡勃海右北平,西上平剗张□摁(酒)泉及敦煌傛胡羌。(阿斯塔那 337 号墓(20))

此处原释文依据上下文注为"酒","～泉"。原文书为高昌延昌八年《急就章》古注抄本。王贵元师认为"摁"为"摁"之俗,"摁""酒"音近通假,可备一说④。我们认为"摁"或当为"洒"之同音通假。抄本多讹误,因"洒""酒"形近,抄写者误将"酒"抄作"洒",又以"洒"之同音字"摁"相代替,两字同音通假。

《说文》:"洒,涤也。从水,西声。古文以为洒扫字。"《广韵》先礼切,又所卖切。因而此字本义虽为洗涤,但很早就用作洒扫之"洒","早在西周春秋时代成书的《诗经》上,就用了'洒'字。……唐代敦煌变文写本中多处用'洒'字。"⑤此处即指洒扫之洒。

"摁"字为《汉语大字典》收录,但与"洒"音不同。《广雅》:"抬摁,动也。"《玉篇》:"摁,振也,抬摁也。"或用同"塞",《篇海类编》:"摁,手摁也。"《广韵》苏来切。又《集韵》:"摁,择也。"仓来切。以上释义可见,"摁"有"振动""选择"两义,此字当以"筛"为本字,又进一步分化其引申义,两者关系在方言中

① 何茂活:《山丹方言志》,甘肃人民出版社,2007 年,第 183 页。
② 王静如、李范文:《西夏文〈杂字〉研究》,《西北民族研究》1997 年第 2 期。
③ 高启安:《"羖羊"及敦煌羊只饲牧方式论考》。
④ 王贵元:《吐鲁番出土古注本〈急就篇〉研究》,《语言论集》第五辑,中国社会科学出版社,2008 年,第 364 页。
⑤ 张书岩等:《简化字溯源》,语文出版社,1997 年,第 75 页。

展现得非常清晰。

山西忻州方言挑选义以 sà 音表示，如"【沙】sa，我～下一对好鞋①"，当即以此处表"择也"的"摋"为其本字。太原方言【沙】sa，表示"摇动，使东西里的杂物集中，以便清除：把啐米里的沙子～一～"②。万荣方言【沙】sa，表示"摇动，使东西里的杂物集中，以便清除：用簸箕把豆子～一～就干净啦"③。贵阳方言"【煞】sa"，剔除，把认为不合适的去掉：他水平太差，着被～下去了"④。洛阳方言"【沙】sa，用筛子使磣和谷物分离：把米里头的磣～～。"⑤西宁方言"【沙】sa，挑、选、拣，筛选、淘汰：把米里的沙子～一挂\阿哥是人里的人尖子，沙窝里～下的金子"⑥。西安方言、乌鲁木齐方言等亦同此，正反映出振动、摇动义与淘汰、挑选、选择义之间的关联之处，后者显然系前者的引申义。

"振动、摇动"义作"摋"则当是源自"筛"，为"筛"之分化字。《急就篇》颜师古注："箯，所以箩去尘细者也，今谓之筛。"《正字通》："筛，竹器，有孔以下物，去粗取细。"《玉篇》所街切。以筛去尘细的动作，也可叫筛，《汉书·贾山传》："县石铸钟虡，筛土筑阿房之宫。"而去尘细的过程，需要以手摇动或抖动筛子来完成，故此字亦引申为摇动、振动、抖动义，清江昉《疏影·净辉亭赋竹影》："摇漾无声，一任风筛，依约翠侵簾隙。"除此之外，"筛"又有透过、漏下、斟酒、敲锣、胡言乱语等义，皆可见为其义之引申，为分化字形职能，故专以"摋"来表示振动、抖动及淘汰、选择义，而仅在表示选择义时其读音随之变化，其余则以本音表示，如万荣方言表示"把东西放在筛子里，来回摇动，使细碎的漏下去，粗的留在上头：～灰\～麦\把芝麻～一下"以及"打战（即颤抖）"仍读ṣai⁊⑦。忻州方言"【筛】ṣæ⁊颤抖：凉得小英人名～哩"⑧。

另外，《忻州方言词典》以【特】为"前缀，一般用在动词前面，只起表音作用，本身没有具体的词汇意义或语法意义，可以构成动词、四字格成语，但为数不多：～筛颤抖\～擞抖动\～散颤抖\～知～擞形容抖动\软～散散形容软而颤抖\～裸·'拖'的合音"⑨。事实上，以上各词除"特裸"之"特"音来自"拖"之分音之外，其余各例之"特"并非无词汇意义或语法意义之前缀，其本字即前文"抬摋"之"抬"，与"筛""擞""散"等构成并列式合成词表示抖动义。《广雅·释诂一》："抬，动也。"《玉篇·手部》："抬，动振也。"可见此字本义为振动，动振物体，一般需将物体抬起，故引申而为举起、抬高义，唐玄应《一切经音义》卷十七："抬，举。徒来反。《通俗文》：举振谓之抬。"《广韵·灰韵》："抬，抬举。"徒哀切。故而引申为今之"抬"义，经籍中此字举义盛行而振义基本消失，但在方言中则沿用至今。万荣方言此字读为【腾】t'ei⁊，"【腾擞】t'ei⁊ṣəu⁊抖动衣、被、包袱等，使附着的东西落下来：襖脱下～～，招呼小心钻下蝎子着\面布袋没倒净，再～～"，引申而为"胡乱浪费钱财：挣唠半年钱，还不够一天～哩\你总要把身上的钱～光唠才心甘"⑩。

三 岺

1. 次依卷（券）听张*□*子买张永守、永安仏昌渠常田一分，承四亩役。（阿斯塔那99号墓(3)）

① 温端政、张光明编纂：《忻州方言词典》，江苏教育出版社，1995年，第59页。
② 沈明编纂：《太原方言词典》，江苏教育出版社，1994年，第51页。
③ 吴建生、赵宏因编纂：《万荣方言词典》，江苏教育出版社，1997年，第84页。
④ 汪平编纂：《贵阳方言词典》，江苏教育出版社，1994年，第76页。
⑤ 贺巍编纂：《洛阳方言词典》，江苏教育出版社，1996年，第70页。
⑥ 张成材编纂：《西宁方言词典》，江苏教育出版社，1994年，第48页。
⑦ 吴建生、赵宏因编纂：《万荣方言词典》，第162页。
⑧ 温端政、张光明编纂：《忻州方言词典》，第79页。
⑨ 温端政、张光明编纂：《忻州方言词典》，第317页。
⑩ 吴建生、赵宏因编纂：《万荣方言词典》，第182页。

2. 【图】马参疋,草驴参头,父驴壹头,驴驹子壹头。(阿斯塔那 15 号墓(16))

3. □□□田二亩　东道　西姜阿父师　□□【举】揑北王愍【图】。(哈拉和卓 1 号墓(7))

4. 【图】子　史留师　阴米□□□　令狐欢相……(阿斯塔那 78 号墓(10))

5. 赵【图】武　赵延愿　李洛子□□　……(阿斯塔那 302 号墓(15))

　　文书中以上图片楷定形体不同,例 1、2 和 5 皆楷定作"䆟",例 3、4 则楷定作"㝩",实当为一字。此字当从宀从合作㝩,"㝩"同"㝓"。《广韵》:"㝓,容合,相当也。"口答切。《集韵》:"㝓,合也,或从宀。"

　　从以上各例来看,此字除阿斯塔那 15 号墓(16)用于"～马"一词外,其余皆出现于人名中。故我们仅能从"～马"一词中考证此字正字。此处原文"～马参疋,草驴参头,父驴壹头,驴驹子壹头。""草驴""父驴"皆为驴子性别的分类,故此处"～马"亦当如此,至少应为马之种类名称。我们认为,此处当为"㝓"之异体"㝩","㝓"当为借音通假字,此字通"课"。"课""㝓"两字音近。银川方言"正好""恰巧"读作 kʻɤ³ kʻɤ³ˑ ti①,忻州方言读作 kʻɤ³ kɤ³②,此字去声,"㝓"正当为其本字。【可议】kʻɤ³ iˑ 幸灾乐祸:你两个嚷架(吵架),仇人～"③的解释及用字均存在偏差,显然当为"㝓意",表示正合心意。又音转作 kʻ ɤ³ɤ,kʻ ɤ³ kɤ³ 3·表示恰恰,如西宁方言④,或音转作 kʻaʔ⑤,如太原方言。"课"银川方言读作 kʻuan,忻州方言读为 kʻuɤ,西宁方言读为 kʻou,kʻou 等,均与"㝓"音仅为有无介音 u 的关系,故可通假。

　　"课马"后作"骒马"。《改并四声篇海·马部》引《奚韵》:"骒,牝马。"《正字通·马部》:"骒,俗呼牝马,即草马。"《尔雅·释畜》:"牡曰隲,牝曰騇。"清郝懿行义疏:"今东齐人以牡为儿马,牝为骒马。"清赵翼《陔余丛考·骒马》:"唐以前本呼牝马为草马,及牧监设课后,遂呼课马,后人又易以马旁而为骒马耳。"

四　慙

　　1. 阿君 伯父 在阿兄去后,从□□　□□发征去也。愿保兄知其家内【图】文□□也。只是虚实不知。(阿斯塔那 326 号墓(7))

　　此字当作"慙",即"態"之异体。

　　吐鲁番阿斯塔那 169 号墓(3)又有"躰",后者当即"太"之俗体。《龙龛手镜》有"躹,俗音自","躳,俗音母","躳,俗音致"等,皆为在原字基础上加构件"身",当用与本字同,此处"太"同此。阿斯塔那 169 号墓(3)"躰"用于僧尼名"～真"中。"慙"与"躰"相对应,当为今之"态",即"態"之换旁俗字,理据重构,从心躰声,由此亦可推知今之简体字"态"这一时期(该文书出自公元 668 年)当已产生。《简化字溯源》认为:"'态'是现代群众创造的新形声字,曾在解放区流行。"⑥此字出现于唐总章元年家书,疑此处当为"情状、状态"之义,"内～"即指其家内情状。"躰""慙"二字各本字书皆未收录。

　　除"躰"即以上所举加构件"身"构成新字来充当表音字的现象外,这一时期还出现了同类文字形体,如"㪺""㖿"同"致""知"等,皆可看作借音字,文书中此二形仅出现在人名之中。另外又有"傶"用与"说"同。

① 李树俨、张安生编纂:《银川方言词典》,江苏教育出版社,1996 年,第 120 页。
② 温端政、张光明编纂:《忻州方言词典》,第 100 页。
③ 同上注。
④ 张成材编纂:《西宁方言词典》,第 74 页。
⑤ 沈明编纂:《太原方言词典》,第 258 页。
⑥ 张书岩等:《简化字溯源》,第 107 页。

五　秼

1. 八耳烽床肆亩，得子叁硕叁 斗叁 ☐☐（阿斯塔那 226 号墓(10)）

2. 右件案内上件巚田，各得所由状，并讫，具斛斗数如前。（阿斯塔那 226 号墓(10)）

以上两形，文书隶定作秼，误，按原形当作秼，此字音列，《广韵·末部》："秼，禾麦知多少。"字形出自唐牒为申报巚田所得数事，故此字此处当义为"计算禾麦多少"。

《龙龛手镜》："秼，卢对反，秼耝，神农作耒。又力轨反，义同。又力悦反，禾麦知多少也。"以"耒""秼"为一字。《说文》："耒，手耕曲木也。"桂馥义证："耒为耝上之曲木，所恃以发土者相也。"《易·系辞下》："斲木为耜，揉木为耒。"本指耜上曲柄，又转而代指整个耒耜，即犁。《韩非子·五蠹》："因释其耒而守株。"吐鲁番文书中，耒耜之"耒"作，阿斯塔那 337 号墓(13)唐龙朔三年西州高昌县张海隆夏田契："海隆、阿欢仁二人舍佃食。其～牛、麦子仰海隆边出。"此处"耒牛"即犁牛。"耒""秼"两词形体明显不同，故"秼"当为"耒"之形变，因意义而形、音皆随之变化，以示两字区别。但此二形在充当文字构件时则可换用，如"耕"唐贾琬墓志从秼作。

《汉语大字典》"秼"仅录《广韵》释义，而无具体用例，可据此处补。

六　黑示　黑理

1. 北凉赵货随葬衣物疏："故黑一枚，……故黑理一两。"

此文书出现在荣新江、李肖、孟宪实编《新获吐鲁番出土文献》，但可与唐长孺主编《吐鲁番出土文书》中相关词语相比勘，故亦收入本文。

原文注"理"为"鞮"的讹字，"鞮"为"履"之俗写。""隶定为"示"，又于旁侧注作"桑"。

按，此处"黑"当为"纍"，又作"繧""縲"。"桑"疑借作"索"，《广韵》"桑"息郎切，"索"苏各切，两字铎、阳对转。"桑"吐鲁番文书中形体分为两类："示"与"桒"，"索"则作"索"。从形体上两者同样有相似之处，"示"亦可能为"索"之误书。

《说文·糸部》："縲，索也。"段玉裁注："今字从墨。"《篇海类编·衣服类·糸部》："纍，丝也。"《字汇补》注此字"莫伏切"，两字音同。"黑"又或读为"縲"，《经义述闻·春秋名字解诂》："罕父黑字子索。"王引之按。《楚辞·招魂》："雕题黑齿。"旧注："黑，一作墨"。《史记·仲尼弟子列传第七》："长可妻也，虽在缧绁之中，非其罪也。"《集解》："孔安国曰：'累，黑索也。绁，挛也。所以拘罪人。'"此处"黑"即"墨"。吐鲁番文书中高昌建昌四年(558)张孝章随葬衣物疏有《《孝经》一卷，砚嘿纸笔一具。""嘿"当为"墨"，即为"黑"用同"墨"音例。"墨"即"纍"，古人"墨绳"即"纍绳"，绳索之义，《龙龛手镜》："莘，古文，今作绷，振绳墨也。"《玄应音义》："線绷，下北萌反。《切韵》：振绳纍使直也。"《庄子·骈拇》："附离不以胶漆，约束不以纍索。"《淮南子·说林训》："予拯溺者，金玉不若寻常之纍索。"《河东先生集》卷四十三"纍"下注"黑索"。可见"黑索"为常见书写形式，"黑索"即"纍索"，一般用于指称拘系犯人或工匠取直的绳索。

北凉缘禾六年(437 年)翟万随葬衣物疏"故帛尖一枚，故綪尖一枚，故帛绢袷一枚，黑索一枚，故帛练衫一领"中有"黑索"一词。此处与翟万随葬衣物疏相同，且皆以"枚"为量词。在吐鲁番所见衣物疏中"黑索"一词仅此两见，非常见随葬物品。其作为"绳索"与其余随葬衣物并列的缘由有待进一步考证。

从随葬衣物疏中名物词的情况看，"黑示"或又当为"糸衫"。从以上文献用字的使用情况看，"黑"常用作"繧""縲"，"繧""纍""糸"仅为构件位置不同的区别，且"縲""纍""糸"三字音义皆近，故此处"黑"或本当为表丝义之"絫"。用字过程中在将"絫"误作表绳索义之"纆"的基础上,又省而作"黑"。"黑"读为"纆",又用同"糸",表示"絲也"。"示(桑)""衫"音近通假。

吐鲁番随葬衣物疏中虽没有"丝衫"例,但从所列"衫"类物件来看,前期衫类物件仅见"衫""小衫"。高昌章和十三年(543)孝姿随葬衣物疏之前所收 17 件文书中,9 件出现"衫",其中一件为"小衫",8 件单言"衫",从章和十三年(543)到唐咸亨四年(673)左憧憙随葬衣物疏的 45 件文书中,26 件文书共 36 处出现"衫","汗衫"10 例,"衫袴""裤衫""裙衫"16 例,"大衫""小衫""大小衫"7 例,单言"衫"者仅有 6 例,且"衫"前全部直接以材质类词修饰,未见直接以颜色词修饰者,见下表。

前秦建元廿年(384)缺名衣物疏	白练衫一领
西凉建初十四年(418)韩渠妻衣物疏	故绢小衫
北凉玄始九年(420)衣物疏	故绢衫一领
北凉缘禾六年(437)翟万随衣物疏	故帛练衫一领
北凉缺名衣物疏	帛练衫一枚
白雀元年(461?)衣物疏	故绢衫一领
龙兴□年宋泮妻翟氏衣物疏	故帛练衫一领
高昌阿苟母衣物疏	故衫一枚
建平六年张世容衣物疏	故练衫一领
高昌章和十三年(543)孝姿衣物疏	故白绫大衫一枚领带具,故白绫少(小)衫一枚领带具
高昌章和十八年(548)光妃衣物疏	汗衫一枚领带具
高昌延昌二年(562)长史孝寅衣物疏	右练裤衫一具
高昌延昌十六年(576)信女某甲衣物疏	白练裤衫一具
高昌延昌卅一年(591)张毅妻孟氏衣物疏	绫汉衫一领 □绫大衫一领领带具
高昌延昌卅二年(592)缺名衣物疏	细布裙衫一具
高昌延昌卅六年(596)某甲衣物疏	白练裤衫一具
高昌延昌卅七年(597)张毅(武德)衣物疏	白练裤衫一具
高昌延和三年(604)缺名衣物疏	白练衫袴一具
高昌延和四年(605)宜□衣物疏	细布衫袴一具
高昌延和十二年(613)缺名衣物疏	紫绫衫袴一具,白绫衫袴一具
高昌义和四年(617)张顺妻麴玉娥衣物疏	中衣汗衫一具
高昌义和四年(617)缺名衣物疏	中衣汗衫一具 小衫一具
高昌延和十八年(619)张师儿衣物疏	汗衫一枚紫褶具
高昌重光元年(620)清信女某甲衣物疏	大小练衫一具
高昌重光元年(620)缺名衣物疏	白绢裙衫一具
高昌重光二年(621)张头子衣物疏	汗衫一领
高昌重光三年(622)缺名衣物疏	中衣汗衫一具

(续表)

高昌延寿九年(632)吴君范衣物疏	［上缺］布衫袴
高昌延寿十年(633)元儿衣物疏	细布衫袴一具
高昌缺名衣物疏	细衫袴一具,白练绮衫一具,细叠衫一具
高昌延寿十四年(637)张师儿妻王氏衣物疏	中衣汗衫一具,白绫大小衫一具
唐西州初年唐憧海衣物疏	细布衫袴一具 白练汗衫一领,白练衫袴一具
唐西州初年太夫人衣物疏	大衫并汗衫五十具
唐贞观末年缺名衣物疏	绫衫一［下缺］ 褶衫一具 绣衫一具［下缺］
唐永徽六年(655)赵羊德衣物疏	白练衫一具

故此处"黑"不当为颜色词。从排列顺序来看,前期衣物疏所列物件较简单,基本按照头脸部装饰类、上下身服饰类、手脚部物件类、寝被类、布匹钱财类的顺序进行排列。543 年后衣物疏则打破了此类规则,没有固定的顺序。本件衣物疏中"黑示"解释作衫类亦与北凉时期衣物疏顺序相合。从量词使用来看,"衫"所用量词这一时期多为"领",亦有作"枚"者,北凉缺名随葬衣物疏即为"帛绢衫一枚"。

据此,"黑理"即"糸履","糸"与"丝"同,用来表示履的材质。"糸履""丝履"见于多件随葬衣物疏:

　　1. 前秦建元廿年(384 年)缺名衣物疏:"绛地糸鞋一量,蹹鞠囊一枚。"

　　2. 北凉玄始九年(420 年)随葬衣物疏:"故綩袜一量,故糸鞋一量。"

　　3. 龙升□年宋泮妻翟氏随葬衣物疏:"故綩袜一量,故丝鞋一量。"

从文书衣物疏的情况看,"履(鞋)"凡 17 例,其中 7 例属单用,无修饰语,3 例用作"穴跟履"一词,且前无修饰语,其余 7 例除上举 3 例以"糸"或"丝"修饰外,还有 4 例分别为:

　　1. 前秦建元廿年(384 年)缺名衣物疏:"帛絓袜一量,绀布鞋□□□"

　　2. 北凉缘禾六年(437 年)翟万随葬衣物疏:"故帛练袜一量,故绀鞋一量。"

　　3. 北凉缺名随葬衣物疏:"□究囊一枚,□彭鞋一枚。"

　　4. 建平六年张世容随葬衣物疏:"故絓袜一量,故绀鞋一量。"

《说文》:"绀,帛深青扬赤色。""彭"当用同"青",皆未见以"黑"之本用来修饰"履"者。同时,"黑"在随葬衣物疏中,除以上北凉赵货随葬衣物疏与北凉缘禾六年翟万随葬衣物疏中凡 3 例外,仅 1 例,且非用于表示衣物颜色:

　　1. 高昌章和十八年(548)光妃随葬衣物疏:"烟支胡粉、青黛、黑黛、眉蝉、眉纸、竟敛一枚,一切具。"

因此,可以初步判定此处"黑履"中"黑"当非本用,而当通作"糸"。

【参考文献】

［1］　臧克和主编.汉魏六朝隋唐五代字形表[M].广州:南方日报出版社,2011.

［2］　陆娟娟.吐鲁番出土文书语言研究[D].浙江大学博士学位论文,2009.

［3］　王启涛.吐鲁番出土文书词语考释[M].成都:巴蜀书社,2005.

［4］　王素.唐写本论语郑氏注及其研究[M].北京:文物出版社,1991.

［5］　中国文物研究所等编.吐鲁番出土文书[M].北京:文物出版社,1992.

［6］ 荣新江,李肖,孟宪实主编.新获吐鲁番出土文献[M].北京：中华书局,2008.

［7］ 汉语大字典编辑委员会.汉语大字典[Z].成都：四川辞书出版社,武汉：崇文书局,2018.

Explanation of Knotty Characters in the Turpan Unearthed Documents

Zhao Chenxia

(College of Liberal Arts，Shanxi Normal University，Shanxi Linfen 041004，China)

Abstract：The characters "羂" "搵" "夆" "懃" "示" in the Turpan unearthed documents are "羖" "洒" "容" "態" "桑". "容" "黑" "桑" are the phonetic loan characters of "騍" "繮" (or "糸") "索" (or "衫"), "黑示" "黑理" are "糸衫" (or "繮索")"糸履". "洒" is the wrongly written character of "酒", "禾" is a differentiated character of the "末".

Key words：phonetic loan character；wrongly written character；variant；Turpan unearthed documents

《宋代墓志辑释》释文斠补*

孟 闯

【摘　要】《宋代墓志辑释》是宋代墓志著录的最新成果,全书共收录宋代墓志拓片226方,且大多是新出土或尚未发表的墓志,对研究宋代社会历史、政治制度、人物传记等方面都有重大意义。但由于某些原因,《宋代墓志辑释》在对墓志拓片进行文字校读时多有疏误。文章运用文字学、文献学、词汇学等方面的知识对这些疏误提出斠补意见,以期对宋代墓志的整理提供有益的借鉴。

【关键词】《宋代墓志辑释》;释文校补;碑刻文字研究

【作者简介】孟闯,西南大学汉语言文献研究所博士研究生,研究方向为碑刻文字学。(重庆　400715)

《宋代墓志辑释》①搜集了近年来新出土的宋代墓志226方,并以拓片与释文相互对照的方式呈现,对宋史研究者来说是极其便利的第一手研究资料。但是,我们在使用过程中,发现该书释文方面存在一些疏误,本文结合拓片对释文进行校勘,依据释文产生错误的原因进行分类说明,以便于该书进一步发挥其学术价值。

一　不辨俗讹字而误释

1.《田景咸妻墓志》:"汉祚寖微,忠良猜忌。杀其宰辅,旧臣递相鱼害。戕贼暗飞,急诏欲诛。纯臣相次,内外沸腾,军庶失望。"(20/21②)

"鱼害"不辞。"害"原拓作"宍",实为"肉"字。梳理碑刻中"肉"字形的演变发展,可以考察出从"肉"到"宍"的字形讹变脉络。首先"肉"字内部的两个"人"部件书写时发生黏连,讹变为近似于"六"的形体,如东魏《元融妃卢贵兰墓志》作"肉"③;北齐《高肃碑》作"肉"。再次"肉"的部件"冂"与上方的点被误写作"宀",如北魏《孙辽浮图铭记》作"宍";东魏《崔鸿妻张玉怜墓志》作"宍"。到了隋唐时期,"宍"成为"肉"的俗写字形,《干禄字书·入声》:"宍、肉,上俗下正。""鱼肉"在这里作动词,指大臣之间相互倾轧、迫害。校正后上下文意畅通。

2.《源崇墓志》:"于时,皆政不修,鲁道有荡,蛮夷猾夏,臧马生郊。"(84/85)

"臧马生郊"不辞。"臧"原拓作"戟",实为"戎"字。戟,同戎。《说文·戈部》:"戟,兵也。从戈,从甲。"考察"戟"的来源,当是从金文"戎"(《大盂鼎》)"戎"(《冬方鼎》)转写而来。甲骨文中的"戎",从戈、从盾。金文以下盾形渐渐讹成"十"形,而在甲金文中,"甲"正作"十"形,因此"戎"左下角的"十"就转写为"甲",故整字转写作"戟"。《说文》不得其解,遂以为"甲"之古文,而又篆化作从"甲"。④ "戎马生郊"出自《老子·第四十六章》:"天下无道,戎马生于郊。"陈鼓应注:"生于郊,指牝马生驹犊于战地的郊野。"意谓国家政治不上轨道,连怀胎的母马也用来作战。后以"戎马生郊"指战乱不断。《隋书·

---

*　基金项目:本文获国家社科基金后期资助项目"比较文字学概要"(项目号:18FYY020)、西南大学中央高校基本科研业务费创新团队项目"古文字与出土文献研究"(项目号:SWU2009108)资助。

①　郭茂育、刘继保:《宋代墓志辑释》(以下简称《辑释》),中州古籍出版社,2016年。

②　本文所举墓志括号内"/"前后分别表示墓志图版和释文页码。

③　本文所举字形,如无特别说明,均采自毛远明主编:《汉魏六朝碑刻异体字典》,中华书局,2014年。

④　季旭昇:《说文新证》,福建人民出版社,2010年,第900页。

经籍志一》:"后周始基关右,外逼强邻,戎马生郊,日不暇给。"张说《冉府君神道碑》:"于时四镇未复,二蕃犹梗,屯田绕塞,戎马生郊。"①碑文习见,如唐代《刘如泉墓志》:"匡卫社稷,削平天下。戎马生郊,龙战于野。"②此处言时局动荡不安,与前文"皆政不修,鲁道有荡,蛮夷猾夏"相应。

3.《赵玄祐墓志》:"望思不已,称汉后之深慈;封树克终,从桥山之真宅。"(108/109)

"称汉后之深慈"一语费解。细审拓片,"称"作"称"。实为"轸"字。碑刻文字中,常有将"车"写作"丰"者。如北齐《李稚晕造像记》中的"晕"作"军"(《校注》8/246③);唐代《高福墓志》中的"转"作"㩐"④;唐代《兴福寺断碑》中的"转"作"㩐"⑤。这种写法一直延续到近代,如清代《曲本》第二十一册《于公案·元案》中"车"多写作"丰",如:"侄儿装入囚丰内,起解保府上省城。"(8/2/c3)又:"丰轮走动声振耳,赶丰不住打能行。"(10/1/b6)又清代影抄本《湘江会》:"灵王道某降齐,将我双爷娘㭭首。"(俗·287-413)"㭭"即"斩"字。又《武松打虎》:"武松连夸一个好,㸉过酒宝答上腔。""㸉"即"转"。又《唱本一百九十册》致文堂板《丁郎中状元》:"头一天,肚内空,㩐湾回头总布胡同。""㩐湾"即"转湾"。《伐齐东》总讲六本:"[豹白]也罢,暂忍一时之气,看他怎样用兵!"(未刊·1-391)"暂"即"暂"。又:"甲子日兵马起朝歌城进,六百载锦华夷一旦消倾。"(未刊·1-411)"载"即"载"。⑥

另据本墓志撰写者杨亿传世作品《武夷新集》⑦所载,该字正录作"轸",可为佐证。

"轸",隐痛。《楚辞·九章·惜诵》:"背膺牉以交痛兮,心郁结而纡轸。"王逸注:"轸,隐也。言己变心易行,则忧思郁结,胸背分裂,心中交引而隐痛也。"洪兴祖补注:"轸,痛也。"⑧亦指顾念、悯惜。如韩愈《殿中少监马君墓志》:"王问而怜之,因得见于安邑里第。王轸其寒饥,赐食与衣。"⑨唐代《杨让墓志》:"夫金阙迢峣,犹轸迁舟之叹;玉京郁律,终兴逝水之悲。"⑩志文中的"汉后"指汉武帝,"轸汉后之深慈"意为顾念、悯惜汉武帝思念儿子的深厚慈爱之情。

这段志文用了两个典故,"望思不已,轸汉后之深慈",墓主赵玄祐是宋真宗第二子,九岁而夭。故借用汉武帝在湖县建思子宫和望思台的典故来表达宋真宗思子之情。"封树克终,从桥山之真宅","桥山"指黄帝的葬处,《史记·五帝本纪》:"黄帝崩,葬桥山。"⑪这是希冀墓主逝世后像黄帝在桥山一样乘龙升天。

4.《韩通墓志》:"斧钺坛场,分阃显将军之贵;盐梅鼎鼐,特衡见丞相之尊。"(6/7)

"特衡"不辞。细审拓片,"特"作"㩗",谛视之,左侧构件近似"牛",右侧构件为"寺"。根据碑刻构件俗变规则,构件"牛"与"扌"经常发生讹混,因此该字应为"持"。"持衡"指公允地品评人才,为丞相的主要职责之一,碑文习见,如唐代《姚异墓志》:"文贞公四朝拜相,二纪持衡,为龙为光。"⑫此处"持衡"与上文"分阃"相对应。"分阃"典出《史记·张释之冯唐列传》:"阃以内者,寡人制之;阃以外者,将军制之。"后遂以"分阃"指出任将帅或封疆大吏。这里的"斧钺坛场"指将军所在的练兵场,"盐梅鼎鼐"指丞相所在的朝堂,二者形成对仗。此处指墓主韩通文武兼备,能够出将入相。校正后上下文意畅通。

---

① 汉语大词典编辑委员会、汉语大词典编纂处:《汉语大词典》(第5卷),汉语大词典出版社,1993年,第186页。
② 中国文物研究所、北京石刻艺术博物馆编:《新中国出土墓志(北京)(壹)(下册)》,文物出版社,2003年,第7页。
③ 毛远明编著:《汉魏六朝碑刻校注》(简称《校注》),线装书局,2008年。斜线前面的数字表示册数,后表页数。下同。
④ 见京都大学人文科学研究所藏石刻拓本资料TOU1083X。
⑤ 见京都大学人文科学研究所藏石刻拓本资料TOU1056X。
⑥ 李伟大:《明清戏曲小说疑难字考释三则》,《中国语文》2018年第6期,第738、739页。
⑦ 杨亿:《武夷新集》,福建人民出版社,2007年,第178页。
⑧ 王逸章句,洪兴祖补注,夏剑钦校点:《楚辞章句补注·楚辞集注》,岳麓书社,2013年,第124页。
⑨ 周绍良主编:《全唐文新编》,吉林文史出版社,2000年,总第10册,第6476页。
⑩ 中国文物研究所、河北省文物研究所编:《新中国出土墓志·河北(壹)》,文物出版社,2004年,第68页。
⑪ 《史记》,中华书局,1959年,第10页。
⑫ 毛阳光、余扶危主编:《洛阳流散唐代墓志汇编》(上册),国家图书馆出版社,2013年,第254页。

5.《窦俨墓志》:"遵四禁而奉职,率一德而不僭。深严得人,中外称美。"(10/11)

"僭",原拓作"憽",清晰可见,当是"憽"字。"憽"同"愆",《广韵·仙韵》:"憽,俗愆字。"《辑释》录作"僭",虽也有"过失、差错"之义,但于字形不契。同志下文"惟百行之靡愆"中的"愆"原拓作"憽",也应释作"愆"。

要理清"愆"为何变异作"憽",需要全面考察碑刻"愆"的变异脉络。在碑刻文字中,"愆"中间笔画"彡"因刻写原因,写作三横,如北魏《侯掌墓志》作:"愆";三点变作三横后最下边的一横因与部件"心"最上的一点距离近,因此省掉一横,共享一笔,如北魏《陶浚墓志》作"愆";后又在两横的基础上添加笔画,中间写作"天"或"旡",如北魏《穆亮墓志》作"愆",北魏《王遗女墓志》作"憽";最后右上部构件"丁"受到相邻讹写构件"天"或"旡"的类化,也讹作"天"或"旡",如北齐《张海翼墓志》作"憽",北齐《是连公妻邢阿光墓志》作"憽"。此处"遵四禁而奉职,率一德而不愆"用来赞美墓主忠于职守,品德无瑕。

二　未明词义而误释

1.《吴元载墓志》:"民贺息眉,讴諲之声,喧嚣衢部。斑白稚齿,谁不欣然宴如也?"(100/101)

此句有两处讹误。其一,"息眉"不辞。细核拓片,"眉"原拓作"肩",实为"肩"字。"息肩"指让肩头得到休息,比喻卸除责任或免除劳役。碑文习见,如北魏《王诵墓志》:"值齐季道销,天下竞逐,惧比屋之祸,求息肩之地,遂尊卑席卷,投诚魏阙。"(《校注》6/215)北魏《元诱墓志》:"百姓息肩,四民鼓腹,不待期月,夷歌成章。"(《校注》5/354)此处赞扬墓主为官爱民,轻徭薄赋,深受百姓爱戴。

其二,"讴諲"不辞。"諲"原拓作"諲",实为"謡"字。隋代《明质墓志》中的"謡"作"謡"。(《北图》10/155[①])可比勘。讴谣:歌咏、歌唱。碑文习见,如五代《梁汉颙墓志》:"公下车求瘼,布政安民。阖境讴谣,咸推惠爱。"[②]五代《勅留启母少姨庙碑》:"人获困阜之豊,里有讴谣之韵。以作景福,以助太和。"[③]"讴谣之声,喧嚣衢部"指百姓称颂墓主之声传遍于街头巷尾。两处文字校正后文意畅通。

2.《赵玄祐墓志》:"夐生鹤禁,悲惨桝掖。震宫虚位,感极天慈。都人罢市,痛深行路。"(108/109)

"桝掖"不辞。细审拓片,"桝"字作"桝",实为"椒"字的草写形体。左半部是构件"木",右半部是"尗"的草书连笔写法,"尗"为"叔"的俗写。《玉篇·又部》:"叔,俗作尗。"《中国草书大字典》收录清代王铎琅华馆学古帖"叔"作"叔"[④],可与该字右侧部件比勘。"椒掖"指后妃所居住的宫室。碑文习见,如北魏《元宏嫔成氏墓志》:"英清茂於紫庭,肃雍光于椒掖。"(《校注》4/272)"鹤禁"指太子所居之处。墓主赵玄祐是宋真宗第二子,"夐生鹤禁"是说太子有了灾难,婉指太子早夭。"悲惨椒掖"是说因太子早夭,后宫悲痛。校正后上下文意畅通。

3.《韩介卿墓志》:"事兄敬顺,未尝失色。一姊嫠居于华,君赒恤勤至,久而弥笃。"(348/349)

"嫠居"不辞。细审拓片,"嫠"作"嫠",实为"嫠"字。在碑刻中,"嫠"的左上部部件"未"有时会讹写作似"牙",中间部件"厂"也会省略不写。如唐代《刘惟正墓志》作"嫠",《韦坦墓志》作"嫠"。[⑤]"嫠",寡妇。《说文新附·女部》:"嫠,无夫也。"《小尔雅·广义》:"凡无妻无夫通谓之寡。寡夫曰嫠,

---

①　北京图书馆金石组编:《北京图书馆藏中国历代石刻拓本汇编》(简称《北图》),中州古籍出版社,1989年。斜线前面的数字表示册数,后表页数。下同。

②　章红梅校注:《五代石刻校注》,凤凰出版社,2017年,第279页。

③　章红梅校注:《五代石刻校注》,第698页。

④　李志贤等编著:《中国草书大字典》,上海书画出版社,1994年,第190页。

⑤　以上两例字形均出自臧克和主编:《汉魏六朝隋唐五代字形表》,南方日报出版社,2011年。

寡妇曰嫠。"《左传·昭公二十四年》:"嫠不恤其纬,而忧宗周之陨。"杜预注:"嫠,寡妇也。"①"嫠居"即指寡居,妇人丧偶独居。碑文习见,如唐代《刘茂墓志》:"夫人母太原王氏,中年婴疾,早岁嫠居。"②宋代《王蓬妻张氏墓志》:"它日谓公曰:'娣姒有嫠居,族属有贫窭者,可悉收致馆之。'"(《辑释》459页)"嫠居"与同句下文相照应,校正后上下文意畅通。

4.《宋良臣墓志》:"所至,技巧之卒,未尝役以为己,官舍隳坏,出俸金完之。去则束裝就道,如始至之日,土产异物,一不市也。"(384/385)

"束裝"不辞,细核拓片,"裝"作"**裝**",上侧部件近似"北",下侧部件为"衣",该字实为"裝"。在碑刻文字中,"裝"的上侧部件"壮"可讹写作近似"北"的字形,如唐代《张漪墓志》作"**壯**";唐代《韩超寂墓志》作"**裝**"③,可比勘。"束裝"碑文习见,如宋代《向子韶墓志》:"公闻制使来,自谓理须被逮,即具舟束裝以俟。"④宋代《张祖顺墓志》:"宁弃官已归,已束裝矣。"⑤"束裝就道"指收拾好行李上路。全句赞扬墓主宋良臣为官清廉,爱护百姓。校正后上下文意畅通。

5.《符守诚妻赵氏墓志》:"余于符氏有葭莩之旧,熟夫人之懿范。"(470/471)

"葭莩"不辞。细审拓片,"葭"作"**葭**",当是"葭"字。"葭莩",本指芦苇里的薄膜,引申指亲属关系。如《梁书·武帝纪上》:"萧领军葭莩之宗,志存柱石。"⑥碑文习见,如北齐《李清报德像碑》:"升堂入室,无劳囊锥之请。葭莩之亲,乃枝遥十世。"(《北图》7/48)唐代《董唐之墓志》:"血胤笃睦,闺门晏如。虽有葭莩之戚,不以疏间亲,而亲益著。"⑦"葭莩之旧"与志文"熟夫人之懿范"相照应,校正后上下文意畅通。

6.《杨畏妻王氏墓志》:"硕人鞠有存恤,与己子等,日使就问学。"(492/493)

"鞠有"不辞。细审拓片,"有"作"**育**",当是"育"字。"鞠育",抚养、养育。语本《诗·小雅·蓼莪》:"父兮生我,母兮鞠我,拊我畜我,长我育我。"毛传:"鞠,养也。"郑玄笺:"育,覆也。"⑧碑文习见,如宋代《李曦妻曹氏墓志》:"予为取从弟之子宗贤以养,鞠育之如己出者。"(《辑释》486页)五代《张季澄墓志》:"琴瑟合奏,凤凰和鸣。既光鞠育之劳,实显嗣续之庆。"⑨五代《梁汉颙墓志》:"恭勤祭祀,鞠育儿孙,身葺家资,亲营葬事。"⑩校正后上下文意畅通。

7.《王宗孟墓志》:"狞嗟我公,蚤善词赋;熙宁改科,遭迴迟暮。元祐复古,大母垂簾;振淹拔滞,雨露恩霈。"(500/501)

"遭迴"不辞。细审拓片,"遭"作"**遭**",当是"遭"字。"遭迴",亦作"遭回",比喻难行不进貌。碑文习见,如北魏《张懋墓志》:"深泉茫茫,舟壑遭迴,刊兹玄石,永振清埃。"⑪五代《张备墓志》:"运有遭回,时当贯革。魏阙兴师,营丘构隙。"⑫"遭迴迟暮"用来哀叹墓主仕途困顿、不顺利。校正后上下文意畅通。

① 汉语大字典编辑委员会:《汉语大字典(第二版)》,崇文书局、四川辞书出版社,2010年,第1075页左栏。
② 周绍良、赵超主编:《唐代墓志汇编续集》,上海古籍出版社,2001年,第551页。
③ 以上两例字形均出自臧克和主编:《汉魏六朝隋唐五代字形表》。
④ 曾枣庄、刘琳主编:《全宋文》(第125册),上海辞书出版社,2006年,第93页。
⑤ 曾枣庄、刘琳主编:《全宋文》(第125册),第84页。
⑥ 汉语大词典编辑委员会、汉语大词典编纂处:《汉语大词典》(第9卷),第491页。
⑦ 周绍良、赵超主编:《唐代墓志汇编续集》,第1022页。
⑧ 汉语大词典编辑委员会、汉语大词典编纂处:《汉语大词典》(第12卷),第199页。
⑨ 章红梅校注:《五代石刻校注》,第197页。
⑩ 章红梅校注:《五代石刻校注》,第279页。
⑪ 宫万瑜:《邙洛近年出土冯聿、源模、张懋三方北魏墓志略考》,《中原文物》2012年第5期,第74—78页。
⑫ 章红梅校注:《五代石刻校注》,第329页。

三　因文字残泐而误释或缺录

1.《源护墓志铭》：“鸣呼！积善无徵，▢凶爰降。位不称德，命也如何。”（76/77）

“凶”前之字，《辑释》缺录。细审拓片，缺录之字作“▢”，微泐，该字左上部作“儿”，是部件“艹”从中间断开的俗写形体。左下部形似“早”，组合起来，应是“革”的异体字形。该字形碑文习见，如北魏《寇臻墓志》作“革”。《篇类碑别字》（258 页）引唐代《大泉寺三门记》之“革”即作“革”。再看右侧部件，构形轮廓类似于“匃”。据字形与文意，该字实为“鞠”。“鞠凶”，亦作“鞠讻”。极大的灾祸。典出《诗·小雅·节南山》：“昊天不佣，降此鞠讻。”高亨注：“鞠讻，穷凶，极凶，最大的灾凶。”碑文中“鞠凶”常与“降”搭配使用，表示墓主的逝世。如北齐《崔芬墓志》：“但苍旻不弔，降此鞠凶，春秋四十八。”（《校注》8/261）“积善无徵，鞠凶爰降”，文意畅通。据此，缺文可补。

2.《源崇墓志》：“时不我与，道之难行。兴仲尼即隐之心，当▢玉知非之岁。谢病解职，杜门闲居。”（84/85）

“玉”前之字，《辑释》缺录。细审拓片，缺录之字作“▢”，左侧部件为“亻”，右侧残留“白”。墓志文讲究对仗，这里的“□玉”应与上文中的“仲尼”相对应，也是一位名人的名讳。根据字形和文意，残字当为“伯”字。“伯玉”，指春秋时期的遽伯玉，因贤德而闻名。与孔子亦师亦友，是孔子尊敬和称颂的君子。“伯玉知非”指不断改过或表示往事不堪回首。典出《淮南子·原道训》：“故遽伯玉年五十，而有四十九年非。”[1]碑文多用“伯玉”之美德来类比墓主的品德高贵。如东魏《元澄妃冯令华墓志》：“至若遥听车声，识伯玉之有礼；当朝晏罢，责叔敖之未登。”（《校注》8/67）此处志文用“孔子”与“伯玉”的品行来称赞墓主的为官德操，文意畅通。据此，缺文可补。

3.《吴元吉墓志》：“诸子洎失所天，咸闻扣地，绝浆啜泣，情莫能胜。孀妇则昼哭不休，口伤以皇王，未忘兴叹，无奈于歼良。”（110/111）

“皇王”不辞。细核拓本，“皇”作“▢”，该字左侧微泐，近似于“土”形。右侧部件为“里”，整字实为“埋”字。“王”作“玉”，右下角有笔画点，实为“玉”字。埋玉，典出《世说新语·伤逝》：“庾文康亡，何扬州临葬云：‘埋玉树箸土中，使人情何能已已！’”[2]后用“埋玉”指埋葬有才华的人。碑文习见，如后唐《戴思远墓志》：“冥冥夜壑，莫固藏舟；杳杳重泉，永伤埋玉。”[3]唐代《范褒夫人柳氏墓志》：“冀液金於灵府，忽埋玉於山樾。”[4]此处亦用“埋玉”指为墓主逝世而感到悲痛。

4.《赵宗道墓志》：“先茔在封丘，地颇早下会，邻有葬者，穿地未及寻而泉已出。子渊视之，大惊曰：‘近岁京师雨水多沮，▢使然吾亲葬此，岂得安耶？’”（234/235）

此处错误有三。其一，“地颇早下”，不辞。细审拓片，“早”作“早”，笔画横左侧明显有一撇，该字实为“卑”的异写体。该字形碑文习见，如北魏《王诵墓志》作“早”。“卑下”，地势低矮，低洼。

其二，“沮”后之字有泐蚀，《辑释》缺录。细审拓片，缺录之字作“▢”，左侧部件为“汝”，右侧部件微泐，据字形与文意，该字实为“洳”字。“沮洳”，低湿之地。《诗·魏风·汾沮洳》：“彼汾沮洳，言采其莫。”孔颖达疏：“沮洳，润泽之处。”[5]金代《时立爱神道碑》：“负郭沮洳，常阻行路。”（《北图》47/29）从文意上看，这与前句“地颇卑下”“穿地未及寻而泉已出”相呼应，说明下葬地是低湿之地，文从字顺。

其三，断句有误。应断作：“先茔在封丘，地颇卑下，会邻有葬者，穿地未及寻而泉已出。子渊视

①　陈广忠译注：《淮南子》，中华书局，2012 年，第 43 页。
②　刘义庆著，刘孝标笺注，余嘉锡笺疏：《世说新语笺疏》，中华书局，2011 年，第 554 页。
③　章红梅校注：《五代石刻校注》，第 194 页。
④　周绍良、赵超主编：《唐代墓志汇编续集》，第 225 页。
⑤　汉语大词典编辑委员会、汉语大词典编纂处：《汉语大词典》（第 5 卷），第 1070 页。

之，大惊曰：'近岁京师雨水多，沮洳使然，吾亲葬此，岂得安耶？'"封丘"为地名，故将其与"地"断开。"会"这里用作介词，表示时间，相当于"恰、正值"，一般放在句首。故应在"会"之前断开。"会邻有葬者"指正值邻居有下葬的的人。因未识读出"沮洳"一词而将"沮"字上属，导致"京师雨水多沮"语义费解，应将"沮"断在下句。

5.《赵仲晔墓志》："每朝廷加官锡赉，命既下，王无然曰：'我不幸有负薪之疾，力不足以奉朝请高爵重禄。'"（354/355）

"无然"，于文意不符。细审拓片，"无"作"糕"，左侧部件为"忄"，右侧部件为"無"，故整字实为"怃"。"怃然"，形容怅然失意的样子。语出《论语·微子》："夫子怃然曰：'鸟兽不可与同群，吾非斯人之徒与而谁与？'"邢昺疏："怃，失意貌。"[1]碑文亦见，如宋代《方大琮墓志》："每一札出，万方传诵。独此二札，读者怃然。"[2]墓主因有"负薪之疾"而不能领受皇帝的任命赏赐，因此感到"怃然"。

四　不明古代文化常识而误释

1.《田景咸妻毛氏墓志》："又迁忠武军副都指挥使，复领马步军都军颐，寻授龙捷第六军主。"（20/21）

"马步军都军颐"，遍检资料，无此官职名。细审拓片，"颐"作"颖"，左侧部件应为"豆"，由于书写变形近似于"臣"，右侧部件为"頁"因此整字应为"頭"。"马步军都军头"，宋朝禁军职名。旧为内外马步军都军头，端拱二年正月，随司名改、而冠以"御前忠佐"，去"内外"二字。御前忠佐军头引见司将校有六等，授于御前忠佐军员，作为迁转的"禁秩"（禁军位秩）。马步军都军头为六资中最高一资。[3] 宋代碑文习见，如《高琼神道碑》："稍迁御前忠佐马步军都军头、蓟州刺史。"[4]

2.《赵仲晔墓志》："赠保宁军节度使，追封东阳郡王。命□内省供奉官、勾当御菓院梁惟简典治丧事。"（354/355）

"御菓院"，《宋史·官职志》未载。细审拓片，"菓"作"藥"，上侧部件为"艹"，下侧部件为"木"，中间部件是"白"，结合字形与宋代官制职名，该字实为"藥"。"御药院"，官名，宋太宗至道三年（997）置，以入内内侍充任。掌按验秘方，以时剂和药品以进御及供奉禁中之用。南宋避高宗赵构名讳，改干办御药院。[5] 宋代碑文习见，如《杨绘墓志》："诏遣押班王昭明、管勾御药院王中正、李舜举使陕西勾当公事。"[6]

3.《符寿现墓志》："长以世禄之及俯从武，并非其好也。"（390/391）

该句语义费解，细审拓片，"并"作"弁"，当是"弁"字。"武弁"，又称"武弁大冠""繁冠""建冠"，为武将所戴之冠。后又引申为武将。碑文习见，如唐代《李元亨墓志》："髻髮加武弁之荣，龙衮总貂珰之贵。"[7]宋代《田祐恭墓志》："吾与诸君皆以武弁进身，比肩岁久，吾当以耄辞职。"[8]此处断句亦有问题，当断作"长以世禄之及俯从武弁，非其好也"，是说墓主长大成人后因世荫成为武将，但这并不是他所喜欢的。此处因不明"武弁"之义，将"弁"误释，并误把该词点断。

---

① 汉语大词典编辑委员会、汉语大词典编纂处：《汉语大词典》（第 7 卷），第 738 页。
② 曾枣庄、刘琳主编：《全宋文》第 331 册，第 242 页。
③ 龚延明编著：《宋代官制辞典》，中华书局，1997 年，第 418 页。
④ 曾枣庄、刘琳主编：《全宋文》（第 53 册），第 216 页。
⑤ 吕宗力主编：《中国历代官制大辞典》，商务印书馆，2015 年，第 798 页。
⑥ 曾枣庄、刘琳主编：《全宋文》（第 98 册），第 330 页。
⑦ 西安市文物稽查队编：《西安新获墓志集萃》，文物出版社，2016 年，第 38 页。
⑧ 曾枣庄、刘琳主编：《全宋文》（第 209 册），第 385 页。

4.《药公墓志铭》:"又周山折,夜壑舟藏,既罢市以兴哀,谅牧民之有惠。"(4/5)

"又周山折"不辞。细核拓片,"又"原拓作"不",实为"不"字。"不周山"是古代传说中的山名,《山海经·大荒西经》:"西北海之外,大荒之隅,有山而不合,名曰不周负子。"[1]《淮南子·天文训》:"昔者共工与颛顼争为帝,怒而触不周之山,天柱折,地维绝。"[2]碑文亦见,如唐代《钱缪神道碑铭》:"以为锋摧倚天剑,柱折不周山。"[3]墓志用"不周山折"表示墓主逝世。校正后上下文意畅通。

5.《药公墓志铭》:"石窌疏封,俱耀雍和之德;鹊巢著泳,弥光婉娩之容。"(4/5)

"鹊巢著泳",语义费解。细审拓片,"泳"作"诗",左侧部件当是"言"的草书简体"讠"的写法。整字当是"詠"字。"鹊巢著詠"典出《诗·召南·鹊巢序》:"鹊巢,夫人之德也。国君积行累功,以致爵位,夫人起家而居有之,德如鳲鸠,乃可以配焉。"后遂以"鹊巢"指妇人之德。[4]墓志中常见类似表达,如五代《王君妻田氏墓志》:"生而挺秀,长而闲和。诗人宜咏于鹊巢,君子是求于燕尔。"[5]五代《赵德钧妻种氏墓志》:"桴鼓不鸣于砥路,穿埠息讼于棠阴。既咏鹊巢,实稽凤兆。"[6]此处用来赞美墓主妻室皆有妇人之德。校正后上下文意畅通。

6.《药公墓志》:"重围立解,群贼奔归。釰戟方凝于销镕,洙泗复云于俦抗。"(4/5)

"俦抗"不辞。细审拓片,二字分别作"梼""杌"。二字左侧构件均为"扌"。在碑刻文字中,构件"木"可讹写作"扌"。本来"木"与"扌"在音、义上均无任何联系,但二者在形体上很相似,故碑刻文字常常互相代替。又由于"扌"比"木"简省一画,故以"木"变"扌"者为多。如"校"作"挍",《封和突墓志》:"屯骑校尉建威将军"。"棣"作"捸",《王绍墓志》:"友兼常捸"。《干禄字书》:"横、横:上通,下正。"[7]二字的右侧构件分别为"寿"与"兀"。因此二字应为"梼"与"杌"。"梼杌",这里指史籍,典出《孟子·离娄下》:"晋之《乘》、楚之《梼杌》、鲁之《春秋》,一也。其事则齐桓、晋文,其文则史。"[8]"洙泗",皆鲁水名,相传儒家创始人孔丘曾设教于洙、泗之间,曾子与子夏在此就学,后指称儒家。典出《礼记·檀弓上》:"吾与女事夫子于洙、泗之间,退而老于西河之上。"[9]"洙泗复云于俦抗"与前一句"釰戟方凝于销镕"相呼应,是赞扬药公平复叛乱,兵戈消融,重施儒家教化。校正后上下文意畅通。

7.《韩通墓志》:"数地之英风凛物,临民之利刃投庐。封土廓清,奸邪屏跡。"(6/7)

"利刃投庐",语义费解。细审拓片,"庐"作"虚",清晰可见,当为"虚"字。在碑刻文字中,构件"业"常常讹变作"丘"。如隋代《范宏墓志》"丘"作"业"。[10]北魏《昭玄沙门大统令法师墓志》"虚"作"虚"。(《校注》7/77)"利刃投虚"又作"投刃皆虚",典出《庄子·养生主》:"彼节者有闲,而刀刃者无厚,以无厚入有闲,恢恢然其于游刃必有余地矣。"[11]谓庖丁解牛,三年后所见皆非全牛,只见其骨节皆空虚。比喻处理政务得心应手。碑文习见,如五代《王公墓志》:"至于剸繁理剧,去弊除奸,投刃皆虚。当仁不让,妙于盘错。"[12]此处形容墓主处理政务得心应手。校正后上下文意畅通。

8.《吴元载墓志》:"太宗时,授加勋阶、检校、食邑,凡七;接浆喻敕书,凡三。"(100/102)

"浆喻敕书"不辞。细审拓片,"浆"作"奖",下部为构件"大",该字为"奖"。"喻"作"谕",左侧部件

---

① 袁珂校注:《山海经校注》,上海古籍出版社,1980年,第387页。

② 陈广忠译注:《淮南子》,中华书局,2012年,第104页。

③ 董浩等编:《全唐文》(第9册),中华书局,1983年,第116页。

④ 汉语大词典编辑委员会、汉语大词典编纂处:《汉语大词典》(第12卷),第1119页。

⑤ 章红梅校注:《五代石刻校注》,第331页。

⑥ 章红梅校注:《五代石刻校注》,第346页。

⑦ 毛远明:《汉魏六朝碑刻异体字研究》,商务印书馆,2012年,第306页。

⑧ 方勇译注:《孟子》,中华书局,2010年,第158页。

⑨ 陈戍国:《礼记校注》,岳麓书院,2004年,第40页。

⑩ 刘文编著:《陕西新见隋朝墓志》,三秦出版社,2018年,第65页。

⑪ 孙通海译注:《庄子》,中华书局,2007年,第56页。

⑫ 章红梅校注:《五代石刻校注》,第468页。

残泐不清,右侧部件为"俞"。结合字形与词义,当是"谕"字。"奖谕"是皇帝对臣下褒奖、表彰。碑文亦见,如宋代《张曙墓志》:"上旋颁奖谕,就充本军通判。"①"奖谕敕书"是皇帝给臣僚下发的褒奖、表彰之类的文书。《全宋文》收录了诸多以"奖谕敕书"为题名的公文,如《赐右屯卫大将军叔韶奖谕敕书》②《赐修武郎赵子噩奖谕敕书》③《赐范温等奖谕敕书》④。

小结

本文归纳了四类误释的原因:因不辨俗讹字而误释;因不明词义而误释;因文字残泐而误释;因不明古代典故、官制职名等文化常识而误释。可知释读碑刻文献,既要掌握相关的字形、字音、字义等文字学知识,还要掌握古人使用的墓志习用语、典故知识、文化制度等相关知识。在释读过程中,要兼顾字形的契合与语义畅通,这样才能做到文从字顺,进而有效地提高碑刻文献释读的科学性与准确性。

附记:小文在写作过程中承蒙邓章应师审阅并提出宝贵意见,审稿专家也提出建设性意见,谨致谢忱!

To Correct and Amend the Texts of *Annotations of the Epitaphs of Song Dynasty*

Meng Chuang

(The Institute of Chinese Language and Text Studies,
Southwest University, Chongqing 400715, China)

Abstract: The *Annotations of the Epitaphs of Song Dynasty* is the latest achievement of epitaph description in Song Dynasty, which included 226 epitaphs of the Song Dynasty. And most of them are newly unearthed or unpublished epitaphs. These epitaphs provided an important new material for the Song history, culture, language and other researches. However, there are many mistakes such as the error and lack of characters in the inscription of the book. This article is divided into four kinds of examples to correct 25 words errors. It is intended to provide reference for the scientific and effective utilization of the material. It is also of great significance to the study and arrangement of subsequent stone carving and other literature, the inscription characters and the Chinese common words.

Key words: *Annotations of the Epitaphs of Song Dynasty*; to correct and amend the texts; study on inscription characters

---

① 河南省文物研究所、河南洛阳地区文管处编:《千唐志斋藏志》(下),文物出版社,1984 年,第 1259 页。
② 曾枣庄、刘琳主编:《全宋文》第 31 册,第 245 页。
③ 曾枣庄、刘琳主编:《全宋文》第 135 册,第 299 页。
④ 曾枣庄、刘琳主编:《全宋文》第 157 册,第 34 页。

黄季刚"本字"系统论*

韩　琳

【摘　要】与形义统一的本字界定不同,黄季刚先生的"本字"指造字之初与声义相应的象形指事字,也就是形音义之根"文",对汉字汉语系统具有统摄作用。论文分别清理"文"作为形之根、音之根、训诂之根的体系,构建出黄季刚以"文"为统领的语言文字系统。在此基础上进一步指出,"文"本字的实质是"共同之根"的载体。

【关键词】黄季刚;本字;系统

【作者简介】韩琳,女,中央民族大学文学院教授,博士生导师,北京师范大学文学院博士,研究方向为文字训诂学。(北京　100081)

黄季刚先生本字观念常涉及造字和用字两个角度:"盖象形、指事之初作,以未有文字时之言语为之根,故其声义必皆相应,而即所谓本字也。然最初造字之时,或因本字不足,即用本字以为假字,故造字之时已有假借也。"①造字角度突出文字记录语言的功能,形体与声义相应;用字角度突出文字服务文献的功能,形体与声义相统一。可见"本字"在黄季刚文字学体系中居于衔接文字和语言、造字和用字的枢纽地位。与此相对应,"求本字"也存在两种不同的内涵。《略论推求语根之法》:"凡会意、形声之字必以象形、指事字为之根。而象形、指事字义必以未造字时之语言为之根。故因会意、形声以求象形、指事之字,是求其本字也。因象形、指事字以推寻言语音声之根,是求其语根也。然以假借求本字者,既以音声之多变而不易得;则以本字求语根者,亦必以音声之多变而不易得也。"②因会意、形声求本是从构形角度求后出字的形体来源,以假借以求本字是依据声音条件求经典文献具体语境中某词的形义相合的字。依音声求本立足于经典同词异用的本、借关系。为什么会导致这种同名异实现象?究其根本在于黄季刚先生异于寻常的"本字"功能定位。

黄季刚先生的"本字"指造字之初形音义相合的"文",占据文字系统和语言系统的起点、焦点位置,《略论推求语根之法》:"治《说文》欲推其语根,宜于文字说解及其所以说解三者细加推阐。凡文字解之至无可解,乃字形之根。纯象形、指事字是所谓文。一面为文字之根,一面又为声音之根,训诂之根,形声义三者实合而为一,不可分离,故文为形声义之根。"③"文"作为"形声义之根"对汉字汉语关系具统领性作用,这就是黄季刚语言文字学术体系的总纲。

一　"文"为文字之根

《说文解字·叙》:"依类象形,故谓之文。形声相益,即谓之字。字者言孳乳而浸多也。"季刚先生按:"故独体为文,最朔之书也。合体为字,后起之书也。"④"最朔"和"后起"交待了文和字才产生顺序。

---

*　基金项目:本文系国家社科后期资助项目《黄侃手批说文解字》字词关系批语疏证"(编号:15FYY011)的研究成果。

① 黄侃述,黄焯编:《文字声韵训诂笔记》,上海古籍出版社,1983年,第53页。
② 黄侃述,黄焯编:《文字声韵训诂笔记》,第57页。
③ 黄侃述,黄焯编:《文字声韵训诂笔记》,第60—61页。
④ 黄侃述,黄焯编:《文字声韵训诂笔记》,第29页。

这是从"书"——文字的形体产生的角度作出的论断。黄季刚先生总结六书的孳生次第,"文"下分:一独体象形指事字,二合体象形指事字,三变体字、复体、反文、倒文、省文之类,四先出会意字。"字"下分:五形声字,六后出会意字,七杂体字。① 其中有四个"体"字:独体、合体、变体、杂体,还有意、声,这些都涉及到"文"的组构功能。

《说文笺讲》②中有"借体象形",如:

> 借体象形,借一文:"局(圖),一曰博,所以行棋。象形。按借口。为(圖),王育曰:爪象形也。按借爪。羽(圖),象形,按借彡。乌(圖),象形,乌之足似匕,从匕。"

这里的"借一文","文"既不表音,也不表意,唯以构形。而所构的形体实为纯实物象形字中的线条。应该属于篆体的书写单位,与构形单位不是一个层次。又如:

> 借体象形,又合一文:"番,兽足谓之番。从采,田象其掌。按借田。"段注:"下象掌,上象指爪,是为象形。许意先有采字,乃后从采而象其形,则非独体之象形,而为合体之象形也。"

这里所说的"合一文","文"是象形符号,不表音,也不表意,唯以形体摹形。关于这种"文"的性质,黄季刚先生相关论述中说:

> 象形、指事字中,有为图画也,符号也。图画所以象形,符号所以表事,初皆尚简,故为独体。

"图画所以象形,符号所以表事"交待出"文"的两种功能。

> 然物之形也易同,而象形之字不能同也。天中之日与树间之果所图不易别也,而象形之字必不能率作○也。沙中之金与雨中之点不易分也,而率作●,亦必难识别矣。故独体象形有时而穷,于是进而衍为合体象形,而象形之范围广矣。欲以名木上之果也,乃画果形以合于木,而果字出焉。欲以明将明之时也,乃画日形升于地上,而旦字成焉。盖万物可象之形,有不可以独体画之者也。指事者,既以简单符号以代复语,其不足用也固矣,况事不能尽以独体表之者乎? 方圆可指,大小不可指矣;大小可指,黑白不可指矣,于是进而为合体指事焉。③

为表意明确,合体象形、合体指事产生,所谓"合体"其中由多种形体部件构成,一是成字的文,二是不成字的象形符号和指事符号两种。

潘重规《说文》借体说:

> 原借体之例,盖古人制字之时或取他字之体以象事物之形,据形虽曰成文,责实仅同符号,故同一"一"也,或借以象天,或借以貌地,处"皿"中则象血,居"夫"上则象簪……是则所借之体因物寓形,与其本字之音义了不相涉,妄事比附,庸有当乎!④

取"他字之体"的"文"实质是符号。象形符号是表形功能,指事符号是标示功能。因为其不成字,所以其一定程度上表意,但形意不固定。季刚先生在《手批说文》页眉用"从某文"类聚了许多这类符号,如第一卷"一"字页眉列"从一"之"文"三十个。⑤

黄季刚先生在《说文略说·论文字制造之先后》提出的由文入字中间必经过的半字一级,包括合体象形、合体指事、省变、兼声、复重等,都是在"文"的基础上形成,季刚先生界定说:"此种半字,即为会意、形声之原。"除省变外,其余几种都是由部件组合而成,部件类型分形、声、义、标四种。如:

合体指事:叉彐:彐(义)+一(标)

合体象形:朵榘:米(义)+勹(形)

---

① 黄侃述,黄焯编:《文字声韵训诂笔记》,第 42 页。
② 黄侃著述,黄建中整理:《说文笺讲》,华中师范大学出版社,1993 年,第 185 页。
③ 黄侃述,黄焯编:《文字声韵训诂笔记》,第 43 页。
④ 潘重规:《中国文字学》,台北三民书局股份有限公司,2004 年,第 193 页。
⑤ 黄侃:《黄侃手批说文解字》,上海古籍出版社,1987 年,第 33 页。

兼声如：内㕕：乙（形）+九（声）

复重如：卄門：卪（义）+弓（义）

《说文纲领》：

> 形声、会意字皆合体，意其所生，必在初文备具之后，何则？江字之为形声，从水，工声，工、水皆初文也，不有工、水，无以成江，则江字之造必后于工、水矣。武之字为会意，从止，从戈，止、戈皆初文也。不有止、戈，无以成武，则武字之造必后于止、戈矣。①

在形声、会意字中，初文是声、义功能构件。

> 会意、形声已成字矣，或又加以一文，犹留上古初造字之痕迹。……今为定其名曰杂体。

如：

龙龗：𠂤（义）+𩰬（声）+彡（形）

牵牽：半（义）+8（声）+门（形）

从以上分析看出，"体"中包含形、标、义、声四种功能部件，形、标是非字部件，其中有相当一部分由"文"充当象形、标示符号。这四种功能部件虽然是从《说文》中得出的，但有普遍的适用意义。

王宁先生在《汉字构形学导论》中说：

> 现代人对"六书"有五花八门的分析讲解，其实都难以超出许慎《说文解字·叙》的论说和章太炎对此的诠释。"六书"所以能统帅汉字构形分析千年以上，主要是它的结构—功能分析法适合表意文字形体结构的特点。传统"六书"不应当抛弃，而应当为汉字构形学的总结提供一种合理的思路。②

黄季刚先生"文——半字——字"汉字演进序列正是对这种合理思路的揭示，根据章黄的思路分析小篆，得出的结论是："小篆具有一批数量有限的基础元素，将这些元素依层次对小篆进行组构，实现了字际关系的有序性。"③这正是"文"作为"文字之根"对生成有序的汉字序列的贡献。

二　"文"为声音之根

声音在黄季刚先生语言文字体系中占有举足轻重的作用。究其原因，一方面是由于语言文字要素产生顺序，一方面是由于声音在语言文字发生和发展过程中的统摄作用。

《论斯学大意》：

> 小学分形、音、义三部。……三者之中，又以声为最先，义次之，形为最后。凡声之起，非以表情感，即以写物音，由是而义传焉。声、义具而造形以表之，然后文字萌生。昔结绳之世，无字而有声与义；书契之兴，依声义而构字形。如日月之字，未造时，已有日月之语。更分析之，声则日月，义表实缺；至造字时，乃特制日月二文以当之。因此以谈，小学徒识字形，不足以究言语文字之根本。④

从这里可以看出，声音处于语言初起阶段，属于语言构成要素，文字作为记录语言的符号系统，承载了语言中的声和义，依据文字记录的声义，可以探求语言发生系统，把握语言使用规律。如前所引两种"求本字"，因会意、形声求本字，是在找文字形体之根；以假借求本，以本字求语根，因音声多变而不易得，但"凡言变者，必有不变者以为之根。由文字以求文字，由语言以求文字，固非求本字不可也"⑤。

---

① 黄侃述，黄焯编：《文字声韵训诂笔记》，第78页。

② 王宁：《汉字构形学导论》，商务印书馆，2015年，第11—12页。

③ 陆宗达、王宁：《训诂与训诂学》，第14页。

④ 黄侃：《黄侃论学杂著》，中华书局，1964年，第93页。

⑤ 黄侃述，黄焯编：《文字声韵训诂笔记》，第55页。

求本字“不变之根”，就是造字之初形声义相应的“文”。“由文字以求文字”主要体现在造字时假借造成的同文异用、一字多音上。“由语言以求文字”主要体现在以形声保留的语言的声义系统上。这二者之间不仅体现出用字和造字的相承关系，更重要反映出音声之根在语言系统中的重要作用。

（一）同文异用

《古文一字两用》：

> 古文有一字而两用者。如𩫏，城郭，城墉。㞷，读汪。封之古文。𢆯，申，玄，糸。冂，郊门。墉之古文。盖古文异字同体者多，同形异义者众也。①

“同体”“同形”而“异义”“异字”，联系这几个表述和所举字例可以看出，所谓初文一字两用，指同一个字形履行不同的记录功能，记录不同的音和义。依类象形谓之文，造字初期象形、象事诸文源于图画，尚未成为语言符号时，音义尚未约定俗成，一文一义还没有固定下来。

《论文字制造之先后》：

> 一𢆯也，既以为玄之古文，又以为糸之古文；一丨也，既以为上行之进，又以为下行之退；同文异用，叚借之例又行矣。②

《初文音义不定于一》：

> 盖初期象形、象事诸文，只为事物之象征，而非语言之符识，故一文可表数义。如《说文》中，古文以为艸字；疋，古文以为诗大疋字，亦以为足字。又如亥之古文与豕为一，玄之古文与申实同。惟其一文而表数语，则不得不别其声音，此声母所以有多音之论也。③

这里所说的初文多种音义“一文数语”是由于造字时同形异用形成的，文字和语言的关系还没有完全对应。而“一文数语”不仅仅限于同形异用，与“名无固宜”“古文一字两用”密切联系。“同文异用”实为借用相同的形体记录不同的音义，和同音假借不同。其直接结果即导致一字多音。这样从造字阶段就解决了形声字同声符不同音的问题。

> 一字多音之理，在音学上必须诠明，而后考古始无疐碍。……凡《说文》声子与声母不同者，皆可由此得其解说也。……古人于象形、指事字多随意指称，不以声音为限。④

“不以声音为限”即是同文假借和同音假借的根本性质不同。

（二）形声字声符多音

《推求古本音之法》：

> 《说文》形声，此造字时本音，最为可信，后世虽有变迁，不得执后以疑古。⑤

季刚先生利用形声字论证语音变迁问题，从造字角度声符字和形声字声音应该相同，但声符字和形声字常常不一致，如《论据说文以考古音之正变上》所引“多”声、“为”声的形声字：

“多之为声，兼入喉、舌”：移、荄、栘、迻皆从多声而入影；哆、痑，则入端；彤、侈、鉹、誃、袳、垑，则入穿。

“为之为声，兼入喉、牙”：蔿、寪、瘑、闖，皆从为而入为；隝、撝，则入晓；鴅，则入见；讹、伪，则入疑。

一字多音说避免了古音学发展过程中的偏执：

> 执字有定音，拘于韵部，偶有异同，则别立名目；是故有叶音之说，有合声之说。其烦碎者，又多立称号，徒使人眩乱而不得其真。⑥

---

① 黄侃述，黄焯编：《文字声韵训诂笔记》，第 50 页。
② 黄侃：《黄侃论学杂著》，第 4 页。
③ 黄侃述，黄焯编：《文字声韵训诂笔记》，第 204—205 页。
④ 黄侃述，黄焯编：《文字声韵训诂笔记》，第 52—53 页。
⑤ 黄侃述，黄焯编：《文字声韵训诂笔记》，第 143 页。
⑥ 黄侃：《黄侃论学杂著》，第 105 页。

这不仅为同声符字的异读提供了理论支撑,而且为语词寻根探源提供了可靠依据。从源头看,形声字声符多音,是由于充当声符的象形指事字最初音义不定于一:

> 缘初期象形、指事字,音义不定于一,一字而含多音,一形而包数义。①

《叠韵互音》:

> 叠韵字往往互音,如臕、旓一语,则膘可有喉音。《说文》:"膘,牛胁后髀前合革肉也。从肉,奥声。读若繇。"敷绍切。即今之脂油油字。②

这段话推理分三步:

其一,由"叠韵互音""臕、旓一语"而推知,叠韵连语"臕旓"是"臕"的缓读,"臕"的声符"票"最初有唇音和喉音两种读音。

《说文解字·㫃部》:"臕,旌旗臕繇也。从㫃奥聲。"段玉裁注:"繇今之摇字,小徐作摇。臕今字作飘。飘摇行而臕繇废矣。《广成颂》曰:羽旌纷其髟鼬。髟鼬即臕摇之叚借字也。"这是分字释连语,实际是望文生训,并未能交待"臕繇"一词的源头。朱骏声通训定声:"(臕繇)亦叠韵连语。"黄季刚《双声叠韵字虽不可分别解释然各有其本字》:

> 双声叠韵之字诚不可望文生训,然非无本字,而谓其义即存乎声,即单文觭语义又未尝不存乎声也。自王君而来,世多谓双声叠韵之字无本字,则其所误者大矣。今谓凡叠字及双声叠韵连语其根柢无非一字者。……此类词语,尝无定字。③

以此知臕旓又作臕繇、飘摇、髟鼬。《说文·肉部》:"膘,读若繇。"王筠句读:"当作读若臕繇。"证"臕""繇"叠韵互音,根底为一音。钱坫《说文解字斠诠》:"臕繇即飘繇也。霍去病为飘姚校尉亦以此得称。"十七岁的霍去病被汉武帝任命为骠姚校尉,故霍去病又称霍骠姚。十九岁又被任命为骠骑将军。"骠姚"即"飘姚"、"臕繇",以旌旗飘扬命名。"骠骑"以骁勇善骑命名。

其三,以声音为条件,明确"膘"即"脂油"之"油"的本字。

《说文·水部》:"油,水。出武陵孱陵西,东南入江。"段注:"俗用为油膏字。"季刚先生谓:"膘,即今之脂油字。"指出脂油的油,本字为膘。膘和油之间的关系也证明声符票一字二音。

(三) 形声字声符正例与变例

与宋代学者以汉字本体为基所主张的"一体主义一体主声"谓之正,声兼义谓之变的观点相反,黄季刚先生以语言为基,以声兼义为正,声不兼义为变:

> 凡形声字以声兼义者为正例,以声不兼义者为变例。盖声先于文,世界通例;闻声喻义,今昔所同。江从工声,不可移以言河,犹河从可,不可移以言漠也。声有所受,义亦随之。其所重在工可之声,而不在从水也。④

"以声兼义为正",声符成为语言声义传承信息的承载者,季刚先生举"祀"字为例。《说文·示部》:"祀,祭无已也。从示巳声。禩,祀或从異。"用为干支字的"巳"为终已义,《说文·巳部》:"巳,巳也。四月,易气巳出,阴气巳藏,万物见,成彣彰,故巳为它,象形。"段注:"汉人巳午与巳然无二音,其义则异而同也。"汉人以地支与月份相配,又与《易经》十二辟卦相对应,冬至所在的十一月为子月,一阳生,四月与巳相配,六个阳爻成乾卦,阳气至极,桂馥义证引宋毛晃曰:"阳气生于子,终于巳。巳者,终已也。""巳"字取形于蛇,段注:"其字像蛇,则象阳巳出阴巳藏矣。""终巳"义引申为巳然义,最初同音同形,后别音别形。徐灏"祀"注笺:"辰巳之巳即巳然之已,古无二音,故祀姒耜等字皆读详里切。

---

① 黄侃述,黄焯编:《文字声韵训诂笔记》,第183页。
② 黄侃述,黄焯编:《文字声韵训诂笔记》,第100页。
③ 黄侃述,黄焯编:《文字声韵训诂笔记》,第228—229页。
④ 黄侃述,黄焯编:《文字声韵训诂笔记》,第79—80页。

今人读若肆之浊声者,音转也。"从终已义到已然义,"祀"许释"祭无已",段玉裁注:"析言则祭无巳曰祀。从巳而释为无巳,此如治曰乱,徂曰存,终则有始之义也。"这说明"祀"义由声符义引申而来,反义为训。声符"巳"形音义相符,音义同条,成为音义传承的链条,季刚先生按:"祀字古只作已,已本义为已止,借义为祭无已,迨既造祀字,与已别行而借义遂废矣。盖自已兼祀义言之,则为假借;自别造祀字言之,则为转注,字祀字从巳声言之,则为形声,取义不殊而三者之用备矣。"①这里的"假借",就是以本字兼记引申义,孳乳分化,以原字为声符添加意符形声造字产生"祀"字,声符"巳"形音义相合,为音义传承的血脉。"祀"重文"禩",段注:"禩字见于故书,是古文也。篆隶有祀无禩,是以汉儒杜子春、郑司农不识,但云当为祀,读为祀,而不敢直言古文祀,盖其慎也。至许乃定为一字。至魏时乃入三体石经。古文巳声、异声同在一部,故异形而同字也。"巳、异同音,季刚先生按:"至祀之或体从异声作禩者,此借异为巳,以明假借之法也。"②

"巳"为本声符,"异"谓借声符,本声符形音义相合,借声符仅是音义相合。近人称形音义相合的声符为音符,仅是音义相合的声符为音素。

《文字声韵训诂笔记·右文说之推阐》引沈兼士曰:

> 有同声之字而所衍之义颇有歧异者,如非声字多有分背义,而菲、翡、痱等字又有赤义。……其故盖由于单音之语一音素孕含之义非一,诸家于此辄谓凡从某声者皆有某义,不加分析,率而牵合。执其一而忽其余矣。③

音符是形音义相合的记音字符,而音素是依声托事、归本于声音的记音字符,二者不同功能不同层次:

> 盖音素者,语言之本质;音符者,字形之迹象。音素即本真,而音符有假借。④

所谓"语言之本质",指音素是语言的组成要素,"依声托事",声义约定俗成,但还不成系统,相承保留了"名无固宜"语言初起阶段的特点,同一种声音可以表达不同的意义。其后,形声造字,同声符但音义传承链不同。音素处于语言的层次,音符处于文字的层次,语言早于文字。"凡从某声者皆有某义"是以声符的音义同条相贯,与声符意义无关而同条相贯是建立在"依声托事"基础上,黄季刚先生归纳为两种原因:

> 章说谓同音之字取义于彼,见形于此者往往而有,非可望形为验,其说诚然。推究其理,盖不外二途:或缘音近,用代本字;或本无字,只表音素。前者即通借之法,可依右文之义以求本字;后者则依声托事,而归本于声音。⑤

有本字的通借是依据语音条件音借以记录他词,是声符假借问题;无本字的音素是造字之初的语音以声符为记音符号。音符和音素都可以承载声义传承信息。我们以"非"声字说明这个问题。

《说文·非部》:"非,韦也。从飞下翄,取其相背也。"

段注:"非以相背为义,不以离为义。谓从飞省而下其翄。翄垂则有相背之象。故曰非,韦也。"

《说文·牛部》:"辈,两壁耕也。从牛非声。"段注:"两辟耕谓一田中两牛耕,一从东往,一从西来也。……此形声包会意,非从飞下翄,取其相背"。

《说文·言部》:"诽,谤也。从言非声。"段注:"诽之言非也,言非其实。"

以上一组字,以"非"声义贯穿。"非"既是音符,又是音素。

《说文·艸部》:"菲,芴也。"《尔雅·释艸》:"菲,蒠菜也。"郭璞注:"菲草生下湿地,似芜菁,茎紫赤

---

① 黄侃述,黄焯编:《文字声韵训诂笔记》,第80页。
② 同上注。
③ 黄侃述,黄焯编:《文字声韵训诂笔记》,第213—214页。
④ 黄侃述,黄焯编:《文字声韵训诂笔记》,第213页。
⑤ 黄侃述,黄焯编:《文字声韵训诂笔记》,第212—213页。

色可食。"

《说文·羽部》："翡，赤羽雀也。出郁林。从羽非声。"

《说文·疒部》："痱，风病也。"义为中风偏瘫。《玉篇·疒部》："痱，热生小疮。"《素问·生气通天论》："汗出见湿，乃生痤痱。"王冰注："痱，热瘰也。"张志聪集注："痱，如小疹之类。""痱"后作"痱"。《广韵·贿韵》："痱，痱瘟。皮外小起。"又：《未韵》："痱，热疮。"又《微韵》："痱，小肿。"《正字通·疒部》："夏季烦热所发。"痱即痱子，一种夏令常见的皮肤病。由于皮肤不洁、出汗不畅引起。表现为密集的红色或白色小疹。易发于额、颈、上胸、肘窝等多汗部位。有刺痒和灼热感。

以上一组字，以"非"为声，但记录的是"赤"义。"非"属于音素的承载体。

上面"非"声，声符"非"有两种性质，一是形声义相合的音符，以音符声义同条相贯，系统传承，我们可称之为本音符；音素是借音符，"依声托事，归本于声音"，虽然同条相贯，但并非以声符字形为血脉传承载体。

黄季刚先生指出：

> 清世自戴震创求本字之说，段玉裁注《说文》遂一意推求本字。惟本字、本义实不易断。如一通假字，既指一文为本字矣，虽更一文，以为本字，亦可成立。缘初期象形、指事字，音义不定于一，一字而含多音，一形而包数义，如一一推寻，亦难指适。且古时一字往往统摄众义，如拘泥于一形一义，而不知所以通之，则或以通义为借义。①

> 近世古韵师往往执古音无变之论，不得不说古一字止一音。……此说之弊最先可见者，即不能解释《说文》形声之理是。②

《说文》形声字承载的是造字时的声音。季刚先生在《说文纲领》中说："凡形声字以声兼义者为正例，以声不兼义者为变例。盖声先于文，世界通例；闻声喻义，今昔所同。"③造字之前的音是音素，"依声托事"，声义关系多途，保留了"名无固宜"语言初起阶段的特点，"文"作为声符兼具音素和音符两种性质，是音根的依托，音素声义同条，在语言层面；音符形、音、义结合，在文字层面。

三　"文"为训诂之根

古代一名之设，容含多义，"盖字虽与时俱增，而义类固属有限。是则初文为字形、字义之根本，实一字而含多义矣"④。

黄季刚先生主要从三个角度探讨字义关系：

一是从词义角度，从"名义相依"到词义引申。"名义相依"指最初造字时初文记录词义的状态。

《训诂概述》：

> 古曰名，今曰字，名必有义，即训诂之根源。……名义相依，名多而义少。……盖字虽与时俱增，而义类固属有限。是则初文为字形、字义之根本，实一字而含多义矣。⑤

一字多义，围绕字的本义形成"义类"，应社会需求和表达需要，"义类"细分，本义发展出后起义，随至一字数义，后分化孳乳，多以形声造字，形成义衍同源字词系统。

《以声韵求训诂之根源》：

> 本义进至后起义，一字中之孳乳也。一字之义，初本不多，迨乎人事既繁，一义不足，于是引

① 黄侃述，黄焯编：《文字声韵训诂笔记》，第183页。
② 黄侃述，黄焯编：《文字声韵训诂笔记》，第52页。
③ 黄侃述，黄焯编：《文字声韵训诂笔记》，第79—80页。
④ 黄侃述，黄焯编：《文字声韵训诂笔记》，第180页。
⑤ 黄侃述，黄焯编：《文字声韵训诂笔记》，第179—180页。

申推演之法兴,而一字数义矣。《说文》列字,多载本义,然后起之义亦间载之。而本义晦矣。故欲推其本义,不外求之形、求之声也。因流以探其源,因子以定其母,皆音韵之功也。①

"源""流"即指义衍同源词系统,"子""母"指声符和形声字之间的音义相因关系。引申义衍分化,形声造字呈现出同源系统的层次性。

二是从训释角度,强调"古无训诂书,声音即训诂"②。"故文字之训诂必以声音为纲领,然则声训乃训诂之真源也。"③汉代小学专著大量运用声训,虽然科学性、系统性、理论性有待加强,但大量的声训材料说明当时学者对汉语声义关系已经有了较充分的理解和把握。清代古音学大昌,从段玉裁立足谐声求声义系统,到王念孙"引申触类,不限形体",因声求义,伴随着声义系统理论的总结和方法的提升,声训有了更深广的用武之地。

《以声韵求训诂之根源》:

> 名必有义,而义必出于音,知声、训固同条也。若《说文》以声训者如天、颠;帝,谛之类犹难悉数。盖古时文言合一,闻声即可知义。至时有古今,而音有转变,犹地有南北,而转多歧异。地远须经翻译,时远须有训诂,此训诂之所由生也。④

《说文·一部》:"天,颠也。至高无上,从一大。"段注:"天颠不可倒言之,盖求义则转移皆是。举物则定名难假,然其为训诂则一也。颠者,人之顶也,以为凡高之偁。始者,女之初也,以为凡起之偁。然则天亦可为凡颠之偁。臣于君,子于父,妻于夫,民于食皆曰天是也。"所谓"天颠不可倒言",是说这两个词意义并不完全对等,不能互训。一条训释,两个层次,两种词义。天之训为颠为声训,从词汇意义来说,"天"有"天空"和"颠"两个义项,"古者直以天为首,在大字中则以天为最高,在人身中则首为最高,此所以一言天而可表二物也。""最高"即"颠"义,是从空间位置角度说明了"天空"与"颠"共同的特点。季刚先生给这组字定位呈现出层次性,一是天、颠音转变易,最初是一个字,《说文》不言其同,吾侪骤视亦莫悟其同也。""《说文》不言其同"是说在《说文》时代两个字已经各自表意,分化为两个词。最初音转属于声转义转变易,其后义衍分化,属于声义同条孳乳,从变易到孳乳,从同词到异词,汉语声义系统日臻完善。

三是从名事关系角度。季刚先生主要分两个角度谈"名""事"关系问题。一是理顺源流,从时间链条上续接名事关系:

> 名事同源,其用不别。名者,名词;事者,动词、形容词。凡名词必皆由动词来。如"羊,祥也。""马,武也。"祥、武二字虽为后制,而其义则在羊、马之先,故古时当以羊代祥、以马代武也。……盖古代一名之设,容涵多义,凡若此者,其例实多矣。⑤

这里重点交待了两方面内容。首先是两种截然相反的产生顺序,其一是文字产生顺序,"名"在"事"前,"名"即名词,最初造字,依类象形,故象形初文为最初产生的字形,如羊、马。其二是语言发生顺序,"事"在"名"前。"事"即动词、形容词,语言产生于文字之前,人类最早的语言交流,是官形感触而拟声,所以动词、形容词意义应产生在名词之前。其次,所谓"名事同源","名""事"区分是语言发展的结果,最初源于初文一名多义,依音义孳乳分化。"同源"表明二者之间源流相系的规律。二是溯本求原,从文字根源回溯音声根源。

> 求其根源,……三以名与事之法推之者。太古人类本无语言,最初不过以呼号感叹之声表其喜怒哀乐之情,由是而达于物,于是见水之流也,则以沓沓、泄泄之声表之;见树之动也,则以潇

---

① 黄侃述,黄焯编:《文字声韵训诂笔记》,第194页。
② 黄侃述,黄焯编:《文字声韵训诂笔记》,第180页。
③ 黄侃述,黄焯编:《文字声韵训诂笔记》,第194页。
④ 同上注。
⑤ 同上注。

潇、索索之音表之。然则感叹之间固为语言真正根源，而亦即文字远溯之祖。故名词由是生焉。动词由是生焉。……故名词者，乃由动词、形容词中择一要义以为之名，而动词、形容词者，亦即名词之根源也。故求文字之根源，当推诸虚字；求虚字之根源，当自音声。则三者始终不离乎音韵也。①

"文字远溯之祖"即语言。"以呼号感叹之声表喜怒哀乐之情"是语言未发生时的状态，虚字是"以音声表之"的感叹拟物词。以叠音词表示水流和树动，说明季刚先生认为语言最早当起于拟声名物，起初是动词、形容词，最后才"达于物"产生名词。依类象形，随体诘屈，才产生初文。从初文一字多义，到声义同条、名事分化，是语言发展、文字孳乳、系统衍生的过程，其中蕴含了人类思维规律和语言分化规律。

四　黄季刚"本字"实质

通常本字的界定标准常设以下几个参项。一是以《说文》为本字依据；二是以假借字与本字相对应；三是以文献词义为本借沟通的立足点。下面以段玉裁《说文解字注》说明这个问题。

《说文解字·叙》注主要从两方面阐释本字。

一是本字形体承载本义本音。"杂厕"注：

> 许君以为音生于义，义箸于形。圣人之造字，有义以有音，有音以有形。学者之识字，必审形以知音，审音以知义。圣人造字实自像形始，故合所有之字，分别其部为五百四十，每部各建一首，而同首者则曰凡某之属皆从某。于是形立而音义易明。②

这里阐释许慎音、义、形生成次序，说明造字和识字的次序相反。强调"形"是深入音义的关键。这正是段玉裁界定《说文解字》为"形书"的依据。

二是本字本义是判别借字借义的依据。从本形趋入本音本义。形是字的本体。本字承载音义，制字之本字昭然可知，经典假借援之以定。

"假借"注：

> 许之为是书也，以汉人通借繇多，不可究诘，学者不识何字为本字，何义为本义。虽有仓颉、爰历、博学、凡将、训纂、急就、元尚诸篇，扬雄、杜林诸家之说，而其篆文既乱杂无章，其说亦零星间见，不能使学者推见本始，观其会通。故为之依形以说音义，而制字之本义昭然可知。本义既明，则用此字之声而不用此字之义者，乃可定为叚借。本义明而叚借亦无不明矣。③

段玉裁以"本字"释字在《说文》段注中共 68 例，除少数几例以《说文》本字对应俗语俗字，其余都是在明确经典本词的基础上，判别本字和假借字，如：

《说文·攴部》："敔，禁也。"段注："《说文》圉训祠。圉训囹圄，所以拘罪人。则敔为禁圉本字，圉行而敔废矣。"

《说文·邑部》："鄒，周邑也。"段注："按《春秋》经、《左传》、《国语》、《史记》、《逸周书》、《竹书纪年》，凡云祭伯、祭公谋父，字皆作祭。惟《穆天子传》云鄒父。注云：'鄒父，鄒公谋父。'鄒者本字，祭者假借字。"

《说文·仌部》："凓，风寒也。"段注："《豳风·七月》'一之日觱发'。传曰：'觱发，风寒也。'按觱发皆叚借字，凓冽乃本字。

---

① 黄侃述，黄焯编：《文字声韵训诂笔记》，第 194—195 页。
② 段玉裁：《说文解字注》，上海古籍出版社，1988 年，第 764 页。
③ 段玉裁：《说文解字注》，第 757 页。

以上例子说明,段玉裁本字的立足点在汉字本体,依形以定音义;本字是经典本词假借字的参照项,形义关系是判别本字的首选标准。这个趋入点成为本字界定的主流,如《训诂与训诂学》:"作为表意文字的汉字,在造字初期是据义绘形的,所以,汉字的字形可以直接用它记录的词的意义来解释,这就是许慎在《说文解字·叙》里所说的'厥意可得而说',专为记录某词并据这个词的原始意义而造的字,称作这个词的本字。"①这个界说有两个层次的界定。一是据义绘形,专为记录某词,区分了汉字本体与其记录功能,词是音义结合体,从这个角度界定本字遵循的是形音义综合分析、汉字本体与功能相结合的思路。二是突出据意造字,紧紧围绕汉字的表意性这个根本,本字与本义严格对应。以形定本、以词固本,立足于个体汉字,是点状分析。

黄季刚先生所言之本字是从形音义综合的角度提出的:

> 凡言假借者,必有其本,故假借不得无根,故必有其本音、本形、本义在其间也。引申者由此而出,假借者则本无关系,盖古者因仓促无其字,而以同音之字代之也。②

造字之初形音义相合为本字,季刚先生认为造字时有假借,是故在汉字产生层次,假借的本字是形音义相合的。具体文献中,同音替代,造成形与音义相脱节。

> 字之正假,只论声义,不论字形。凡假字必有正字以为之根。盖造字时之假借,全用同音、同义之例。郑康成云:"仓促无其字,故以他字代之。"实则同声、同义之故。非如后世写别字者可比。③

可见,造字时之假借只论声义,借用"他字"形体;透过假借找寻本字,就是要恢复到假借的根,使本音、本义、本形相统一。而顺着声音轨迹找寻形义相合的本字,就是在恢复汉字形音义统一的起始格局。因此,通常以形义标准作为判断本字的标准,是建立在"依声托事"前提基础上,实质上也是形音义三合。后世"别字"等同于段玉裁在《说文解字·叙》注中提到"假借三变"中的第三变"后代讹字亦得自冒于假借。""别字"是另外的字,"讹"字是错讹字,只是顺着声音的线索找到的同音替代符号,偏离了形声义相合的轨道。

季刚先生将"本字"界定为与声义相应的象形指事字,这个界定立足于形音义统一的原理,综合分析,区分层次和功能,把握住初文作为形音义之根统摄汉语汉字这个总纲。侧重于形义相合和形音义统一两种本字界定标准,根本区别在于"单独之本,本字是也;共同之本,语根是也"④。"单独之本"只关注个体汉字的形义是否相合,经典文献中的本、借通用立足于这个角度;"共同之本"关系到语言文字的系统和根源,文字在声义链条上繁衍属于这个角度。因此,文字变易、孳乳要系"同文",语言分化和变转也仅仅围绕"文"这一形声义之根,这就是黄季刚先生所谓"小学徒识字形不足以言语言文字根本"的实质。

【参考文献】

[1] 段玉裁.说文解字注[M].上海:上海古籍出版社,1988.
[2] 黄侃.黄侃论学杂著[M].上海:中华书局,1964.
[3] 黄侃.黄侃手批说文解字[M].上海:上海古籍出版社,1987.
[4] 黄侃述,黄焯编.文字声韵训诂笔记[M].上海:上海古籍出版社,1983.
[5] 黄侃著述,黄建中整理.说文笺讲[M].武汉:华中师范大学出版社,1993.
[6] 陆宗达,王宁.训诂与训诂学[M].太原:山西教育出版社,1994.

---

① 陆宗达、王宁:《训诂与训诂学》,第410页。
② 黄侃述,黄焯编:《文字声韵训诂笔记》,第56页。
③ 黄侃述,黄焯编:《文字声韵训诂笔记》,第34页。
④ 黄侃述,黄焯编:《文字声韵训诂笔记》,第60页。

［7］　潘重规.中国文字学[M].台北：三民书局股份有限公司,2004.

［8］　王宁.汉字构形学导论[M].北京：商务印书馆,2015.

Benzi Systematic Theory from Mr. Huang Jigang

Han Lin

(School of Liberal Arts，Minzu University of China，Beijing 100081，China)

Abstract：Being different from the usual definition about Benzi，Mr. Huang Jigang named it as Xiangxing and Zhishi which is the root of form sound meaning of Han Character. This theory inflects original and systematic rules in Mr. Huang Jigang language-Character studies. This paper clears the systems WEN separately being form sound and meaning's roots. Furtherly it builds Mr. Huang Jigang's Chinese language-Character system based on WEN. Its final conclusion is WEN，as Chinese language's medium，is common root.

Key words：Huang Jigang；Benzi；system

当代大型字书心部疑难字新考（20 则）*

杨宝忠

【摘　要】利用"形用义音序五者互相求"考字方法，以《汉语大字典》《中华字海》为线索，对唐宋以来大型字书忄（心）部收录的 20 个疑难字进行了考释。考释内容主要包括俗讹字未与正字沟通者、字义未详或释义虚假者、异体字认同失误者、同形字未加别异者、已有考释尚可补正者。

【关键词】大型字书；忄（心）部；疑难字；考释

【作者简介】杨宝忠，河北大学教授、博士生导师，研究方向为文字学、训诂学、辞书学。（河北 保定 071000）

一　怇

jù《集韵》臼许切。② 恐惧。《字汇·心部》："怇，恐也。"（《大字典》原版 2276B，参《字海》589B）

按："怇"训恐，当是"惧"字俗讹。《万象名义·心部》："惧，丘方反。恐也，怯也。"（76 上）《礼记·礼器》"众不匡惧"释文："惧，音匡，又丘往反。"《韵会》上声《语韵》臼许切："怇，慢也。"又《后（汉书）·梁鸿传》：嗟怇怇兮谁留？注：恐也。"（583）《韵府群玉·语韵》"怇"字注同。《后汉书·梁鸿传》"嗟怇怇兮谁留？"李贤注："郑玄注《礼记》曰：惧惧，恐也。"胡三省《通鉴释文辨误》卷七"九年吴承伯反奄至吴兴吏民怇扰"下云："史炤释文作怇扰，注曰：音巨，恐扰也（海陵本同）。余按怇字乃惬字之误也。炤从而为之音释，缪矣。字书亦无怇字。惬，音去王翻。"（298）《通雅》卷七："怇扰，本是惬扰。《梁鉴》'吴承伯奄至吴兴吏民怇扰'，史韶释文作怇扰，注：音巨。胡身之曰：字书无怇字。梁鸿诗怇怇，阴氏引作怇字。智按：惬、怇不应相通，定是讹耳。"（189）又卷九："怇怇，乃惬惬之讹也。《梁鸿传》：嗟怇怇兮谁留？注：恐也。臼许切。又慢也。《古乐苑》《古诗纪》皆作惬惬。阴复春引作怇怇，《唐韵》竟无怇字，阴氏无惬字。《说文》：惬，怯也。即惬。"（228）

二　愮

chà《改并四声篇海》引《奚韵》初辖切。［雍愮］有罪被谪之人。《改并四声篇海·心部》引《奚韵》："愮，雍愮，谪人也。"（《大字典》2297A/2459A）①

chā 音茶阴平。［雍愮］有罪被贬谪的人。见《五音集韵》。（《字海》593C）

按：《新修玉篇》卷八《忄部》引《奚韵》："愮，初鐯切。羅愮，谪人。"（75 下）崇庆本《篇海》卷十《心部》引《奚韵》："愮，初辖切。雍愮，谪人也。"金刻元修本《篇海·心部》引《徐文》（当作"《奚韵》"）："愮，初辖切。雍愮，谪人也。""雍""雍"二字虽有残损，但从轮廓来看仍是"羅"字。明刻诸本《篇海·心部》引《奚韵》"愮"作"愮"，"羅"作"雍"。"愮""愮"一字异写，"雍"则是"羅"字残误。以音用求

---

* 本文为国家社科基金冷门"绝学"和国别史研究专项"大型字书疑难字汇考"（项目编号：2018VJX082）的阶段性成果。
① "/"前为《大字典》原版页数与栏目，"/"后为《大字典》第二版页数与栏目，下同。

之，"㤹"当是"刹"字俗讹，唐代《切韵》系韵书音初辖反者仅有"刹"字，而"刹"字又与"羅"字构成"羅刹"，"羅刹"为梵语Rākṣasa的略译，义为恶鬼，又为可畏。《奚韵》"羅㤹"训谪人，盖谓呵责罪人。《佛光大辞典》："羅刹，梵语 rākṣasa。恶鬼之名。此外，羅刹亦为地狱之狱卒，职司呵责罪人。"（6673）

三 惪

tè《广韵》他德切，入德透。① ［惪惪］1. 快。《广韵·德韵》："惪，惪惪，快也。"2. 动心。《字汇·心部》："惪，惪惪，动心。"② 心里畏惧。《集韵·德韵》："惪，心惧。"③ 得。《字汇·心部》："惪，得也。"（《大字典》2315A/2478B，《字海》597C 略同）

按：五代刻本《切韵》入声《德韵》他得反（与"忒"字同一小韵）："惪，惊～～。亦作🖤（此字漫漶，右旁似同"德"字右旁。余廼永转录作"愯"，恐非是）。"（772）《可洪音义》卷二十七《续高僧传》卷五音义："惭忒，他得反。差也，变也。宜作惪，他得反。惪惪，心惊也。"（35 册 586a）对应佛经作"惭忒"①。据五代刻本《切韵》与《可洪音义》，"惪惪"为叠音词，形容心惊，盖唐代出现之俗语词。②《龙龛》卷一《心部》："惪，他得反。～～也。"（63）日藏宋本《广韵》入声《德韵》他得切："惪，惪惪也。"钜宋本、江苏古籍本训同，大宋递修本"惪惪也"作"快也"（《直音篇·心部》83 上："惪，音忒。快也。"），泽存堂本作"惪惪，快也"，余廼永校勘记谓"快也"疑当作"怯也"（1025）。余校恐非探本之论。"惪"字五代刻本《切韵》训惊惪惪，《龙龛》、宋本《广韵》训惪惪者，脱"惊"字耳③；"惪"训惪惪，训义不明，故其后重刊《广韵》，或改"惪惪"为"快"，或于"惪惪"之后增"快"字。"惪惪"无快义，"快"或如余廼永所说为"怯"字形误，"怯""惊"义近；虽然，其说并无直接证据，尚难成定论。无论其字作"快"，还是作"怯"，皆后人所增，其字初不训快或怯也。《新修玉篇》卷八《心部》引《徐文》："惪，他得切。惪惪也。"（76 上）崇庆本《篇海》卷十《心部》引《徐文》："惪，音忒。惪惪也。"金刻元修本《篇海》同。《徐文》字见《广韵》者，音训本《广韵》；《广韵》所无之字，音训本《集韵》。"惪"字见《广韵》，故《新修玉篇》《篇海》引《徐文》"惪"字音训与《广韵》同。成化本《篇海·心部》引《徐文》："惪，音忒。惪得也。"（730 下）正德、万历本同，"惪惪"并误作"惪得"④。《详校篇海》卷四《心部》："惪，剔德切，音忒。得也，快也。又～～，动心也。"（233 下）《篇海类编·身体类·心部》同。其训得者，本成化本《篇海》"惪"训"惪得"，以注文"惪"字为复举字头而误删；其训快者，本递修本《广韵》；惪惪训动心者，未详训义所本。《字汇·心部》："惪，惕德切，音忒。快也，得也。又～～，动心。"（561 上）训义皆本《详校篇海》。"惪惪"为叠音词，义为心惊貌，《集韵》"惪"字训心惧，拆骈为单也。《五侯鲭字海·心部》："惪，音得。获也。"（351 上）《字韵合璧·心部》同。此又混"惪""得"为一者。总之，"惪惪"犹忐忑，状心惊貌，其余义训，皆属虚假。

---

① 《续高僧传》"惭忒"义为惭愧，可洪谓"忒"当作"惪"，惪惪训心惊，于文意不合。此"忒"字当读作"愧"，《万象名义·心部》："愧，女棘反。愧也。"（77 下）《龙龛》卷一《心部》："愧，女力、尼乙二反。愧也。又他得反。"（63）《集韵》入声《德韵》惕德切（与他得切读音相同）："愧，惭也。"（762）"忒（愧）"字与"惭"字连言，当为同义复词。

② "惪惪"唐宋文献罕觏，后世音变作"忐忑"。《新修玉篇》卷八《心部》引《类篇》："忐，他敢切。忑，他得切。"（72 下）《篇海》卷十《心部》引同书："忐，音毯。忑，音忒。"（728 下）《五音集韵》上声《感韵》吐敢切（与他敢切、音毯读音相同）："忐，忐忑，心虚也，怯也，惧也。"（134 上）又入声《德韵》他得切："忑，忐忑，心中惧怯之。出《玉篇》。昌黎子添于此。"（226 下）宁忌浮于"之"下补"兕"字，又于校订记云："今传《玉篇》无忐、忑二字。"（66 下）今以《新修玉篇》《篇海》与《五音集韵》对勘，《五音集韵》"忑"下所称《玉篇》非陈彭年重修之《玉篇》及《新修玉篇》《篇海》所引《类篇》亦非丁度所编之《类篇》，盖皆王太《类玉篇海》之省称。

③ 《广韵》所收之字说解多有与《龙龛》同者，当是参考了同一种字书。由《龙龛》"惪"字训"惪惪也"，可知《广韵》"惪"训"惪惪也"为原本。

④ 《五音集韵·德韵》他得切："惪，惪得也。"（226）"惪得也"宁忌浮校改作"惊惪惪也"，是也。

四 㤶

qūn《改并四声篇海》引《俗字背篇》音囷。疲倦。《改并四声篇海·心部》引《俗字背篇》:"㤶,劳倦也。"(《大字典》原版2315B,《字海》598A略同)

《丛考》云:"此字当是'㤶'的讹俗字。《龙龛》卷一心部:'㤶,俗;㤶,正:音囷,劳倦也。'是其证。《篇海》音'囷'疑为音'困'之误,或者'困'乃'㤶(㤶)'字的俗音。形讹而音随讹,乃俗字读音的通例。'㤶'字字书训㤶幅、至诚,其用作'劳倦'义,盖即'困'的繁化俗字,与'㤶幅'之'㤶'同形而异字。"(441/290a-b)①

同"㤶"。《龙龛手鉴·心部》:"㤶,俗;㤶,正:音囷,劳倦也。"(《大字典》第二版2479B)

按:金崇庆本《篇海》卷十《心部》引《龙龛》:"㤶,音囷。劳倦也。"金刻元修本、明成化本同。《新修玉篇》卷八《心部》引《龙龛》亦云:"㤶,音囷。劳倦也。"(76上)正德本《篇海·心部》于"㤶"前数字之上误增"⊕"号(代指"俗字背篇")、"音囷"误作"音困",万历、崇祯本同。《详校篇海·心部》:"㤶,音囷。劳倦也。囷二韵:一区伦切,音屈平声;一群、浊,巨陨切,读如郡。"(234上)《篇海类编·身体类·心部》同。所据《篇海》"音囷"亦误作"音困"。《字汇·心部》:"㤶,区伦切,音屈平声,劳倦也。又巨陨切,音郡,义同。"(561下)此又因"囷"有两读而"㤶"字亦读囷、郡二音。《康熙字典·心部》:"㤶,《篇海》:区钧切,音囷,劳倦也。又巨运切,音郡,义同。"此又承袭《字汇》之误亦读"㤶"字囷、郡二音。《大字典》原版谓"㤶"字《篇海》引"俗字背篇"音囷,所据当是万历、崇祯误本;又"俗字背篇"并非字书,《大字典》原版加书名号,亦非。《大字典》第二版谓"㤶"同"㤶",引《龙龛》为书证,当是参考了《丛考》,理应予以说明;《大字典》"㤶"字据《广韵》苦本切拼读作kǔn,训至诚、诚心,而不收《龙龛》"㤶"字音囷、训劳倦之音义;《大字典》第二版谓"㤶"同"㤶",则是以音囷、训劳倦之"㤶"同音kǔn、训至诚之"㤶",有失照应。佛经文献有"㤶"字用例,《可洪音义》卷三十《广弘明集》卷二十二音义:"㤶㤶,苦本反。正作㤶。"(35册695a)对应佛经作"㤶㤶"。《龙龛》"㤶"字正作"㤶",当亦出自佛经文献,其字当从可洪读苦本反,训至诚;而行均音囷、训劳倦者,音训与佛经文献脱节。

五 㥞

同"㥞"。《正字通·心部》:"㥞,俗㥞字。"(《大字典》2315A/2479A,《字海》598A略同)

《字典考正》云:《正字通·心部》:"㥞②,俗㥞字。旧注同㥞,误。"查《字汇·心部》:"㥞,同㥞。"《字汇》两字形相同,必有一误。故《正字通》说其误也。又考《集韵·号韵》莫报切:"㥞,贪也。"《正字通》同"㥞",盖指《集韵》之"㥞"字。"㥞"训贪,乃"冒"的增旁字。又云:《龙龛·心部》:"㥞,俗,莫报反。"此"㥞"字当来源于佛经。《大宝积经》卷一〇一"㥞提"之"㥞",敦煌卷子作"㥞",《可洪音义》卷二作"㥞";《成唯识论述记》"为纲㥞他"之"㥞",甲本作"㥞"。"㥞""㥞""㥞"皆"㥞"之讹俗字。(149)

按:《篇海》卷十《心部》引《馀文》:"㥞,防无切。心明也。"(730下)《新修玉篇》卷八《心部》引同。钜宋本《广韵》平声《虞韵》防无切:"㥞③,心明。"此《馀文》所本而字形转录失真。《五音集韵·虞韵》防

---

① "/"前为《丛考》原版页数,"/"后为《丛考》(修订本)页数,下同。
② 原书用超大字符集字作"㥞"(下同),字形失真。
③ 江苏古籍本作"㥞",国会图书馆本作"㥞",大宋递修本作"㥞"(右下从目),泽存堂本作"㥞"。余迺永校勘记谓《广韵·虞韵》防无切小韵所收"㥞""㥞""㥞"三字"宜从冒声"。(598)

无切："悄，心明。"宁忌浮"悄"字校改作"悄"。《详校篇海·心部》："悄，详悄。"（233 下）又云："悄，莫报切，音帽。贪也。作悄，讹。"（235 上）《篇海类编·身体类·心部》同。《篇海》"悄"字防无切，形声不谐，构形据不可说解；又"悄"字右旁通常为"冒"之俗书，《龙龛》"悄"字莫报反，故《详校篇海》"悄"字不取《篇海》引《徐文》之音训，而以为"悄"字俗讹，不知《篇海》引《徐文》之"悄"乃《广韵》之"悄（悄）"字。《字汇·心部》："悄，同**悄**。"（561 下）"**悄**"即"悄"字俗刻。又云："悄，莫报切，音帽。贪也。作悄，讹。"（563 下）"悄""悄"二字说解，即本《详校篇海》《篇海类编》。《正字通·心部》："悄，俗**悄**（悄）字。旧注同**悄**（悄），误。"（397 下）《正字通》"俗""同"有别。《字汇》谓"悄"同"悄"，《正字通》以"悄"为俗"悄"，非同"悄"，故斥旧注为误。《字汇·心部》："**愁**，同愁。"（565 下）《正字通·心部》："**愁**，俗愁字。旧注同愁，误。"（406 下）亦此例也。《字典考正》谓"《字汇》两字形相同，必有一误。故《正字通》说其误也"，未得《正字通》本意。

又《大宝积经》卷一〇一"悄提"之"悄"，《可洪音义》卷二作"**帽**（帽）"，敦煌写卷字作"**悄**"，辽刻房山石经作"**悄**"，佛经用作真言译音字，是否为"帽"字俗书，尚待核查梵文原文。

《成唯识论述记》为唐窥基阐释《成唯识论》之作，全书体例先援引《成唯识论》一段原文，前题"论"字；后为窥基阐释文字，题为"述曰"。大正藏本《成唯识论》卷六："谓诳曲者，为綱帽他，曲顺时宜，矫设方便，为取他意；或藏已失，不任师友正教诲故。"其中"綱帽"，房山石经辽刻本同，宋、元、明、宫本作"罔冒"，圣本作"綱悄"。《可洪音义》卷十二《成唯识论》卷六音义："**罔冒**，上文往反，下莫报反。"（34 册 1052c）"**罔冒**"为"罔冒"俗书。《成唯识论述记》："为網悄他者，《显扬》云：为欺彼故诳。"此窥基援引《显扬圣教论》解释"網悄他"即"欺彼"之义①。"悄"为"帽"字俗讹。"罔""網"与"冒""帽"并为古今字，其训诬罔蒙骗，当以作"罔冒"为典正。《大乘百法明门论解》卷下："诳曲者，为罔冒（冒）他故，曲顺时宜，矫设方便，以取他意；或藏已失，不任师友正教诲故，亦贪痴分也。"《大般若波罗蜜多经》卷三六六："劫夺资财、侵陵妻室、虚诳罔冒、离间亲友。"《翻译名义集》卷六《楞严》明十习"，其五曰"诈习"，注云："诈谓诳曲，罔冒于他，矫设异仪，诳曲为性。"《资治通鉴·后晋高祖天福二年》"不肖及罔冒者勿拒"胡三省注："罔冒，谓欺罔伪冒而求官者。以事理之所无而欺上谓之罔，假他人之所有以饰伪谓之冒。"《字典考正》谓"網悄"之"悄"为"帽"讹俗字，亦非探本之论。

六 悄

xīng《广韵》桑经切，平青心。又息井切。① 聪慧；机灵。《广韵·青韵》："悄，悄憶，了慧皃。出《声类》。"（例证略）② 领会；醒悟；苏醒。《集韵·迥韵》："悄，悟也。"《抱朴子·极言》："至于问安期以长生之事，安期答之允当，始皇悄悟，信世间之必有仙道。"《五灯会元·东林颜禅师》："一声寒雁叫，唤起未悄人。"明冯惟敏《朝天子·拜客不答》："俺如今已悄，也学的寡情。"③ 静。《字汇·心部》："悄，静也。"（《大字典》2328A/2492B）

按：义项②"悄"字同"醒"。《慧琳音义》卷五十一《迥诤论》音义："八十四者悄，音星。或作醒，睡觉也，迷得悟也。"（75 册 461a－b）《抱朴子》"始皇悄悟"亦即"始皇醒悟"。《五灯会元》"唤起未悄人"，明·陈全之《蓬窗述》卷一作"唤起未醒人"（明万历十一年书林熊少泉刻本）。"醒""悟"二字义同，受"悟"字影响，"醒"或变从心作"悄"；"悄""醒"皆有平上两读，醒悟之"醒"今读上声。《可洪音义》卷十四《佛本行集经》卷五十五音义："悄悟，上息井反，下正作悟。"（35 册 73c）对应佛经宋、元、明本作"悄悟"，大正藏本作"醒悟"。《可洪音义》卷十二《三无性品》卷下音义："悟悟，上古孝反。睡悄也。正作覺寤。"（34 册 1055c）对应佛经作"覺悟"。可洪以睡悄训"悟（覺）悟"，"睡悄"即今之"睡醒"。又卷二

---

① 无著菩萨造、三藏法师玄奘译《显扬圣教论》卷一："诳者，谓为欺彼故，诈现恭顺心曲为体，能障爱敬为业，乃至增长诳之业。"

十《四谛论》卷四音义:"心悟,古孝反。寠也;惺寠,不睡也。正作觉、寠(右下当从告)二形也。又《玉篇》音晧,非也。郭氏作苦角反,亦非也。《川音》作悟(悟),许吉反,并非也。"(35 册 301c)对应佛经大正藏本同,宋、元、明、宫本作"心觉"。可洪以不睡训"惺寠","惺寠"即今之"醒悟"。

《字汇·心部》:"惺,先青切,音星。惺憀,了慧也。又静也。又上声息井切,义同。"(562 下)此《大字典》义项③之所本。《洪武正韵·十八庚》先青切:"惺,惺憀,了慧也,又悟也,静也。又梗韵。"(明刻本)此《字汇》"惺"训静之所本。《增修互注礼部韵略·青韵》先青切:"惺,惺憀,了慧也。又悟也,静也。又迥韵。(增入)。"(413)此又《洪武正韵》"惺"字训静之所本(《详校篇海》《篇海类编》"惺"训静,本《洪武正韵》;《古今韵会举要》"惺"训静,本《增韵》)。《增韵》之前字书"惺"字无训静者,《增韵》"惺"字训静,当是毛晃增修《礼部韵略》时误以又音(静韵)为释义。字书、韵书、音义书标注又音,多标注直音或反切,其表述形式为"又音某"或"又某某切(反)",如:《广韵》平声《青韵》桑经切:"醒,酒醒。又思挺、先定二切。"《增韵》标注又音则标注韵目,其表述形式为"又某韵""又某、某二韵"。如:平声《青韵》先青切:"醒,酒苏,又梦觉。又迥、径二韵。"《集韵》平声《青韵》桑经切(与"醒"字同一小韵):"惺,惺憀,了慧。"上声《静韵》息井切:"悎、惺,悟也。或从星。"又《迥韵》铣挺切(与"醒"字亦同一小韵):"惺,悟也。"《集韵》"惺"字收青韵之外,又收静、迥二韵(《广韵》收青、静二韵);"惺"与"憀"字连言训了慧,单字则训悟,不训静。《增韵》"惺"字训静,青韵之外只收迥韵、不收静韵者,盖本当作"惺,……又静迥二韵",误作"惺,……静也又迥韵"。又音"静"误入释义,故"惺"字《增韵》仅见青、迥二韵,而静韵失收。

七 愧

(一) pī《广韵》匹夷切,平脂滂。性恶。《广韵·脂韵》:"愧,恶性也。"《集韵·脂韵》:"愧,性之恶者。"(二) bī《玉篇》方迷切。通。《玉篇·心部》:"愧,通也。"(《大字典》2337B/2503B,《字海》603B 略同)

按:故宫本《裴韵》平声《支韵》:"愧,匹卑反。恶性也。新加。"(547)此"愧"训恶性之早见者。俗书巾、忄二旁形近相乱,"愧"字疑为"幎"之俗讹。《说文》七篇下《巾部》:"慊,帷也。从巾,兼声。"《广雅·释器》:"幎、帗,慊也。""幎""慊"二字同义,训车帷。《万象名义·巾部》"慊,力兼反。帷(帷)也。廉也。"(278 上)同部又云:"慳(幎),方迷反。车帷(帷)。"(279 下)故宫本《王韵》平声《盐韵》力盐反:"慊,愧~。"①(468)龙宇纯云:"慊、愧二字当从《切三》S6187 作慊、幎。"(260c)龙说是也。《龙龛》卷一《心部》:"慊,力阎反。愧~,帷也。"(53)"慊""愧""帷"三字并当从巾。《可洪音义》卷十四《正法念处经》卷五十一音义:"慊其,上力阎反。愧~,帷也。或作簾,~箔自障蔽也。从巾。"(35 册 57b)对应佛经大正藏本作"網簾",明本作"簾網","簾""慊"同字异构。《广韵·盐韵》力盐切:"慊,幎幎,帷也。"是其证。《龙龛》"慊"字下接云:"愧,音纸。恶性也。"(53)"慊""幎"训帷,俗书"慊""幎"变作"慊""愧","帷"亦变作"帷"字;故宫本《裴韵》《龙龛》"愧"训恶性者,"性"当又是"帷"字形误,又增"恶"字耳。《玉篇·心部》"愧"字方迷切,与《万象名义·巾部》"慳"字形近音同;《万象名义》"慳(幎)"字训车帷(帷),今本《玉篇》"愧"训通者,当是望形生训。"愧"字从毗(毗),《说文》十篇下《囟部》:"毗,人脐也。从囟,囟,取气通也;从比声。"

<hr>

① 故宫本《裴韵·盐韵》力兼反:"慊,帗~。"(563)"慊"为"慊"字俗书,"帗"为"幎"字形误。同书《忝韵》苦簟反:"慊,恨忄刃(切)。"力兼反之"慊"与苦簟反之"慊"同形而异字。

八　慄

（二）tí《集韵》田黎切，平齐定。惭愧。《玉篇·心部》："慄，怍也。"《集韵·齐韵》："慄，楚人谓惭曰憪慄。"（《大字典》2337B－2338A/2504A，《字海》603B 略同）

按：故宫本《王韵》平声《齐韵》度嵇反（与"啼"字同一小韵）："慄，怍。"（445）此"慄"音啼、训怍之始见者。龙宇纯校笺据《广雅·释器》"幬幪谓之怍"谓"憪慄"为"幬幪"之误，"怍"为"咋"字之误，其说可从。唐代以前字书有音啼之"幬"，无音啼之"慄"。《万象名义·巾部》："幬，平格反。[幬]幪（幪），怍（咋）。"（280 上）《新撰字镜·巾部》："幬，呼格反。[幬]幪（幪）也（"也"字衍），帷（咋）也。幪（幪），大奚反。乀（也。此字疑衍，或前有脱落），黄纸也。"（237）"幪（幪）""怍（咋）""幪（幪）""帷（咋）"本皆从巾而与从忄之字无别。《万象名义》收字皆来源于原本《玉篇》，《新撰字镜》收字多来源于原本《玉篇》。据二书可知，故宫本《王韵·齐韵》之"慄"当即据原本《玉篇》增收，俗书巾、忄二旁形近相乱，故"幬"变作"慄"；"憪慄"合二字为名，训怍，故宫本《王韵》"慄（慄）"训怍者，此既夺"憪慄"二字，"怍"又从俗变作"怍"也。《广韵·齐韵》杜奚切："慄，[幬]幪，帷（怍）。"虽说解亦有脱误，然"幪""帷（怍）"二字从巾，不从忄。故宫本《王韵》入声《陌韵》呼格反："幬，～憪纸。"（520）"慄"亦"幬"字俗书。又《铎韵》在各反："怍，[幬]幪（原字右旁从虎也）。"（525）"怍""幪"二字皆从巾。故宫本《王韵·陌韵》收从巾之"幬"、《铎韵》收从巾之"怍"，由此亦可知《齐韵》所收之"慄"本从巾。今本《玉篇》"慄"训"怍"、《集韵》谓"楚人谓惭曰憪慄"，或为俗本唐代《切韵》系韵书所惑。参看《全王校笺》（76 下－77 中）。

九　憼

同"憼"。字见《龙龛》。（《字海》605C）

按：《龙龛》卷一《心部》："憼，於盖反。清谨也。"（60）《广韵》去声《泰韵》於盖切："憼，清谨。""盖"字俗书作"盖"，"憼""憼"音训相同，故《字海》谓"憼"同"憼"。佛经文献"憼"字多见，乃"幰"字俗书，"幰"为伞盖之"盖"加旁俗字。伞盖以布制，"盖"又多与"幡"字连言，故"盖"变作"幰"，俗亦从盖。俗书巾、忄二旁形近相乱，故"幰""憼"又变作"憼"。《可洪音义》卷二十二《阿育王传》卷一音义："宝憼，音盖，伞也。又乌盖反，清谨也。非。"（35 册 359c）对应佛经作"宝盖"。《龙龛》"憼"字於盖反、训清谨，正可洪所谓"非"者。参看郑贤章《〈新集藏经音义随函录〉研究》"幰、幰、憼"条（147－148）。《可洪音义》《龙龛》皆为解读佛经而编纂之工具书，两书编纂目的相同。《可洪音义》被释字（多为两字）随在佛经文献出现位置先后排列，被释字与佛经文献并未脱节；《龙龛》被释字（多为单字）按部首四声排列，被释字与佛经文献失去联系。《可洪音义》说解多为被释字在佛经文献中的音义，遇有同形字者，则另注出与佛经用字同形者之音义，并指明"非""误"；《龙龛》说解则多有不顾被释字在佛经文献中的用法，仅据前出字书、韵书或音义书而注音释义，注音、释义多有与佛经文献不合者。两书编纂质量、利用价值，由此可判高下。

十　憤

（一）cè《广韵》楚革切，入麦初。① 情。《玉篇·心部》："憤，情也。"② 耿介；正直。《玉篇·心部》："憤，耿介也。"（二）zé《字汇》侧革切。同"责"。《字汇·心部》："憤，与责同。"《经律异相》卷四十三："时辟支佛心愍此人，欲令改悔，为现神足，于时猎师心怀敬仰，恐怖自憤，归诚谢过。"（《大字典》2344A/2509B－2510A，《字海》604B 略同）

按:《大字典》原版第二音项下无例证,第二版例证当是据《字典考正》所增。"憒"同"責"之外,又同"幘"。《可洪音义》卷二《大宝积经》卷一百一十八音义:"冠憒,上音官,下音責。小冠子也。正作幘也。"(34 册 685b)同卷《慧上菩萨问大善权经》卷下音义:"冠憒,上音官,下音責。小冠子,常服也。"(34 册 697b)卷十三《中本起经》卷上音义:"冠憒,上音官,下音責。"(35 册 18b)又卷二十七《高僧传》卷十一音义:"著憒,音責。冠~也。正作憒(幘)也。"(35 册 577a)上揭"憒"字对应佛经并作"幘"。故宫本《裴韵》去声《界韵》古拜反:"忭,情。"(591)故宫本《王韵·怪韵》同一小韵"忭"作"怀"(帓),"忭青"作"幘";唐写本《唐韵》残卷《怪韵》同一小韵字头作"忭",注文"幘"字残误作"情"。《玉篇》"憒"训情者,"憒"与"嘖"同。《万象名义·心部》:"憒,楚革反。情也,鸣也,耿介也,呼也。"(79 下)《新撰字镜·忄部》:"憒,阻革反。情也。嘖字。耿分(介)也,呼也,鸣也。"(545)《易·系辞上》:"言天下之至赜而不可恶也。"释文:"赜,京作嘖。云:情也。"原本《玉篇》"憒"训情,本京氏《易》"嘖"训情;训呼,本《说文》"嘖"训大呼;训鸣,本《广雅》"嘖嘖"训鸣;训耿介,未详义所从出。

十一　愯

同"惧"。见《龙龛》。(《字海》607A)

《考正》云:可洪认为"愯"是"悱"的俗字,义长。(155)

按:《龙龛》卷一《心部》:"愯,旧藏作懼,音具。"(61)此《字海》所本。《慧琳音义》卷九十九《广弘明集》卷二十四音义:"斐然,孚尾反。集从心作愯,字书无此字。"(43 册 966a)《可洪音义》卷三十同经同卷音义:"愯然,上芳尾反。怅惋皃。正作悱。"(35 册 698b)大正藏本《广弘明集》卷二十四梁释智林《与汝南周颙书》:"闻之懼然,不觉兴悲。"其中"懼"字宋、元、明、宫本作"懼"。《龙龛》"愯"字"不声来处",据《可洪音义》,可知《龙龛》"愯"字亦出自《广弘明集》。《广弘明集》"愯""懼""懼"互为异文,参考文意与字形,"愯"当是"懼"字残误。《甄正论》卷上:"公子懼然而惊。"《可洪音义》卷二十八《甄正论》卷上音义:"懼然,上许缚反。惊惧也,又遽视皃也。又《川音》作愀,七小、在酉、在糺、庄由、子了五反,并容色变皃也。懼正作懼也。懼、愀二义并通。"(35 册 635c)"懼然"状惊悚貌,于文意相合。"愯"字右上所从之非,由双目残误;所从之文,由隹残误。"懼然"于文意亦相合,佛经文献亦有用例,唯"懼"字右下所从之隹与"愯"字右下所从之文相去较远。可洪以"愯"为"悱"字俗讹,今本《广弘明集》无作"悱"者,佛经文献亦无"悱然"连用之例;可洪"悱"字训怅惋貌,历代字书与古书传注"悱"字亦无此训,故其说恐不足信从。

十二　愓

dàng《广韵》徒朗切,上荡定。阳部。同"惕"。放荡。《说文·心部》:"愓,放也。"朱骏声通训定声:"即惕字之或体。"《广雅·释言》:"愓,荡也。"(《大字典》2355B/2512B,《字海》605B 略同)

按:佛经文献有"愓"字用例,用法有二:一同"惕",义为放纵,今作"荡"。《慧琳音义》卷三十五《一字顶轮王经》卷二音义:"纵愓,上足用反,下唐朗反。孔注《尚书》云:放𢙀(愓、蕩)也,游戏也。郭注《尔雅》:邪僻也。《广雅》:愓,淫也。《说文》:放也。从心,象声。经文从女从易作媱,亦通。易音阳是也。"(75 册 121b)《可洪音义》卷九同经同卷音义:"纵愓,上子用反,下徒朗反。"(34 册 943a)对应佛经作"纵愓"。《可洪音义》卷九《一字顶轮王经》卷二音义又云:"愓劾,上堂朗反,下羊一反。"(34 册 943b)对应佛经亦作"愓劾"。一为"豫"字之变,以表意部件忄替换表音部件予,所谓双形字也。《可洪音义》卷三《阿差末经》卷二音义:"悦愓,徐虑反。安也,逸也。正作豫、忬二形也。"(34 册 726b)对应佛经作"悦豫"。又卷六《乐璎珞庄严经》卷上音义:"悦愓,余庶反。乐也。正作豫。又徒朗反,非也。"

(34 册 842c)对应佛经作"悦豫"。同"豫"之"憥"大型字书失收。

十三　憓

　　同"譓"。《集韵·霁韵》："憓，通作譓。"《史记·司马相如列传》："陛下仁育群生，义征不憓。"晋左思《魏都赋》："荆南怀憓，朔北思矬。"(《大字典》2353A/2519B，《字海》606C 略同)

　　按：故宫本《王韵》去声《霁韵》胡桂反(与"惠"字同一小韵)："憓，爱。"(495)敦煌本《王韵》、故宫本《裴韵》同。"憓"训爱，为"惠"之加旁俗字。唐写本《唐韵》"憓"训"受"，"受"为"爱"字形误。司马相如《封禅书》"义征不憓"之"憓"《汉书》作"譓"，颜师古《汉书》注引文颖曰："譓，顺也。""譓""憓"训顺，亦本作"惠"。《玉篇》残卷《言部》："譓，《字书》亦譓字也。司马相如《封禅书》：义征不譓。《汉书音义》曰：譓，从也。野王案：𠕀(?)从亦与惠字义同，在《叀部》也。"(291)顾野王引《汉书音义》"譓"训从者，避梁讳而改也。《万象名义·叀部》："惠，胡桂反。爱也，从也，仁也，𨬔(釪?)也。"(215 下)《新撰字镜·心部》："惠，胡佳(桂)反，去。仁也，爱也，顺也。惠，上字。"(128)《尔雅·释言》："惠，顺也。"佛经文献"惠"字亦多有作"憓"者。《慧琳音义》卷八十五《辩正论》卷一音义："威惠。《考声》：惠，爱也，慈也。《说文》：仁也。或作慧，非。论文作憓，亦通。"(43 册 749a)《可洪音义》卷二十八同经同卷音义："威惠，别本作憓，户桂反。惠，仁也，恩也。憓，爱也。"(35 册 621b)对应佛经作："宽猛相资，威惠兼举。""威惠兼举"犹言恩威并施。《慧琳音义》卷八十八《法琳法师本传》卷一音义："憓流，上音惠。《毛诗》传云：惠，爱也。《考声》云：慈也，仁也。诗文义同，从心，惠声。"(43 册 791a)今《琳法师别传》卷一作"惠流"。《慧琳音义》卷九十《高僧传》卷十二音义："憓利，上音惠。义与惠字训用同。"(43 册 833a)《可洪音义》卷二十七同经同卷音义："憓利，上音惠。爱也。"(35 册 578c)对应佛经作"惠利"。《慧琳音义》卷九十六《弘明集》卷十音义："饮憓，下携锐反。郑注《周礼》云：赒衣食曰惠。《说文》：惠，仁也。从心叀(音卫)。集本作憓，同也。"(43 册 920b)《可洪音义》卷二十九同经同卷音义："饮惠，胡桂反。仁也，多也，恩也。《川音》作憓，爱也。"(35 册 657c)对应佛经作"饮憓"。"惠""慧"古书通用，故"憓"又用作"慧"字。《慧琳音义》卷九十二《续高僧传》卷七音义："憓飞，上音惠。郭璞注云：憓，意精同(明)也。"(43 册 856a)卷三《大般若波罗蜜多经》卷三百三音义："黠慧，下携桂反。郭璞注《方言》云：慧者，意精明也。"(42 册 43a)《方言》卷四："差、间、知，愈也。南楚病愈者谓之差，或谓之间，或谓之知。知，通语也。或谓之慧，或谓之憭。"郭璞注："慧、憭，皆意精明也。"对应佛经作："维摩涅槃道被下筵，憓飞上席。""憓飞"与《宝女所问经》卷四"慧飞度无极"之"慧飞"字异而义同。

十四　憛

　　jīn《广韵》居吟切，平侵见。心憛貌。《广韵·侵韵》："憛，心憛兒。"(《大字典》原版 987C，《字海》608B)

　　《考正》：此音义的"憛"当是"襟"的换旁字。佛经有"憛"字用例。(156－157)

　　(一) jīn《广韵》居吟切，平侵见。同"襟"。《大乘同性经》上卷："时毘毘沙歌罗刹童子及其徒众，各见自身被五系缚，又见十方铁网罗布，欲走无路，憛然定住。"按："憛"，元、明本作"襟"。(《大字典》第二版 2527A)

　　按：故宫本《裴韵》平声《侵韵》居音反："憛，心～。"(559)此《广韵》"憛"字所从出。"憛"训心憛、心憛貌，训义不明。佛经文献有"憛"字用例，有两种用法：其一或如《考正》所言为"襟"字俗讹，其二则为"襟"之易旁字。大正藏本《续高僧传》卷十五："疏刷神憛。""憛"字宋、元、明、宫本作"襟"。《可洪音义》卷二十七《续高僧传》卷十五音义："神襟，音金。"(35 册 598a)"襟"为"襟"字俗书。《宋高僧传》卷

115

十一:"法器外朗,神懔内融。""神懔"亦同"神襟"。《肇论新疏》卷中:"江山虽綢(远),理契则邻(近),所以望途致想,虚懔(怀)有寄。"《释氏要览》卷二:"五懔怉平恕。"《翻译名义集》卷一大正藏本作"五懔抱平恕",明本"懔"作"襟"。"神懔(襟)"犹言心胸、胸怀,"虚懔(襟)"犹言虚怀,"懔(襟)抱"犹言怀抱。此皆"懔"为"襟"字俗书之例。"襟"有胸怀义,"怀"字从心,故"襟"或变从心。郑贤章《汉文佛典疑难俗字汇释与研究》已指出佛经文献有"懔"同"襟"之用例(273),郑氏谓此种用法之"懔"乃"襟"字之讹,不确。

十五 懩、㦰

懩,yōng《字汇》於容切。忧愁。《字汇·心部》:"懩,忧也。"(《大字典》2362A/2530A,《字海》609B略同)

㦰,同"懩"。见朝鲜本《龙龛》。(《字海》611C)

按:通行本《龙龛》卷一《心部》:"懩,於容反。忧也。又上声。"(55)《篇海》卷十《心部》十六画引《龙龛》:"懩,於容切。忧也。又上声也。"(734 上)①金崇庆本、明正德、万历本同;金刻元修本《龙龛》误作《餘文》,餘同。《详校篇海·心部》十六画:"懩,於容切,音雍。忧也。"(238 下)朝鲜本《龙龛》卷一《心部》:"懩,於容切。忧也。又上声(今增)。㦰,通。"(49 下)"懩""㦰"一字异写。"懩"字十六画,《详校篇海》楷正作"懩",十三画,仍收其字于十六画内,致令该字实际笔画数与所处位置不合,故《字汇》改归十三画。《可洪音义》有"懩"字,乃"鞴"字俗讹;"鞴"字改从心于义无取,其字盖本从巾,雍声(字书未收从巾雍声之字)。《玄应音义》卷十五《五分律》卷二十一音义:"作鞠,一豹反。靴鞠也。律文作鞴,俗语也。书无此字。"(56 册 1053a)《可洪音义》卷二十五《一切经音义》卷十五音义:"作鞴,於客(容)、於勇二反。又《切韵》作鞃(韃)、㦰②,二同,於用反。"(35 册 497c)《可洪音义》卷十六《弥沙塞部和醯五分律》卷二十一音义:"作鞴,於勇反,又音雍。即鞠也。《经音义》以鞠字替之,於孝反。"(35 册 149c)对应佛经大正藏本作"作鞴",圣本"鞴"字左从木。《可洪音义》卷十七《根本说一切有部百一羯磨》卷八音义:"鞴前,上於勇反。《杂事颂》云'擁前复擁后'是也。又或作韃、㦰,二同,於用反,亦通用。"对应佛经作"凡为皮履,不鞴前后"(35 册 178a)。《龙龛》"懩"字於容反,又上声,读音与《可洪音义》"懩"字相合;《可洪音义》"懩"字为"鞴"字讹变,训靴鞠,《龙龛》"懩"字训忧,未详义所从出。

十六 憎

chǒu 音丑。恶视。[见]《字汇补》。(《字海》609B)

按:《字汇补·心部》:"憎,楚九切,音騶。恶视也。朡,同上。"(529 下)此《字海》所本。"憎"字右上不成字,本当从朱;"朡"训恶视,从月(肉)于义无取,本当从目。正德本《篇海》卷七《目部》"俗字背篇":"瞁、憎(万历本作"憎"),二楚九切。说文曰:謷而瞑目恶视也。俱俗用。"此《字汇补》"憎""朡"二字所从出而转录字形失真。"瞁""憎"二字正德以前《篇海》不收,二字当是正德重刻《篇海》时所增当时社会"俗用字"。以形音义求之,"瞁""憎"与"瞁"当是一字异写,皆从目愁声而部件位置、部件写法不同也;"瞁""憎"楚九切,与"瞁"字读音相同;"瞁""憎"训恶视,与"瞁"义近。"瞁"即今之"瞅"字。关汉卿《单刀会》第二折:"他瞅一瞅,漫天尘土桥先断;喝一声,拍岸惊涛水逆流。"(参看《大字典》"瞁"字说解)例中"瞁"字正用瞑目恶视义。

---

① 《新修玉篇》卷八《心部》引《龙龛》字作"懩",收在十五至十六画。
② 检《唐五代韵书集存》,平声《锺韵》、上声《肿韵》、去声《用韵》皆不收"韃""㦰"二字。

十七　㠠

lú 音炉。义未详。见朝鲜本《龙龛》。（《字海》611B）

按：行均《龙龛》卷一《心部》："㠠，音卢。"（56）朝鲜本《龙龛》卷一《心部》："㠠，音卢。"（50 上）"㠠""㠠"右旁通常为"卢"之俗书，故《字海》"㠠"字楷正作"㠠"。《可洪音义》卷六《大灌顶经》卷四音义："㠠遮，上洛胡反。与壚（壚）字同也，误。"（34 册 830c）对应佛经《佛说灌顶经》大正藏本作"神名膑迦卢遮，字力坚固"，其中"卢"字宋本作"娄"，元、明本作"攎"。大正藏《佛说灌顶经》卷五音义又有"神名罗摩奴遮、膑迦壚遮"，其中"壚"字宋、元、明本又作"爐"。"㠠"与"攎""娄""攎""爐"等字为异文，可洪以为"㠠"为"壚"字之误。《龙龛》"㠠"字当亦是出自佛经，为佛经神名译音用字，本无实际意义。

十八　憓

（一）xuān《集韵》许元切，平元晓。同"愃"。《集韵·元韵》："愃，《博雅》：'愃、谅，智也。'一曰很也。或作憓。"（二）xiǎn《集韵》许偃切，上阮晓。恨。《集韵·阮韵》："憓，恨也。"（《大字典》2370A/2537B，《字海》611C 略同）

按：《万象名义·心部》："愃，盱园反。和也，佷（同"很"）也，知也，候也，忘也。憓（憓），愃字，忘也。"（79 下）故宫本《王韵》平声《元韵》况袁反："愃，佷。亦作憓（憓）。"（450）此谓"憓"同"愃"之早见者。俗书巾、忄二旁形近相乱，故"憓"又为"幰"字俗讹。笺注本《切韵》（斯 2071）上声《阮韵》："幰，虚偃反。"（94）故宫本《王韵·阮韵》同一小韵"幰"作"憓"，云："憓，虚偃反。车。亦作轩。"（478）龙宇纯云："'车'下《王一》有'幪'字，当据补。《广韵》云：帛张车上为幰。"（333a）《玄应音义》卷二十二《瑜伽师地论》卷二十四音义："施憓（右旁为宪之俗书），虚偃反。《苍颉篇》云：布帛张车上为憓也。"（57 册 84a）《慧琳音义》卷四十八转录《玄应音义》被释字"憓"作"憓"，注文"憓"作"憓"（75 册 397a）。《可洪音义》卷十一同经同卷音义："幰帐，上莫半反，下知亮反。上又《经音义》作憓。"（34 册 1015a）对应佛经作"上施幰帐"。《可洪音义》卷二《大宝积经》卷一百二十："憓纲，上许偃反。车幰（幰）也。正作憓（右旁为宪之俗书）。"（34 册 686b）对应佛经作"幰網"。卷六《大乘楞伽经》卷一音义："憓盖，上许偃反。"（34 册 822b）对应佛经"幰蓋"。卷七《佛为胜军天子说王法经》音义："憓恨，上许偃反。"（34 册 857c）对应佛经"幰帐"。卷九《广大宝楼阁善住秘密陀罗尼经》卷上音义："憜憓，许偃反。"（34 册 941c）对应佛经作"旛幔"。"旛""幡"字同，"憜"即"幡"字俗书；"幔""幰"义同，"憓"即"幰"字俗书。又卷三十《广弘明集》卷二十九音义："並憓，许偃反。车盖也。"（35 册 710c）对应佛经大正藏本作"並幰"，元、明本作"並幔"。《绍兴重雕大藏音·心部》："憓、憓、憓、憓正，并许偃切。"（碛砂藏 102 册 428b）此皆"憓"字许偃反、为"幰"字俗书之例。《集韵》"憓"字许偃切、训恨者，此或本为"幰"训车幰，俗书"幰"变作"憓"、"幓"变作"憀"、"憀"训恨[1]，故《集韵》"憓（幰）"字转训作恨。

十九　憿

xì《广韵》许激切，入锡晓。① 惶恐。《广韵·锡韵》："憿，惶恐。"② 惭愧。《集韵·锡韵》：

---

[1] 《淮南子·齐俗篇》："衣若悬衰而意不憀。"高诱注："憀，恨也。"《礼记·坊记》："贵不憀於上。"郑玄注："憀，恨，不满之貌也。"故宫本《王韵》上声《忝韵》苦簟反："憀，恨切。"（487）故宫本《裴韵·忝韵》同。《龙龛》卷一《心部》："憀，……又苦忝反，恨也。"（53）

"憫,惭也。"又《陌韵》:"憫,楚人谓惭曰憫慔。"③ 同"惏"。心不安。《玉篇·心部》:"惏,心不安。憫,同惏。"(《大字典》2370A/2536A,《字海》611C略同)

按:《广韵》入声《锡韵》许激切:"憫(从闚得声,从閲者俗。下同),惶恐。"同一小韵又云:"**澗**,**澗**沐,遽也。"故宫本《王韵》入声《锡韵》许狄反:"**澗**,惶恐。"(519)同一小韵不收"憫"字,"憫"即"**澗**"字之变。《万象名义·水部》:"**澗**,呼狄反。[**澗**]沐(沐)也。"(195上)《方言》卷十:"**澗**沐(一本作"沐")、征伀,遑遽也。江湘之间凡窘猝怖遽谓之**澗**沐,或谓之征伀。"戴震疏证:"**澗**,亦作憫。沐,亦作怵。"《广雅·释训》:"**澗**沐,怖懅也。"王念孙改"沐"作"沐"。"**澗**沐"义为惶遽、怖懅、惶恐,"怖""懅""惶""恐"皆从心,故"**澗**"或变作"憫"。"憫(**澗**)"合"沐"字而为词,训惶恐;字书"憫"字训惶恐者,拆骈为单也。《玉篇·心部》:"惏,许激切。心不安。憫,同上。"(159)心不安亦惶恐怖懅之义。《集韵·锡韵》:"馨激切:"**澗**,**澗**沐(沐),怖懅也。通作惏。"(753)是"惏"亦"**澗**"字之变。《大字典》"憫"字不与"**澗**"字认同,分惶恐与心不安为两个义项,皆有不妥。《广雅·释器》:"嵎幪谓之怍。"《集韵》"憫"训惭,又谓楚人谓惭曰憫慔,"憫"当是"嵎"字俗讹,"慔"当是"幪"字俗讹,"惭"当是由"怍"字俗讹作"作"所作转训。说详上文"慔"字条。

二十 **蘵**

xīng 音星。义未详。见《篇海》。(《字海》612A)

按:《篇海》卷九《艹部》引《搜真玉镜》:"**蘵**,音惺。"(725上)此《字海》所本。以音形求之,此字当是"惺(醒)"字之变。《慧琳音义》卷五十一《迥净论》音义:"八十四者惺,音星。或作醒,睡觉也,迷得悟也。"(75册461a-b)《可洪音义》卷十二同经音义:"者**窠**,音星。正作惺。~憦,~(了)慧也,亦醉悟也,亦作醒也。又息井、息定二反,误也。亦作悄(悄),别论作惺字,是也。郭氏音作**窫**、**窫**二形,**窫**,息定反;**窫**字郭氏未详。"(34册1056b)对应佛经作"八十四者惺"。可洪所见《迥净论》"惺"作"**窠**"者,此犹"悟"又作"寤"也;郭逡《经音》又作"**窫**"者,"**窫**"又"**窫**"字俗讹。由"惺"又作"**窠**",可知《迥净论》"惺"字当取觉悟义,与"惺憦"连言训了慧之"惺"用法不同。《龙龛》卷二《酉部》:"醒,苏丁、先顶、苏定三反。并醉除酒~也。"(309)又卷一《心部》:"惺,音星,~憦,了慧人也。又息井反,~悟也。"(56)"**蘵**"字音惺,与"醒"字苏丁反读音相同。"悟""寤"二字古通用,俗书或从穴作"寤",《可洪音义》卷一《大般若经》第六帙音义:"寤寐,上五故反,下七朕反。卧觉也。正作寤寐(寝)。"(34册632a)对应佛经大正藏本卷五十三作"寤寝"。又卷三《大哀经》卷一音义:"寤梦(梦),上五故反。"(34册728c)对应佛经作"寐梦",义长。可洪"寤"字五故反,是以"寤"字为"寤"之俗书。"悟(寤)""梦"二字义相关,佛经文献有六梦,其一曰"寤梦",受"梦"字影响,"悟(寤)"或从梦省作"**蘮**",《可洪音义》卷三《虚空藏菩萨神咒经》音义:"若**蘮**,音悟。"(59册640A)对应佛经作"若寤"。又卷四《渐备一切智德经》卷二音义:"不**蘮**,音悟。"(59册671A)对应佛经大正藏本卷一作"不寤"。又卷五《悲华经》卷七音义:"**蘵蘮**(觉悟),上音教,下音悟。"(59册719C)对应佛经大正藏本卷六作"惺悟",宋本作"醒悟",元、明本作"觉悟"。"惺""醒"字同,醒(惺)"觉"义同。"惺(醒)"之变作"**蘵**",犹"寤(悟)"之变作"**蘮**",亦犹"**窠**(觉)"之变作"**蘵**"。

【参考文献】

[1] 徐中舒等编.汉语大字典(简称《大字典》原版)[M].武汉:湖北辞书出版社,成都:四川辞书出版社,1986-1990.

[2] 汉语大字典编辑委员会.汉语大字典(第二版)(简称《大字典》第二版)[M].成都:四川辞书出版社、武汉:崇文书局,2010.

［3］ 冷玉龙等.中华字海(简称《字海》)［M］.北京：中华书局、中国友谊出版公司,1994.

［4］ 〔日〕释空海.篆隶万象名义(简称《万象名义》)［M］.北京：中华书局缩印日本崇文丛书本,1995.

［5］ 黄公绍原编,熊忠举要.古今韵会举要(简称《韵会》)［M］.文渊阁《四库全书》本.

［6］ 方以智.通雅［M］.文渊阁《四库全书》本.

［7］ 邢准.新修絫音引证群籍玉篇(简称《新修玉篇》)［M］.《续修四库全书》影印金刻本.

［8］ 韩道昭.改并五音类聚四声篇(简称《篇海》)［M］.《四库存目丛书》影印明成化七年募刻本.

［9］ 慈怡主编.佛光大辞典［M］.北京：书目文献出版社,1989.

［10］ 周祖谟.唐五代韵书集存［M］.北京：中华书局,1983.

［11］ 可洪.新集藏经音义随函录(简称《可洪音义》)［M］.北京：线装书局影印高丽《大藏经》本(34、35 册),中华书局影印《中华大藏经》本(59 册).

［12］ 释行均.龙龛手镜(简称《龙龛》)［M］.北京：中华书局影印高丽本,1985.

［13］ 丁度.集韵［M］.上海：上海古籍出版社影印述古堂本,1985.

［14］ 韩道昭著,宁忌浮校订.五音集韵［M］.北京：中华书局,1992.

［15］ 陈彭年.广韵［M］.日藏宋本、钜宋本、江苏古籍本、大宋递修本、泽存堂本、(美国)国会图书馆本等.

［16］ 余迺永.新校互注宋本广韵［M］.上海：上海辞书出版社,2000.

［17］ 章黻.直音篇［M］.《续修四库全书》影印明万历三十四年明德书院刻本.

［18］ 李登.详校篇海［M］.《续修四库全书》影印明万历三十六年赵新盘刻本.

［19］ 旧题宋濂.篇海类编［M］.《四库存目丛书》影印北京图书馆藏明刻本.

［20］ 梅膺祚.字汇［M］.《续修四库全书》影印明万历四十三年刻本.

［21］ 朱孔阳辑.新刻瑞樟轩订证字韵合璧(简称《字韵合璧》)［M］.《四库存目丛书》影印明崇祯刻本.

［22］ 张涌泉.汉语俗字丛考(简称《丛考》)［M］.北京：中华书局,2000.

［23］ 张涌泉.汉语俗字丛考(修订本)(简称《丛考》修订本)［M］.北京：中华书局,2020.

［24］ 邓福禄,韩小荆.字典考正(简称《考正》)［M］.武汉：湖北人民出版社,2007.

［25］ 张自烈,廖文英.正字通［M］.《续修四库全书》影印清康熙二十四年清畏堂刻本.

［26］ 慧琳.一切经音义(简称《慧琳音义》)［M］.北京：线装书局影印高丽《大藏经》本(43 册、75 册).

［27］ 毛晃增注,毛居正重增.增修互注礼部韵略(简称《增韵》)［M］.文渊阁《四库全书》本.

［28］ 〔日〕昌住.新撰字镜［M］.京都帝国大学文学部国语学国文学研究室编《古典索引丛刊》本,东京：临川书店,1975.

［29］ 龙宇纯.唐写全本王仁昫刊谬补缺切韵校笺(简称《全王校笺》)［M］.香港：香港中文大学,1968.

［30］ 郑贤章.新集藏经音义随函录研究［M］.长沙：湖南师范大学出版社,2007.

［31］ 顾野王.玉篇(残卷)［M］.《续修四库全书》影印日本东方文化丛书本.

［32］ 郑贤章.汉文佛典疑难俗字汇释与研究［M］.成都：巴蜀书社,2016.

［33］ 杉本つとむ.朝鲜本《龙龛》［M］.异体字研究资料集成(二十册)一期别卷二,东京：雄山阁出版株式会社,1973.

［34］ 玄应.一切经音义(简称《玄应音义》)［M］.北京：中华书局影印《中华大藏经》本(56、57 册).

［35］ 吴任臣.字汇补［M］.《续修四库全书》影印清康熙五年汇贤斋刻本.

［36］ 处观.绍兴重雕大藏音［M］.北京：线装书局影印《碛砂藏》本(102 册).

［37］ 陈彭年等重修.玉篇［M］.北京：中国书店影印张氏泽存堂本,1983.

A Survey of Some Knotty Chinese Characters in Contemporary Large-sized Dictionaries in Radical "Xin"

Yang Baozhong

(College of Literature, Hebei University, Hebei Baoding 071000, China)

Abstract: Using the textual research methods of "mutual seeking of five aspects of form, meaning, sound, order and application" and taking the *Hanyu Da Zidian*(汉语大字典) and *Zhonghua Zihai* (中华字海) as the clue, we try to make a sequent investigation on 20 knotty characters in radical "Xin" in the Large-sized Dictionaries since Tang and Song Dynasties. Our textual research includes those who make mistakes in the identification of variant characters, those who do not discriminate homographs, those who do not communicate with common and erroneous characters, and those whose textual research can be discussed.

Key words: the great chinese dictionary; radical "Xin"; knotty chinese characters; investigation

释"脞"*

李伟大

【摘　要】清车王府藏曲本中有"脞"字,从月(肉)从少从手会意,义为"手或胳膊残疾",今方言中多记作"拽"。"爪"亦有"手或胳膊残疾"义,"脞"是"爪"的音变。

【关键词】车王府曲本;爪;脞

【作者简介】李伟大,中山大学中文系副教授,研究方向为汉语词汇史、俗字学。(广东 广州　510275)

车王府藏曲本中有"脞"字,相关语例胪列如下:

(1)《下河南》全串贯第二出:"(又一院白)哦,我猜着了! 你哪是要拍鏖。(胡白)更是胡说咧,我*脞*之个胳膊,怎么拍鏖?"(未刊 25-135)①

(2)《急拉吃得甲》牌子:"老太太闻听甚欢喜,叫了一声大嫂老亲戚,不论秃子、瞎子、瘸子、*脞*子,我全兜要。"(未刊 126-432)

(3)《背橙子》全串贯:"(付穿蓝袍带方巾上,嗷唱)自幼儿赖呆赖呆,管着老婆叫奶奶,若待不叫,鞋底儿脸上*脞*,脸上*脞*。"(未刊 40-199)

(4)《乌盆记》全串贯:"(丑鼓中白)雁来了。(生白)又道是孤雁来,我将这树稍儿乱摆,我将石头乱打。(丑鼓中白)好打。(生唱)土泥乱*脞*。(丑鼓中白)好*脞*。"(未刊 53-243)

(5)《谤阁》全串贯第二出:"(生白)他说:'下面站的敢是狂生胡迪?'(丑白)相公说什么呢?(胡白)我说:'不敢,胡相公就是区区。'(丑白)相公你哪真涝叨,阎王殿上,你哪那儿斗蛐蛐儿去咧?(生白)嗳,'区区'*脞*文是'我'。(丑白)蛐蛐儿*脞*文是相公,梆子头*脞*文是我老道。"(未刊 46-141)

按:张梦露将"脞"列为"未解字词"②,例(1)《清车王府藏戏曲全编》本《下河南》录作"脝"③,未确。本文讨论"脞"字及相关问题。

"脞"当音 z(h)uai,为方言记音字。例(1)(2)两例中"脞"是"手或胳膊残疾"义。今或记作"拽",《下河南》全串贯第四出:"(媒白)半拉耳朵。(胡白)耗子咬的。(媒白)秃脑袋。(胡白)胎炼。(媒白)胳膊。(胡白)就筋。"(未刊 25-176)此亦记胡狗子六体不全事,"胳膊"前当夺一"脞"字,臧岚光藏本《下河南》正作"拽胳膊"④。字或作"甩",影戏《聚虎山》第四部:"那日婆母病故,爹爹命奴前去服祭,看见何家呵喝,前鸡胸,后罗锅,点脚,*凬*胳膊,三半子嘴。"(俗 228-335)⑤又:"前鸡胸后罗锅带着点脚,走动道儿*凬*胳膊。"(俗 228-335)又第六部:"前鸡胸,后罗锅,点脚儿,*凬*胳膊。"(俗 228-554)以上三字皆"甩"之俗写。许宝华、宫田一郎《汉语方言大词典》"拽"条:"胳膊有毛病不能活动。东北官话。江淮官话。"⑥

---

　* 　基金项目:本文为国家社科基金重大项目"宋元明清文献字用研究"(项目编号:19ZDA315)阶段性成果。

① 北京大学图书馆编:《未刊清车王府藏曲本》,学苑出版社,2017 年。"未刊 25-135"指《未刊清车王府藏曲本》第 25 册第 135 页,下类此。

② 张梦露:《〈清车王府藏曲本〉俗字考》,硕士学位论文,安徽大学,2018 年,第 35 页。

③ 黄仕忠主编:《清车王府藏戏曲全编》(第 13 册),广东人民出版社,2013 年,第 727 页。

④ 北京市艺术研究所编:《京剧传统剧本汇编》(第 27 册),北京出版社,2009 年,第 144 页。

⑤ "俗 228-335"指《俗文学丛刊》第 228 册第 335 页,下类此。《俗文学丛刊》目前出版六辑 620 册,由台北新文丰出版股份有限公司于 2001—2016 年出版。

⑥ 许宝华、宫田一郎主编:《汉语方言大词典》,中华书局,1999 年,第 4005 页。

"胮"当是为"手或胳膊残疾"义造的新字,据《汉语方言大词典》,"拽子"有二义:一为"胳膊残废的人",一为"一只手;断手的人"。[①] "胮"从"月(肉)"从"少"从"手"会意,因与肢体有关,故从"月",因手部有残疾,少了一只手,故从"少"从"手"。

例(3)(4)中"胮"乃"摔打"义,《汉语方言大词典》"拽"条:"揍;打。西南官话。"[②]例(4)《故宫珍本丛刊》抄本《乌盆记》作"土泥乱摔"[③],"胮""摔"音同,姜亮夫《昭通方言疏证》"摔"条:"反乎击亦曰摔,此与拽字音同义亦相成。"[④]王博、王长元《关东方言语汇》"摔子"条:"shuāizi 失去一只胳膊的人。[例]王摔子昨天来了,说是有事要商量。"又"拽子"条:"zhuāizi 胳膊残疾的人。[例]李拽子真能耐,剩一只胳膊还能骑自行车。"[⑤]"拽子""摔子"实为一词,今东北方言"摔伤""摔了""滑摔了""摔碎""摔脸子""摔炮"等词中的"摔"白读仍读如 zuāi,字或记作"跩",参看范凡《辽阳方言语音研究》[⑥]及《汉语方言大词典》[⑦]"跩了""跩伤"等条。例(3)(4)中"胮"当记"摔"音,"摔"有"摔打"义,《汉语大词典》(以下简称《大词典》)"摔"条:"砸;打。元无名氏《隔江斗智》第三折:'几时得摔破玉笼飞彩凤,顿开金锁走蛟龙?'《清平山堂话本·简贴和尚》:'皇甫殿直拿箭簝子竹,去妮子腿上便摔,摔得妮子杀猪也似叫。'"《白话小说语言词典》"摔"条:"抽打;挥击。[例]运动猿臂,一飞锤摔去。(荡寇·九一)"[⑧]子弟书《一匹布》头回:"使性子将布照脸摔了去,说:'你卖打了罢,你心也舒服气也平。'"(俗 399 – 447)此可与例(3)比勘。

例(5)中,"胮文"即今言"转 zhuǎi 文",《现代汉语词典》"转文"条:"zhuǎnwén 又 zhuǎiwén 说话时不用口语,而用文言的字眼儿,以显示有学问。"[⑨]严学军、孙炜认为:"'转文'一词,最早见于清人小说,如《儿女英雄传》……其中的'转'在当时究读何音,已无从知晓,上世纪三四十年代北京人口语已多读 zhuǎi,但 zhuǎn 音似未完全退出,且于韵书有据。"[⑩]言"转文"之"转"读 zhuǎn 于韵书有据,未知所本。根据我们掌握的语料,"转文"这种写法出现在晚清,见于《小五义》《儿女英雄传》《小额》等小说中,如清佚名《小五义》第三十六回:"钟雄一见,喜不自禁,问道:'贵姓高名?仙乡何处?尊字怎样称呼?'两个投山的冲着智爷:'嘿,我说,那个,他——'这个也说:'嘿,我说,那个,他——'这个说:'别合我们转文玩笑咧。'"[⑪]清文康《儿女英雄传》第三回:"你可不要转文儿,那字儿要深了,怕他不懂。"影戏《追印》第二本:"四嫂子,你听我转一句文话你听听。"(俗 203 – 97)三例中"转"字皆当音 zhuǎi,理由如下:其一,"转"本有 zhuǎi 音,记录 19 世纪中期北京音系的《语言自迩集》(第二版,1886)中"转"是多音字,其中一音正读为 zhuǎi。[⑫]影戏《大昆山》第三部:"脑袋上头发三根半,脸上麻子攃成攃。秤砣鼻子窝豆眼,前鸡胸来后罗锅。胳膊转来腿又短,老鼠疮儿满了脖。"(俗 196 – 4)"胳膊转"即"胳膊胮","转"音同"胮"。其二,据例(1)—(4),例(5)中"胮文"之"胮"正音摔。[⑬] 其三,今方言中该词皆读

---

① 许宝华、宫田一郎主编:《汉语方言大词典》,第 4006 页。

② 同上注。

③ 故宫博物院编:《故宫珍本丛刊》(第 664 册),海南出版社,2001 年,第 382 页。

④ 姜亮夫:《姜亮夫全集·昭通方言疏证》,云南人民出版社,2002 年,第 249 页。"反乎击"不辞,查 1988 年上海古籍出版社版《昭通方言疏证》作"反手击",当是"反手击",作"乎"乃重排时误录。

⑤ 王博、王长元编写:《关东方言语汇》,吉林教育出版社,1991 年,第 392 页、第 541 页。《东北话词典》"摔子"条引《关东方言语汇》例并改释作"摔坏胳膊的人",乃误,参看高永龙编著:《东北话词典》,中华书局,2013 年,第 543 页。

⑥ 范凡:《辽阳方言语音研究》,硕士学位论文,辽宁师范大学,2018 年,第 83 页。

⑦ 许宝华、宫田一郎主编:《汉语方言大词典》,第 6544 页。

⑧ 白维国主编:《白话小说语言词典》,商务印书馆,2011 年,第 1429 页。

⑨ 中国社会科学院语言研究所词典编辑室:《现代汉语词典(第 7 版)》,商务印书馆,2016 年,第 1722 页。

⑩ 严学军、孙炜:《浅析〈现代汉语词典〉的注音原则》,《语言文字应用》2012 年第 1 期。

⑪ 本文所引小说语料除脚注标明外,皆来自《古本小说集成》,上海古籍出版社,1990—1996 年。

⑫ 威妥玛:《语言自迩集(第二版)》卷三,北京大学出版社,2017 年,第 93、179 页。

⑬ 车王府曲本"收藏于王府的时间,主要在道光及光绪间,汇集了道光、咸丰至光绪年间北京城区戏曲与俗曲的演出文本",与《儿女英雄传》《小五义》的创作时间大致相同。参看黄仕忠主编:《清车王府藏戏曲全编(第 1 册)·前言》,第 58 页。

如"拽（跩）文"，参看许宝华、宫田一郎《汉语方言大词典》及李荣《现代汉语方言大词典》相关条目。"转 zhuǎn 文"这种读法当属"音随字变"现象，是一种误读。我们认为，"脖文"为"摔文"之记音，如上所述，"脖""摔（甩）"同音①，据《现代汉语方言大词典》，今南京话形容"衣着、举止等时髦轻浮、爱出风头"犹言"甩"②，即北方话常说的"跩"，指"张狂；卖弄；摆架子"。"摔"有"卖弄；炫耀"义，《大词典》"摔阔牌子"条："摆阔气。《二十年目睹之怪现状》第十一回：'虽然未见得都做了札费，然而格外多赏些，摔阔牌子，也是他们旗人的常事。'"今方言仍有"摔阔""甩阔"③"甩牌子"④等语。字或作"拽"，《昭通方言疏证》"摔"条云："昭人言充阔气曰拽手，亦言其随意抛掷财物，与摔字义近。"⑤"摔"的"卖弄；炫耀"义由"摆"义引申而来，"摔"有"摆"义，清蒲松龄《聊斋俚曲集·磨难曲》第二十九回："金傻子你不要只顾作怪，这一回要叫你甲卸盔歪！你可也不知道大王的利害！我这里一枪去，你那里一枪来，弄掉了你吃饭的家伙，难把架儿摔！"⑥此例前文金总兵（金傻子）领兵征剿，欲"平跐三山"，故山寨任大王方有此语，"难把架儿摔"犹言再难摆架子自以为是也。《薛蛟观画》全串贯："（小生白）也罢，就让你先举。（丑白）慢些，待我把这些余气吐完了，摔摔架子再举。"（未刊 13 - 181）此言二人欲举石狮子比较力气，"摔摔架子"即摆摆架子。百本张抄本《训妓》全串贯："赶之让进来，屁股还没沾炕，把抓口喃，先要了一顿痛快。乖乖，敢之我抖了抖平日的精神，摔了个双岔，他哪一见，那儿受得！"（俗 46 - 50）这一段为亵语，"摔了个双岔"即摆了个双岔，指摆了个双腿分开的姿势。清佚名《万年清奇才新传》第十八回："赵芳庆曰：'既然如此，尔来尔来！'萧洪金曰：'就来！'即装开架势，用一路双龙出海扑将过（去）。""装开"亦摆开，"装"又有"卖弄；故做姿态"义，可以比勘。"摆"亦有相同的引申过程，"摆"有"陈列；表现"义，清李汝珍《镜花缘》第三十九回："我看你咬文嚼字的，太把科甲摆在脸上了！"又引申指"炫耀"，清邗上蒙人《风月梦》第二十二回："我在外面顽也不是一年了，不这自己摆脸，我也不鸦，还有三分把势气味。"此二义语例颇多，兹不赘举。"摔""摆"或同义连用，《昭通方言疏证》"摔"条云："又别有'摔摆'一词，言人自衔位高势重或富有，及妇女色美年青，皆可曰摔摆，谓其能摔能摆尔。"⑦该词或作"甩摆"，今西南官话中常用。上揭"摔阔""甩牌子"方言中又言"摆阔"⑧"摆牌子"⑨。又"摔脸子"今又言"摆脸子"，可资比勘。近代汉语中表示"说话喜用文言字眼儿"更多使用"掉书袋""掉文袋""掉文"（参看《大词典》相关条目），其中"掉"亦"卖弄；炫耀"义，"掉文"或言"摆文"，今人鲁彦周《默契》："他穿了一身很讲究的衣服，一副很清瘦很文雅的样子，说话好摆文，很不讨人喜欢。"《中国对联集成·陕西卷·麟游分卷》第十编《对联故事》："有位田舍翁，自幼熟读诗书，出言吐语，最喜摆文。"影戏《仙桃会》卷二："（上二丑）夏至三更暑，」东风六月寒。」干饭强如粥，」烟薄人不薄。」你说的也不对。」咱们另伯文啊。」你没听说呀：周书离戏⑩，唱影的没气！"（俗 223 - 174）例中"伯文"难解，实即"摆文"，"伯"记"摆"音，"另"乃"别"之讹，俗书"别""另"常相混，如《仙桃会》卷二："原居堪叹琼梅老，那怕离另各一边。"（俗 223 - 126）"离另"即"离别"。根据类同引申和同步

---

① "甩"是"摔"的俗写，曾良先生指出："现代汉语'摔'（shuāi）和'甩'（shuǎi）分别属于阴平和上声；近代汉语中臧懋循《元曲选》'摔'音洒、音升摆切……19 世纪中期的北京话阴平和上声均可写作'摔'字。现代汉语普通话则对'摔''甩'二字声调读法有了明确分工，或者说硬性的规定，前者读阴平，后者读上声。"参看曾良：《'甩'字的形音义考》，《中国语文》2016 年第 1 期。

② 李荣主编：《现代汉语方言大词典》，江苏教育出版社，2002 年，第 1036 页。

③ 许宝华、宫田一郎主编：《汉语方言大词典》，第 6799、1335 页。

④ 李荣主编：《现代汉语方言大词典》，第 1038 页。

⑤ 姜亮夫：《姜亮夫全集·昭通方言疏证》，第 261 页。

⑥ 蒲松龄：《聊斋俚曲集》，齐鲁书社，2018 年，第 680 页。

⑦ 姜亮夫：《姜亮夫全集·昭通方言疏证》，第 249 页。

⑧ 李荣主编：《现代汉语方言大词典》，第 6012 页。

⑨ 许宝华、宫田一郎主编：《汉语方言大词典》，第 6478 页。

⑩ "周书离戏"乃"诌书咧戏"或"诌书俚戏"的记音，民间俗语有"诌书俚戏，唱影放屁"的说法。"诌，胡诌，即胡编乱造。咧，乱说。指对说的鼓词、唱的戏文不可当真。"参看王才主编：《北方流行俗语》，内蒙古人民出版社，2012 年，第 244 页。

构词规律①，我们认为"脟文"实即"捵文"，时人不识其来源，又据音记为"脟文""转文"。该词今仍记作"甩文"，今人刘正权《君子楼·打得不够狠》："爹不识字，但敬重识字的先生……他一向敬重说话会甩文的人。"许明甲《文言虚词故事》："满口之、乎、者、也的秀才在生病的舅父面前甩文弄舌，装腔作势，结果被呵斥、驱逐、抱头而逃。"杜永章《三弟接哥》："爷老倌一看见我便喊：'刘三儿，你跟老子接的药匠师父，接来没有？'我说：'他螺狮转拐，就来的就来。'爷老倌骂道：'老子疼得这样，你个王八日的！还在甩文。'"《崂山民间故事集·孔子三教》："罗意虽不识字，可自和滕青成亲以后，天天伴他守灯念书，不会唱也会学着溜几句'四书'，如今听他这么一甩文，心想：'你个大男子汉，背乡离井，抛妻远走，三年挣了几十两银子，还有脸甩文！'"

综上，"脟"本义为"手或胳膊残疾"，例（3）至（5）中的"脟"皆用以记"捵"音。周祖亮指长沙方言表示弄断义的[tɕʰye⁴¹]与浏阳方言表残疾义（拽子，手残者）的[tʂø²⁴]是同一个词，皆即走马楼吴简中"雀手""雀足"中的"雀"，"雀"即"截"，亦即"截"字，[tɕʰye⁴¹][tʂø²⁴]与中古时期"雀"字声韵相近，吴竹简中表示身体特征的"雀"应是三国时期长沙地区一带的方言音，表示"断"的意思。② 按照周文的说法，"脟子"之"脟"源于"截"，这种看法存在如下问题：1. "截"中古属从母屑韵，据鲍厚星等《长沙方言研究》③及夏剑钦《浏阳方言研究》④，"截"今长沙方言读[tsʰie²⁴]，浏阳方言读[tɕʰie⁴⁴]，二书所录[tɕʰye⁴¹][tʂø²⁴]皆有音无字，可见，上述两位先生不认为[tɕʰye⁴¹][tʂø²⁴]即"截"字。据鲍照星、陈晖《湘语的分区（稿）》⑤，长沙话与浏阳话同属湘语长益片长株潭小片，周文没有解释为何"截"在二方言中一变为[tɕʰ]，一变为[tʂ]，⑥也没有解释[tɕʰye⁴¹][tʂø²⁴]与今方言中"截"声韵调差异的原因。2. "截（雀）"是"四肢的残断"⑦，吴简中或言"雀足（脚）""雀手"，或言"雀""雀病"。雀病是断手断脚病，今方言中"拽"不指脚病。3. 走马楼吴简以降，文献中少见以"截手""截脚"示手脚残疾者，指"拽"即"截"缺少中间环节。另外，"拽（子）"一词在北京、哈尔滨、牟平、大连、南京、安庆、武汉、重庆、银川、贵州等多地方言中存在，非长沙一地方言。

我们认为，"脟"源于"爪"。黄树先指出："手指伸不直，黄陂话说'爪手'，手指伸不直的人叫'爪子'……手脚不灵巧，黄陂话'爪手爪脚'，指手指、脚趾不能伸直，转指人手脚不灵便……这个意思也见于江淮官话、西南官话、吴语，字或作'抓'。"⑧《汉语方言大词典》"抓手"条："一种手臂偻曲、手掌畸型，不能抓物的病。西南官话。吴语。"又"爪"条："手指弯曲不能伸直；不灵活；残病。"⑨以上"抓""爪"皆音 zhua 或 zua，各方言调值略有不同。或作"歘子"，张潜《风语巫山》"歘子（cua⁴zi）"条："手部残疾，没有手掌，失去手腕，或手指无法抓拿东西。"⑩巫山隶属重庆，重庆方言中不送气音多有读同部位送气音者，如"泽、择、燥、躁、浊、撞"等⑪，"歘子"实即"爪子"。手指拳曲不伸之病古籍中常有记载，《汉

---

① 关于类同引申和同步构词，参看江蓝生：《语词探源的路径——以"埋单"为例》，《中国语文》2010 年第 4 期；王云路：《中古诗歌语言研究》，世界图书出版西安有限公司，2014 年，第 445 页。

② 周祖亮：《长沙走马楼三国吴简疾病词语略考》，《广西社会科学》2011 年第 3 期。

③ 鲍厚星等：《长沙方言研究》，湖南教育出版社，1999 年，第 71 页。

④ 夏剑钦：《浏阳方言研究》，湖南教育出版社，1998 年，第 57 页。

⑤ 鲍厚星、陈晖：《湘语的分区（稿）》，《方言》2005 年第 3 期。

⑥ 据鲍厚星等《长沙方言研究》（第 111 页），从母字长沙话今仍读舌尖前音；彭建国、郑焱霞《湘语舌齿音声母的格局与历史演变》《东方语言学》第二辑，上海教育出版社，2007 年，第 198 页）亦指出，中古精组声母在今长沙话中不论洪细一律读舌尖前音。另据夏剑钦《浏阳方言研究》（第 73 页），浏阳方言的[tʂ]来自中古照系、知系、见系以及以母。"截"属从母，读[tɕʰ][tʂ]皆属例外音变，需要作出解释。

⑦ 胡平生：《〈长沙走马楼三国吴简〉第二卷释文校证》，《出土文献研究》第七辑，上海古籍出版社，2005 年，第 118 页。

⑧ 黄树先：《疾病名与身体部位名》，《古汉语研究》2013 年第 3 期。

⑨ 许宝华、宫田一郎主编：《汉语方言大词典》，第 2555 页、第 876 页。

⑩ 张潜：《风语巫山》，团结出版社，2015 年，第 235 页。

⑪ 翟时雨：《重庆方言志》，西南师范大学出版社，1996 年，第 10 页。

书·外戚传》记赵倢伃"两手皆拳"，故称拳夫人。梁慧皎《高僧传》卷二《佛佗曰舍五》："父遂手脚攣躄不能行止。"唐慧琳《一切经音义》卷二四《金刚髻珠菩萨修行分经》音义"癵躄"条："上劣圆反。顾野王云：'病也，身体拘曲、手足拳曲也。'……又作挛。"无论是拘挛还是拳曲，皆手不伸也，其状正如鸟兽之爪，故"拳"亦有"爪"义，《大词典》"拳"条："拳头。……亦指鸟兽的趾爪。"唐李咸用《和吴处士题村叟壁》：'睡岛凫藏足，攀藤狖冻拳。'"手拘挛之病或云"鸡爪风"，《近代汉语词典》"鸡爪风"条："手拘挛之症。《元曲选·单鞭夺槊》二折：'我手鸡爪风儿发了。'"①成书于1892年的《官话类编》第七十五课收录该词："我的妹夫得了一个鸡爪疯，大小东西都拿不住。"②可见这个词在当时北京口语中较常见。清魏文中《绣云阁》第三十回："春花曰：'姑娘之言，究作何解？'春容曰：'大约七窍如相爷，姑娘如夫人，同榻而卧耳。'春花曰：'吾家蛮蛮老仆，骨现额边，无异两角，手抓似蟹，背弯如弓，头昂如龟，若以数言，殆不止乎七窍。待相爷朝中议事，夫人去胡侍郎府中，假以蛮蛮为七窍戏之，看看姑娘情景如何。'"又："春容数之曰：'背之驼也，此为一窍；首之仰也，又是一窍；两额如角，合为四窍；两手皆抓，岂非六窍？下腮长垂，总成七窍。'"此二例言老仆残疾丑陋，"手抓似蟹""两手皆抓"即两只手臂如蟹螯般拳曲不伸。故称罹患手疾为"爪（抓）"，称其人为"爪子"，称残疾人为"×子"常见，如手臂有残疾者或称"拗子"，清李斗《扬州画舫录》卷九《小秦淮录》："浦琳，右手短而掖，称拗子。"又因清代"动物的有尖甲的脚"及"手的辱称"亦称"爪子"，故又变音为"胇子"以示区分。"爪（抓）"增加韵尾i则音如"胇"，《民间宝卷》旧抄本《祈祥品忏》卷一："六根不全莫怪人，脚跛手**跧**瞎眼睛。"③《汉语大字典》（第2版，以下简称《大字典》）"跧"条："跛。《成都通览·诈骗·伏虎》：'路间牵狗要钱，痴、聋、喑、哑、蹶足、跧足，令人可怜。'""蹶"指腿跛，"跧"指手部残疾。"跧"正读如"胇"，《朝鲜时代汉语教科书丛刊续编（下）》载《华音撮要》："那一匹骡子好口硬，勒不住他。到咧桥边就不肯过去，往后**跧**啊。"④"跧"的谚文标注为"쥐"，正读如zuai。影戏《双龙璧》第五部："放着奴家他不爱，常钻那狗洞子不上家来。奴家劝他他不信，时常吵嚷把脸手**抓**。不期果然逢天报，杀在人家真苦哉。"（俗188-429）"把脸手**抓**"难解。今谓"手"乃"子"之讹，俗书"手""子"相乱，《百寿图》全串贯："（生白）你家中还有何人？（丑白）并尤子足兄弟，只有一双爹娘在堂。"（未刊4-196）"子足"即"手足"。影戏《平西册》第二部："哭够多时，又把话云。拉住贤妻**子**，听我说个清。"（俗207-351）"**子**"即"手"。东京大学东洋文化研究所双红堂文库藏《唱本一百九十册·王会川还家》："说客套叙寒温又言家事，将书字亲子交拿去细观。""亲子"即"亲手"。影戏《炎天雪》第三本："罪人不挈圣人语，想来不至累红颜。"（俗213-254）"罪人不挈"即"罪人不挈"，皆可为证。从押韵来看，"**抓**"当读如捽，"把脸手**抓**"即"把脸子捽"，"捽脸子"为清代常见俗语。石派书《通天河》中亦有"胇"字：

(6) 石派书《通天河》："脑袋大，帽儿小，不合头，往前撬，顶顶孤**胇**，前欺着眉毛后露着脑杓，哎哟，仿佛是起了个大包。"（俗401-268）

按：石派书《撞天婚》第一回："帽子小，是歪裂，露脑勺，欺两额，盖眉毛，把目合，若要碰，他就讹，敞飘带，透风魔，后脑勺儿上孤丁许多。"（俗401-340）《汉语词典》"孤丁"条："突起之物。"⑤子弟书《游龙传》第五回："他从未见过，不由的发怔，睄着像银子，如何那么大的一孤丁？"（未刊113-219）此以形容五十两的元宝之大，其状如突起之物。"顶顶孤胇"当与"孤丁"同义，状突起之物，《通天河》例是形容帽子鼓起的样子。"孤胇"当即"骨挃"，"骨挃"一词慧琳《一切经音义》中已经出现，《一切经音义》卷四十《观自在菩萨随心呪经》音义有"骨挃子"。雷汉卿指出，"骨挃"即"骨朵"，禅宗语录中"老骨

① 白维国主编：《近代汉语词典》，上海教育出版社，2015年，第859页。
② 狄考文编著：《官话类编》，北京大学出版社，2017年，第194页。
③ 周燮藩主编：《民间宝卷》（第8册），黄山书社，2005年，第477页。
④ 汪维辉等编：《朝鲜时代汉语教科书丛刊续编》，中华书局，2011年，第349页。以下简称《续编》，随文标明页码。
⑤ 中国大辞典编纂处：《汉语词典》（重排本），商务印书馆，2013年，第362页。

橌"用以形容僧头之状。① 又言"骷肶",《大词典》"骷肶"条:"即骨朵。古代的一种兵器。为一蒜形或蒺藜形的头缀于长棒顶端,用铁或硬木制成。后来用为仪仗,俗名'金瓜'。宋宋祁《宋景文公笔记·释俗》:'国朝有骨朵子,值卫士之亲近者。余尝修日历,曾究其义。关中人以腹大者为'骷肶',上孤下都。俗因谓头大者亦为'骷肶',后误为骨朵。"宋程大昌《演繁露》卷十二"骨朵"条:"《宋景文公笔录》谓俗以'挝'为'骨朵'者,古无稽。据国朝既名卫士执挝扈从者为骨朵子班,遂不可考。予按,字书'簻''挝'皆音竹瓜反,通作'簻','簻'又音徒果反。'簻'之变为'骨朵'正如'而已'为'尔','之乎'为'诸'之类也。然则谓'挝'为'骨朵'虽不雅驯,其来久也。"②后人对"挝""骨挝""骨朵"关系的讨论一直未断③,但"骨挝"的意义没有争议,即"突出(物);突起(物)",以形容如金瓜之状者,如宋祁言"腹大者""头大者"也。该词在明清时期仍有使用,《近代汉语词典》"骨挝脸"条:"gǔzhuāliǎn 即'骨查脸'。颧骨突凸的面孔。明《西游记》六七回:'你这厮,骨挝脸,磕额头,塌鼻子,凹颔腮,毛眼毛睛,痨病鬼。'"④《〈金瓶梅词话〉〈醒世姻缘传〉〈聊斋俚曲集〉语言词典》"骨挝腮"条:"gǔzhuāsāi 指向外突出呈圆球状的两腮。《醒》四九:'晁夫人看那个黑的……皂角色头发,洼跨脸,骨挝腮,塌鼻子。'⑤"骨挝脸"石派书中又作"权骨脸",石派书《精忠风波亭》元部上:"只见无数的官兵撮拥着一将,头代金幞头,身穿绣蟒袍,腰横玉带,手执丝鞭,生的权骨脸,兔头蛇眼,鼠耳鸢腮。"⑥"权骨脸"义同"骨挝脸",该词文献中多作"骨查脸"或"骨叉脸"。⑦ "孤脖"当即"骨挝""骨叉"之记音,状"起了个大包"之貌。⑧ 石派书《乌盆记》:"他老的那,相貌生成贵不可言,坐如钟,停停端正居公位,而况且,以公为公任事在先。"(俗 404 - 253)例(6)中"顶顶孤脖"结构正如"停停端正"。"骨挝"又作"孤脖",亦可证"脖"即"爪"之音变。俗读 a 变读 ai 者常见,下面试举数例。

"蝇刷"或作"蝇捽"。明方汝浩《东度记》第六十二回:"道士把蝇刷一挥,三个就如绳缚其手,胶粘其足,立在店外,只叫:'道真饶恕。'"程甲本《红楼梦》第四十二回:"两边四个未留头的小丫鬟,都拿着蝇刷漱盂等物。"《元曲选》本孙仲章《河南府张鼎勘头巾》第二折:"差某往此审囚刷卷。"臧懋循音释:"刷,双寡切。"又王仲文《救孝子贤母不认尸》第三折:"上司若还刷卷来。"音释:"刷,数滑切。"或作"蝇捽",清贪梦道人《永庆升平后传》第十六回:"叶守敬……手内拿一把蝇捽。"又第三十九回:"(老道)背后背定一口宝剑,手拿蝇刷,看相貌正在少年,用蝇捽一指,说……"

"侉"又作"扩"。清江西野人《怡情阵》第二回:"白昆道:'这些妇人那个不是背了自己丈夫,千方百计去养汉,到丈夫面却撇清道怪,你不要学这样夸子。'"⑨"夸"即"侉","侉子"常义是对外地人的鄙称,《白话小说语言词典》"侉子"条:"对带外地口音、举止粗俗者的鄙称。"⑩《明清吴语词典》"侉子"条:"对北方人的蔑称。"⑪《怡情阵》中"夸子"当非此义。《汉语方言大词典》"侉"条:"指女子言行泼辣。江

---

① 雷汉卿:《禅籍俗语词札记》,《江西社会科学》2004 年第 2 期。
② 程大昌:《演繁露》,《丛书集成新编》(第一一册),台北新文丰出版股份有限公司,1985 年,第 604 页。
③ 参看雷汉卿:《禅籍俗语词札记》;蒲向明:《西汉水流域方言古词例考》,《山西大同大学学报(社会科学版)》2009 年第 4 期。
④ 白维国主编:《近代汉语词典》,第 665 页。
⑤ 徐复岭编著:《〈金瓶梅词话〉〈醒世姻缘传〉〈聊斋俚曲集〉语言词典》,上海辞书出版社,2018 年,第 275 页。白维国主编《近代汉语词典》"骨挝腮"条:"瘦削无肉之腮。"此与"骨挝"常义不符,当从徐复岭所释为妥,详说见徐复岭:《〈醒世姻缘传〉注释补议续稿》,《蒲松龄研究》1992 年第 2 期。"骨朵""骷肶"中"骨""骷"皆平声,故"骨挝"之"骨"亦当从徐复岭注为 gū。
⑥ 故宫博物院编:《故宫珍本丛刊》(第 703 册),第 12 页。
⑦ 参看白维国主编:《近代汉语词典》,第 663 页。
⑧ 今方言中有"鼓鼓揣揣"一词,《汉语方言大词典》"鼓鼓揣揣"条:"口袋等塞满东西而凸起的样子。江淮官话。"(6412 页)《现代汉语方言大词典》"鼓鼓撅撅"条:"牟平。鼓鼓囊囊。形容口袋、包裹等填塞得凸起的样子。"(4680 页)其例如张爱玲《创世纪》:"真的,看中了她哪一点呢? 冬天的衣服穿得这样鼓鼓揣揣,累里累堆!"今人何方《走出寄啸山庄》第四章:"这样就把口袋里鼓鼓揣揣的传单遮住了。"该词疑即"孤脖"之重叠形式。
⑨ 江西野人:《怡情阵》,《明清善本小说丛刊初编》第十八辑,台北天一出版社,1994 年。
⑩ 白维国主编:《白话小说语言词典》,第 841 页。
⑪ 石汝杰、宫田一郎主编:《明清吴语词典》,上海辞书出版社,2005 年,第 353 页。

淮官话。"①据《现代汉语方言大词典》，"侉"在徐州、武汉等方言中有"粗俗、土气、难看"义，武汉话言"说话没规矩"为"侉气"。②故知《怡情阵》中"夸子"是对言行不符合规矩、粗俗女子的鄙称。今北京话、东北话有"老扩"一词，《汉语方言大词典》"老扩"条："配偶互称；妻子的戏称。东北官话。北京官话。"③"老扩"当即"老侉"之音变，今人苏伟贞《世间女子》："他还一口一句：'我老孙家'，称太太：'老侉'……弄到后来他老侉跟他离婚：'整天满嘴乡音，听了就讨厌，病态！'"东北方言"老扩"有二义，除"老伴儿"外，亦用来指老太太，《东北话词典》"老扩"条："老婆，老伴儿。'我说那牛老二可真够下三滥的啦！'叼烟袋的那个老扩把烟嘴儿挪到唇边，摇唇鼓舌儿地挖苦着。（张钧《伪都烟云》）"④此条书证与释义不符，例中"老扩"实即老太太，《伪都烟云》例前文正言："牛万禄和竺节的事却使前后院、左邻右舍一些老扩、长舌妇们活跃起来。"再如何庆魁《老汉背妻》："我的呀，名叫哇，二老扩……老头子大号叫赵财。""老扩"即"老侉"之音变，栾德君《辽东方言》："老侉，年龄大的老太太。〈例〉你们家老侉哪去了。"⑤唐维《咨询轶事》："男：啥都懂啥都懂我就啥都懂。女：万事通万事通我就万事通。男：万事通你通不通你为啥从姑娘变成老侉？女：啥都懂你懂不懂你为啥从小伙变成老灯？""老侉""老灯"分别是对老太太和老头儿的贬称。另据《北京方言词典》，北京话中表"用肩或肘勾着携带"义的"挎 kuǎ"又说"扩 kuǎi"⑥，可为参证。

"笑话"或作"笑坏"。《续编（下）·中华正音（骑着一匹）》："凭你们该怎吗恼都是得，只怕有人笑坏我啊！"（223 页）可知，其时口语中"话"读如"坏"。

"搲"又作"捱"。《大字典》"搲"条："wǎ 舀。元佚名《陈州粜米》第一折：'父亲，他那边又搲了些米去了。'"据《汉语方言大词典》"搲"条，今北京官话、冀鲁官话、中原官话、湘语、赣语中仍有该词。⑦又作"歪 wǎi"，《续编（下）·中华正音》（韩国学中央研究院藏书阁藏本）："裁开肚子，该洗的洗，该用儿的用儿，再歪一瓢水洗洗。"（287 页）参看《山东方言词典》⑧《汉语方言大词典》⑨"捱"条及《河北方言词汇编》⑩"舀汤"条。

"罢"或作"排""拍"。影戏《紫金镯》卷十一："杨元帅，闻听不由微微笑，你不干休与善排，也不过，见个高低趁心怀。"（未刊 97-295）"善排"即"善罢"。《清车王府藏曲本》第二册《盗宗卷》总讲："（末白）喂，老夫叫你拿犯夜的，为什么把我外生拿来？银子拍了，扯下去打！"⑪"银子拍了"即"银子罢了"，此例先因夜捕手拿人有功要赏银，后来发现人拿错了，故言"银子罢了"。又据《北京方言词典》，北京话中表"递；交"义的"把"读"bǎi"⑫，可为参证。

"那（哪）"或作"乃"。影戏《红梅阁》第五部："凶手是谁？在乃呢？"（未刊 67-381）《金蝴蝶》第二部："咳，咱们老两口子可乃样儿都好，奏是一辈子无有个儿子。"（未刊 61-391）《下河南》全串贯："这两、两、两天儿你大爷心里烦，有、有、有点儿心事，你们那说乃个好小子猜一猜。"（未刊 25-134）"说乃"为旁注，提示"那"应读乃。或作"奶"，影戏《牛马灯》第六部："呀，那里来的美貌女子，玉环兄那里

---

① 许宝华、宫田一郎主编：《汉语方言大词典》，第 3434 页。
② 李荣主编：《现代汉语方言大词典》，第 2260 页。
③ 许宝华、宫田一郎主编：《汉语方言大词典》，第 1652 页。
④ 高永龙主编：《东北话词典》，第 333 页。
⑤ 栾德君：《辽东方言》，大众文艺出版社，2006 年，第 173 页。
⑥ 陈刚编：《北京方言词典》，商务印书馆，1985 年，第 151 页。
⑦ 许宝华、宫田一郎主编：《汉语方言大词典》，第 6497 页。
⑧ 董绍克、张家芝主编：《山东方言词典》，语文出版社，1997 年，第 392 页。
⑨ 许宝华、宫田一郎主编：《汉语方言大词典》，第 6496 页。
⑩ 李行健主编：《河北方言词汇编》，商务印书馆，1995 年，第 396 页。
⑪ 首都图书馆编：《清车王府藏曲本》，学苑出版社，2001 年，第 373 页。
⑫ 陈刚编：《北京方言词典》，第 5 页。

去了？叨来的玉环兄？到有个玉环姐姐在此。"(未刊 60-218)或作"奶""奈",京剧《龙凤配》:"(丑白)不是,京里来了位相公。(小白)在奶儿呢?(丑白)在奈儿坐之呢。"(俗 343-495)

"洒"或作"筛"。"洒家"或作"筛家",影戏《定唐·长部》:"筛家护国军师大头和尚元化是也。"(未刊 64-149)又:"筛家大头和尚元化。"(未刊 64-191)"筛家"即"洒家",《定唐·绵部》:"(元化)这就是,将在谋而不在勇,不知洒家却是谁!"(未刊 64-244)该词车王府曲本《定唐·长部》中抄作"筛家",《定唐·绵部》中抄作"洒家"。石派书《范仲禹》:"老道不由心害怕,周身上,冷汗直流体洒糠。"(俗 403-241)《续编(下)·闲话略抄》:"掌柜的,灑着三大种(钟)酒。"(485 页)《续编(上)》整理本注云:"(灑)谚文注音为실,应是 sai,当作'筛'。"(278 页)可知,"洒"音近筛。

北京话"干嘛"又言"gàmá",又言"gàimá",《北京方言词典》:"gàimá 干嘛同 gàmá。"①东北话中亦如此,"干啥"口语或读如"gàishá"。

"懒得"又作"懒待"。《金瓶梅词话》第五十九回:"你外边走上三年,你若懒得去,等我对老爹说了,教姓甘的和保官儿打外,你便在家卖货就是了。"又第二十回:"俺的小肉儿,正经使着他,死了一般懒待动旦。"②张磊、杨荣祥指出:"'懒待'或许是'懒得'的音变。在笔者的家乡方言(山东滨州)中,多用'懒待'表'不想、不情愿'义而几乎不用'懒得','懒得'属于比较文雅的说法。"③"懒得"轻声读如"懒哒",又增音作"懒待"。

综上,"爪"音变读如 zhuai,"脬"是为 zhuai 音造的新字,今方言中多记作"拽"。

An Investigation of the Character "Zhuai(脬)"

Li Weida

(Department of Chinese Language and Literature, Sun Yat-sen University,
Guangdong Guangzhou 510275, China)

Abstract："Zhuai(脬)" is an associative compound character made of rou(月), shao(少) and shou(手) in *Opera Scripts in Prince Che's Residence*, which means a disability of hands or arms as same as zhua(爪), and zhuai(脬) is a sound change of zhua(爪).

Key words：*Opera Scripts in Prince Che's Residence*；zhua(爪)；zhuai(脬)

---

① 陈刚编:《北京方言词典》,第 84 页。
② 兰陵笑笑生:《金瓶梅词话》,日本大安株式会社,1963 年,第 528、464 页。
③ 张磊、杨荣祥:《"〈骑着一匹〉系列"释读补正》,《汉语史学报》第二十辑,上海教育出版社,2019 年,第 33 页。

明清写本文献中"卜"形析辨*

王　跃

【摘　要】"卜"在明清写本文献中习见，它既可以作为汉字使用，也可以作为构字部件出现，亦可用作文献抄写中的删除符号。通过考察"卜"形的不同使用情况，展示出汉字构形演变的复杂性，从而有助于提高同类文献录文和释读的准确性，同时揭示出明清写本文献在汉字发展史上的重要价值。

【关键词】明清；写本文献；卜；俗字

【作者简介】王跃，女，华东师范大学国际汉语文化学院博士研究生，研究方向为汉语史。（上海　200062）

明清写本文献中，习见"卜"形，其使用情况较为复杂，给此类文献的整理和深入研究造成了一定的困难。"卜"作为汉字，主要表占卜义，即常见的"占卜"的"卜"字。同时，它还是"分"字的俗写字形，如"分"作"卜"、"粉"作"米卜"等。此外，"卜"形又可作为构字部件，形成其它的俗字，如"块(塊)"作"圤"、"短"作"矢卜"、"韩(韓)"作"韩卜"等。另外，它还有特别的用法，即用作文献抄写中的删除符号。本文以明清写本文献中的契约文书和杂字为主要材料，描写和分析"卜"形在文献中的使用情况，探求其在近代汉字发展中的作用，揭示近代汉字发展演变的复杂性。

一　汉字"卜"

"卜"作为汉字，既可以是表占卜义的"卜"，也可以是"分"字的俗写字形。

"卜"为象形字，甲骨文中频见，它象火烧龟甲后出现的裂纹。《说文·卜部》："卜，灼剥龟也，象灸龟之形。一曰象龟兆之纵横也。""卜"表示占卜义，沿用至今。明清时期百姓为趋吉避凶，诸事多占卜，因而在契约文书、杂字等民间写本文献中不乏"卜"字用例，写作"卜"形。例如：

（1）《清嘉庆三年(1798)广州潘鸣新卖田文契》："卜吉交易，丈量果系丈得熟田菱塘草坦白坦，共税五十四亩六分，写立卖契一纸，交与黎德祖收执。"①（广东92）

（2）《清光绪一年(1875)赖秀华等阄书合约字》："乃卜吉日恭神告祖，拈阄为准，随人造化，各掌应额，暨不得争长竞短。"（台湾数位）

（3）《通考杂字(二十四气)·百工类》："卜筮，演禽，打时，掐课，动数，灼龟南人用龟板烧之，以卜人吉凶。问神。"②（山西杂字1-384）

"卜"字外，"卜"形还可作为"分"字的俗写字形，多见于明清契约文书、杂字等写本文献中。例如：

（4）《明天启七年(1627)郭宇卖地契》："郭宇开与本户郭成昭官平地八亩九卜九厘一毫一丝七忽。"（故纸4-112）

---

* 基金项目：本文为2019年国家社科基金重大项目"明代至民国西北地区契约文书整理、语言文字研究及数据库建设"(19ZDA309)、2017年国家社科基金项目"宋元以来民间手书文献俗字典编著与研究"(17BYY019)中期成果。

① 文中所引用例使用通行简体字，例中数字使用小写。引例题目在原文基础上做了适当的文字改动，引例标点遵从原文。引例后括号内信息表示引例出处，如"广东92"表示引自《广东土地契约文书》第92页。引例后未标明出处的表示该例所在契约或杂字系导师姚美玲教授个人收藏的山西契约文书或山西杂字。

② 小字为该杂字正文的注解部分。

（5）《清顺治五年（1647）新绛孙自岗分家文书》："待父百年之后将地六厶（亩）①二卜四分，永远耕种。"

（6）《清乾隆四十七年（1782）文斗寨姜廷周卖杉山并地约》："凭中姜岩所受银三卜。"（苗族林业2－B－0003）

（7）《清同治九年（1870）雷开财卖田契》："其田上至林姓田，下至蔡姓田，左至路，右至坑为界，计额一亩五卜正。"（石仓3－8－119）

（8）《清同治十二年（1873）文集（旧获皮改）·江樟秀记·走马风坐马风药方》："川妇尾三钱，云荟一钱五卜。"（婺源5－2249）

（9）《民国二十年（1931）纳粮簿》："刘至珍，未栽二亩，纳定八刘君汉粮一斗八升。又未栽五卜，纳瓦四刘君汉二升。"（大理30）

上揭诸例中"卜"形皆为"分"字。例（4）"八亩九卜"即"八亩九分"，例（5）"六厶（亩）二卜"即"六亩二分"，该例是说待父亲百年以后，将六亩二分地四份均分，永远耕种。例（6）中"三卜"是三分，"分"为货币单位。例（7）"一亩五卜"即"一亩五分"。例（8）"云荟一钱五卜"为"云荟一钱五分"。该例为药方，"分"为药物计量单位。杨勇（2021）指出，"分"用作单味药物的计量单位，早在汉代已经出现，并且使用极为普遍。② 例（9）"未栽五卜"即未栽五分，与上句中"未栽二亩"同，"分"为地亩单位。可见，在契约文书中"卜"可以用作表地亩面积、货币、药物重量等单位"分"的俗写。

"卜"为"分"的俗写字形来源于"分"字的草书形体。"分"草写时起笔撇画与下部"刀"连笔，书写速度较快时，该连笔极易变为"丨"形，之后在其右侧点捺画，即为"卜"形。如明代陈献章草书"分"作"卜"。③ 这类草书楷化现象在汉字发展史上是非常重要的。臧克和曾指出"草写与楷化是影响汉字发展演变的两个重要因素……汉字往往是在草写—楷化—草写—楷化的过程中不断演进的"。④

"分"作为地亩面积、货币、药物剂量等单位时常写作"卜"，又因"分"的俗写字形与"卜"形相同，前贤在整理明清时期写本文献时，难免有所疏漏。例如：

（10）《清乾隆十八年（1753）常进福换地合同》："除一卜换一卜之外，有余地五卜四厘，言明贴价七千整。"（故纸1－16）

（11）《清乾隆三十八年（1773）王诰卖地文契》："其地大粮，每亩取七卜。"（故纸1－11）

（12）《清嘉庆二十五年（1820）乐陵刘至宝卖宅契》："伙道长可八十九步五卜，横可九厘。"（田藏1－44）

例（10）中"除一卜换一卜之外，有余地五卜四厘"，是谓地亩面积，当为"除一分换一分之外，有余地五分四厘"。例（11）中"每亩取七卜"即"每亩取七分"。此二例整理者将"卜"形皆录作"钱"，这显然与文意不符。从字形看，"卜"形也不可能是"钱"字。在契约文书、账册一类的经济类写本文献中，"钱"字频见，并有多个俗写字形。方孝坤考察徽州文书中"钱"可写作"钅""钱""钅""钅""钱""钅""钱""钱""钱"等9个俗写字形⑤；任文琴调查《故纸拾遗》中"钱"又可俗写作"钅""钅""钅""钅""钅""小""仐""伐""钅"等20多种字形⑥。可见，"卜"形与"钱"的俗写字形并不相同，因此上揭诸例中"卜"非"钱"字无疑。例（12）中"五卜"即"五分"，整理者未识，将"卜"照录。此契中"分"为长度单位，该

---

① 引例中括号前为契约原稿用字，括号中为校录时改正字，下同。

② 杨勇：《汉代出土医药文献中的"分"》，《文献》2021年第1期。

③ 陈斌主编：《草书字典》，三秦出版社，2013年，第76页。

④ 臧克和：《二十一世纪汉字文化圈书写记忆文本库》，*Journal of Chinese Writing Systems* 2019年第4期。

⑤ 方孝坤：《徽州文书俗字研究》，人民出版社，2012年，第267页。

⑥ 任文琴：《〈故纸拾遗〉俗字研究》，硕士学位论文，陕西师范大学，2018年，第156—157页。

句是说"伙道长为八十九步五分,横为九厘"。①

"卜"作为"分"的俗写字形还体现在构件"分"也可写作"卜"形,如"粉"又写作"粆"。《清同治十二年(1873)文集(旧获皮改)·江樟秀记·跌打药方》:"大茴香二钱,棉杜仲一钱五分,粆丹皮一钱五分。"(婺源5-2249)"粆丹皮"即"粉丹皮",是一种中药,可用于治疗跌打损伤。民国姬三盛堂《审察掀·卖水》:"青(清)早起来陵(菱)花镜而(儿)照,梳一个油头桂花香,脸搽胭粆桃花伴耳边。""胭粆"即"胭粉",是女性涂抹在脸上的脂粉。

二　构字部件"卜"

"卜"形作为构字部件,主要替换汉字原有构件形成俗字。其构成俗字的理据是比较复杂的,不仅可以替换多个构件,而且替换的原因也不尽一致。例如:

1. 短—矵

(13)《清光绪二十二年(1896)汾阳梁宋氏、梁辉祖卖房契》:"其银笔下交清,并不矵少。"(山西民间11-13)

(14)《清光绪年间高平郭门毕氏卖地契》:"同中三面言明,受过死价大钱二十二千文整,立卖契之日,一并交足,不矵分文。"

例(13)(14)中"矵""矵"皆为"短"之俗写,"卜"替换了位于右侧的声符"豆"。

2. 韩(韓)—韩

(15)《清光绪四年(1878)交城任心德卖地契》:"中见人:任福润、任心灵、韩振富、任怀荣、张步云(书)、张清祥(滕)。"

例(15)"韩振富"即"韩振富","韩"的繁体字形为"韓",其右侧的部件"韋"替换为"卜",笔画减少了八画。

3. 兹—芥;慈—慈;滋—滇;磁—碚

(16)《清道光十三年(1833)张辛财立回赎田契》:"芥因僧道参具控县主批吊契讯,今托中向阙德璁身边领归僧边回赎契一纸。"(石仓1-2-142)

(17)《清嘉庆七年(1802)僧信悟立施舍供养契》:"大觉寺和尚施恩,情愿带自己园地投入常住,望讫和尚慈悲,怜悯收留栖身养命得安也。"(大觉寺77)

(18)《清嘉庆十四年(1809)王锡光等八人合伙开设信聚当合约》:"立合伙文约人王锡光……有祖遗当业在湖北荆州府松滇县朱家埠开设信聚当生理。"(晋商1-22)

(19)《清道光十八年(1838)方冠典房契》:"现开设天成板厂,坐落南城东南坊二铺碚器口内路东地坊。"(北京上70)

(20)《认字杂样本(恭敬天地君亲师)》:"碚酒瓶、磁酒瓮。"(山西杂字1-383)

例(16)中"芥"即"兹"的俗写,"兹"下部右侧的构件"幺"换作"卜"。这种替换现象在从"兹"的字中也都有出现,如例(17)至(20),"慈悲"即"慈悲"、"松滇县"为"松滋县"、"碚器口"即"磁器口"、"碚酒瓶"亦为"磁酒瓶"。

---

①　此处的"分"和"厘"并非现代长度单位"分米"和"厘米",是另一套长度单位"步分厘毫"中的"分"和"里"。《珠笔合璧普通算法》(68页)中记载了"丈尺寸分"与"步分厘毫"换算关系,即"丈尺寸分×2=步分厘毫",如24丈3尺4寸7分=48步6分9厘4毫,"丈尺寸分"和"步分厘毫"皆为十进制。两套单位中的"分"明显不同。"步分厘毫"中,1步=10分,1分=10厘。如果换算为"丈尺寸分",样例中的"八十九步五分"即44丈7尺5寸,"九厘"即4寸5分。在契约文书中,"步""分"作为地亩长度单位的用例时见。《清乾隆四十年(1775)闻喜王无争卖地契》:"计开:祖坟厂(场)四步,活(阔)四步。"《民国二十九年(1940)乐陵鞠明亮卖地契》:"东长可二十步零四分,西长可□九步六分,北横可十三步二分,南横可九步五分。"(此例为学友韩志周提供,在此表示感谢。)

上揭三条例证中,"卜"替换的构件皆位于右侧,且为笔画较多的构件。从构字理据看,这种替换关系既不是声符的替换也不是义符的替换。"卜"与被替代的构件之间不存在形音义相近或相通的关系,其替换原有构件应该是为了书写便捷。此类现象在学界也称为"符号替代"或"符号化"。张涌泉认为符号替代是减省笔画的有效方式,并举例说明"厶""文""米""刂""卜""又"等符号在"俗文字"中的替代情况。① 曾良论述了古籍俗字中符号化简省的复杂情况,重点讨论了"丶""匕""又""く"等重文符号和"刂""文"等其他符号对俗写构形的作用。②

4. 亩(畞)—𫝀

(21)《清道光三年(1823)长子韦天一卖地契》:"今将自己祖业地名月沟裡(里)下地三𫝀,……今立死约出卖与本村冯安柱名下永远为死业。"(山西民间2-239)

(22)《清道光十年(1830)全昌指地借钱文约》:"今将祖遗地一段,坐落在吴各庄正西,计地十五𫝀。"(首博1-113)

例(21)(22)中"𫝀""𫝀"即"亩"的俗写字形。"畞",《说文》中写作"畮"或"畂"。《说文·田部》:"畮,六尺为步,步百为亩。从田每声。畂畮,亩,或从田十久。""亩"字还有"畞""畂""畝""畆""畮""畞""畞""畞""畆""畞""畞"等字形。③ 唐宋时期,"亩"写作"畞",《干禄字书·田部》:"畞畂,上通下正。"何余华(2016)认为"畞"即"畝"字之变,类似的形变还有"取"写作"耴",《干禄字书·又部》:"耴取,上通下正。"④而"畞"之构件"人"容易变易为"卜",故而"畞"又书作"𫝀"。

5. 块(塊)—圤

(23)《清光绪二十七年(1901)忻州毛向午卖地契》:"计地一圤,今情愿出卖与堂孙毛成珠住座永远为业。"(山西民间2-23)

(24)《清光绪三十三年(1907)汾阳郭生祥借钱文约》:"院心分道,空基一圤,各至俱明。"(山西民间11-231)

例(23)(24)中"圤""圤"为"塊"的俗写。太平天国时期,从"鬼"之字多改为从"人",造出了一系列新字形,如"魁""魂""魄""魏"等字分别写作"伬""伩""伱""伮"等。⑤ 由此,"塊"改写作"坃",构件"人"又进一步书写变易为"卜",遂产生字形"圤"。

6. 粮(糧)—籵

(25)《清道光六年(1826)宁乡刘体峰卖地契》:"当日交足,分文不欠。就承认到地内原籵八升四合,照册过拨入册完纳。"(山西民间2-243)

例(25)中"原籵八升四合"即"原糧八升四合"。"籵"即"糧"之俗写,"糧"又作"粮",《干禄字书》载:"糧粮,上通下正。""粮"俗作"籵"是由构件"良"可以用"卜"替换。这表面上与"人"讹作"卜"没有关系,而实际关系密切。"娘"的俗写"奻"为"女人"会意构字,部件"人"又讹变为"卜",形成"奻",故而"娘"可以俗写作"奻"。⑥ 久之,人们认为构件"良"可以替换为"卜",故"粮"俗作"籵"。需要注意的是,"粮"的俗字"籵"与"粉"的俗字"籵"构成了同形字,整理文献时须根据上下文仔细辨别。

---

① 张涌泉:《汉语俗字研究》,商务印书馆,2010年,第50页。
② 曾良:《明清小说俗字研究》,商务印书馆,2017年,第176页。
③ "亩"的俗写字形繁多,韩志周曾考察目前已经出版和个人及其导师收藏的契约文书,摘取了160多个"亩"的字形。可参看韩志周:《〈首都博物馆藏清代契约文书〉俗字研究》,硕士学位论文,陕西师范大学,2018年。
④ 何余华:《汉语词历时用字演变动因刍议——以常用量词为例》,《理论月刊》2016年第8期。
⑤ 韦良玉认为太平天国信奉拜上帝教,认为"天朝之人虔诚信奉上帝,死后灵魂会升入天堂,故天朝不应在有鬼",因而将汉字中的"魂""魄"等与灵魂相关之字的字形由从"鬼"改为从"人"。其后利用汉字的类推机制,逐渐将所有从"鬼"的字改为从"人",创造出新的字形。(参考韦良玉:《太平天国文献特殊用字研究》,载李运富主编:《汉字职用研究·使用现象考察》,中国社会科学出版社,2016年,第552、559页。)
⑥ 曾良:《明清小说俗字研究》,商务印书馆,2017年,68页。

关于"人"讹变为"卜"的问题，毛远明在"臥"条下按云："构件'人、卜'形近讹混，'臥'又作'卧'。'卜'是'人'的变形。"①"臥"写作"卧"在魏晋以来的碑刻中多有用例，如"臥"写作"卧"（北魏元瞻墓志）、"卧"（隋萧翘墓志）、"卧"（唐豆卢建墓志）。② 此亦可证明构件"人"容易变易为"卜"。

类似的讹变现象还有"己"讹作"卜"及"欠"讹作"卜"。例如《石仓契约》中有"起"写作"赴"形及"阙"写作"闻"。③

7. 萄—卜

（26）《认字杂样本（恭敬田地君亲师）》："葫蘆菿，小写卜。"（山西杂字1-34）

例（26）中"小写卜"位于"胡蘆菿"右侧，从图版资料看，"胡蘆菿"为正文，"小写卜"字体小于"胡蘆菿"，是"胡蘆菿"的注解内容，意思是"卜"是"菿"的小写。其实，"胡蘆菿"应为"胡萝葡"，"菿"即"葡"的同音借字，"卜"实际上是"葡"的换旁俗字。"葡"与"卜"字读音相近，人们为了书写便捷，将其声符"匍"替换为"卜"，构成"卜"字。对于普通百姓来说，"卜"不仅书写简单，而且更易识别。在现代汉字中，"卜"进一步简化作楷书"卜"字。

8. 朴（樸）—朴

（27）《明嘉靖三十年（1551）祁门汪以集卖田、基地契》："所有前项土名亩步四至号数开载不尽，悉凭以朴逐一开单照证。"（徽州千年2-180）

（28）《清同治元年（1862）增订见心集大全（江湖必读卷一·裘烈坤）》："出外为商，务宜素朴。"（婺源10-4614）

此二例中"朴"和"朴"即"樸"的俗字，例（27）中"以朴"是人名。"樸"声旁以"卜"替"業"，既是音近替换，笔画又简省得多，书写和识别自然简单便捷。

据上，"卜"形作为构字部件，其可替换的构件有"豆""韋""業""幺""人""良""匍"等。这些替换关系的理据也各不相同，或因其书写简便，或因其为"人"的讹变，亦或借用汉字"卜"的语音形式。分析构件"卜"的不同来源，有效地为汉字及其俗写字形的形成和发展提供新的理据，进一步完善汉字发展演变的路径。

三 删除符号"卜"

"卜"作删除符号多见于唐以后的写本文献中。张涌泉曾详细论述和考证了删除符号的起源和演变。④ 张先生认为用点涂法表删除可能始于甲骨文时期，而删除符号"卜"或"丶"在唐之前未见，甚至在早期的敦煌写本中也没有用例。"卜"或"丶"号或许是由点涂号演变而来。黄征也表示"卜"只是一个符号，"丨"表选中字符，"丶"表示删除之。⑤

在敦煌写本文献中，书手往往在误写字的右侧标记"卜"，随后书写与底本相同的字。例如：P.2638《切韵唐韵序二》："九经诸子史汉三国志晋三卜国卜宋后魏周隋陈宋两齐本草姓苑风俗通古今注。""三国"两字右侧加"卜"表示删除。S.329《书仪镜·与四海贺冬书》："节气卜初移易，风景差殊，彼此他乡，愿同体庆。"书手因受词语"节气"的影响，写完"节"以后便习惯性地写了"气"，后发现有误，故书卜以示删除，补写"初"字。

在书法作品中，"卜"亦可作删除符号，多见于宋代的作品，最为典型的是米芾的行书作品。《苕溪

---

① 毛远明：《汉魏六朝碑刻异体字典》，中华书局，2014年，第932页。
② 臧克和主编：《汉魏六朝隋唐五代字形表》，南方日报出版社，2011年，第1141页。
③ 郭敬一：《〈石仓契约〉用字研究》，博士学位论文，浙江大学，2020年。
④ 张涌泉：《敦煌写本文献学》，甘肃教育出版社，2011年，第348—351页。
⑤ 黄征：《敦煌语言文献学研究》，甘肃教育出版社，2001年，第23页。

诗卷》:"缕会ˌ玉鲈堆案。"《道林诗帖》:"楼阁鸣ˌ明丹垩。"此二例中"会"字和"鸣"字右侧分别标记"卜"以示删除。

在明清契约文书中,"卜"亦可用作删除符号。

(29)《明弘治十八年(1505)郑保新卖山契》:"来历不明,卖人自理,不涉买人之事。字ˌ实步四至经理可照。"(徽州千年1-309)

(30)《明嘉靖四十年(1561)祁门吴学儒卖基地契》:"愿将前项大小屋六间并砖墙石脚係ˌ及基地尽行立契出卖与同居叔吴名下为业。"(徽州千年2-297)

例(29)图版中"字"为误书,其右写"卜"表示删除。例(30)图版中"係"字右侧书"卜"表示删除。

其实,在明清写本文献中删除符号并不止"卜"一种书写形式,仅明清契约文书中就有以下七种常见的删除符号,具体如下表1所示。

表1 明清契约文书常见的七种删除符号

书写形式	例证	出处	说明
无标识		山西民间1-119	"㭎"本该写"街",书手在误写的"㭎"上添补笔画欲修改为正确的"街"字,但不可行,遂在其右侧书"街",所在契文为"四至分明,门楼出路通街"。
		贵州黎平1-10	书手在"陸"右侧写"陆(六)",表明"陸"为误字,所在契文为"当面凭中议定价银六两六钱正"。
○		山西民间1-18	"曾"用"○"涂画表示删除,然后在其右侧写"约",所在契文为"恐口难凭,立约为照"。
●		山西民间1-102	"叁"用墨点涂画,表示删除,在其右侧写"叁",所在契文为"计地三亩四分四厘六毫"。
		首博1-29	"二"用墨点涂画,表示删除,在其后写"二",所在契文为"计地二亩七分二毫"。
		山西民间2-61	"五"用墨点涂画,表示删除,右侧书"五",所在契文为"言定出死价三千五百文整"。
、		山西民间1-96	"西"误书,用点画划掉,在其右侧写"北"字,所在契文为"东至赵清福、北至赵光福、南至□□、西至赵祥□"。
卜		徽州千年1-368	"山"右侧标"卜"形表示删除,在其后写"前"字,所在契文为"自情愿将前项桂高并……立契出卖与同都胡德宽名下为业"。
×		徽州千年1-63	"六"误书,用"×"划掉,在其右侧写"六"字,所在契文为"系唐字六百六十二号,通计地四十步"。
⫶		中国徽州9-58[1]	"界"字右侧三点表示删除,该契正文后注"契内误多写'界'字一个"。

上揭七种常见的删除符号,"●"使用最为频繁。书写形式上,"无标识""○""●"和"、"最为简单,而且它们直接画在需要删除的字上,容易操作,对于文化水平不高的书写者而言是及其适用的。"卜""×""⫶"通常标被删字的右侧或右下侧,而且又与汉字构件相类,在明清契约文书中不似前几种使用广泛。至于删除符号"卜",因汉字"卜"或者"分"的俗写字形以及构件"卜"形近,容易误识误辨,因此整理这类文献时需特别注意。

综上所论,明清写本文献中的"卜"形的使用情况归纳如下:

---

① 储小旵:《论徽州契约文书文本的主要特征》,《安庆师范大学学报(社会科学版)》2019年第1期。

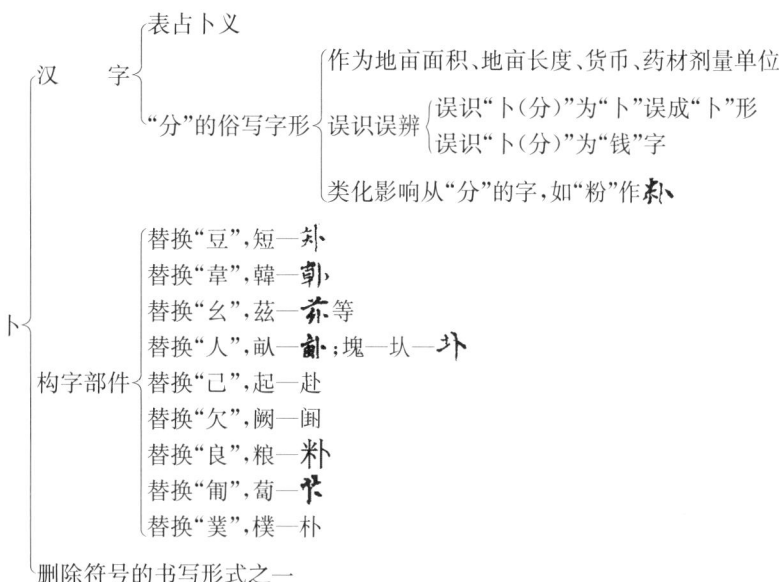

上图直观显示出明清写本文献中"卜"形繁复的使用情况。当其作为汉字时,它的复杂性主要体现在可以是正字"卜",表占卜义,也可以是"分"的俗写字形。"分"是明清契约文书中的常用字,是地亩面积和长度、货币的常用单位量词,为了趋简草写作"卜"形。与此相类,其他的量词"亩""两""厘""钱"等也常采用俗写字形。它作为汉字构件使用时,充分体现出汉字构形的丰富性,有助于解释汉字构形的理据,也能揭示出一些汉字发展演变的趋势和路径,如"樸"的构件"菐"由"卜"替换形成的字形"朴"即现行标准简化字。这种字形的变化符合汉字书写简化的趋势,对近代汉字发展起着非常重要的作用。"卜"形用作删除符号时与汉字"卜"、俗字"卜"和构件"卜"形近,手写时常混淆不别,不易判定。因此,准确辨认这些书写形式有益于明清写本文献的释读和整理。

附记:本文在写作过程中承蒙导师姚美玲教授悉心指导,又蒙业师黑维强教授提出宝贵修改意见,高岩、黄文浩、李想等学友也多有惠示,谨致谢忱! 文中谬误概由本人负责。

【参考文献】

[1]　陈支平主编.福建民间文书(第二册)[M].桂林:广西师范大学出版社,2007.(简称"福建民间")

[2]　曹树基等编.石仓契约(第1,3辑)[M].杭州:浙江大学出版社,2011,2014.(简称"石仓1,石仓3")

[3]　郝平编.清代山西民间契约文书选编[M].北京:商务印书馆,2019.(简称"山西民间")

[4]　黄山学院.中国徽州文书:民国编[M].北京:清华大学出版社,2010.(简称"中国徽州")

[5]　黄志繁,邵鸿,彭志军编.清至民国婺源县村落契约文书辑录[M].北京:商务印书馆,2014.(简称"婺源")

[6]　姬脉利,张蕴芬编著.北京西山大觉寺藏清代契约文书整理及研究[M].北京:北京燕山出版社,2014.(简称"大觉寺")

[7]　凯里学院,黎平县档案馆编;李斌主编.贵州清水江文书·黎平文书(第一册)[M].贵阳:贵州民族出版社,2017.(简称"贵州黎平")

[8]　刘建民主编.晋商史料集成[M].北京:国家图书馆出版社,2018.(简称"晋商")

[9]　刘小萌主编.北京商业契书集(清代—民国)(上)[M].北京:国家图书馆出版社,2011.(简称"北京上")

[10]　首都博物馆编.首都博物馆藏清代契约文书[M].北京:北京出版社,2015.(简称"首博")

[11]　谭棣华,冼剑民.广东土地契约文书[M].广州:暨南大学出版社,2000.(简称"广东")

[12]　田涛,[美] 宋格文,郑秦主编.田藏契约文书粹编[M].北京:中华书局,2001.(简称"田藏")

［13］ 王建军,潘杰,安志伟,刘涛主编.清至民国山西杂字文献集刊[M].桂林:广西师范大学出版社,2021.(简称"山西杂字")

［14］ 王支援等主编.故纸拾遗(第1卷)[M].西安:三秦出版社,2006.(简称"故纸1")

［15］ 王支援等主编.故纸拾遗(第4卷)[M].郑州:中州古籍出版社,2011.(简称"故纸4")

［16］ 张涌泉.汉语俗字研究[M].北京:商务印书馆,2010.

［17］ 赵敏,王伟主编.大理民间契约文书辑录[M].昆明:云南大学出版社,2018.

［18］ 中国社会科学院历史研究所收藏整理.徽州千年契约文书(宋元明编)[M].石家庄:花山文艺出版社,1993.(简称"徽州千年")

［19］ 台湾历史数位图书馆:http://thdl.ntu.edu.tw/index.html

Analysis of *Bu*(卜) in Manuscript Document in Ming and Qing Dynasties

Wang Yue

(School of International Chinese Studies, East China Normal University, Shanghai 20062, China)

Abstract: *Bu*(卜) was frequently used in manuscript document in Ming and Qing Dynasties, which could be used as a Chinese character, the component of a character, or used as a delete symbol in the manuscript document. In this article, we study the different usages of *Bu*(卜), thereby exhibiting the complexity about the revolution of Chinese character configuration, improving the accuracy for the recording and interpretation of congeneric documents, and revealing the value of manuscript document for the development process of Chinese characters.

Key words: Ming and Qing Dynasties; manuscript document; *Bu*(卜); folk characters

禅宗文献俗字续释*

王长林

【摘　要】文章揭举十余则宋元明清禅宗文献的疑难俗字,主要通过版本对勘,异文互参,辨形证义,并系联历代俗字形体,结合汉字俗写的一般规律,沟通字形关系,梳理变易路径。文章对禅宗文献整理、近代汉字研究和大型字书修订具有参考价值。

【关键词】禅宗文献;俗字;俗语言研究

【作者简介】王长林,四川大学中国俗文化研究所副研究员,硕士生导师,研究方向为文字学、训诂学、汉语词汇史。(四川 成都　610064)

一　愣

卍续藏本宋李遵勖《天圣广灯录》卷二〇《桂州觉华普照禅师》:"问:'如何是佛法大意?'师云:'松高人愣小,路远马嫌遥。'"(R135/794a①)

"愣"历代字书未收载,字义难解。《天圣广灯录》另收入中华藏,其底本是金藏广胜寺本,但缺卷二〇,编者据上海涵芬楼本卍续藏补录,所以字形同作"愣"(C73/337c),并未出校勘记,可见编者其实并未辨识出该字。今检核日本宫内厅图书寮文库藏宋毗卢藏本《大圣广灯录》作"恨",是为正字,疑虑涣然。"松高人恨小,路远马嫌遥"当为唐宋俗谚,对仗工整,"恨"与"嫌"均有"怨尤"之义,禅籍多见二字对文的谣谚,有"富嫌千口少,贫恨一身多"(《宏智广录》),"千口犹嫌少,一身犹恨多"(《月林师观禅师语录》),"来恨出阙迟,归嫌入峡迟"(《北涧居简禅师语录》),"白发嫌频剃,缁衣恨易穿"(《湛然圆澄禅师语录》),"欢娱嫌夜短,寂寞恨更长"(《吹万禅师语录》),等等。"恨"之所以写作"愣",原因有二:首先,部件"艮"或写作"㠯",从"日"从"匕",而"匕"同时又是俗写中比较常见的省减和替代符号,"夕"字亦然。所以,不排除是写手或刻工误以"夕"替"匕",因为省减符号替换在汉字俗写中比较多见②。而另一种致误的原因可能是受"逻"字的诱导:既然"退"可写作"逻",如东汉中平4年(184)《谯敏碑》"𨓵"、东魏天平3年(536)《高盛墓碑》"𨓵"等③,因而写手或刻工便类推"恨"也可作"愣"。

二　垿

卍续藏本金志明《禅苑蒙求瑶林》卷上载正大三年闲居士《禅苑蒙求引》:"童稚无识未能参

---

*　基金项目:国家社科基金西部项目"日藏汉文古写本、古刻本禅宗文献语言文字研究"(21XYY002)、四川大学创新研究项目"禅宗文献疑难字词通释"(项目编号:2020CXQ11)阶段性成果。

①　文章所引用的佛教文献均于其后标注文献代码、册数、页码和栏数,代码依据CBETA电子佛典集成代码,B为《大藏经补编》,C为《中华藏》,D为《国家图书馆》善本佛典,GA为《中国佛寺史志汇刊》,J为新文丰版《嘉兴藏》,K为《高丽藏》,R为新文丰版《卍续藏》,T为《大正藏》。

②　如"爹"明清小说俗写作"㸐"或"㸐",至于其来源,曾良认为重文符号也可用"丶"表示,"爹"字的"多"旁被看成两个"夕","夕"也可作重文符号,故"多"便用两点来代替。又将"々"换成"匕",即"㸐"字。参曾良:《明清小说俗字研究》,商务印书馆,2017年,第149,177—178页。

③　毛远明:《汉魏六朝碑刻异体字典》,中华书局,2014年,第899页。

叩，使成诵在口，粗知问津，则吾此书不为助，譬犹教垿雷大使作舞，虽非本色，且要儿孙不坠素业耳。”(R148/194a)

检核日本大永6年(1526)写本《禅苑蒙求》字作“坊”，宽永17年(1640)西村九郎兵卫刊本又作“垿”，卍续藏本与宽永刻本的字形近似，但诸字历代字书均不收载。我们认为“垿”当为“坊”之讹变，试为梳理。首先，“方”的草书作“方”(文天祥①)，字形和“与”相近，故“坊”的草书写作“坊”(明沈粲)，与大永写本的“坊”字形近。“方”又写作“方”(明宋克)，与“庈”字相近，而“庈”本是“会”异体“岃/岃”的俗写②，构件“丁”讹变作“子”，字形便写作“序”(《康熙字典·备考·字部》)、“序”(《古俗字略补·九泰》③)，即宽永刻本“垿”右侧的部件，恰与卍续藏本“垿”的部件“序”相近。其次，从引例的出典来看，“雷大使”实指宋代教坊艺人雷中庆，因舞蹈闻名于世，宋蔡绦《铁围山丛谈》卷六：“教坊琵琶则有刘继安，舞有雷中庆，世皆呼之为雷大使。”宋陈师道《后山诗话》：“退之以文为诗，子瞻以诗为词，如教坊雷大使之舞，虽极天下之工，要非本色。今代词手，唯秦七、黄九尔，唐诸人不迨也。”可见闲居士《禅苑蒙求引》典出《后山诗话》，“教坊”为词，“垿”为“坊”之讹变更无疑义。

三 ⿰鹵辱 ⿰白辱

卍续藏本元道泰《禅林类聚》卷一四《岁时》：“径山杲云：‘皎洁一轮，寒光万里。剑利者叶落知秋，傝⿰鹵辱者忠言逆耳。休不休，已不已。小释迦有陷虎之机，老大虫却无牙齿。’”(R117/169b)

“⿰鹵辱”字载籍罕觏，历代字书亦不收录。“径山杲”即宋释大慧宗杲，大慧的机语既见于本录，也被后代诸多禅籍引述，可以排比异文以辨形求义。大正藏本宋蕴闻编《大慧录》作“傝⿰白辱”(T47/832c)，然“⿰白辱”字文献亦鲜见，而清行悦《列祖提纲录》卷四一又引作“傝⿱宂辱”(R112/767b)。按：《集韵·肿韵》：“⿱宂辱，不肖也。一曰傝⿱宂辱，劣也。”“傝⿱宂辱者”义指顽劣无能之人，与“剑利者”对文，文意相贯，“⿱宂辱”当为正字。文献中另见“傝茸”“阘茸”和“毾毲”等词形，如元祖光编《楚石梵琦禅师语录》、明郭凝之编《袁州仰山慧寂禅师语录》等即引作“阘茸”(R124/183a，T47/585b)。综上不难看出，“⿰鹵辱”“⿰白辱”二字与“⿱宂辱”形近，当为“⿱宂辱”字之讹变。又按：“⿱宂辱”字声符“宂”常与“穴”相混，变形又写作“内”④，如《钜宋广韵·肿韵》：“⿱内辱，不肖也。一曰傝⿱内辱，劣也。”明万历三十四年(1606)练川明德书院本《重订直音篇·宂部》：“⿱宂辱，音宂。傝⿱宂辱，不肖。⿱内辱，同上。”部件“内”在日藏古写本和古刻本《大慧录》中又误写作“囟”，如国立公文书馆藏江户写本《大慧录》作“⿰囟辱”，国立国会图书馆藏江户刊本《大慧录》作“⿰囟辱”，刊本与大正藏本虽为同一个系统，但每卷末附有“校讹”和“音释”，其中“音释”收录该词，字形作“傝⿰囟辱”。明永乐北藏本亦作“⿰囟辱”。自此我们便不难看出，大正藏本《大慧录》“⿰白辱”的部件“白”其实是“囟”之讹变。而卍续藏本《禅林类聚》“⿰鹵辱”字部件“鹵”当系编者错误回改所致，盖整理者误以为“囟”是“鹵”之俗写，因为“鹵”的俗体“卤”与“囟”字形的确相近。其实，“鹵”与“囟”不仅作为构字部件可以相混，单用亦然，如宋惠洪《石门文字禅》卷二十六《英大师僧宝传》：“思之又思之，以至于无思，如鹵之在顶，盖造形之极，不可以数量情识得。”(J23/706c)“鹵”显然是“囟”之误，囟门在顶之义。

① 文章引用的书法字形取自网络版“书法字典”，网址 http://www.shufazidian.com/.

② 这种写法在写本佛典中曾经比较流行，因而《龙龛手镜》有载录，高丽本《龙龛手镜·卜部》“庈，音会”，同书《杂部》“庈，音会”，即为其证。

③ 明陈士元《古俗字略补·九泰》：“庈庈岃，并古会。”(杉本つとむ编《异体字研究资料集成》影印国立公文书馆、内阁文库藏本)

④ “内”其实是“穴”的俗写，《续修四库全书》本《字汇补·穴部》“补音义”：“穴，又古作内，见《同文铎》。”

四　騎

大藏经补编本元大䜣《蒲室集》卷一《长桥寺化修造疏》："向来雨露淋漓,敢图逭责,或庶几騎。当见勇为而兴起者,使黄金同土价。"(B24/212b)

"騎"古今字书不载。大藏经补编本系影印日本承应 2 年(1653)风月庄左卫门刊本,另查日本国立国会图书馆藏明和 8 年(1771)写本《蒲室集》作"騎",字形大体相同。我们认为该字是"焉"的俗体,文渊阁四库全书本《吴都文粹续集》卷三四引作"焉",是为切证。首先,从字形上来看,"焉"俗写作"焉""馬"①或"焉"②,上端的部件受"馬"字头类化写作"馬",而下端部件和"与"相近,写手又将"与"写成俗体的"与",遂成承应刻本的"騎"字。其次,从词义上来说,"焉"在句中充当语气词,惯用语"或庶几焉"表差强、自勉之辞,禅籍不乏用例,如清道需编《永觉元贤禅师广录》卷九:"上人字自参,执纸来求法语。予但为拈此,令其顾名思义,力而行之,其于道或庶几焉。"(R125/507a)清彭绍升《测海集节钞》卷一:"平生学力无住手处,年来日夕,检点身心,仰不愧,俯不怍,或庶几焉。"(R110/715a)又有"殆庶几焉""其庶几焉"和"或庶几耳"等相近的表述,例不备举。可见辨"騎"为"焉",文通义顺。

五　蹏

卍续藏本元妙寅编《月磵禅师语录》卷上:"禹门三级,霹雳一声,便见跃冲天头角。东湖正当桃花浪蹏时节,诸人因甚不觉不知?"(R150/1046a)

"蹏"《汉语大字典》和《中华字海》等大型字书不收,字义费解。检日本江户写本《月磵禅师语录》作"蹏",或为卍续藏所本。内典中"蹏"一般作为"蹊"的讹俗字,如后唐景霄《四分律行事钞简正记》卷九:"蹊径者,小道曰蹊,大道曰径。"(R68/559a)校勘记:"蹊径,《钞》作蹊径。"《钞》是,卍续藏本唐大觉《四分律行事钞批》卷作"蹊径"(R67/582b)。但是这与例句表意无涉。今按:"桃花浪"即桃花春汛,禅籍常见"桃花浪暖"的说法,如宋法澄编《希叟绍昙禅师广录》卷六:"密庵当阳揭示,譬如禹门霹雳,桃花浪暖,变化鱼龙,皆承烧尾之力。"(R122/291a)元如瑛编《高峰龙泉院因师集贤语录》卷一:"榆荚雨晴,桃花浪暖。浓荫渐迷于四望,韶华已过于三分。"(R114/8a)元居简编《月江正印禅师语录》卷三:"雨从何来,风作何色?桃花浪暖禹门开,白日青天轰霹雳。"(R123/287a)比勘可以确定,《月磵禅师语录》的"蹏"实为"暖"的形近讹误字。

六　㹀

嘉兴藏本元元长说、嗣诏录《千岩和尚语录·和梁山和尚十牛颂·见牛》:"临风忽叫㹀和声,抬起头来双眼青。业债知他填未足,归耕陇亩望秋成。"(J32/222a)

千岩和尚的偈颂又见于嘉兴藏本明通明《牧云和尚宗本投机颂》,字作"㹀"(J31/651b),与本录的字形相同。此外,又见于嘉兴藏本明普明、性音辑《牧牛图颂》,字又作"㹀"(J23/363a),该字《中华字海》标为"音义待考"③。今按:偈颂既然是指牛叫声,则当以"㹀"为正。宋本《玉篇·牛部》:"㹀,乌猛反,唤牛声。"《集韵·梗韵》㹀小韵乌猛切:"㹀,牸也,一曰牛鸣。"同韵㹀小韵於杏切:"㹀,吴人谓犊曰

---

① 秦公、刘大新:《广碑别字》引唐《骑都尉郭君夫人杨氏墓志》《桂州刺史孙成墓志》,国际文化出版公司,1995 年,第 269 页。
② 秦公、刘大新编著:《碑别字新编(修订本)》引隋《腾王子杨厉墓志》,文物出版社,2016 年,第 269 页。
③ 冷玉龙、韦一心等:《中华字海》,中国友谊出版公司,1994 年,第 1766 页。

犔。"犔"的声符"訾"与"訾"形音相近①,故又写作"犙",如高丽本《龙龛手镜·牛部》:"犙,乌猛反,《玉篇》云'唤牛子声也'。"而引例中的"犙"当系"犔"的换声旁俗字,"訾"为"鸎"的俗体,与"訾"音同,而《牧牛图颂》中"摖"则又是"犔"之俗误,由俗写时偏旁"牛""扌"相混所致。至于该字的读音,《集韵》收有两读,"乌猛切"可折合成 wěng,也可折合成 yǐng,而"於杏切"只能折合成 yǐng。《汉语大字典》(第一版)据"乌猛切"拟音 wěng,《中华字海》音同,但《汉语大字典(第二版)》又改作 yǐng。我们认为应该以 yǐng 为标准音。首先,从"訾"得声的同为"乌猛切"的"濣""嘗"二字《汉语大字典》均音 yǐng,凡生僻字,辞书标音应该以类相从。其次,从该字近代以来可将声符改换作"嫈"和"鸎"来看,也定是以 yǐng 为常。②

七 盉

卍续藏本明自觉重编《投子义青禅师语录》卷二:"举药山问高沙弥云:'我闻长安甚闹。'弥云:'我国晏然。'山忻然曰:'子从看经得,从请盉得?'弥云:'不从看经得,亦不从请盉得?'山云:'大有人不看经不请盉。'"(R124/464b)

"盉"一般认为是"盥"的俗体,如《汉语大字典》:"盉,同'盥'。"引《龙龛手鉴·水部》:"濣,音贯。净也,亦澡手濣洒也。或作盉。"又《皿部》:"盉",同"盥"。③ 佛经音义也有载录,如可洪《新集藏经音义随函录》第二四册《开元释教录》"盉洗":"上古乱反。"(K35/465a)同书第二七册《续高僧传》卷一"盉洗":"上古短、古乱二反,洗手也。"(K35/582a)但该义显然与文意不合。其实,引文的"盉"是"益"的异形字,语文辞书不载。"益"的部件"氺"也是"水"之变体,但俗书不顾这种约定俗成,导致"盉"身兼二职。"请益"就是请问、请教之义,药山和尚问沙弥"我国晏然"这句话是从佛经上看来,还是从师傅那里请教得来。

"盉"作"益"之异形佛典另有用例,卍续藏本元徐行善《法华经科注》卷二:"索有三意:一机索者,鹿苑证小之后,至方等中,冥有大盉,被斥不谤,理在有求,大乘之意,名为机索。"(R48/797a)"盉"在卍续藏本明一如集《法华经科注》、清智祥《法华经授手》均作"益"(R49/183a,R51/655a),唐湛然《法华文句记》作"大利"(T34/252b),"大益"同"大利",即大利益之义。

八 㝖

大藏经补编本明空谷景隆《尚直编》卷一:"韩愈启:孟夏渐热,惟道体㝖和,愈弊劣无谓坐事贬官到此,盛闻道德,切思见颜。"(B24/98a)

---

① "訾""訾"二字单用亦多讹混,参见段玉裁《说文解字注》"訾"条。

② 雷昌蛟教授认为该字《集韵》的音读比较特殊,兹将他的意见转引如下:

"犔"在《集韵》中的"乌猛切"和"於杏切"当属同音切语。两个反切如果不同音,只可能是开合的不同。"乌""於"同为影母,"猛""杏"同为上声梗韵二等。由于"猛"为唇音字,唇音不分开合,也就是说"猛"既可作开口字的切下字,也可作合口字的切下字,因此"乌猛切"是开口还是合口需找旁证。……《广韵》不收"犔",但声符"訾"在《广韵》和《集韵》中皆为"乌猛切"。查《韵镜》,"訾"在外转第三十三开的影母二等位置,所以"乌猛切"切出的读音当读为开口。雷励将《集韵》没有读音差别小韵称为"重出小韵",据他的统计,《集韵》有149个重出小韵,"訾/乌猛切"和"犔/於杏切"当属重出小韵,但不在雷励149个之列。至于新增同音的"於杏切",原因可能在于:"犔"有方言依据读齐齿呼,而"猛"读开口呼,编者认为"猛"不再适合表示此字的韵母,因此换用了一个齐齿呼的"杏"作切下字。然《集韵》的编纂意图又是兼收并蓄,又按时音改造反切,因此就产生了这组同音小韵。

笔者按:关于雷励统计的《集韵》149个"重出小韵",请参雷励:《集韵》新增重出小韵的分类》,《兴义民族师范学院学报》2013年第2期。

③ 汉语大字典编纂委员会:《汉语大字典(第二版)》,四川辞书出版社、崇文书局,2010年,第1690页。

"宊"《汉语大字典（第一版）》不收，《中华字海》："同'实'。见《宋元以来俗字谱》。"①《汉语大字典（第二版）》可能是受到《中华字海》的启发而增收，释云："同'實'。《宋元以来俗字谱》：'實'，《岭南逸事》作'宊'。"②今按：刘复、李家瑞编《宋元以来俗字谱》中华民国 19 年(1930)2 月刊于北平，属"中央研究院"历史语言研究所单刊之三，笔者检核台湾大学图书馆藏 1930 年原印本，《岭南逸事》字作"実"③，且字谱所引宋元以来文献的"實"仅有"実""実""実"三种写法④，并无作"宊"者。《汉语大字典》两版的《主要引用书目表》都说明所据《宋元以来俗字谱》是文字改革出版社 1957 年版，但该版正文系影印原版，所以体例、排版、字形均与原版相同⑤，故称《宋元以来俗字谱》收"宊"字恐有失检核，《汉语大字典（第一版）》更审慎可取。

又按：引例中"宊"其实是"安"的讹俗字，"道体安和"是韩愈对大颠禅师的问候语，韩愈的书启又见于宋善卿《祖庭事苑》卷四(R113/105b)、元熙仲《历朝释氏资鉴》卷七(R132/139a)及明心泰《佛法金汤编》卷九(R148/908b)等禅籍，均作"安"可证。

佛教文献中"宊"又是"突"和"央"的讹俗字。可洪《新集藏经音义随函录》第十一册《大狂(庄)严论经》卷一四"摩突"："他骨反，园名，摩〃罗，或云摩偷罗，或云末叱罗，正作宊。"(K34/1042a)可洪认为"突"正作"宊"，高丽藏本的"宊"显然是"突"之俗误。宋有严注《止观辅行助览》卷一："是时宊掘便说偈言：尊今为我故，而说微妙偈。恶者令识真，皆由尊威神。"(R99/484b)"宊"又为"央"之俗误，"央掘"或作"殃掘"，乃佛十大弟子之一"殃掘摩罗"之节译。

九 洨 泟

大藏经补编本明屠龙《佛法金汤录》卷中："经⑥云：'一切诸佛等，皆從此经出。'既称无念，入佛知见。复從何立，洨无念立。无想天灭尽，心想亦是无念。"(B28/386b)

"洨"《汉语大字典》不收，《中华字海》云："'洨'的讹字。字见《类篇》。"⑦考宋本《玉篇·水部》："洨，匹凡切，深也。"《类篇·水部》："洨，甫凡切，深也。"词义明显与例句不契。这段话另见于唐慧海撰《顿悟入道要门论》，表述略有不同：

经云："一切诸佛等，皆從此经出。"问："即［既］称无念，入佛知见，复從何立？"答："從无念立。"何以故？经云："從无住本，立一切法。"(R110/849b)

比照可以确认，"洨"即"從"。今按："洨"实为"從"的俗写。"從"俗作"従"，"龰"讹变作"之"，字形

---

① 冷玉龙、韦一心等：《中华字海》，第 614 页。
② 汉语大字典编纂委员会：《汉语大字典（第二版）》，第 979 页。
③ 刘复、李家瑞编：《宋元以来俗字谱》，"中央研究院"历史语言所单刊之三，1930 年，第 21 页。
④ 其实就是构件"头"左上角是两点"〃"还是一点"丶"抑或是两点连笔"レ"之别。
⑤ 笔者从"孔夫子旧书网"购得一部 1957 年重印本，该本与原版正文部分最大的不同是将原版书尾两页《勘误表》的条目重排在正文相应字目的天头部分，字谱正文的俗字形体无异。"實"条出自 1930 年原版第 21 页，1957 年版第 48 页，读者可参。浙江大学张文冠博士另给笔者传送一部电子版，仅有正文，惜缺封面和版权页，出版信息不明，但正文仍与 1930 年原版无异。令人诧异的是，电子版"實"条收有"実"这个字形，但是出自《(京本)通俗小说》，缺失的两点是自然脱落，还是人为改动，有待考证。笔者核对 1930 年原版、1957 年文字改革出版社重印本以及杉本つとむ编《异体字研究资料集成》二期八卷影印本，《通俗小说》并作"実"而非"実"。
另需补充说明的是，《汉语大字典》和《中华字海》均据《宋元以来俗字谱》设立不少俗字字头，并未提供文献例证。然而原版的俗字摹写间有疏误，日本学者福满正博就指出其中不少错误，详参福满正博：《〈宋元以来俗字谱〉补正(1)——〈古列女伝〉——》，《明治大学教养论集》通卷 437 号，明治大学教养论集，2008 年，第 47—73 页；《〈宋元以来俗字谱〉补正(2)——〈全相平话三国志〉——》，《明治大学教养论集》通卷 458 号，明治大学教养论集刊行会，2010 年，第 145—176 页。《宋元以来俗字谱》的辞书价值无可非议，但作为"二手资料"引入字典，必须经过核辨，避免误立虚假字头。当然，也有《宋元以来俗字谱》俗体不误而两部字书臆改的情况，今人利用也需谨慎，可参张涌泉：《汉语俗字丛考（修订本）·前言》，中华书局，2020 年，第 20 页。
⑥ "经"即指《金刚经》，经云："一切诸佛及诸佛阿耨多罗三藐三菩提法，皆从此经出。"
⑦ 冷玉龙、韦一心等：《中华字海》，第 537 页。

又作""(东汉中平四年[187]《谯敏碑》)或""(北魏正光二年[521]《王僧男墓志》)。① 俗书偏旁"彳"与"氵"常相混,""再变作""②,这种写法历代沿用,《宋元以来俗字谱》引元刊本《古今杂剧》、明刊本《娇红记》、清刊本《目莲记》的"從"就分别作""""""③,国家图书馆藏日写本《樵隐和尚初住福州大中祥符禅寺语录》"從"或写作"",与"泟"无异。"泟"字在中国佛寺史志汇刊本《重修普陀山志》中亦见用例,卷一《补陀山志序》"余泟怀五来吏兹土"(GA9/11a)、卷六《赠奇峰上人》"野径何泟寻幻迹"(GA9/546a),二例"泟"同样是"從"的俗体。部件"艹"讹变写作"口",明周永年《吴都法乘》卷五载陆游《退谷云禅师塔铭》:"后闻龟峰山堂淳禅师,遂自断出家,山堂祝发,偏游江湖。"(B34/116b)""亦"從"之俗。

十　礜

卍续藏本明通炯编《憨山老人梦游集》卷二二《重修之罘山神庙记》:"造化胚胎,大块以成。山川郁秀,育灵产英。惟兹大礜,百川以归。"(R127/530a)

该字古籍鲜见,检核《憨山老人梦游集》新文丰版嘉兴藏(J22/508a)、京都大学图书馆藏嘉兴藏,字形并同。另查《憨山老人梦游集》清龙藏本却作"垄"(L155/656a),以龙藏本为底本的中华藏同作"垄"(C83/928c)。"垄"为"壑"之俗写:"壑"隶书作""(唐《崔汭墓志》),楷书作""(唐《苏公残塔志》),部件讹变作""(唐《唐思礼墓志》)④,部件"石"与"夕"相混又写作""(明《司子忠淑人王氏墓志》)⑤,字形与"垄"近似。比勘可以确定,嘉兴藏、卍续藏的"礜"也当是"壑"之讹俗字,然而与原字有较大差异,每个部件都有不同程度的讹混和改易:"宛"与"女"分别是"睿"与"又"之讹,而"石"与"土"当属于类同部件的替换。

十一　鄡

《中国佛寺史志汇刊》本⑥明传灯《天台山方外志》卷二二载李汶《游天台纪略》:"两力掖持,俯下危巅,暨没阶山麓,股鄡间盘辟惫竭矣!"(GA90/803a)

"鄡"字载籍鲜觏,细绎文句,"盘辟"指跛行摇晃貌,"股"指大腿,故可推断"鄡"为肢体部位,疑为"膝"之讹变。检《古今图书集成·方舆汇编》载李汶记略正作"膝",国家图书馆藏幽溪讲堂明万历二十九年(1601)刊本作"鄹",亦可为证。按:"膝"篆书作""(大徐本《说文》),本从"卩",楷书作"卻",后增"月"作"脚",或省"卩"作"膝",《说文·卩部》:"卻,胫头卩也。"徐锴系传:"今俗作膝。""脚"又写作""(朝鲜本《龙龛手镜·月部》),部件"夰"讹作"夹","卩"讹作"阝"⑦。中国佛寺史志汇刊本的"鄡"字应该又是在俗体""的基础上进一步的变异,省略部件"水",将"月"移到原来"水"的位置,但误写作形近的"具"。

---

① 毛远明:《汉魏六朝碑刻异体字典》,第 128 页。
② 毛远明:《汉魏六朝碑刻异体字典》引延熹元年(158)《郑固墓碑》,第 128 页。
③ 刘复、李家瑞编:《宋元以来俗字谱》,第 7 页。
④ 三种字形参见臧克和主编:《汉魏六朝隋唐五代字形表》,南方日报出版社,2011 年,第 249 页。
⑤ 秦公、刘大新:《广碑别字》,第 628 页。
⑥ 该本系影印光绪甲午(1894)重刊、佛陇真觉寺藏板。
⑦ "卩"与"阝"相混文献习见,如《集韵·质韵》戚悉切:"梮",《说文》:"木可为杖。"同韵息七切:"榔,木名,可为杖。"二字本为一字。

十二　襪

嘉兴藏本明宋濂《护法录》卷一《扶宗宏辨禅师育王裕公生塔之碑》："一日，令圬人塓壁，壁中隆然，如有物函，襪�之，已而复然，抉之，获悉达多太子像，乃佛牙所刻。"(J21/611c)

关于明释崇裕获佛牙太子像的故事明清禅宗文献不乏载录，但措辞略有微异，不妨先看如下四例：

(1) 一日，令圬人塓壁，壁中隆然如有物，抉之，获悉达太子像。（明明河《补续高僧传》卷一四《约之裕公传》，R134/257a）

(2) 一日，令圬人塓壁，壁中隆然，如有物函，抉之，获悉达多太子像。（明朱时恩《佛祖纲目》卷四一《崇裕禅师住圆通》，R146/856b）

(3) 住太平日，圬人塓壁，壁中隆然有物函，抉之，获悉达多太子像。（清纪荫《宗统编年》卷二八，R147/417b）

(4) 一日，令圬人塓壁，壁中隆然有物，扶[抉]之，获悉达太子像。（清畹荃《明州阿育王山续志》卷一二载宋濂《扶宗宏辨禅师育王约之裕公生塔之碑》，GA12/699a）

不难发现，四则转述并不见"襪拉之，已而复然"两句，或许是因为"襪"字难解，编者删略以求文意简明。《四部丛刊》景明正德本《宋学士文集》卷四四《芝园集》卷四亦载裕公碑，文句与嘉兴藏本《护法录》同，但今人的整理本也留有疏误，如黄灵庚点校《宋濂全集》云："一日，令圬人塓壁，壁中隆然如有物，亟襤拉之，已而复然。抉之，获悉达多太子像，乃佛牙所刻。"①点校本有不少问题：首先，把"襪"辨作"襤"，二字均鲜见，词义不明。其次，误将"函"作"亟"，由此而次生标点错误。总之，要解决这些问题必须弄清"襪"的具体含义。我们认为"襪"本为"幔"字。《说文·巾部》："幔，墀地以巾摚之。从巾，夒声，读若水温曋。一曰箸也。"王筠句读："先云巾摚，是拉拭也；后云箸也，是涂墍也。"可见"幔"本义是以巾擦拭地面，引申有涂抹义，宋本《玉篇·巾部》："幔，著也，涂也。""幔拉"属同义并列复合词②，亦即涂抹之义。裕公塔碑是说：泥水匠在涂抹墙壁时，发现壁中有物隆起，状如函匣，涂抹平整后，继而又是这样，便挖开发现悉达多太子像。如此理解，文通义顺。所以，嘉兴藏、《四部丛刊》本的"襪"当即"幔"的讹误字。"幔"俗写作"幔"，部件"夒"与"夒"形近相混，《康熙字典·巾部》："字本作幔，亦书作幔，当即二字传写之讹。""幔"俗写又作"獿"，《汉书·扬雄传》："獿人亡，则匠石辍斤不敢妄斲。"颜师古注引服虔曰："獿，古之善涂墍者也。"师古注："獿，拉拭也，故谓涂者为獿人。"③所以，引例"襪"当是在俗写"獿"基础上，分别受到"犭""彳"互讹④及"夒""夒"相混而产生的俗字。

十三　骹 駮

台北"国家图书馆"藏明刻本明景隆《空谷集》卷上《尚直编》："温公手书一卷《心经》赠僧，复题其后云：退之排佛，而称大颠外形骹，以理自胜，[要]且胸中无滞碍。"(D57/5b)

---

① 黄灵庚点校：《宋濂全集》，人民文学出版社，2014年，第1130页。
② 台北"国家图书馆"藏径山藏本《宋文宪公护法录》又作"襪扠"，"扠"乃"拉"之异体。
③ 杨宝忠：《疑难字考释与研究》，中华书局，2005年，第198—199页。
④ 如"狭"误作"狭"，杨宝忠指出："俗书犭旁斜钩与上撇相接不相交，因与彳旁相乱。"参杨宝忠：《疑难字考释与研究》，中华书局，2005年，第201页。内典中也多见讹混之例，如宋善卿《祖庭事苑》卷三"因事"："丛林或说因事，往往妄议当日很琐世谛杂事。"(R113/77a)"很"即"狠"。宋颐藏主编《古尊宿语录》卷九《云门匡真禅师广录》卷上："问：'如何是不犯之令？'师云：'那个师僧还见么？'"(D48/274b)"犯"为"犯"之俗。

"骸"古今字书不载,实为"骸"的讹俗字,引例"温公"即司马光,其题赠另见于大藏经补编本《尚直编》(B24/89a)以及元大䜣《蒲室集》卷一四(B24/336b)、明心泰《佛法金汤编》卷一一(R148/936b)和清弘赞《解惑篇》卷二(J35/468b)等禅籍,均作"骸",可资为证。"骸"写作"骸"当与俗写有关,部件"亥"俗书作"夵","骸"俗写即作"**骸**"(建义元年[528]《元端墓志》①)、"**骸**"(《类篇·骨部》)、"**骸**"(《佛教难字字典·骨部》②),刻者不辨,误将"骸"楷化作形近的"骸"。又如以"亥"为部件的"刻"字,其俗体作"刻"(明《潘得妻傅净光墓志铭》③),"夵"与"求"近似,亦可为其证。

又,偏旁"亥"内典中或讹作"炎",唐良贲《仁王护国般若波罗蜜多经疏》卷三《护国品第五》:"其月下旬,西戎北狄蚁聚王畿,无劳强师,蕃丑駭溃。"(T33/489a)据校勘记,宝寿院藏足利时代写本作"骇",是为正字。

十四 腐

嘉兴藏本清宗上等编《嵩山野竹禅师录》卷七:"今一伙秃汉,未睹堂奥,未尽玄微,便将金帛市此祖位,到处蛊惑世俗,谓之传佛心印。乌乎!是何幺腐乱法之甚也。"(J29/125a)

"腐"当为"麽"的俗字,盖用以喻人故偏旁改易从"肉"。"幺麽"又作"幺魔",《汉语大词典》释为"微不足道的人",如《鹖冠子·道端》:"无道之君,任用幺麽。"陆佃解:"么,细人,俊雄之反。"蒲松龄《聊斋志异·崔猛》:"缘橦飞人,翦禽兽于深闺;断路夹攻,荡幺魔于隘谷。"《慧琳音义》卷九八《广弘明集》卷二〇"幺麽"条:"上杳尧反,下魔跛反。《考声》云:'幺、麽,并小细也。'《汉书》'久洗幺麽',尚不及数字。《说文》:'幺,小也,象子初生之形。'"(T54/918c)引例中"幺麽"即指前文所谓的"一伙秃汉"。

"腐"又是"腐"的俗字,高丽本《龙龛手镜·广部》:"腐,俗;腐,正。"《汉语大字典》和《中华字海》据之立目,但并未举文献例证。④ 其实,佛典中即有用例,可补字典例证之缺,台北"国家图书馆"藏日钞本日释信瑞撰《净土三部经音义集》卷二《无量寿经》卷下"魂神精识"条:"喜怒亡魂,卒惊伤魄。魂在肝,魄在肺,美酒甘肴,**腐**人肝肺。"(D61/93b)"**腐**"大正藏本作"腐"(T57/408b),即为明证。

附记:本文定稿后,承蒙雷昌蛟教授指出"糌"字的读音问题,征得雷教授同意,修改时将他的意见以脚注形式补记于后,谨此致谢!

The Continuous Explanations of Folk Characters
in Zen Buddhism Literature

Wang Changlin

(Institute for Non-orthodox Chinese Culture, Sichuan University,

Sichuan Chengdu 610064, China)

Abstract: The article continues to reveal fourteen groups complicated folk characters in Zen literature which belongs to the Song, Yuan, Ming and Qing dynasties, not only proofreading emendating editions, coreference of varia lection and discriminating the form and testifying the meaning mainly,

---

① 毛远明:《汉魏六朝碑刻异体字典》,第 300 页。
② 李琳华编著:《佛教难字字典》,台北常春树书坊,1990 年,第 380 页.
③ 秦公、刘大新:《广碑别字》,第 83 页。
④ 汉语大字典编纂委员会:《汉语大字典(第二版)》,第 3130 页;冷玉龙、韦一心:《中华字海》,第 1721 页。

but also contacting the rule of folk characters in past dynasties and writing folk characters. On that basis，we can communicate relationships between different characters forms，and reorganize developed routes of these forms. The research results will have certain reference value to arrange Zen literature，study recent Chinese characters and revise large-sized dictionaries.

Key words：Zen literature；folk characters；research of vernacular

谈明清尺牍释文及应注意问题

乔二虎　　郑邵琳

【摘　要】明清尺牍作为写本文献,因其不容低估的文物价值、史料价值、艺术价值和语料价值而受到学界的高度关注,尘封数百年的明清尺牍逐渐公之于众,为学人提供了学习研究的便利。由于诸多因素的影响,目前已出版尺牍在释文方面存在不少问题。文章结合已整理出版尺牍释文存在的具体问题,分类探讨并归纳出尺牍释文应注意的问题,为尺牍整理提供一些可资参考的条例。

【关键词】明清尺牍;写本;释文

【作者简介】乔二虎,华东师范大学中国文字研究与应用中心博士研究生,西藏民族大学讲师,研究方向为汉字发展史、训诂学。郑邵琳,女,华东师范大学中国文字研究与应用中心助理研究员,研究方向为汉字发展史、汉语史。(上海　200241;陕西 咸阳　712082)

尺牍,或称手札、书札①,是古代文人集团成员之间主要的交流方式之一。因经济社会的发展,明清时期尺牍使用更加频繁。明清尺牍对于研究明清书法艺术、历史文化、语言文字、图书刊刻、民间习俗、文人关系网络等,不无裨益。因而具有极高的文物价值、艺术价值、历史文献价值以及语料价值。随着文化图书事业的不断发展,书艺书道研究的不断深入,新史料学空间的不断开拓,明清尺牍愈来愈受到学界的重视并进入学者的研究视野。经过许多学者的努力,大量尘封数百年的明清尺牍逐渐公之于众。特别是新世纪以来,大量尺牍文献整理出版,化身百千,给我们研究使用明清尺牍文献提供了极大的便利。

目前已出版明清尺牍文献以上海图书馆整理出版为最多,此外有故宫博物院、中国文化遗产研究院等。出版个人藏品的亦不在少数,《钱镜塘藏明代名人尺牍》(2002),陈烈主编的《小莽苍苍斋藏清代学者书札》(2013),李志纲、刘凯主编的《袁氏藏明清名人尺牍》(2016),何国庆主编《明代名贤尺牍集》(2019)等。明清尺牍公私藏品出版甚多,兹不一一觏缕。明清尺牍因书体多样、正俗并用、文白夹杂、书写省减等方面的原因,要准确释文并不容易。陈智超先生在尺牍整理过程中总结出了"五认",即认字、认人、认时、认地、认事。② 为尺牍文献整理提供了宏观性指导。程章灿先生结合新世纪以来尺牍文献整理出版情况,指出尺牍整理之"四难"。③ 释文是尺牍整理的基础性工作,只有释文正确,才有可能进行其他方面的考证及研究。所以,白谦慎先生说:"对有意使用这些资料的学者来说,依然存在着一个绕不过去的问题:释读。"④然而,如何正确释读,如何避免或尽量减少尺牍整理中存在的问题,需要具体的可操作的方法和条例。本文结合已出版尺牍文献释文方面存在的具体问题,分类探讨误释原因并归纳出尺牍释文应注意问题。

尺牍书写者多为上层文人集团成员。受书信人、收信人、书信场合等因素的影响,尺牍书体字体、语言语词的运用有所差异。因此之故,尺牍文字古今、正俗、假借并见;尺牍书体真、行、草并用;尺牍语言文白兼而有之。尺牍释文的关键在于草书的释读。楷书用笔划来组合汉字,而草书多以点和线

---

① 　为论述方便,文中除书名外,均使用"尺牍"这一术语。
② 　陈智超:《美国哈佛大学哈佛燕京图书馆藏明代徽州方氏亲友手札七百通考释》,安徽大学出版社,2001年,第8—15页。
③ 　程章灿:《尺牍书疏　历史面目——新世纪以来书札文献整理出版的状况与检讨》,《兰州学刊》2016年第11期。
④ 　白谦慎:《E数据时代稿本文献整理的必要性》,《读书》2015年第12期。

完成汉字的书写。在实际书写过程中，书写的力量和书写方向都会影响书写结果，从而影响汉字的释读。楷书用笔划组合汉字，书写有一定的顺序，书写方向会对书体风格产生影响，而很少对楷书的认知和释读产生影响。行、草书，特别是草书多用点画和线条来完成整个汉字的书写，书写力量的大小、书写的速度及线条的方向稍有变化就会影响书写结果的呈现。如此，则形成了尺牍文字丰富而复杂的样态。这种丰富而复杂的样态，难免会对一般的阅读者造成认知上的障碍。即使专业的研究者，也会因为疏失或者其他原因而释读不当。尺牍文字的释读要依据字形，字形的辨析要根据词义及文意。所以说，在尺牍释文过程中字形辨析、词义疏解、句意畅达是相互影响的。为方便论述，现将释文存在问题大致分为四类，分别讨论。

一　误认草书

在汉字发展史中，隶变解散篆体，汉字书写笔画化，这是汉字书写史上的第一次变革。草书使汉字书写由笔画转换为以线条为主，从而带来汉字书写的第二次结构离散与解体。"草书流行过程，等于又一次打乱了各种结构类型，转换了认知区别模式。不仅是简写，包括构成偏旁重新形成一整套化简、替代、归并、变换等区别规则。"①同时，由于书写方向、力量（速度）等因素的影响，很多汉字之间区别特征不甚明显，从而造成认知上的困难。

1. 因草书、楷书字形区别特征丧失误认草书为楷书

尺牍书写中，常常行、楷、草交替使用，容易造成认识上的混乱。如不明草书写法，不明词义句意，加之潜在认知经验的影响，则容易误将草书认作与之形近的楷书。

《某公（经年）致黄诰尺牍》："承今口三点钟，宠*召*本该到府叩喜，适因刻有要事，未克分身敬辞。"（《中遗藏》714）②按：*召*为召字，因与台字楷书形近，整理者误释为台。"宠召"或作"宠招"，为对高位者邀请的敬辞。元柯丹邱《荆钗记·团圆》："老夫感蒙过爱，特辱宠招，不胜愧感之至。""宠召"当从上读。

《孔继涑致王昶尺牍》："第有负老先生重期厚意，时深悚惕。*甚*，羽便附候，并布谢私，不一。"（《袁氏藏》553）按：因*甚*字与下字楷书形近，整理者误释为下，非。当为甚字。王羲之《十七帖》甚作*甚*。根据文意，"甚"当从上读。

2. 因草书字形之间区别特征丧失而误认作形近之草书

草书受书写方向及书写力量（速度）的影响较大，加之草书不同部件归并认同使用同一写法，草书与草书之间常常因区别特征不甚明显而被误认作形近之草书。

《孔继涑尺牍》："昨者学使管家回粤，曾已一函*修*候，谅尘记室。"（《中遗藏》60）按：因俟、修草书形近，整理者误释*修*为"俟"。"俟候"不辞，当为"修候"。"修候"或作"偹候"。"修候"与"问候"义同。《陈兆仑尺牍》之"竟缺修候"、《盛惇重尺牍》之"久疏修候"，均作"修候"。根据文义，可知当作"修候"。

《李鸿章致李承霖尺牍》："现饬诸将步步紧*跟*，可冀廓清之效。"（《中遗藏》590）按：因*跟*与踪字草

---

① 臧克和：《汉字认知器的研制》，《杭州师范大学学报（社会科学版）》2018 年第 3 期。

② 为论述方便，释文部分举例所涉尺牍书目，均用简称。赫俊红主编：《中国文化遗产研究院藏清代名人书札》，中华书局，2015 年，简称《中遗藏》；李志纲、刘凯主编：《袁氏藏明清名人尺牍》，文物出版社，2016 年，简称《袁氏藏》；陈奂辑、吴格整理：《流翰仰瞻——陈硕甫友朋书札》，上海古籍出版社，2012 年，简称《流翰札》；陈智超：《美国哈佛大学哈佛燕京图书馆藏明代徽州方氏亲友手札七百通考释》，安徽大学出版社，2001 年，简称《哈佛藏》；庞元济辑、梁颖整理：《庞虚斋藏清朝名贤手札》，凤凰出版社，2016 年，简称《庞虚斋藏》；上海图书馆编：《上海图书馆藏中华尺牍·明代卷》，上海科学技术文献出版社，2019 年，简称《上图藏》；梁颖主编：《尺素风雅 明清彩笺图录》，山东美术出版社，2010 年，简称《尺素风雅》；上海图书馆编：《颜氏家藏尺牍》，上海科技文献出版社，2006 年，简称《颜氏藏》。文中如未标明尺牍出处，则均指上海图书馆所藏稿本。

书形近,整理者误释**跻**为跻,不确。当释为蹑,蹑有跟随、追踪义。清蒲松龄《聊斋志异·促织》:"成益愕,急逐趁之,蟆入草间,蹑迹披求,见有虫伏棘根,遽扑之,入石穴中。"

3. 因汉字草书部件符号化而误认草书

草书常将部分汉字部件作符号化处理以提高书写速度。如以点代口、以横代心等。如对草书部件符号化判断错误,就会直接影响释读的结果。

《梁同书尺牍》:"严四世兄病果向愈,服阙后自当与之**毕**姻,但不知伊令兄亦计及此否?"(《庞虚斋藏》427)按:整理者释**毕**为牵,误。**毕**并非牵字草书,且"牵姻"不词。同册 155 号《梁同书尺牍》:"须至十月望间嫁事可毕"之"毕"作**毕**。毕字所从之"田"符号化。所以,当释为毕,"毕姻"即完婚。

《江沅致陈奂尺牍》:"刻**想**岁试,文战得意否。前列几人,新旧认识几人,望一一示知。"(《流翰札》8)按:整理者释**想**为报,"刻报"与文句不协,不确。想字所从之"心"草书符号化写作横画。当释为想。

4. 因不明词义而误(未)释草书

尺牍书写者文白兼用,尊称敬词习见。部分词语为明清时期出现的新词,如不理解,或将误释为它字。

《陆治致钱谷尺牍》:"前日欲走见,足疾不能行,殊耿耿。小扇**借**重,谢谢。"(《袁氏藏》171)按:整理者释**借**为供,不当。"供重"不辞,**借**当为借。"借重"用作请人帮忙的敬词。清李渔《意中缘·入幕》:"我这幕府缺人,要借重先生秉笔。"

《方用彬致吴京尺牍》:"丈在客途,弟不敢送**节**。即晚敝亲家在小寓守岁,乞同榻,明晨入朝幸甚。"(《哈佛藏》三 20)按:**节**字整理者未释,当为节。"送节"表示节日送礼。《金瓶梅词话》第四二回:"他家既先来与咱家孩子送节,咱少不的也买礼过去,与他家长姐送节。"

5. 不识明清草书新字形而误(未)释

汉字草书形体不断发展演变,每个时代都会出现某字草书新形体。如不认识明清时期出现的汉字草书新形体,则会影响尺牍的释读。

《曹溶尺牍》:"来锁则托置白铜锁一把,再托秦八爷说红毡代**谋**二条,并接八爷十六日光降,不知可乎?"(《中遗藏》6)按:**谋**字整理者未释,当为谋字。《王灏尺牍》谋作**谋**。谋字此种写法较前代有所变化,为明清时期新写法。

《莫云卿尺牍》:"向约登戏马台,今乃坐雨,恐不得为尊罍胜游也。诸公意兴何**似**?。"(《上图藏》四 199)按:整理者释**似**为如,非。此乃似字草书新形体。"何似"义同何如。

二　误释俗字

明清尺牍写本文献,存在大量俗字。其中,绝大多数俗字因被广泛使用而具有社会性;部分俗写属书写者临时性书写行为,不易释读。对于明清尺牍中的俗字,整理者多不清楚文字的演变轨迹而根据经验释读,以致错误不少。

《许文炳致许焞尺牍》:"《京报》稽**留**时日,不胜歉仄。"(《袁氏藏》)455)按:整理者释**留**为面,不确。**留**为留字俗写,"稽留"表示延迟、停留。《吴锡麒尺牍》:"倘或今岁尚有稽留,必当亲诣灵帷,再行哭奠。"

《孔继涑尺牍》"及奋然出诣行**邸**,则老先生已出国门一日矣。"(《中遗藏》64)按:因部件氏俗写与"丘"形近,遂误释**邸**为"邱"。"行邱"不辞,当为"行邸"。

《颜光表尺牍》之三:"目今在菜市桥又开一**店**,皆谢子彝之帮助也。余言不尽。"(《颜氏藏》七 63)按:《海山》本和《上图》本均释**店**为居。"又开一居"令人费解。当为"店"。这属于书写者个人临时性俗写。

《刘始恢尺牍》："太世翁不及另启，统此致候，余衷缕缕不尽。侍名正勒。左貪。"（《颜氏藏》五134）按：最后两字，《海山》本未录，《上图》本补录。整理者释貪为"脊"，不确。"左脊"费解。当为"貪"字草写。"左貪（慎）"尺牍常见。

前两例为使用较为普遍的俗字，而后两例属于书写者临时性的俗写。无论是被大众接受了的俗字还是书写者临时性的俗写，都应结合汉字形体及文本考辨释读。

三　不辨书写格式而误释

尺牍一般书写比较自由。一字之内笔断意连或数字之间连笔书写，如不详加考辨则易误释。同时，尺牍写本文献有一套固定的书写符号，包括删除符、修改符、乙字符等。在尺牍释文中如对此类书写符号不详加辨识，也易造成释文错误。

1. 因不辨草书误认一字为两字或误认两字为一字

尺牍书写时徐时急，字形时大时小，往往一气贯通。如此就会形成两字占用一个字位或一字占用多个字位的现象，容易造成释读上的困难和错误。

《钱维城致钱大昕尺牍》："缘上当面询及，已对二十边可进五韵故也。"（《袁氏藏》535）按：整理者释边为日送，文句不协。此尺牍为论述韵书编纂事，边当为边，一字被误释为两字。此"二十边"与前"四支""五齐"同类，当为韵目。

《陈金城致某公（远斋）尺牍》："此请早安，不具。"（《中遗藏》499）按：整理者释具为一一。从字形判断，当为具。"不具"为尺牍末尾常用语，犹言不详备。

《萧显尺牍》："第一向少良便，失于问讯。"（《袁氏藏》33）按：整理者误释一向为面，句意不通，当为"一向"。"一向"指过去的一段时间。元无名氏《鸳鸯被》第三折："我一向出去游学，将近二十年不曾回家。"

《徐允临致芸生尺牍》："芸生老哥大人如兄阁下。"（袁氏藏）854）按：整理者释哥为孝，非，应为哥。因哥字的起笔与上一字相连，而与下一笔断开，以致误认哥为孝字。

以上所揭四例，前两例为误释一字为两字；后两例，一为释两字为一字，一为割裂字形而误释。

2. 忽视书写符号而误释

尺牍写本文献有一套固定的"书写符号"。明清尺牍文献书写符号相对于其他类型的写本文献，有继承也有变化。如不加注意，则易疏失而误。

《郑灏若致周三燮尺牍》"弟于今日有香山之行，旬日乃返，新诗容归缴。足下即不索和，弟亦当临别赠言也。"（《袁氏藏》803）按：新字右上角有三点，是删除符。尺牍中也有省作两点或者一点的。新字右上角加删除符并书写正字"诗"。整理者不识删除符而误释。

《叶向高尺牍》："钟兄疏兄宜健行，恐迁延日久，不及相济也。"（《上图藏》（五）202）按：作者于恐字上加一斜笔，表示删去。整理者未及注意，仍录入释文，不当。

四　标点错误

尺牍释文中，标点正误是判断尺牍整理水平的一个重要依据。解释学上由部分到整体的认知，复需从整体观察部分，从而真正实现对个别结构单元的理解。因之，尺牍标点正误的判断必须置于尺牍文本之中进行考察。部分已出版尺牍书目在前言或者凡例中会说明尺牍的标点不很严格。如标点不严格或标点有误，必然会影响到对尺牍文句的理解，从而影响尺牍文献的利用。一般来说，尺牍标点错误或因释字不当,或因不解词义,多数情况下这两方面是相互影响的。

1. 因误认字形而标点错误

尺牍文字书写真书、行草兼而有之,往往会因书体字体因素的影响而误释,上文已详述。释字有误就会导致断句不当。所以辨析字形不精就可能导致标点错误。

《何焯尺牍》:"尊札及日记,如不由府学,则交的便,带至杭城清河坊大街南，首宣正昌号紬缎店收。"(《袁氏藏》407)按:整理者释首为呈,非。首当为首字。"南首"即南头、南端。《吴朝铨致毕宏述尺牍》(袁氏藏):"弟寓在虎丘山下,金查桥东首永和号席店间壁。""南首"一词,不当断开。

《李鸿章致李承霖尺牍》:"今读来书云之,已据面覆道宪,矣至县学为合邑钜典,屡奉大宪催促,勘估通详。"(《中遗藏》594)按:整理者误释矣为夹,从下读,文句不协。当释为矣,从上读。

2. 因不明词义语意而标点错误

尺牍语言因书信人及收信人等因素的关系,雅言与口语并用。尺牍部分词汇,辞书未收或义项漏略,这些都会影响对词义的理解。如果词义理解不确,就会导致标点错误。

《王澍尺牍》:"侍别来面目如旧满意。秋冬之间请假南还已定于四月二十日发遣眷口先行……"(《中遗藏》20)按:整理者不明"满意"之义,断句有误。"满意"即满心打算,与"满拟"同。"满意"当从下读。

《鹿传霖致张曾扬尺牍》:"大兵萃于津沽,不下百数十营,饷何能支?"(《中遗藏》594)按:"营饷"一词,不当断开。又《鹿传霖致张曾扬尺牍》:"粮台供支张、宋两军营饷,岁计六七十万,按月预解,毫无短欠。""营饷"义同军饷,为军队的薪俸和给养,不应断开。

尺牍标点,一方面要精准辨析字形;另一方面要准确理解词义。字形辨析与词义理解相互影响,要根据字形理解词义,依据词义辨析字形。如此,则不致漏洞百出。

通过对尺牍释文易出现问题的分析,我们认为尺牍释文应注意以下几个方面:

第一,精析笔迹变化,切勿依轮廓释字。虽然草书依靠线条而非笔划成字,但是草书有一定的章法。书写者一般都会按照一定规则书写,只是各家风格有所差异。细审其笔迹变化便可释读,前提条件是掌握每个汉字的草书写法,切不可据其轮廓而认为某字像某字。

第二,掌握各类字形,切勿正、俗、草相混。尺牍书写个性鲜明,书写用字相对自由,正俗、真草并用。因形体相近,误将某俗字误释为楷书某字,误将某字草书误释为楷书某字,往往而有。造成这种释读错误的主要原因是未能掌握汉字俗、真、草的写法。

第三,准确理解词义,切勿随意猜测。文从字顺是判断释读正误的标准。尺牍误释多因不识字形,不明词义,不解文意。对于辞书未收语词或义项漏略而不得其解的,可根据语境加以判断,同时更需要严格辨析字形。实在无能为力,则以阙疑为上。

以上选取已出版尺牍释文中存在的问题,针对具体问题具体分析,归纳尺牍释文应注意的问题及相关条例。以期为尺牍整理提供方法上的借鉴,以推进尺牍文献的整理与研究。

【参考文献】

[1] 白谦慎.E数据时代稿本文献整理的必要性[J].读书,2015(12).

[2] 陈灻辑,吴格整理.流翰仰瞻——陈硕甫友朋书札[M].上海:上海古籍出版社,2012.

[3] 陈智超.美国哈佛大学哈佛燕京图书馆藏明代徽州方氏亲友手札七百通考释[M].合肥:安徽大学出版社,2001.

[4] 程章灿.尺牍书疏 历史面目——新世纪以来书札文献整理出版的状况与检讨[J].兰州学刊,2016(11).

[5] 赫俊红主编.中国文化遗产研究院藏清代名人书札[M].北京:中华书局,2015.

[6] 李志纲,刘凯主编.袁氏藏明清名人尺牍[M].北京:文物出版社,2016.

［7］　梁颖主编.尺素风雅 明清彩笺图录[M].济南：山东美术出版社,2010.

［8］　庞元济辑,梁颖整理.庞虚斋藏清朝名贤手札[M].南京：凤凰出版社,2016.

［9］　上海图书馆编.上海图书馆藏中华尺牍·明代卷[M].上海：上海科学技术文献出版社,2019.

［10］　上海图书馆编.颜氏家藏尺牍[M].上海：上海科技文献出版社,2006.

［11］　臧克和.汉字认知器的研制[J].杭州师范大学学报(社会科学版),2018(3).

On the Interpretation of Correspondence of Ming and Qing Dynasties and Some Notable Issues

Qiao Erhu　　Zheng Shaolin

(College of Literature, Xizang Minzu University, Shaanxi Xianyang, 712082, China;

Center for the Study and Application of Chinese Characters, East China Normal University,

Shanghai 200241, China; Center for the Study and Application of Chinese Characters,

East China Normal University, Shanghai 200241, China)

Abstract：As written documents, letters of the Ming and Qing Dynasties have attracted great attention in the academic circle because of their cultural relic value, historical data value, artistic value and corpus value, which cannot be underestimated. These letters, which had been buried for hundreds of years, now have been gradually released to the public, providing scholars with the convenience of study and research. Due to various factors, however, there exist some problems. This paper explores each kind of the existing problems and presents what should be paid attention to when sorting out the correspondence, and summarizes the methods of identifying the author and the correspondence, so as to provide some reference for the sorting and research of correspondence.

Key words：correspondence of Ming and Qing Dynasties; written documents; interpretation

《元声韵学大成》入声韵及入声字简析*

吴建伟　　路建彩

【摘　要】《元声韵学大成》是明朝音韵学家濮阳涞在万历年间所著的一部韵书,同时也是一部规模巨大的同音字典,全书共收 35910 字。该书在入声韵的安排上很有特色,入声韵尾-p、-t、-k 在配阳声韵尾-m、-n、-ŋ 的同时也配阴声韵。"借入"之法是濮阳涞在入声字安排上的创举,该法对我们认识一些生僻的入声字并了解它们的语音面貌都很有帮助。

【关键词】元声韵学大成;入声韵;入声字;借入

【作者简介】吴建伟,东华大学国际文化交流学院副教授,研究方向为文字学与历史音韵学;路建彩,女,河北科技工程职业技术大学教务处,研究方向为音韵学。(上海　200051;河北 邢台　054000)

　　《元声韵学大成》是一部反映吴语特征的重要音韵学著作,产生于明朝万历年间,作者濮阳涞。关于该书的成书年代及作者生平,详见拙文《〈元声韵学大成〉声母系统浅析》①,在此不赘。《元声韵学大成》音义兼备,它首先是一部韵书、同时也是一部规模巨大的同音字典。它广搜字书、经史,备列古今字、字音、字义。该书自序云:"讹者正之,一字数义者备释之,字同声异者互见之……"《四库全书》本《元声韵学大成》共收 35910 字,其中包括大量异体字和异读互见的字。这个数字比《广韵》的 26194还多出近万字②,而这部宏篇巨制出自濮阳涞一人之手,实在令人叹服。

　　下面是我们根据《元声韵学大成》实际的语音状况归纳总结出的它的韵母表:

	开	齐	合	撮
东钟		iuŋ	uŋ	
弘萌			uəŋ	
庚生	əŋ			
京青		iŋ		
真君		in		yən
榛文	ən		uən	
寻侵		im		
岑簪	əm			
支思	ʮ			
齐微		i		
崔危			uei	

*　基金项目:本文为国家社科重大招标项目"明清民国珍稀时音韵书韵图整理集成与研究"(批准号:19ZDA308)之子课题"明清民国珍稀吴湘徽时音韵书韵图集成与研究"的阶段性成果。

　　①　吴建伟、路建彩:《〈元声韵学大成〉声母系统浅析》,《汉语史与汉藏语研究》第九辑,中国社会科学出版社,2021 年。

　　②　李长仁、方勤:《试谈〈广韵〉"又读"对汉语语音史研究的价值》,《吉林师范大学学报(人文社会科学版)》1984 年第 2 期。

	开	齐	合	撮
须鱼				y
苏模			u	
歌戈	o		uo	
皆来	ai	iai	uai	
江黄	ɒŋ	iɒŋ	uɒŋ	
姜阳		iɑŋ		
山关	an		uan	
寒干	ɑn			
桓欢			on	
参含	ɑm			
监咸	am			
廉纤		iem		
先天		ien		yen
萧豪	ɒu	iɒu		
家麻	ɒ		uɒ	
车遮	a	ia		
尤侯	əu	iəu		

　　《元声韵学大成》对入声韵的安排颇具特色。在列字上入配阳声，大致是-m：-p，-n：-t，-ŋ：-k；同时，入声也配阴声韵，该书则用小字说明：

　　庐㊀……㊣吕……㊅虑……㈧借前抢入

　　梯㊀……㊣体……㊅涕……㈧借前汀入

　　《元声韵学大成》似乎是-p、-t、-k 三尾俱全的，然而实际情况却是在表面现象下潜在着吴语入声韵尾发展的新气象。

　　首先，《元声韵学大成》的"入配阳声"在列字上有了些许变化，如下表所示：

例　字	中　古　韵　部	《元声韵学大成》韵部	备　　注
骨	没合一承"昆"	东钟韵"公"入	-t 同-k
杌	物合二承"俒"	东钟韵"屼"入	-t 同-k
实	质开三承"神"	京青韵"绳"入	-t 同-k
国	德合一承"肱"	榛文韵"昆"入	-k 同-t
硆	麦开二承"莖"	榛文韵"痕"入	-k 同-t
隔	麦开二承"耕"	榛文韵"根"入	-k 同-t
厄	麦开二承"罂"	榛文韵"恩"入	-k 同-t

（续表）

例　字	中古韵部	《元声韵学大成》韵部	备　注
或	德合一承"弘"	榛文韵"浑"入	-k 同-t
墨	德合一承"瞢"	榛文韵"门"入	-k 同-t
北	德合一承"崩"	榛文韵"奔"入	-k 同-t
域	职合三	真君韵"云"入	-k 同-t
役	昔合三承"营"	真君韵"云"入	-k 同-t
烁	阳开三承"商"	山关韵"山"入	-k 同-t
乏	乏合三承"凡"	山关韵"烦"入	-p 同-t

（注：这些例字代表了与之音韵地位完全相同的一批字）

观察这些例字可以发现-t、-k 尾相混较多，且多是-k 尾混入-t 尾，-p 尾字较少与其他二尾混并。一般认为塞音韵尾中-p 尾最先弱化变喉塞尾-ʔ，其次是-t 尾，再次是-k 尾，由前向后，最后喉塞尾脱落，入声并入阴声。《元声韵学大成》毕竟是"存雅求正"性质的韵书，入承阳声的例外演变不多，我们尚且不能从中找出规律性的东西，但这些少量存在的"不合规矩"的入声字像一股激流已然冲破了-p、-t、-k 三尾森然对立的堤岸，有力地证明了《元声韵学大成》中-p、-t、-k 三尾已经趋同的大势。

其次，《元声韵学大成》个别阳声韵有所谓"借入"。濮阳淶在自序中强调："……务循元声一气调之，四声相协乃为一韵……"若缺少入声，便被视为不相协和。阳声韵本身有自己的入声，但后来有的入声韵发生变化，便出现不同的阳声韵互用入声及某一韵借用另一韵入声的情况。如弘萌和岑簪两韵：

弘萌：萌Ⓧ借后门入　　　　崩Ⓧ借后奔入
　　　烹Ⓧ借后喷入　　　　髼Ⓧ借后盆入
　　　肱Ⓧ借后昆入　　　　横Ⓧ借后浑入
　　　轰Ⓧ借后昏入
岑簪：簪Ⓧ借前曾入　　　　参Ⓧ借前噌入
　　　岑Ⓧ借前层入　　　　篸Ⓧ借前亨入

弘萌和岑簪两韵本来都有入声，但弘萌韵"肱轰横"等喉牙音字的入声在《元声韵学大成》中部分改配了榛文韵，部分改配了皆来韵，阴阳两承，"萌、崩"等唇音字入声改配皆来韵，如此，弘萌韵便没了入声字，只好再借回榛文韵入声，两韵因此互用入声。岑簪韵的"簪、参、岑"等声母由"庄"组变为"精"组，原入声字有的与寻侵韵知组字合流，有的则不见于《元声韵学大成》，只有"涩"等字仍承"参"（思簪切），岑簪韵其他字便借用入声。除两韵部互用入声的情况外，还有些单个音节。如：

壬：寻侵韵，借真君韵"人"入　　吟：寻侵韵，借真君韵"寅"入
嗛：桓欢韵，借参含韵"南"入　　岩：监咸韵，借姜阳韵"阳"入

无论整个韵部还是单个音节，其所借入声都是兼承两种阳声韵尾，我们认为这种情况能够说明入声三尾已经趋同。

最后，《元声韵学大成》有些入声字由承阳声韵而改配了阴声韵，如下表所示：

例　字	中古韵部	《元声韵学大成》韵部
剨	麦合二承"轰"	皆来韵"叻"入
获	麦合二承"宏"	皆来韵"怀"入

（续表）

例　字	中古韵部	《元声韵学大成》韵部
硱	麦合二	皆来韵"扩"入
虢	陌合二承"觥"	皆来韵"乖"入
白	陌开二承"彭"	皆来韵"排"入
珀	陌开二承"烹"	皆来韵"铍"入
绰	药开三承"昌"	家麻韵"叉"入
着	药开三承"长"	家麻韵"茶"入
斫	药开三承"章"	家麻韵"渣"入
杓	药开三承"常"	家麻韵"蒢"入
弱	药开三承"穰"	家麻韵自为入声
杀	黠开二承"山"	家麻韵"沙"入

　　这些原本承阳声韵的入声字能够与阴声韵相承,更可见韵尾的变化。当讨论阳声韵借入声时,我们可以知道《元声韵学大成》中原麦陌二韵喉牙音字分成两部分,一部分承榛文阳声韵,一部分承皆来阴声韵;麦陌二韵的唇音字只承阴声韵。上表所示药韵章组"斫"等字只承家麻阴声韵。而只承阴声或阴阳两承正是喉塞尾-ʔ的特点,口塞尾是只承阳声不承阴声的。所以入声承阴声便足以说明《元声韵学大成》的口塞尾已经趋同,变为一个喉塞尾-ʔ了。

　　《元声韵学大成》的入声韵字同时也承阴声,除以上情况外,它们更多的是以"借入"的形式存在。这是濮阳淶在综合南北音过程中的创举,与入声韵尾的变化无关了。北音(此专指《中原音韵》)入派三声,-p、-t、-k三尾的对立也彻底消失。濮阳淶为求"通音",在"入配阳声"的同时,又创造出"入派阴声",规律大致是承某阳声韵的入声字在《中原音韵》派入某阴声韵,《元声韵学大成》此阴声韵便借该阳声韵的入声为自己的入声。《中原音韵》大部分入派三声的情况是:本不同韵的入声字因失去韵尾而同派入某阴声韵,如齐微部"弼(-t)"与"鼻(-k)"同音。《元声韵学大成》对此只借其中一个韵尾的入声,而且整个韵部大致都借此尾的入声,我们认为他是在刻意追求一种整齐划一的效果。齐微韵都借-t尾,如希△借欣入,奇△借勤入,几△借巾入等。阴声韵的"借入"是濮阳淶力图表现的北音系统,我们在此着重谈吴语的特征,故不再详加论述。

　　现代吴语中,古入声韵尾一律读喉塞尾-ʔ,但由于方言发展的不平衡性,在浙江中部和南部的某些地区如温州、瑞安等地出现了例外,入声韵已经失去喉塞尾-ʔ而与阴声同韵了。这种变化当是后来大部分吴语地区喉塞尾进一步脱落的序曲。

【参考文献】

[1]　濮阳淶.元声韵学大成[M].浙江图书馆藏明万历二十六年书林郑云竹刻本影印本.

[2]　赵元任.现代吴语的研究[M].北京:商务印书馆,2011.

[3]　周祖谟.问学集[M].北京:中华书局,1981.

A Brief Analysis of the Entering Tone Rhyme and Entering Tone Characters in *Yuan Sheng Yun Xue Da Cheng*

Wu Jianwei   Lu Jiancai

(International Cultural Exchange School, Donghua University, Shanghai, 200051, China;

Academic Division, Hebei Vocational University of Technology and Engineering,

Hebei, Xingtai 054000, China)

Abstract: *Yuan Sheng Yun Xue Da Cheng* is a rhyme book as well as a big dictionary, written by Pu Yanglai who was a famous expert on rhyme. This book, which contained 35,910 Chinese characters, was accomplished in Wan Li period during the Ming Dynasty. *Yuan Sheng Yun Xue Da Cheng* is distinctive on the arrangement of entering tone rhyme. The entering tone rhyme endings "-p、-t、-k" not only match with the nasal consonantal rhyme endings "-m、-n、-ŋ" but also match with the vowel finals. Pu Yanglai did pioneering work on the arrangement of entering tone characters, which was called method "借入". This method can help us to understand some uncommon entering tone characters and it can also help us how to read them.

Key words: *Yuan Sheng Yun Xue Da Cheng*; Entering Tone Rhyme; Entering Tone Characters; 借入

"挥斥"考*

白于蓝　陈珏秀

【摘　要】"挥斥"一词最早见于《庄子·田子方》，后世多有使用。当前注家多在《庄子》郭象注和《列子》张湛注的基础上加以引申。结合《淮南子·原道》之"柝八极"和《史记·司马相如列传》之"泝八埏"，本文指出"挥斥"一词当读作"闢拓"，与"开拓"同义。

【关键词】挥斥；开拓；庄子

【作者简介】白于蓝，华东师范大学中国文字研究与应用中心教授、博士生导师，研究方向为出土文献和古文字学。陈珏秀，女，华东师范大学中国文字研究与应用中心硕士研究生，研究方向为出土文献和古文字学。（上海　200241）

一

"挥斥"一词最早见于《庄子·田子方》，其文如下：

夫至人者，上窥青天，下潜黄泉，挥斥八极，神气不变。

郭象《注》："挥斥，犹纵放也。"陆德明《经典释文》云："挥音辉。斥音尺，李音托。郭云：犹放纵。"将郭《注》之"纵放"引为"放纵"。按，"纵""放"义近，常可互训。[1] "纵放"当为同义复词，同义复词之词序可以颠倒，意思不变，故亦可写作"放纵"。

上引《庄子》这段文字亦见于《列子·黄帝》篇，张湛《注》："郭象云：挥斥犹放纵也。又曰：挥斥，奋迅也。"亦将"纵放"引为"放纵"，并在此基础上，又增补了"奋迅"一义。

当代学者对《庄子》之"挥斥"一词多有解释，有"精神自由奔放"[2]"尽情奔驰"[3]"恣意奔放"[4]"精神奔放不羁"[5]"纵横往来"[6]"奔驰；游荡"[7]"精理之所贯彻"[8]"精神充溢"[9]等多种说法，盖均是由"纵放"和"奋迅"二义引申而来。还有学者将之解释为"飞"或"飞翔"[10]，盖是将"挥"读作"翚"，"翚"字之训为"飞"，为典籍常训。[11] 还有学者将之解释为"指挥"或"指点"[12]，盖是与"斥"字古有"指"义有关[13]。

---

*　基金项目：本文是教育部、国家语委甲骨文等古文字研究与应用专项重点项目"战国秦汉简帛文献通假字集成及数据库建设"（项目批准号：YWZ-J030）的中期成果。

① 宗福邦、陈世铙、萧海波主编：《故训汇纂》，商务印书馆，2003年，第955页"放"字条、第1771页"纵"字条。
② 张耿光译注：《庄子全译》，贵州人民出版社，1991年，第374页。
③ 刘英、刘旭注释：《庄子》，中国社会科学出版社，2004年，第245页。
④ 马恒君译著：《庄子正宗》，华夏出版社，2005年，第361页。
⑤ 陆永品：《庄子通释》，中国社会科学出版社，2006年，第331页；方勇、陆永品：《庄子诠评》，巴蜀书社，2007年，第684页。
⑥ 傅佩荣：《傅佩荣译解庄子》，东方出版社，2012年，第309页。
⑦ 张景：《庄子新解》，人民出版社，2019年，第330页。
⑧ 朱文熊：《庄子新义》，华东师范大学出版社，2011年，第225页。
⑨ 孙通海译注：《中华经典藏书·庄子》，中华书局，2014年，第245页。
⑩ 刘英、刘旭注释：《庄子》，中国社会科学出版社，2004年，第245页；陈鼓应：《庄子今注今译》，中华书局，2016年，第558—559页。
⑪ 宗福邦、陈世铙、萧海波主编：《故训汇纂》，第1818页。
⑫ 陆澹安：《庄子末议》，上海锦绣文章出版社，2012年，第88页；侯柯芳：《〈庄子〉新解》，四川大学出版社，2014年，第213页。
⑬ 宗福邦、陈世铙、萧海波主编：《故训汇纂》，第981页。

受庄子思想影响颇深的唐代诗人李白,在其作品中亦见有"挥斥"一词,凡二见:

《暮春江夏送张祖监丞之东都序》:"每思欲遐登蓬莱,极目四海,手弄白日,顶摩青穹,挥斥幽愤,不可得也。"

《李居士赞》:"至人之心,如镜中影,挥斥万变,动不离静。"

此二例"挥斥",清代学者王琦于第一例从郭象说解释为"纵放"①,但第二例则又解释为"纵横"②。毛泽东的著名诗词《沁园春·长沙》中亦见有"挥斥"一词:

恰同学少年,风华正茂;书生意气,挥斥方遒。指点江山,激扬文字,粪土当年万户侯。

该诗词脍炙人口,广为传颂,被历年各版高中语文教材所收录。对于其中的"挥斥"一词,各高中语文教材中均将之解释为"奔放",如当前最具代表性的人教版将"书生意气,挥斥方遒"解释为"同学们意气奔放,正强劲有力"③,北师大版和鲁人版的解释与之相同④。粤教版的解释是:"热情奔放,劲头正足。"⑤沪教版为:"热情奔放,劲头十足。"⑥苏教版为:"青年学生意气奔放,正强劲有力。"⑦"奔放"之义盖亦是由"纵放"和"奋迅"二义引申而来。

二

笔者认为,上文所述关于"挥斥"的各种解释,都是有问题的。

第一,"挥""斥"二字均无"纵放(或放纵)"之义;"挥"字虽有"奋"义,而"斥"字则无"迅"义。⑧ 除非"挥斥"是联绵词,否则不可能会有"纵放"和"奋迅"之义,但倘若是联绵词,则"挥""斥"二字是不可以拆开来分别加以解释的。

传世典籍中还见有"柝八极"和"泝八埏"这两个短语,分别见于《淮南子》和《史记》,原文如下:

《淮南子·原道》:"夫道者,覆天载地,廓四方,柝八极,高不可际,深不可测,包裹天地,禀授无形。"

《史记·司马相如列传》:"大汉之德,逢涌原泉,沕潏漫衍,旁魄四塞,云专雾散,上畅九垓,下泝八埏。"⑨

"斥""柝""泝"三字均见于《说文》,小篆字形分别作"庰""榟"和"濿",隶定形体原本分别作"庰""榟"和"溯"。《说文》:"庰(斥),却屋也。从广屰声。"段玉裁《注》:"庰,俗作斥、作斥,几不成字。"《说文》:"榟(柝),判也。从木庰声。《易》曰:'重门击柝。'"《说文》:"溯(泝),逆流而上曰溯洄。溯,向也。水欲下,违之而上也。从水庰声。遡,溯或从朔。"可见,"榟(柝)""溯(泝)"二字均从"庰(斥)"声,而"庰(斥)"字则又从"屰"声。《说文》"溯(泝)"字或体作"遡",从"朔"声。《说文》:"朔,月一日始苏也。从月屰声。"可见,"遡"字亦以"屰"为基本声符。据此,"斥""柝""泝"三字当音近可通,因其所从之基本声符均为"屰"。前引《淮南子·原道》"柝八极"之"柝"字,慧琳《大藏音义》引许慎《注》"柝"作"斥"。

① 王琦注:《李太白全集》,中华书局,1977年,第1253页。
② 王琦注:《李太白全集》,第1319页。
③ 教育部组织编写:《普通高中教科书·语文必修上册》,人民教育出版社,2019年,第2—3页。
④ 童庆炳主编,北京师范大学文艺学研究中心编著:《高中语文必修五》,北京师范大学出版社,2010年,第5页;谢冕、王景华主编:《鲁人版高中语文第五册》,山东人民出版社,2008年,第3页。
⑤ 陈佳民、柯汉琳主编,广东基础教育课程资源研究开发中心语文教材编写组编著:《高中语文必修二》,广东教育出版社,2003年,第26页。
⑥ 上海市中小学(幼儿园)课程改革委员会:《高级中学课本一年级第一学期·语文(试用本)》,华东师范大学出版社,2007年,第3页。
⑦ 丁帆、杨九俊主编:《苏教版高中语文必修一》,江苏凤凰教育出版社,2014年,第4页。
⑧ 宗福邦、陈世铙、萧海波主编:《故训汇纂》,第916页"挥"字条、第981页"斥"字条。
⑨ 相同文句亦见于《汉书·司马相如列传》和《文选·司马相如〈封禅文〉》。

《孙子兵法·行军》:"若交军于斥泽之中,必依水草而背众树。"银雀山汉墓竹简《孙子兵法·行军》"斥"作"沂",整理者指出:"简文'沂'字疑为'沂'之形误。'沂'可读为'斥'。"①其说可信。这是"斥"与"柝""沂"二字音近可通的直接例证。

《庄子》与《淮南子》之"八极",《史记》作"八埏",裴骃《集解》引孟康《汉书音义》曰:"埏,埏音延,地之际也。"《玉篇·土部》:"埏,地之八际也。"《广韵·仙韵》:"埏,际也。"《集韵·仙韵》:"埏,地际也。"古"八极""八隅""八际"和"八埏"等词汇均可指地之极远处。《荀子·解蔽》:"明参日月,大满八极,夫是之谓大人。"《抱朴子·内篇·畅玄》:"其高则冠盖乎九霄,其旷则笼罩乎八隅。"《晋书·姚泓载纪》:"晦重氛于六漠,鼓洪流于八际。"《文选·左思〈京都下〉》:"考之四隈,则八埏之中。"均其例。据此,所谓"八极",亦即"八埏"。

总之,《庄子》"挥斥八极"之"斥八极",实即《淮南子》之"柝八极",亦即《史记》之"沂八埏"。由"斥八极"即"柝八极""沂八埏",可证"挥斥八极"之"挥""斥"二字是可以拆分开来分别加以解释的,因此"挥斥"并非联绵词,将之训释为"纵放(或放纵)"和"奋迅"均不可靠。由此引申而出的其他各种解释,更不可靠。

第二,至于"飞""飞翔"和"指挥""指点"等其他解释,典籍中未见有类似"飞翔八极""指挥(或指点)八极"等说法。这类解释缺少必要的书证,难以令人信服。

综上所述,前文所引关于"挥斥"的各种解释,均不可信。

三

目前来看,唯王叔岷《庄子校诠》一书中关于"挥斥"一词的解释最具启发性,且最为值得重视,其文如下:

> 案《小尔雅·广诂》:"斥,开也。"《淮南子·原道篇》:"柝八极",高《注》:"柝,开也。"柝乃㭊之隶变,《说文》:"㭊,判也。"《鹖冠子·大道文王问篇》逢行珪《注》用《淮南子》文析(引者按,当为"柝"之误字)作斥,与《庄子》《列子》合。《一切经音义》一五引许叔重注《淮南子》云:"庠,拓也。"(拓,原误柘。)斥乃庠之隶变。㭊与庠通。苏轼《书丹元子所示李太白真诗》:"麾斥八极临九州",字亦作斥。②

在这段文字中,王叔岷首次将《淮南子》之"柝八极"与《庄子》之"挥斥八极"相参证,并据典籍旧注指出"斥""柝"均有开拓之义。其说有据。

前引《淮南子》之"柝八极",高诱《注》:"柝,开也。"陶方琦《淮南许注异同诂补遗》:"许《注》'庠,拓也'(唐释慧琳《大藏音义》十五),高《注》'柝,开也'。方琦按,《大藏音义》引许叔重《淮南子注》云,是许本当作'斥',《说文》作'庠',正同。《列子·黄帝篇》'挥斥八极',亦作'斥'。"③吴承仕《淮南旧注校理》:"唐卷子本《玉篇》'庠'字注引此文,并引许《注》云:'庠,拓也。'……按,高本用假借字作'柝',许本用正字作'庠',训开训拓皆是也。《说文》正作'庠',古铜器款识或省作'庠',今隶为'斥',即从其形。故《玉篇》作'庠'而音义皆为'庠'也。"④

据上引高《注》及陶、吴两家说解可知:一、今高诱注本之"柝"字,训为"开",而与之对应的许慎注本则作"斥(庠)",训为"拓"。二、高本之"柝"用的是假借字,许本之"斥(庠)"用的是本字。三、"柝

① 银雀山汉墓竹简整理小组编:《银雀山汉墓竹简(壹)》,文物出版社,1985年,"释文注释"部分第18页。
② 王叔岷:《庄子校诠》,台北"中研院"历史语言研究所,1988年,第797—798页。
③ 陶方琦:《淮南许注异同诂补遗》,光绪七年(1881)刊本,第1页。
④ 吴承仕:《淮南旧注校理》卷一,北京师范大学出版社,1985年,第1页。

（斥）"字训为"开"或"拓"均可。据此,所谓"柝（斥）八极"实即开拓八极之义。前王叔岷对于《庄子》"斥"字的解释,与此正合。

前引《史记》之"上畅九垓,下沂八埏",裴骃《集解》引孟康《汉书音义》曰:"畅,达;垓,重也。沂,流也。埏音延,地之际也。言其德上达于九重之天,下流于地之八际也。"①

按,将"沂"训为"流"并不可靠。"沂"古有"逆流而上"或"逆流"之义。《说文》:"溯（沂）,逆流而上曰溯洄。"《国语·吴语》:"率师沿海沂淮以绝吴路。"韦昭《注》:"逆流而上曰沂。"《楚辞·九章·抽思》:"沂江潭兮。"王逸《注》:"逆流而上曰沂。"《汉书·李广利传》:"从沂河山。"颜师古《注》:"逆流而上也。"《玉篇·水部》:"沂,逆流而上也。"《左传·哀公四年》:"吴将沂江入郢。"杜预《注》:"逆流曰沂。"《左传·文公十年》:"沿汉沂江,将入郢。"杜预《注》:"沿,顺流。沂,逆流。"陆德明《释文》:"逆流曰沂。"均其例。但是,"沂"字古并无"流"义,"流"与"逆流而上""逆流"显然不可等同。

总之,将"沂"训为"流"并不可据,以"逆流而上"和"逆流"之义解释"上畅九垓,下沂八埏"之"沂",显然更不可行。笔者认为,《史记》此"沂"字实与前引《庄子》和《淮南子》之"斥"与"柝"字一样,当解释为"开拓"之义为宜。

四

"斥""柝""沂"三字均为"开拓"之义,但据前引《说文》"庍（斥）,却屋也。从广屰声","斥"字本从"广"表义,而《说文》云"广,因广为屋,象对剌高屋之形",可见"斥"字从"广"与"屋"义相合,却与"开拓"之义无涉。至于"柝""沂"二字,分别从"木"、从"水"表义,亦与"开拓"义无涉。因此,笔者认为"斥""柝""沂"三字其实并当读作"开拓"之"拓"。

"柝""沂"均从"斥"声,"拓"则从"石"声。上古音"斥"为昌母铎部字,"石"为禅母铎部字。两字声母同为舌音,韵则叠韵,例可相通。《诗·小雅·斯干》:"椓之橐橐。"陆德明《释文》:"橐本或作柝。"《易·系辞下》:"重门击柝。"李鼎祚《周易集解》和《说文》"櫜"字下均引柝作櫜,唐写本《说文》木部残卷"櫜"字下引柝作橐。《左传·哀公七年》:"鲁击柝闻于邾。"陆德明《释文》柝作櫜。《文选·张衡〈西京赋〉》:"城尉不弛柝。"李善《注》:"郑玄《周礼注》曰:'櫜,戒夜者所击也。'柝与櫜同音。"《文选·任昉〈齐竞陵文宣王行状〉》:"玉关靖柝。"李善《注》:"《周礼》曰'凡军事聚櫜',郑玄曰:'击櫜,两木相敲,行夜时也。'櫜与柝同。"上博简《三德》篇两见"土陛（地）乃坼"(简5、简6)语,整理者读"坼"为"坼"。②均其例。③

"拓"字古有"开拓"之义。《小尔雅·广诂》:"拓,开也。"《后汉书·窦宪传》:"恢拓境宇。"李贤《注》:"拓,开也。"《慧琳音义》卷三十五"拓外"《注》引《考声》:"拓,开也。"《文选·王粲〈从军诗〉》:"拓地三千里。"李周翰《注》:"拓,开拓也。"均其例。"拓"字从"手"表义,与"开拓"之义相合。据此,前引古书旧注中"斥""柝"二字所具备之"开拓"义,盖即"拓"字之假借义。

"拓"字古还有"广""大"之义,《汉书·扬雄传》:"拓迹开统。"颜师古《注》引应劭曰:"拓,广也。"《文选·颜延之〈三月三日曲水诗序〉》:"拓世贻统。"吕延济《注》:"拓,广也。"《玄应音义》卷十九"开拓"《注》引《广雅》:"拓,大也。"《慧琳音义》卷八十二"拓境"《注》引《考声》:"拓,大也。"这两个义项盖均是由"开拓"之义引申而来。"斥"字古亦有"广"之义。《史记·司马相如列传》:"除边关,关益斥。"

---

① 相同文句亦见于《汉书·司马相如列传》和《文选·司马相如〈封禅文〉》,颜师古《汉书注》和李善《文选注》亦均引孟康《汉书音义》对整段文句有大体类似的解释。

② 马承源主编:《上海博物馆藏战国楚竹书(五)》,上海古籍出版社,2005年,第291—292页。

③ "櫜"从"橐"声,《说文》:"橐,囊也。从橐省石声。""坼"从"迈"声,"迈"从"石"声。《说文》:"墌（坼）,裂也。《诗》曰:'不墌不疈。'从土庶声。"《集韵·铎韵》:"拓,手推物。或作摭、托。"

司马贞《索隐》引张揖曰：“斥，广也。”《汉书·司马相如传下》：“除边关，边关益斥。”颜师古《注》：“斥，开广也。”“斥”字此种义项，盖亦是由“拓”字之“广”“大”之义假借而来。

古还有“开斥”一词。李兴《晋故使持节侍中太傅钜平成侯羊公碑》：“开府辟命，乃养民募财，开斥国界，创筑五城，以防寇卫境。”①《礼记·王制》：“天子之元士视附庸。”郑玄《注》：“周公摄政致太平，斥大九州之界。”孔颖达《疏》：“斥大，谓开斥广大。”此“开斥”似亦当读作“开拓”。

《说文》：“拓，拾也。陈、宋语。从手石声。摭，拓或庶。”邵瑛《群经正字》：“今经典从或体作摭，《仪礼·有司彻》‘乃摭于鱼腊俎’、《礼记·礼器》‘有顺而摭也’是也，‘拓’字经典不见。子、史多以‘拓’为‘开拓’之‘拓’；又‘拓落’亦作此，盖截分为二字矣。”由此看来，《说文》虽以“摭”为“拓”字异体，并训为“拾”，但就传世典籍之用字情况而言，均是以“摭”表“拾”义，“拓”表“开拓”“拓落”等义，二字用法判然有别，实为二字。

五

关于“挥斥八极”之“挥”字，笔者认为可有两种解释。

第一种解释是当读作“浑”或“混”。②“浑”“混”二字古均有“大”义。《文选·班固〈幽通赋〉》：“浑元运物，流不处兮。”李善《注》引曹大家曰：“浑，大也。”《淮南子·本经》：“犹在于混冥之中。”高诱《注》：“混，大也。”《文选·曹植〈求自试表〉》：“诚欲混同宇内。”李周翰《注》：“混，大也。”《玉篇·水部》：“混，大也。”故所谓“挥斥”即“大拓”之义。典籍中见有“恢拓”一词。《后汉书·窦宪传》：“恢拓境宇，振大汉之天声。”魏陈王曹植《汉武帝赞》：“威震百蛮，恢拓土疆。”③“恢”之训为“大”为典籍常训④，“挥（浑或混）斥（拓）”盖与“恢拓”词义相近。

第二种解释是当读作“阓”。“阓”从“为”声。上古音“为”匣母歌部字，“挥”为晓母文部字。两字声母同为喉牙音，韵部关系密切。典籍中“挥”与同从“为”声之“㧑”音近可通。《易·谦》：“㧑谦。”李富孙《七经异文释》：“晁氏《易》云：‘京房作挥。’”《增韵·微韵》：“挥，指挥也。亦为㧑、撝。”《正字通·手部》：“㧑，《九经字样》：‘撝、㧑同，通作挥。’”《洛阳伽蓝记·城东》：“不劳挥逊，致爽人神。”范祥雍《校注》：“挥与㧑同。挥逊犹㧑谦。”⑤均其证。此外，“挥”与“摩”音近可通。《荀子·富国》“拱揖指挥”，《荀子·议兵》作“拱挹指麾”，《韩诗外传》卷六挥亦作麾。即其例。后世文献中还见有“麾斥”一词，如苏轼《书丹元子所示李太白真诗》“麾斥八极隘九州，化为两鸟鸣相酬”，周密《齐东野语·脱靴返棹二图赞》“凌轹兮万象，麾斥兮八极”，《金史·乐志下·世祖〈大武之曲〉》“长驾远驭，麾斥无前”。对比可知，此“麾斥”显然就是“挥斥”。亦其例。典籍中“㧑”“麾”二字亦常可互通，其例甚多，兹不赘举。⑥可证“挥”可读作“阓”。⑦

“阓”字古有“辟”“开”之义。⑧《说文》：“阓，辟门也。从门为声。《国语》曰：‘阓门而与之言。’”《国语·鲁语下》：“阓门与之言。”韦昭《注》：“阓，辟也。”《广雅·释诂三》：“阓，开也。”《玉篇·门部》：“阓，辟也。”《广韵·纸韵》：“阓，辟也。”《营造法式·总释下·门》引《义训》：“辟谓之阓。”《玄应音义》卷七

---

① 严可均校辑：《全上古三代秦汉三国六朝文·全晋文》卷七十，中华书局，1958年，第1866页。

② 高亨纂著，董治安整理：《古字通假会典》，齐鲁书社，1989年，第113页“军字声系”。

③ 欧阳询：《艺文类聚》卷十二，上海古籍出版社，1999年，第232页。

④ 宗福邦、陈世铙、萧海波主编：《故训汇纂》，第788页。

⑤ 范祥雍校注：《洛阳伽蓝记校注》，上海古籍出版社，1958年，第113页。

⑥ 高亨纂著，董治安整理：《古字通假会典》，第662页“为字声系”。

⑦ 《广雅·释诂三》：“阓，开也。”王念孙《疏证》：“阓之为言㧑也。”若此说成立，则亦是“挥”可读作“阓”之佳证。

⑧ “辟”“开”同义，常可互训。参宗福邦、陈世铙、萧海波主编：《故训汇纂》第2396、第2413页。

"开阖"《注》引《字林》："阖,开也,辟也。"《慧琳音义》卷五十四"开阖"《注》引《苍颉篇》："阖,辟也。"

综上所述,"挥(阖)斥(拓)"实为同义复词,与"开拓"同义。

前引《淮南子》之"廓四方,柝八极"①,句式上为互文见义,即廓柝四方八极之义②。从文义上来讲,"廓四方,柝八极"与"挥斥八极"其实并无实质性区别,而"廓"正与"挥"字对应。"廓"字之训为"开",为典籍常训。③此外,《吴子·图国》:"辟土四面,拓地千里。"《魏书·夏侯道迁列传》:"开拓九区,扫清六合。"《魏书·食货志》:"开拓四海。"亦可参。据此,将"挥斥八极"之"挥"读作"阖"而训为"辟(或开)",似更合理可据。故以上两种解释,似以第二种解释为优。

典籍中还见有"挥霍"一词,表迅疾之义。《文选·陆机〈文赋〉》:"纷纭挥霍。"李善《注》:"挥霍,疾貌。"《文选·曹植〈七启〉》:"蜿蝉挥霍。"吕向《注》:"挥霍,奋迅也。"由此看来,前引《列子·黄帝》张湛《注》之"挥斥,奋迅也",盖误将"挥斥"当作"挥霍"来理解并加以解释的。至于郭象《注》之"纵放(或放纵)",未知其所从出。

最后,笔者对前引《庄子》原文做些简单解释。"窥"字古有"视"义。《楚辞·九叹·忧苦》:"登巉岏以长企兮,望南郢而窥之。"王逸《注》:"窥,视也。"《慧琳音义》卷四十三"窥人"《注》引《考声》:"窥,视也。"至于"潜"字,《尔雅·释言》:"潜,深,测也。"郭庆藩《庄子集释》:"潜与窥对文。潜,测也,与窥之义相近。古训潜为测,见《尔雅》。"④王引之《经义述闻·尔雅中·潜深测也》亦云:"家大人曰:《庄子·田子方》篇曰:'上窥青天,下潜黄泉。'是潜为测也。"⑤据此,《庄子》原文大义是:至人,上能窥视青天,下能测度黄泉,中能开拓八极,而神气不变。

Textual Research on "Huichi(挥斥)"

Bai Yulan   Chen Juexiu

(Center for the Study and Application of Chinese Characters,

East China Normal University, Shanghai 200241, China)

Abstract: The Chinese term "Huichi", which firstly appeared in *Zhuang Zi · Tian Zifang*, have become a frequently used vocabulary in later ages. Currently exegetical scholars mostly extend meanings on the basis of Guo Xiang's interpretations of *Zhuang Zi* and Zhang Zhan's explanations of *Lie Zi*. Combining with the term "Tuobaji(柝八极)" of *Huai Nan Zi · Yuandao* and the term "Subaji(泝八极)" of *Historical Records · The Biography of Sima Xiangru*, this paper points out that "Huichi" should be converted into "Huituo(阖拓)" by the way of breaking sound, it is synonymous with "Kaituo(开拓 expand)".

Key words: Huichi(挥斥); Kaituo(开拓); Zhuang Zi

---

① 高诱《注》:"廓,张也。""张""开"义近,参宗福邦、陈世铙、萧海波主编:《故训汇纂》第729页。
② 参郭在贻:《训诂学》,湖南人民出版社,1986年,第76页。
③ 参宗福邦、陈世铙、萧海波主编:《故训汇纂》,第706页。
④ 郭庆藩:《庄子集释》,中华书局,1961年,第725页。
⑤ 王引之:《经义述闻》,江苏古籍出版社,2000年,第636页。

单数第一人称代词"吾"的产生时代及相关问题研究

庞光华

【摘　要】在甲骨文中没有单数第一人称代词"吾"。很多学者依据金文认为人称代词的"吾"产生于西周时期。第一人称代词的"吾"产生于春秋中前期,属于东部地区的方言用字,并非产生于西周时代。今本《尚书·微子》的写定年代在春秋中前期以后,但其产生则远在西周以前,不能因为出现有春秋时代才产生的人称代词"吾",就将其产生的时代拉后。利用语言学的方法考证古文献的时代性,要注意该文献的产生年代和最后的抄写年代的不同。西周文献在传抄的过程中,很有可能会混入春秋战国时代的语言文字,这样的流变现象只能表明该文献的最后抄写时代,不能据此判定该文献的产生年代。今本《易经·中孚》中的"吾"是后世衍文。

【关键词】尚书;吾;易经;西周;春秋

【作者简介】庞光华,五邑大学文学院教授,北京大学汉语史博士,研究方向为汉语史、语言学、古文献学、文化史。(广东 江门　529020)

一

在汉语史上,作为第一人称代词的"吾"是什么时代产生的? 这个问题曾经引起学术界很大的兴趣。我们从这个问题入手还可以考察论定有关经典写定的年代。

在甲骨文中没有证据显示存在作为第一人称代词"吾"。据陈梦家《殷虚卜辞综述》[①]第三章《文法》第四节《代词》的考察和论述,在甲骨文中的第一人称代词只有"余、朕、我",其中"朕"为单数第一人称,领格;"我"是多数第一人称,领格,在别处可为主格、宾格,多数。"余"是单数第一人称,主格,在别处可为宾格。张玉金在《甲骨文语法学》[②]第一章第三节《代词》中有更为详密的阐述,与陈梦家的观点基本相同,认为甲骨文中的第一人称代词只有"余、朕、我",没有"吾"。[③]

有个别学者认为甲骨文中有读为"吾"的"鱼",用作第一人称代词,明显证据不足,已为学术界所摈弃。陈炜湛《甲骨文所见第一人称代词辨析》[④]较早批评管燮初之说,略谓:"此字多见于祭祀卜辞,与祭祀有关,或疑祭名,或谓乃用牲之法,但其非鱼字,非第一人称代词,则可断言。甲骨文中鱼字均象鱼形,多用为捕鱼之渔。"[⑤]张玉金《殷墟甲骨文代词系统》[⑥]称:"甲骨文中有'鱼',管燮初(1953)看成代词,认为即是后世文献里的'吾',所举的例子只有一个,即'戊寅卜贞:鱼侑乡岁自母辛衣'(《前》1·30·4)。这种看法不可信。依据对原拓片的检查,笔者发现此例中'贞'后的那个字,根本就不是'鱼',而是卜辞中常见的被于省吾(1979)释为上从'幾'下从'血'的那个字,这个字

---

① 陈梦家:《殷墟卜辞综述》,中华书局,1992年,第96页。
② 张玉金:《甲骨文语法学》,学林出版社,2001年,第22—26页。
③ 另参看张玉金:《20世纪甲骨语言学·甲骨文语法的专题研究·代词研究》,学林出版社,2003年,第134—141页。
④ 陈炜湛:《甲骨文所见第一人称代词辨析》,《学术研究》1984年第3期;陈炜湛:《甲骨文所见第一人称代词辨析》,《甲骨文论集》,上海古籍出版社,2003年,第77—82页。
⑤ 陈炜湛:《甲骨文论集》,第81页。
⑥ 张玉金:《西周汉语代词研究·附录》,中华书局,2006年,第372—382页。

所记录的不可能是代词,通常是祭祀动词。对于这一点,陈炜湛(1984)早已指出来了,可是有些学者仍然因袭管说的错误。"①徐中舒主编《甲骨文字典》②"鱼"字条归纳"鱼"在卜辞中的三种含义:1. 水虫;2. 读为"渔";3. 疑为祭名。孟世凯《甲骨学辞典》③"鱼"字条列举甲骨文中"鱼"字的四种用法:人名、祭名、地名、水生动物。于省吾主编《甲骨文字诂林》④"鱼"字条所引各家说以及姚孝遂先生的按语都不认为甲骨文中的"鱼"有读为"吾"之例。刘兴隆《新编甲骨文字典(增订本)》⑤"鱼"字条称"鱼"在甲骨文中用作鱼虾之鱼和表示嘉美的"鲁"(笔者按,"鱼"用作"鲁",这个解释学者意见不一),没有第一人称的用法。郭旭东等《殷墟甲骨学大辞典》⑥称"鱼"在甲骨文中的含义是1. 鱼;2. 祭祀名;3. 地名或人名。可知此五书都不认为在卜辞中"鱼"可读为"吾",不能用作第一人称代词。管燮初之说断不可信,现在的古文字学界已经无人相信甲骨文中有"鱼"字读为第一人称代词"吾"的现象。⑦

我们现在可以肯定地说:在商代甲骨文中没有第一人称代词"吾"。⑧ 因此,在先秦经典中,凡是有"吾"字出现的文献绝不可能产生于殷商时代,除非有证据表明这个"吾"是后代混入的。

在经典中,《尚书》中列入《商书》的《微子》和《周书》的《泰誓》,前人认定属于《古文尚书》的《泰誓》的产生年代有问题,不是产生于商末周初,这个问题很复杂,有待于今后的专论。⑨ 但我们现在可以从汉语史的角度进一步确证今本《微子》不可能是写定于商末周初,因为这《微子》中出现有第一人称代词的"吾"。例如,《微子》中载微子曰:"吾家耄逊于荒。"其中的"吾"显然是第一人称代词的领格用法。这样的用法与甲骨文不合,应该是后世混入的衍文,时代可能在春秋战国。因为甲骨文中的第一人称代词单数的领格用"朕",复数的领格用"我",没有用"吾"的。《泰誓上》:商纣王"乃曰:吾有民有命。"⑩其中的"吾"也明显是第一人称代词作主语,但应该不是古本《泰誓》所有,可能是在春秋战国时代的传抄中增补上去的,是古文献在后世发生的流变。

二

现在主要讨论今本《微子》的抄写年代。依据屈万里《尚书异文彙录》⑪,《微子》此文中的"吾"在敦煌本、岩崎本、云窗一本都作"鱼",必有所据。因为从校勘学上讲,将第一人称代词的"鱼"改为"吾"很正常,而将"吾"改为"鱼"不正常。因此,作"鱼"必有先秦古本的根据。不过,二者确实相通。考《国语·晋语二》:"暇豫之吾吾,不如鸟乌。"韦昭注:"吾读如鱼。吾吾,不敢自亲之貌。"⑫《水经注·济

① 张玉金:《西周汉语代词研究》,中华书局,2006年,第369页。
② 徐中舒主编:《甲骨文字典》,四川辞书出版社,2006年,第1253—1254页。
③ 孟世凯:《甲骨学辞典》,上海人民出版社,2009年,第527页。
④ 于省吾主编:《甲骨文字诂林(第3册)》,中华书局,1996年,第1745—1747页。
⑤ 刘兴隆:《新编甲骨文字典(增订本)》,国际文化出版公司,2005年,第765—766页。
⑥ 郭旭东等主编:《殷墟甲骨学大辞典》,中国社会科学出版社,2020年,第252—253页。
⑦ 但杨伯峻、何乐士《古代汉语语法及其发展》中还坚持甲骨文中有"鱼"作第一人称代词的现象,株守管燮初已经过时的观点,这是不应该的错误,未能与时俱进。参杨伯峻、何乐士:《古代汉语语法及其发展(修订本)》,语文出版社,2001年,第100页。
⑧ 关于甲骨文的第一人称代词的最详细的综述可看黄天树《甲骨文第一人称代词综述》(收入黄天树《黄天树甲骨学论集》),此文提及的有关参考文献甚为详细。黄天树:《甲骨文第一人称代词综述》,《黄天树甲骨学论集》,中华书局,2020年,第61—83页。
⑨ 《泰誓》是不是伪书,这个问题需要慎重对待,我们已经证明《古文尚书》不是伪书,参看庞光华:《今本〈尚书·说命〉非伪书新证》,《传统中国研究集刊》第二十二辑,上海社会科学院出版社,2020年,第14—64页。
⑩ 根据孔传,此言出自商纣王,不是周武王。
⑪ 屈万里:《屈万里全集》(3),台北联经出版事业股份有限公司,2006年,第67页。
⑫ 《集韵》:"吾,吾吾,疏远貌。"与韦昭注相合。畏友萧旭对笔者说:《御览》卷四六九引"吾吾"作"俉俉",注云:"俉俉,疏远之貌。"本字当作"踽踽",《说文》:"踽,疏行貌。《诗》曰:'独行踽踽'。"《诗·杕杜》毛传:"踽踽,无所亲也。"

水》："鱼山，即吾山也。"《列子·黄帝》："姬，鱼语汝。"张湛注："鱼，当作吾。"朱骏声《说文通训定声》："鱼，假借为吾。"①《战国策·燕策二》："吾必不听众口与谗言，吾信汝也，犹划刘者也。"马王堆帛书《战国纵横家书》"吾"作"鱼"。② 卢文弨曰："《汉书·古今人表》'羊鱼'，即《左氏·成十七年传》中之'夷羊五'也，《晋语》但称'羊五'（今本作'阳五'）。'五'或可为'吾'，吾读为鱼，如《左传》'西鉏吾'，《释文》音鱼。又如《晋语》'暇豫之吾吾'，《汉·沟洫志》之'吾山'，皆同。故'羊五'亦声转而为鱼也。"③另参看高亨《古字通假会典》。④ 由于《史记·宋世家》也是作"吾"，则战国时代的《微子》已经有版本是作"吾"了，《史记》根据的就是这个作"吾"而不是作"鱼"的版本。

那么《微子》作"鱼"的版本又是怎样产生的呢？这要结合春秋战国的金文才能解释。在春秋时代的金文中发现有比较可信的第一人称代词"吾"这个词，只是其字形不是写作"吾"，而是写作从"虍"从"鱼"（上下结构）的字（下文用 A 表示）。A 从"鱼"得声，与"吾"古音相通，毫无可疑。考《殷周金文集成》271 器："保 A（吾）兄弟。"又同器："保 A（吾）子姓。"此器时代为春秋中晚期。《集成》2840 器："A（吾）先考成王早弃群臣。"此器共有五处"A"，都读为"吾"。此器是中山王鼎，时代在战国。《集成》9715 器："A（吾）台（以）为弄壶。"此器时代在春秋晚期。《集成》9735 器："将与 A（吾）君并立於世。"此器时代在战国，出土于中山王墓。《集成》10008 器："A（吾）以旂（祈）眉寿。"此器即栾书缶，时代为春秋中期以后。⑤ 在金文中又作"虞"或"歔"字形，也读"吾"，其例从略，有关铜器的时代皆在春秋以后。易孟醇《先秦语法》⑥、姚振武《上古汉语语法史》⑦都注意到春秋时代金文中有人称代词"吾"这个词的存在⑧。

根据以上的春秋战国的金文资料，我们似乎可以推断《尚书·微子》中的"吾"有别本作"鱼"是有古本作根据的，并不是后世产生的俗本。以金文观之，也许"鱼"本当作 A。后世传抄只是省掉了"虍"旁。而省略作为偏旁的"虍"是汉代以来汉字简化的一个现象，在先秦古文字中"虍"旁有时就可有可无。例如：1."嘑、虖"省形为"呼、乎"；2.据《说文》"处"或作"處"；3.狎、柙或从"虍"从"甲"；4.在战国楚文字中，"且"往往写作"虘"；5.在战国楚简中，"吾"或从"虍"（为声符）从"壬"；6."吴"在战国文字中常写作"虞"；7."皆"字在郭店楚简《语丛一》从"虍"从"皆"；8."然"在郭店楚简《老子》作"肰"，不从"虍"，而在《语丛一》中多从"虍"从"肰"，也有不从"虍"的。因此，今《微子》别本的"鱼"是从春秋战国时代的 A 省形而来。而金文中的 A 也是春秋战国时代才有的字，不见于西周铜器铭文，更不见于甲骨文。我们可以推断今本《微子》的最后写定年代是在春秋中前期以后。屈万里推定为战国时代述古的创作⑨，这就不是严谨的观点，与我们的看法不同。因为有第一人称代词"吾"只能说明今本《微子》的写定年代，而不是其最早的产生年代。春秋时代的周王室官员抄录前代的文献是常有的事，虽然因此而混入了春秋时代的语言文字特征，但不能因此说该文献是春秋时代人

---

① 参朱骏声：《说文通训定声》，中华书局，1998 年，第 424 页"鱼"字条；另见宗福邦、陈世铙、萧海波主编：《故训汇纂》，商务印书馆，2004 年，第 2578 页"鱼"字条。

② 参看何建章：《战国策注释》，中华书局，1996 年，第 1152、1327 页。

③ 见卢文弨《与梁曜北（玉绳）书》中华书局点校本，又收入《续修四库全书》。卢文弨：《与梁曜北（玉绳）书》，《抱经堂文集》卷二一《书五》，中华书局，2006 年，第 303 页；《续修四库全书》第 1432 册，上海古籍出版社，2002 年，第 728 页。

④ 高亨：《古字通假会典》，齐鲁书社，1997 年，第 855 页。

⑤ 以上五例的金文释文皆依据张亚初编著《殷周金文集成引得》。张亚初编著：《殷周金文集成引得》，中华书局，2001 年，第 13、55—56、145、147、151 页。

⑥ 易孟醇：《先秦语法（修订本）》，湖南大学出版社，2005 年，第 161 页。

⑦ 姚振武：《上古汉语语法史》，上海古籍出版社，2015 年，第 177 页。

⑧ 虽然不是"吾"这个字。

⑨ 屈万里《尚书集释》称《微子》"文辞浅易，盖亦战国时人述古之作也"。战国人述古也是有根据的，并非战国人纯粹伪造。屈万里：《尚书集释》，中西书局，2014 年，第 104 页。

有意伪造。① 原始《微子》的产生还是在殷商末年。王国维《古史新证》②认为《微子》是商代文献，但同时认为远古经典有重编的现象。《古史新证》称："《商书》中如《汤誓》，文字稍平易简洁，或系后世重编。然至少亦必为周初人所作。"我们赞同王国维之说，认为《微子》的原始文本应该真的产生于商末，但今传本的整理写定应在春秋中前期以后，所以出现有第一人称代词"吾"或"鱼"字。

由于文献历代传抄，其中难免出现用后代的字替换前代文献用字的情况。在现存的先秦文献中很可能存在在后世传抄中用"吾"替换"我"的现象。如：1.《吕氏春秋·观世》："不如吾者。"毕沅注："《大戴·曾子制言》卢注亦作'不如我者'。"很可能作"我"是古本。③ 2.《韩非子·解老》："吾有三宝。"王先慎《韩非子集解》："吾，河上本、王弼本作'我'。"今考《老子》六十七章："我有三宝。"据朱谦之《老子校释》④(271页)，只有严遵本、傅奕本也作"吾"，其余各本都作"我"。更考马王堆帛书本《老子》甲乙两本和北大汉简本均作"我"，不是"吾"。⑤ 郭店楚简本《老子》没有此章。因此，很可能《老子》原本是作"我"，不是"吾"。3.《楚辞·渔父》："沧浪之水清兮，可以濯吾缨。沧浪之水浊兮，可以濯吾足。"此渔父歌也见于《孟子·离娄上》："有孺子歌曰：'沧浪之水清兮，可以濯我缨；沧浪之水浊兮，可以濯我足。'"两个"吾"在《孟子》都作"我"。《昭明文选》六臣本《渔父》的两个"吾"也是都作"我"。其他的许多文本都是作"我"，而不是"吾"。⑥ 因此，《渔父》此文的古本很可能是作"我"，不是"吾"。4.《尚书·尧典》："我其试哉。"《史记·五帝本纪》"我"作"吾"，显然是用"吾"替换"我"。5.《墨子·非攻中》："赵氏朝亡，我夕从之，赵氏夕亡，我朝从之。"孙诒让《墨子间诂》引毕沅注："我，旧作吾。"6.《韩非子·外储说左上》："我与黄帝之兄同年。"王先慎《韩非子集解》⑦："《意林》、《御览》引我并作吾。"⑧高

---

① 王国维《观堂集林》卷二《说〈商颂〉》上篇称："考汉以前初无校书之说。"且不管此说未为定论，即便如此，先秦时代有抄书和改写原原始资料语言的现象，确为事实。考《史记·十二诸侯年表》：孔子"论史记旧闻，兴於鲁而次春秋，上记隐，下至哀之获麟，约其辞文，去其烦重(《索隐》：'文去重。言约史记修春秋，去其重文也。')，以制义法，王道备，人事浃。七十子之徒口受其传指，为有所刺讥褒讳挹损之文辞不可以书见也。鲁君子左丘明惧弟子人人异端，各安其意，失其真，故因孔子史记具论其语，成《左氏春秋》。铎椒为楚威王傅，为王不能尽观春秋，采取成败，卒四十章，为《铎氏微》。赵孝成王时，其相虞卿上采春秋，下观近势，亦著八篇，为《虞氏春秋》。吕不韦者，秦庄襄王相，亦上观尚古，删拾春秋，集六国时事，以为八览、六论、十二纪，为《吕氏春秋》。及如荀卿、孟子、公孙固、韩非之徒，各往往捃摭春秋之文以著书，不可胜纪。"从上可知，孔子的《春秋》对史记原文就有改变，已经"约其辞文，去其烦重"；左丘明撰《左氏春秋》也是"因孔子史记具论其语"，可见也不是字字照抄史记原文。铎椒的《铎氏微》也是从原始的春秋史料中"采取成败，卒四十章"，可见只是取材于春秋史料，并非字字抄录史料原文。《吕氏春秋》是"上观尚古，删拾春秋"，也不是照抄古书，而是有诸多改写，《吕氏春秋》引述《左传》的故事，从来没有照抄《左传》的语言。"荀卿、孟子、公孙固、韩非之徒，各往往捃摭春秋之文以著书"，今本《荀子》《孟子》《韩非子》都从原始的春秋史记或《左传》中取材，但都用自己的语言有所改写。因此，传世文献各本多有异文。我们研究一本经典的语言一定要考虑其抄写的年代，而不是其成书的年代。其思想观念可能是商代的，但其语言却完全可能有春秋战国时代的痕迹。我们不能据此否定原始文献产生的古老性。辨伪学者往往根据经典有战国时代的语言就判定此书产生于战国，其实这只能判定今本写定于战国，而不能判定其创始于战国。相反，我们应该根据文献中保留的商代或西周才有的古老语言特征(而战国时代的其它文献基本没有)，推断其应该是产生商代西周，只是在流传中写定于战国时代，从而被战国时代学者所改写，如同《孟子》《荀子》《韩非子》《吕氏春秋》改写《左传》，《史记》改写《尚书》《左传》《国语》。至于战国时代人托名上古(如伊尹、姜太公、黄帝、风后、力牧)而造古书，《汉书·艺文志》早能辨析，古人不会搞混的。以上论述涉及王国维：《说〈商颂〉》上篇，见《观堂集林》卷二，彭林整理，河北教育出版社，2003年，第53页。

② 王国维：《古史新证》，清华大学出版社，1996年，第3页。另参看谢维扬等主编：《王国维全集》(第十一卷)，浙江教育出版社、广东教育出版社，2010年，第242页。

③ 参看陈奇猷：《吕氏春秋新校释》(下册)，上海古籍出版社，2011年，第971页注13。王利器：《吕氏春秋注疏》(第三册)，巴蜀书社，2002年，第1804—1805页(只是《吕氏春秋注疏》1804页的"如"误为"知"，当校正)。

④ 朱谦之：《老子校释》，中华书局，1991年，第271页。

⑤ 高明：《帛书老子校注》，中华书局，1996年，第160页；北京大学出土文献研究所编：《北京大学藏西汉竹书》(第二册)，上海古籍出版社，2012年，第186—187页。

⑥ 黄灵庚：《楚辞异文辨证》，中州古籍出版社，2000年，第576—577页。

⑦ 王先慎：《韩非子集解》，中华书局，1998年，第270页。

⑧ 《意林》见卷一，《御览》见卷四九六。陈奇猷《韩非子新校注》虽然提及王先慎之说，但居然完全遗漏《意林》《太平御览》所引的异文。张觉《韩非子校疏》甚至一字不提王先慎注。陈、张二氏此处实在不应该。日本学者太田方《韩非子翼毳》也未提及"我"有"吾"异文。其引类书只有清朝的《渊鉴类函》，未能详引唐代的《意林》和宋初的《太平御览》。陈奇猷：《韩非子新校注》，上海古籍出版社，2000年，第677页；张觉：《韩非子校疏》，上海古籍出版社，2010年，第722页；太田方：《韩非子翼毳》，中西书局，2014年，第439页。

亨《古字通假会典》①完全没有收录"吾"与"我"相通的材料。

所以我们不能因为《微子》和《泰誓》各有一个"吾"字就将其产生的年代拉晚，说不定古本的《微子》和《泰誓》原是作"我"，不是"吾"或"A"，只能说今本《微子》的写定时代较晚，应该是春秋战国。我们必须强调古文献的产生年代和最后写定年代不是一回事，不能因为有时代较晚的字词就将文献的产生年代拉后。我们一定要注意文献产生后在流传中可能产生各种流变。古人的辨伪学有时候不是很严谨，我们要科学对待。

三

张玉金《西周汉语代词研究》②第一章二《西周汉语第一人称代词》讨论了西周汉语中的"吾"是否是人称代词的问题。张玉金通过考察，否定了西周金文中《沈子也簋铭》中的"吾"字是第一人称代词的观点。③ 郭沫若在《两周金文辞大系》④对其中的"吾"字考释为"宝"字⑤，"吾"的上部是"缶"字变形。"吾考"与"文考、皇考"同义⑥。唐兰在《西周青铜器铭文分代史征》⑦卷五上（322 页注解 3）采用郭沫若之说，称："吾考等于宝考。"张玉金先生赞同郭沫若、唐兰的观点，并补充说："假如把《沈子也簋铭》中的'吾'看成是代词，认为第一人称代词'吾'在西周中期也已出现，那么就不能解释下述问题，即为什么在其它西周中晚期的铜器铭文中再也见不到第一人称代词'吾'。"⑧张玉金教授从语言的社会性角度提出批评，这也是有道理的。⑨

但我们还必须讨论一个显著的例子，即西周晚期的《毛公鼎》："以乃族干吾王身。"这个"吾"实在不能解释为"宝"。⑩ 吴大澂读"吾"为"敔"，徐同柏读为"禦"。王国维《毛公鼎铭考释》⑪、于省吾《双剑誃吉金文选》⑫（131 页）取吴大澂之说，读为"敔"。于省吾说："吴云以公族入卫也。"郭沫若《两周金文辞大系》（新页 287）也读"干吾"为"豞敔"，与吴大澂同。陈梦家《西周铜器断代》⑬（300 页）赞同吴、徐二氏之说，训"吾"为"止"。今按，众说未谛。"吾"当读为"御"，训为"侍"，常见于先秦文献。⑭ "干"训

---

① 高亨：《古字通假会典》，第 657—660，854—855 页。

② 张玉金：《西周汉语代词研究》，第 44—46 页。

③ 主要是西周早期金文《沈子它簋盖》，其铭文有"吾考"字样。参看张亚初编著：《殷周金文集成引得》，第 89 页第 4330 条；其铭文著录参看刘雨等编著：《商周金文总著录表》，中华书局，2008 年，第 643 页。张玉金引述郭沫若、唐兰的观点予以批驳。其实于省吾《双剑誃吉金文选》也载录此铭文。（于省吾：《双剑誃吉金文选》，中华书局，1998 年，第 171—173 页）于省吾称："朕、吾复词。"如同《少民剑》"朕余名之"中的"朕、余"为复词（即同位语）。还认为"吾"字有重文。张玉金《西周汉语代词研究》称："从《沈子也簋铭》中的'告朕吾考'一语来看，'吾'也不应是第一人称代词。因为如果'吾'是第一人称代词，那么它的前面就没有必要再用第一人称代'朕'了。正因为'吾'读为'宝'，是形容词定语，所以它的前面还要出现表示领属的第一人称代词'朕'。"（张玉金：《西周汉语代词研究》，第 46 页）张玉金的这条理由似乎没有足够的说服力，因为于省吾先生已经指出"朕吾"是属于复词，在语法上并非不可能。

④ 郭沫若：《两周金文辞大系考释》，《郭沫若全集·考古编》第八卷，科学出版社，2002 年，新页码第 109—116 页。《大系》以此铜器名为《沈子簋》，且"它"作"也"。

⑤ 并非古音通假，"吾"与"宝"古音不可通。张玉金此书 45 页称："'吾'是可以通假为'宝'的。"这个说法很容易让人误会为二者上古音相通转，这是不严谨的。张玉金：《西周汉语代词研究》，第 45 页。

⑥ 这句话是张玉金自己说的，郭沫若原文没有这个解释。

⑦ 唐兰此书将此器归属于周穆王时代。唐兰：《西周青铜器铭文分代史征》，中华书局，1986 年，卷五上 322 页。

⑧ 张玉金：《西周汉语代词研究》，第 45 页。

⑨ 张玉金之说还参看张玉金：《西周汉语语法研究》，商务印书馆，2004 年，第 86—87 页。

⑩ 《金文今译类检（殷商西周卷）》虽然在正文 466 页注"吾"读为"敔"，但在 468 页的翻译中还是将"吾"翻译为"我的"。金文今译类检编写组编写：《金文今译类检（殷商西周卷）》，广西教育出版社，2003 年，第 466，468 页。

⑪ 王国维：《毛公鼎铭考释》，《王国维全集》（第十一卷），浙江教育出版社、广东教育出版社，2010 年，第 298 页。

⑫ 于省吾：《双剑誃吉金文选》，第 131 页。

⑬ 陈梦家：《西周铜器断代》，中华书局，2011 年，第 300 页。

⑭ 宗福邦、陈世铙、萧海波主编：《故训汇纂》，第 755 页。

"扞",即"捍卫"。《尔雅》:"干,扞也。"①"干吾王身"的意思是:保卫且侍从周王。"吾"是动词,与"干"并列,是连动结构。金文《师询簋》②:"律以乃友干吾王身。"其中的"干吾王身"也是这个意思,可见在金文中并非孤例。李学勤《师询簋与祭公》③的释文将该字不识读为"吾",识读为从"艸"从"害"(上下结构),训为"捍御",这是非常精确的解释,令人钦佩。《师克盨》④曰:"则隹乃且考又昏于周邦,干害王身。"其中的"害"字明显是动词。因此,以"干害王身"和"干吾王身"相比对,其"吾"一定是动词,不会是第一人称代词。《师克盨》此文的释文是根据陈梦家《西周铜器断代》。⑤ 铭文中的"昏"字至为关键,中国社科院考古所编《殷周金文集成释文》⑥4467 器释为"爵",张亚初《殷周金文集成引得》的释文将该字读为"勋"。当以张亚初所释为确切。如果采取陈梦家之说读为"昏",则原文上下文不可通解。文中的"干害"二字的隶定诸家无异辞,张亚初读"害"为"禦",取徐同柏之说。"害"的上古音为匣母哥部去声⑦,"禦"为疑母鱼部,古音可通。我们还是读为"御",训为"侍"。有了《师克盨》的"干害王身"作旁证,则《毛公鼎》《师询簋》的"干吾王身"的"吾"可以明确断定不是第一人身代词。

为什么我们不读"干吾"为"扞禦"? 这是因为"扞禦"一词在先秦文献中的用法是其后往往是灾难、敌人之类的负面意义的词,"扞禦"有"拒斥、抵御"之义,而不是"保卫、捍卫"的意思。考《左传·僖公二十四年》:"扞禦侮者莫如亲亲。""扞禦"的对象是"侮"。《左传·襄公二十六年》:"扞御北狄,通吴于晋。""扞禦"的对象是"北狄"。《左传·成公十二年》:"此公侯之所以扞城其民也。"孔颖达疏:"扞禦寇难。""扞禦"的对象是"寇难"。《资治通鉴》卷四十四东汉光武帝二十四年:"愿永为藩蔽,扞禦北房。"单独一个"扞"或"禦"也往往是"抵御"的意思,常见于《史记》等汉以前文献。且举《史记》为例。《史记·十二诸侯年表》楚昭王四年:"吴三公子来奔,封以扞吴。"楚昭王分封从吴国来降的三位公子,以抗拒吴国,绝不是保卫吴国,"扞吴"的"吴"是楚国的敌国。《史记·惠景间侯者年表》:"以大将军屯荥阳,扞吴楚七国。"即"防御吴楚七国。"《史记·韩安国列传》:"吴、楚反时,孝王使安国及张羽为将,扞吴兵于东界。"即在东界抵御吴国叛军。后代的例子如《全唐诗》卷六一八有陆龟蒙诗《奉和袭美初夏游楞伽精舍次韵》:"万善峻为城,巉巉扞群恶。""扞群恶"是拒斥群恶。古有"扞难"的说法,是"抵御寇难"。《淮南子·原道》:"排患扞难,力无不胜,敌无不凌。""扞难"与"排患"义近。另如《国语·晋语二》:"恐其如壅大川,溃而不可救禦也。""救禦"的对象是"川溃",显然是灾难。《国语·周语中》富辰引周文公之诗:"外禦其侮。"⑧所禦的是"侮"。《周语中》又曰:"国有郊牧,疆有寓望,薮有圃草,囿有林池,所以禦灾也。"所禦的是"灾"。《鲁语上》:"处大教小,处小事大,所以禦乱也。"所禦的是"乱"。《鲁语下》:"诸侯有旅贲,禦灾害也。"《晋语三》:"公禦秦师。"晋惠公出兵抵御秦军。《晋语六》:"禦奸以刑。"所禦的是"奸"。《楚语下》:"金足以禦兵乱。"《吴语》:吴王"将以禦越。"所禦的是作为敌国的越国。类例甚多。吾友萧旭从训诂学上支持吴大澂、徐同柏之说,我不敢

---

① "干"训"扞",详见《故训汇纂》,第 683 页。"扞"训"卫",参看《故训汇纂》,第 858 页。
② 李学勤《西周青铜器研究的坚实基础》(收入李学勤《中国古代文明研究》)推断《师询簋》是西周恭王元年。李学勤《师询簋与祭公》(收入李学勤《中国古代文明研究》)和李学勤《清华简〈祭公〉与师询簋》(收入李学勤《初识清华简》)坚持这一观点。李学勤:《中国古代文明研究》,华东师范大学出版社,2005 年,第 51—53 页;李学勤:《初识清华简》,中西书局,2013 年,第 135—139 页。
③ 李学勤:《中国古代文明研究》,第 51—53 页。
④ 西周晚期。中国社会科学院考古研究所编:《殷周金文集成(修订增补本)》(第四册),中华书局,2007 年,第 2872—2877 页,第 4467 和 4468 器。
⑤ 陈梦家:《西周铜器断代》,第 300 页。
⑥ 中国社科院考古所编:《殷周金文集成释文·第三卷》,香港中文大学中国文化研究所,2001 年,第 528—529 页。
⑦ 主张古无去声的学者归入月部长入。
⑧ 今本《毛诗·小雅·棠棣》作:"外禦其务。"郑玄笺:"禦,禁;务,侮。"

苟同，故考论于右①。于省吾《〈师克盨铭考释〉书后》："金文言'卫'，言'干吾'，言'干害'，虽然字有异同，词有单复，而语义相仿。"于先生此处说的意思是对的，但没有作学术性的解释，颇嫌含混。畏友萧旭兄最近对笔者说："干迼"可能是连绵词，为古成语。又作"干寤"。今检《汉语大词典》"干寤"条的解释是：干犯连逆。《尔雅·释言》"迼，寤也"晋郭璞注："相干寤。"《广韵·去暮》："迼，干迼。"日本学者诸桥辙次《大汉和辞典》②卷四（483 页）同③。可知"干寤、干迼"的意思是"干犯连逆"，明显与金文此处的意思不合，二者不可相牵连。

四

但西周青铜器虽然多有"宝尊"的说法，而用"宝"来修饰祖先，在金文中并无根据。张玉金先生将"宝考"与"文考、皇考"相类比，这也缺少说服力。在金文中没有"宝考"连用的例子，相反有很多"考宝"连用的现象。因此，虽然《沈子也簋铭》中的"吾"字不是第一人称代词，但释读为"宝"同样不可通。该"吾"字究竟该怎样释读，现在只能存疑。张亚初《殷周金文集成引得》第 4330 器虽然将该字仍然隶定为"吾"，但前一字不是释为"朕"，而是释为从"虐"从"又"（左右结构）的字④，这就不存在于省吾说的"复词"问题。

张玉金《西周汉语代词研究》第一章坚决主张"吾"就是读为"宝"，并说可以用于修饰人。举有西周金文《虔簋》为证："虔拜稽首，休朕宝君公白（伯）易厥臣弟虔井五蔬，易甲、胄、干、戈。"张玉金解释说："此例中的的'宝'修饰君公白，而《沈子也簋铭》中的'吾（宝）'修饰'考'，这是同一种语言现象。"但我们经过考察认为张玉金此说难以成立。且不说此例仅为孤证，并没有更多的证据，难以服人。就此例本身而言，也有可疑之处。《虔簋》此文中的所谓"宝"其实在金文的字形并不是"宝"，而是"匋"字。陈梦家《西周铜器断代》⑤并没有将此"匋"读为"宝"。唐兰《西周青铜器铭文分代史征》⑥："匋当读为宝。"张亚初《殷周金文集成引得》第 4167 条也将"匋"释读为"宝"。然而：1. 金文中并没有"宝君"这样义例；2. 金文中，凡是"匋"读为"宝"的时候，后面都是接"器"，或者具体的器名，或者"匋（宝）用"连文，没有一个接人的例子；3. 金文中的"匋"有些时候并不是读"宝"，而是读"陶"⑦。此字在金文中有二音，一读为唇音并母，一读为舌头音定母，此二音各自独立，彼此没有关联。因此，笔者认为唐兰、张亚初、张玉金此说不可信。我们认为"匋君公白"的"匋"当是地名，其地的封君称"匋君"，其爵位是公爵，辈分为"白（伯）"。⑧ 由于张玉金所举的这个关键证据站不住，所以《沈子也簋铭》中的"吾"读为"宝"也难以成立，显然也不可能是第一人称代词。

---

① 今录萧旭兄给笔者电邮如下，以供学者参考：
我认为吴大澂读吾为敔，徐同柏读为禦，是也。敔、禦音转，实同源词，亦是捍卫义。杨树达《小学述林》卷五《彝铭与文字》八《本字与经传通用字》从徐同柏说（169 页）。然诸说未尽，本字当作圄，《说文》："圄，守之也。"《墨子·公输》："厚攻则厚吾，薄攻则薄吾。"孙诒让《墨子间诂》："'吾'当为'圄'之省。"《汉书·百官公卿表上》："中尉，秦官……武帝太初元年，更名'执金吾'。"颜师古注引应劭曰："吾者，禦也，掌执金革以禦非常。"害，读为遏，或读为盖，遮蔽、阻挡，亦即保卫义（例见张儒 635，白于蓝 529）。与"圄"义近。

② 诸桥辙次：《大汉和辞典·卷四》，大修馆书店，昭和五十一年（1976），第 483 页。

③ 总页码第 3885 页。《汉语大词典》此处应该是参考利用了《大汉和辞典》。

④ 中国社科院考古所《殷周金文集成释文》第三卷 4330 器仍然采用传统的说法，释读为"朕"。中国社科院考古所编：《殷周金文集成释文·第三卷》，香港中文大学中国文化研究所，2001 年，第 466 页。

⑤ 陈梦家：《西周铜器断代》，第 167 页。

⑥ 唐兰：《西周青铜器铭文分代史征》，中华书局，1986 年，第 319 页注解 3。

⑦ 张亚初编著：《殷周金文集成引得》，第 364 页。

⑧ 释文另参看于省吾：《双剑誃吉金文选》，第 294 页。但于省吾先生没有多的解释。

五

总之,在西周金文没有作为第一人称代词的"吾",这是一个很值得注目的现象。但张玉金相信作为第一人称代词的"吾"在西周晚期已经出现,其主要的根据是《易经·中孚》:"九二,鸣鹤在阴,其子和之。我有好爵,吾与尔靡之。"张玉金加按语称:"笔者知道,《周易》最终成书于西周末年。从春秋时代'吾'已经较常用这一点来看,在《周易》中出现'吾'是可能的。"[1]这在《易经》也是一个绝无仅有的孤证,仅靠此孤证恐怕难以立论。《易经》未必成立于西周末年,恐怕时代更早一些,将《易经》作为西周早期甚至先周文献应该没有问题,这个问题姑且不论。重要的是《易经》在先秦以来传抄的过程中难免混入后代的个别词汇。根据先秦经典的惯例,现存的先秦经典有很多是在战国时代抄写成的,带有很多战国时代文字的痕迹,有少数地方也可能保留了春秋时代的文字特征,真正完整保留西周汉字特征的情况是少见的。所以利用《易经》作为西周文献,最好能有旁证或多证,不能以孤证立论。现在马王堆帛书本的《周易》和战国楚竹书的《周易》都已经发现,可以表明战国时代的《易经》、西汉前期的《易经》与今本相较在文字上有较大的差异。例如今本《中孚》:"九二,鸣鹤在阴,其子和之。我有好爵,吾与尔靡之。""中孚"帛书作"中復","有"帛书作"又","尔"帛书作"璽","靡"帛书作"羸"。只是帛书本正好残缺今本的"我有好爵,吾与尔"这几个字。上博简楚竹书本完全残缺了《中孚》一卦。但也可见西汉前期和战国时代的古本确实与今本在文字上颇多出入。我们不能根据今本的"吾"这个孤证就断定西周时代就有了第一人称代词的"吾"。笔者认为西周时代还没有第一人称代词的"吾"。今本《易经》的这个独一无二的"吾"很可能是在传抄过程中被战国或两汉时代的人增添上去的,春秋以前古本未必有。我们有如下的理由:

1.《尚书》中可信的西周以前的篇章没有第一人称代词"吾"字。《毛诗》是公认的先秦古文经,本来是由先秦古文字写成,非同于西汉的今文经,保存了不少春秋时代以前的语言特征。但整部《毛诗》只有作为地名的"昆吾"中出现一次"吾"字,根本没有第一人称代词的"吾"的任何痕迹。而《尚书》《毛诗》都有数百次使用第一人称代词"我"字。《易经》也有很多次用"我",这是自甲骨文以来的传统。因此,《中孚》中出现的唯一的"吾"很可疑,当为后世衍文,非古本所有。

2.《中孚》九二的原文句法甚为整齐:"鸣鹤在阴,其子和之。我有好爵,吾与尔靡之。"观察原文句法似应为整齐的四字句,偏偏最后成了五字句,这有点不自然。况且前面有了"我",后面没有必要再出现"吾"。我疑心原文后两句本来就是作"我有好爵,与尔靡之。"这样才是严整的四字句,而且丝毫不影响文意。

3. 王力《汉语语法史》[2]在讨论"吾、我"在语法上的分工时有一段观察:"依我揣测,在原始时代,'我'字只用于宾位,'吾'字则用于主位和领位,这就是'吾'、'我'在语法上的分工。往往在同一个句子里,'吾'、'我'同时并用,最能说明它们在语法上的分工。"王力的这段论述有不精密之处,主要是没有参照甲骨文和金文资料,不懂得"我"在甲骨文中早已广泛存在,其产生远远早于"吾"。作为代词的"吾"在西周不存在。况且,在甲骨文中的"我"有许多作主位和领位的现象。因此王力说的二者在原始时代的语法分工显然是错误的。但王力此文详细列举了大量先秦文献如《论语》《左传》《孟子》《墨子》《荀子》《庄子》中的"吾、我"同时并用的例子,清楚地显示在先秦时代的文献中,只要"吾、我"同时并用,则二者在语法功能上一定有分工,即"吾"作主位或领位,而"我"作宾位。二者不能同时都作主

---

[1] 张玉金:《西周汉语代词研究》,第 1—2 页。讨论了《周易》的年代。张玉金称:"也许《周易》的形成始于西周初年,而到西周末年最终成书。"其实,张玉金这里断代的是《易经》,不是全部《周易》,因为不包含《易传》。

[2] 王力:《汉语语法史》,商务印书馆,1989 年,第 44 页。

位。实则杨树达《高等国文法》①第三章《代名词》早已注意到："以上诸例,吾字皆居主位,我字皆居宾位。惟《论语》第五例第二我字居主位。"这第二"我"字并不与"吾"并用,原文是《论语·子罕》:"子曰:吾有知乎哉? 无知也。有鄙夫问于我,空空如也。我叩其两端而竭焉。"这句的结构是"吾"作主位与第一个宾位的"我"并用,与第二个主位的"我"无关。《高等国文法》还举了《汉书·袁盎传》:"吾与汝兄善,今儿迺毁我!"可见在西汉文献中,"吾、我"并用时的语法分工还很清楚,"吾"作主语,"我"作宾语。杨树达举例多与王力不同,但结论一致。② 因此,在先秦文献中凡是"吾、我"同时并用,一般有语法上的分工。而今本《易经·中孚》:"我有好爵,吾与尔靡之。"句中同时并用的"吾、我"都作主位,没有语法功能上的区别,与先秦汉语通例不合。我们可以据此推测这个"吾"是战国以后才加上去的,非西周时代的古本《易经》所有。但是在《论语·公冶长》有一个例子也要注意:"子贡曰:我不欲人之加诸我也。吾亦欲无加诸人。"出于孔子门人子贡之口,定州汉简《论语》此句也有"吾"字,应是古本。《荀子·尧问》:"吾语女:我,文王之为子,武王之为弟,成王之为叔父。吾于天下不贱矣。"这是"我"与"吾"并列为主语的例子,则是春秋战国时代的东部方言区才有的现象,不能上溯至西周。以上这两例要加以分析。(1)"我、吾"为相连两句的主语,一般是前一句用"我",后一句用"吾"。(2) 这两句之间要加句号,不能用逗号。后一句变换主语用"吾"是要另起一层意思,与前句的关系可能是轻微的转折,也可能是因果。"吾亦欲无加诸人"对于前句是轻微的转折。"吾于天下不贱矣",是从前句得出的结论,有因果的意思。(3) 这样的"吾"有强调第一人称主语的语气,是后一句的焦点,要重读。而且《荀子》此文在结构是两个"吾"并列,并非我、吾作为主语并列。"我"是前一个"吾"的说话的内容,而后句的"吾"不是前句"吾"的说话的内容,是另起一句的主语。而《易经》的"我有好爵,吾与尔靡之"的"吾"不具备以上的(2)与(3)两点。"我有好爵,吾与尔靡之"中间的逗号肯定不能改为句号,其"吾"也没有焦点功能。因此,与《论语》《荀子》的例子不能类比。

4. 从《左传》《论语》《仪礼》大量使用第一人称代词"吾"的情况来看,作为人称代词的"吾"应该是在春秋中前期才产生,不可能早到西周,其产生年代远远晚于"我"。《诗经》中也有很多春秋时代的作品,尤其是《国风》,为什么一次都不用"吾"呢? 我认为这是因为《诗经》的《国风》也是周王室的采风官采录而成,使用的是西周以来的通用语,因而带有西周时代的语言特征,有我国西部语言的传统,也是当时的共同语。但是由于春秋时代的文献《左传》《论语》都是产生于山东的鲁国,是典型的东部地区的文献,而且春秋时代的金文中出现 A 的都是东部地区的青铜器(如晋国等),没有秦系青铜器,我们可以推断人称代词的"吾"很可能是春秋时代在东方诸国中产生并流行的新词,所以没有进入西周以来通用语系统的《诗经》。

5. 据张玉金《西周汉语代词研究》③第二章《西周汉语第二人称代词》,西周的人称代词的用法有一个重要的现象是"我"与"尔"常常相配连用。考《诗经·小雅·我行其野》:"尔不我畜。"明显是"尔"与"我"相配连用。《诗经·大雅·崧高》:"我图尔居,莫如南土。"《易经·颐》:"初九,舍尔灵龟,观我朵颐。"《逸周书·商誓》:"尔多子其人自敬,助天永休于我西土。"也是"尔"与"我"相配连用。张玉金

---

① 杨树达:《高等国文法》,商务印书馆,1958 年,第 60—61 页。另参看杨树达:《高等国文法》,湖南教育出版社,2008 年,第 54—55 页。

② 今将王力先生所举的例句转录如下,以省学者翻检之劳。1.《论语·雍也》:"如有复我者,则吾必在汶上矣。"2.《孟子·梁惠王下》:"吾王之好鼓乐,夫何使我至于此极也?"(笔者按,王先生原文误为《梁惠王上》,径改)。3.《墨子·兼爱下》:"然后人报我以爱利吾亲乎? 即必吾先从事乎爱利人之亲,然后人报以爱利吾亲也。"(笔者按,此处引文依据《墨子》,比王先生多引前一句)。4.《墨子·明鬼下》:"吾君杀我而不辜。"5.《庄子·齐物论》:"今者吾丧我。"6.《庄子·秋水》:"既已知吾知之而问我。"7.《荀子·修身》:"故非我而当者,吾师也;是我而当者,吾友也;谄谀我者,吾贼也。"杨树达《高等国文法》举例不同于王力先生的有:1.《论语·述而》:"二三子以我为隐乎? 吾无隐乎尔。"2.《论语·子罕》:"太宰知我乎! 吾少也贱,故多能鄙事。"3.《论语·阳货》:"如有用我者,吾其为东周乎!"4.《左传·庄公十年》:"伐我,吾求救于蔡而伐之。"另如《荀子·大略》:"诸侯之骄我者,吾不为臣;大夫之骄我者,吾不复见。"

③ 张玉金:《西周汉语代词研究》,第 95—97 页。

在其书97页作结论道:"'尔'与'我'有对立关系。"同时指出"尔"与"我"最早的用法都表示复数。这个观点应该是对的。当然,在《尚书》中多有"尔"和"予、朕"相配连用之例。依据以上各例,《易经》是西周文献,因此《易经》原文如果是"我有好爵,与尔靡之",则正好是"我"与"尔"相搭配,与《易经》《诗经》的语法相合。如果是"吾与尔靡之",则是"吾"与"尔"相配,这与《易经》《诗经》的语法不合。春秋时代还多有"尔"与"我"相配连用之例。考《左传·宣公十五年》:"我无尔诈,尔无我虞。"《左传·昭公十六年》子产曰:"尔无我叛,我无强贾,毋或匄夺。尔有利市宝贿,我勿与知。"《论语·八佾》:"赐也,尔爱其羊,我爱其礼。"都是非常明显的"尔、我"搭配使用。①

6. 考察《逸周书》,其中有人称代词"吾"的各篇都属于春秋以降的文献,如《太子晋解》有多个"吾",而太子晋是春秋晋平公时代的人。此篇为春秋战国时代文献无疑。《殷祝解》多有"吾",虽然述及商汤,文辞明显为春秋以后。细考其文,居然称暴君夏桀佩服商汤之德,甘愿将天下让与商汤,这简直是无稽之谈。在封国上提到"鲁","鲁"是周公所封之地,夏末不曾有。又称"阴胜阳、雌胜雄、天弗施",这些语言和观念都不是商代所有。此篇当为春秋以后儒家所作,被战国儒家学者编入《逸周书》。《王会解》附录了商书《伊尹朝献》,是后人所编入的附录,本非《王会解》的原文,其中商汤自称"吾",这明显是春秋以后人所伪托,因为商代后期的甲骨文中尚且没有人称代词的"吾",商初怎么会有呢?

7. 上古文献在隋唐以前就有抄录错误的现象。考:(1)《史记·秦本纪》:"灵公卒,子献公。不得立,立灵公季父悼子,是为简公。简公,昭子之弟而怀公子也。"《索隐》称:"简公,昭之弟而怀公子。简公,怀公弟,灵公季父也。《始皇本纪》云'灵公生简公',误也。又《纪年》云:简公九年卒,次敬公立,十二年卒,乃立惠公。"《正义》曰:"刘伯庄云'简公是昭子之弟,怀公之子,厉公之孙。'今《史记》谓简公是厉公子者,抄写之误。"②(2)《史记·天官书》:"鬼哭若呼,其人逢佸。化言。"唐朝司马贞《史记索隐》:"'化'当为'讹',字之误耳。"(3)《史记·司马相如列传》:"意者泰山、梁父设坛场望幸。"《索隐》:"设坛场望幸华。案:诸本或作'望华盖'。华盖,星名,在紫微太帝之上。今言望华盖、太帝耳。且言设坛场望幸者,望圣帝之临幸也,义亦两通。而孟康、服虔注本皆云'望幸'下有'华'字,而挚虞《流别集》则唯云'望幸',当是也,于义易通。直以后人见'幸'下有'盖'字,又'幸'字似'华'字,因疑惑,遂定'华'字,使之误也。"③以上都是唐朝学者校勘《史记》错字的好例。上古文献在上古时代就有抄写之误。王念孙《读书杂志》校勘先秦两汉十种重要典籍的各种错字,成就辉煌,是清代小学最高成就的代表作。裘锡圭先生《谈谈上博简和郭店简中的错别字》④一文很有启发性,表明现在出土的先秦文献自身就有错别字。现在学术界很关注出土文献本身就有错别字的现象,已经出现很多论著。⑤ 因此,《易经》在传抄中误衍"吾"字,并不奇怪。

根据以上几点,我们认为西周时代还没有作为第一人称代词的"吾"。《易经·中孚》的"吾"是后世衍文,非古本所有。作为第一人称代词的"吾"是春秋中前期以后在东方诸侯国中产生的,属于春秋时代东部地区方言用字,不属于西周汉语,也不是春秋时代西部方言区的用词。

---

① 在甲骨文中有"尔"与"我"搭配的现象,看黄天树《甲骨文第二人称代词补说》。(收入黄天树:《黄天树甲骨学论集》,中华书局,2020年,第132页)但甲骨文中也有"余"与"尔"相配使用的例证。《尚书·周书·多士》:"今予惟不尔杀。"以"予"与"尔"相配,正是甲骨文"余"与"尔"相配的延续。

② 参泷川资言《史记会注考证·壹》引张文虎曰:"《正义》'史记'字当作'秦记','厉公'当作'灵公'。"另参看《史记(修订本)》第251页和第279页注解29,修订本《史记》直接予以改正而附有校记。泷川资言:《史记会注考证·壹》,上海古籍出版社,2016年,第275页。《史记(修订本)》,中华书局,2013年,第251、279页。

③ 《史记(附三家注)》(点校本),中华书局,1997年,第3037—3038页。

④ 裘锡圭:《裘锡圭学术文集·简牍帛书卷》,复旦大学出版社,2012年,第372—377页。

⑤ 例如赵平安:《讹字研究论集》,中西书局,2019年;袁莹:《战国文字形体混同现象研究》,中西书局,2019年;张峰:《楚文字讹书研究》,上海古籍出版社,2016年;刘玉环:《秦汉简帛讹字研究》,中国书籍出版社,2013年;郑邦宏:《出土文献与古书形近讹误字校订》,中西书局,2019年;蔡伟:《误字、衍文与用字习惯:出土简帛古书与传世古书校勘的几个专题研究》,博士学位论文,复旦大学,2015年。

【参考文献】

[1] 陈梦家.殷墟卜辞综述[M].北京：中华书局,1992.

[2] 张玉金.甲骨文语法学[M].上海：学林出版社,2001.

[3] 张玉金.20世纪甲骨语言学[M].上海：学林出版社,2003.

[4] 陈炜湛.甲骨文所见第一人称代词辨析[J].学术研究,1984(3).

[5] 陈炜湛.甲骨文论集[C].上海：上海古籍出版社,2003.

[6] 张玉金.西周汉语代词研究[M].北京：中华书局,2006.

[7] 管燮初.殷虚甲骨刻辞的语法研究[M].北京：中国科学院,1953.

[8] 徐中舒主编.甲骨文字典[M].成都：四川辞书出版社,2006.

[9] 孟世凯.甲骨学辞典[M].上海：上海人民出版社,2009.

[10] 于省吾主编.甲骨文字诂林[M].北京：中华书局,1996.

[11] 刘兴隆.新编甲骨文字典(增订版)[M].北京：国际文化出版公司,2005.

[12] 郭旭东等主编.殷墟甲骨学大辞典[M].北京：中国社会科学出版社,2020.

[13] 杨伯峻,何乐士.古代汉语语法及其发展(修订本)[M].北京：语文出版社,2001.

[14] 黄天树.黄天树甲骨学论集[C].北京：中华书局,2020.

[15] 庞光华.今本《尚书·说命》非伪书新证[J].《传统中国研究》第二十二辑.上海：上海社会科学院出版社,2020.

[16] 屈万里.屈万里全集3[M].台北：联经出版事业股份有限公司,2006.

[17] 朱骏声.说文通训定声[M].北京：中华书局,1998.

[18] 宗福邦,陈世铙,萧海波主编.故训汇纂[M].北京：商务印书馆,2003.

[19] 何建章.战国策注释[M].北京：中华书局,1996.

[20] 卢文弨.与梁曜北(玉绳)书.抱经堂文集[M].北京：中华书局,2006.

[21] 续修四库全书[M].上海：上海古籍出版社,2002.

[22] 高亨.古字通假会典[M].济南：齐鲁书社,1997.

[23] 张亚初编著.殷周金文集成引得[M].北京：中华书局,2001.

[24] 易孟醇.先秦语法[M].长沙：湖南大学出版社,2005.

[25] 姚振武.上古汉语语法史[M].上海：上海古籍出版社,2015.

[26] 屈万里.尚书集释[M].上海：中西书局,2014.

[27] 王国维.观堂集林[M].石家庄：河北教育出版社,2003.《王国维全集》第八卷《观堂集林》[M].杭州：浙江教育出版社,广州：广东教育出版社,2010.

[28] 罗倬汉.史记十二诸侯年表考证[M].北京：商务印书馆,1943.

[29] 王国维.古史新证[M].北京：清华大学出版社,1996.

[30] 谢维扬等主编.王国维全集[M].杭州：浙江教育出版社,广州：广东教育出版社,2010.

[31] 陈奇猷.吕氏春秋新校释[M].上海：上海古籍出版社,2002.

[32] 王利器.吕氏春秋注疏第三册[M].成都：巴蜀书社,2002.

[33] 朱谦之.老子校释[M].北京：中华书局,1991.

[34] 高明.帛书老子校注[M].北京：中华书局,1996.

[35] 北京大学出土文献研究所编.北京大学藏西汉竹书2[M].上海：上海古籍出版社,2012.

[36] 黄灵庚.楚辞异文辨证[M].郑州：中州古籍出版社,2000.

[37] 王先慎.韩非子集解[M].北京：中华书局,1998.

[38] 陈奇猷.韩非子新校注[M].上海：上海古籍出版社,2000.

[39] 张觉.韩非子校疏[M].上海：上海古籍出版社,2010.

[40] 太田方.韩非子翼毳[M].上海：中西书局,2014.

[41] 刘雨等编著.商周金文总著录表[M].北京：中华书局,2008.

[42] 马国权.两周铜器铭文代词初探[J].中国语文研究,1981(3).

[43] 于省吾.双剑誃吉金文选[M].北京：中华书局,1998.

［44］ 郭沫若.郭沫若全集考古编第七卷[M].北京：科学出版社,2002.

［45］ 唐兰.西周青铜器铭文分代史征[M].北京：中华书局,1986.

［46］ 张玉金.西周汉语语法研究[M].北京：商务印书馆.2004.

［47］ 金文今译类检编写组编写.金文今译类检(殷商西周卷)[M].南宁：广西教育出版社,2003.

［48］ 陈梦家.西周铜器断代[M].北京：中华书局,2004.

［49］ 李学勤.中国古代文明研究[M].上海：华东师范大学出版社,2005.

［50］ 李学勤.初识清华简[M].上海：中西书局,2013.

［51］ 中国社会科学院考古研究所编.殷周金文集成·第4册[M].北京：中华书局,2007.

［52］ 中国社会科学院考古研究所编.殷周金文集成释文·三卷[M].香港：香港中文大学中国文化研究所,2001.

［53］ 诸桥辙次.大汉和辞典·卷四[M].东京：大修馆书店,昭和五十一年(1976).

［54］ 王力.汉语语法史[M].北京：商务印书馆,1989.

［55］ 杨树达.高等国文法[M].北京：商务印书馆,1958.

［56］ 杨树达.高等国文法[M].长沙：湖南教育出版社,2008.

［57］ 泷川资言.史记会注考证·壹[M].上海：上海古籍出版社,2016.

［58］ 司马迁.史记(修订本)[M].北京：中华书局,2013.

［59］ 司马迁.史记(附三家注)[M].北京：中华书局点校本,1997.

［60］ 裘锡圭.裘锡圭学术文集·简牍帛书卷[M].上海：复旦大学出版社,2012.

［61］ 赵平安.讹字研究论集[M].上海：中西书局,2019.

［62］ 袁莹.战国文字形体混同现象研究[M].上海：中西书局,2019.

［63］ 张峰.楚文字讹书研究[M].上海：上海古籍出版社,2016.

［64］ 刘玉环.秦汉简帛讹字研究[M].北京：中国书籍出版社,2013.

［65］ 郑邦宏.出土文献与古书形近讹误字校订[M].上海：中西书局,2019.

［66］ 蔡伟.误字、衍文与用字习惯：出土简帛古书与传世古书校勘的几个专题研究[D].复旦大学博士学位论文,2015.

On the Emergency Age of Chinese Personal Pronoun "吾" and the Problems Concerned

Pang Guanghua

(School of Literature, Wuyi University, Guangdong Jiangmen 529020, China)

Abstract: Emergency age of Chinese personal pronoun "吾" can be supposed to emerge during the pre-middle period of Spring and Autumn Age. Personal pronoun "吾" is dialect of Chinese east regions in ancient times. The transcription age of extant text of *Wei Zi* in *Ancient Documents* (《尚书·微子》) can be considered to be after pre-middle period of Spring and Autumn Age, but emergency of the primary text of *Wei Zi* can be supposed to be in the last phase of Shang Dynasty.

Key words: *Ancient Documents* (《尚书》); I (吾); *The Book of Changes* (《易经》); West Zhou Dynasty; Spring and Autumn Age

文献中词语分布的二八现象与马太效应[*]

马创新　杨笑璐　陈小荷　梁社会

【摘　要】为了发现文献中的词语分布与动态增长规律,文章对各部文献分别作分组处理,第一组是文献头部的1万个词例,之后每一组包含前一组,再按顺序新增一万个词例,然后对每组中的词型按照出现频次降序排列。研究发现,各组词型序列前20%词型的词例数约占所在组词例总数的80%以上,而后80%词型的词例数约占所在组词例总数的20%以下,词型分布上显著存在二八现象。每部文献的各个组高频词的平均出现频次基本上是逐组递增的,而中低频词的平均出现频次基本不变,高频词与中低频词的平均出现频次的差距逐组增加,在第一组序列中排在前20%的词型,在其后各组中,有极大可能性依然处于各组的高频词行列中,各组新增词型的数量很大,但成为高频词的比率极低,词语动态增长时显著存在"马太效应"。

【关键词】词语;分布;增长;二八定律;马太效应

【作者简介】马创新,江苏师范大学语言科学与艺术学院副教授,硕士生导师,研究方向为计算语言学与信息计量学。杨笑璐,女,南京航空航天大学国际教育学院讲师,研究方向为汉语国际教育与信息计量学。陈小荷,南京师范大学文学院教授,研究方向为计算语言学。梁社会,南京师范大学国际文化教育学院副教授,研究方向为计算语言学。(江苏 徐州　221009;江苏 南京　211106)

一　引言

在词语分布的研究方面,齐普夫定律描述了词语的出现频率与其频次等级之间的关系,指出任何一篇文章中词语的出现频次与等级序号的乘积总是一个常数。[①] 马创新和陈小荷用大量数据验证了文章中的词语分布符合"布拉德福定律",他们把文章中的词型按照出现频次递减排序,再把词型序列划分为词例数目大致相等的三个、四个、五个分区时,分区之间的词型数量关系是有规律的。比如把词型序列划为五个词例数目大致相等的分区,用1∶n∶m∶i∶j表示各分区的词型数时,m约等于3n,i约等于4m。[②]

William A. Kretzschmar 认为言语复杂系统所展现的非线性A曲线分布模式体现了齐普夫定律和二八定律,并且二八定律是齐普夫定律的特例。[③] "二八定律"又被称为"二八现象""帕累托法则",该定律是意大利经济学家帕累托发现的,他对19世纪英国人的财富状况作了调查分析,发现全社会生产的大部分财富流入到少数人手中,约20%的高收入者占有80%的社会财富,另外80%的人占有20%的社会财富。[④] 二八定律广泛存在于人类社会的各个领域,[⑤]它引导人们在分析问题时要更重视"关键的少数"。

"二八定律"是对人类社会中普遍存在的各种不平衡关系的定量表述,而"马太效应"是对不平衡关

---

[*]　基金项目:国家社科基金一般项目"注疏文献的精加工数据库建设与语言知识挖掘研究"(21BYY207)。

[①]　Zipf, G.K.: *Human Behavior and the Principle of Least Effort*, Cambridge: Addison-Wesley, 1949: 25 – 30.

[②]　马创新、陈小荷:《文献中的词型分区规律与高频特征词的发现》,《语言文字应用》2018年第3期。

[③]　王士元:《语言是一个复杂适应系统》,《清华大学学报(哲学社会科学版)》2006年第6期。

[④]　李银河:《帕累托社会学思想评介》,《国外社会科学》1988年第6期。

[⑤]　杜贵晨:《〈三国演义〉等七部小说叙事的"二八定律"——一个学术上的好奇与冒险》,《甘肃社会科学》2015年第6期。

系的定性表述,①并且描述了优势与劣势的累积过程和发展趋势,②即处于优势的一方,其优势地位不断加强,而处于劣势的一方,其不利因素也不断增加。③ 它出自于《新约全书·马太福音》中一句话:"已经有的,还要加给他,叫他有余;没有的,连他所有的,也要夺过来。"我国古代思想家老子也有类似观点,《道德经》中写道:"天之道,损有余而补不足。人之道,则不然,损不足以奉有余。"④

前人的研究多从静态角度研究词语的分布状况,在实际工作中,研究者所使用的多份实验语料所包含的词例数目是不同的,以往研究没能解决由于各份实验语料的规模不同所导致的问题。本文设计一种新的实验方法,从动态角度研究文献中的词语分布与增长规律,使用大量数据来考查文献中的词语分布上是否存在二八现象? 文献中的词语在递增时是否存在马太效应?

二 实验语料和实验方法

词型是指词表中包含的词语条目,词例是指词型在特定文献中的使用实例,当某个词型在文献中被多次使用,该词型就有多个词例。⑤ 为了考察文献中词型和词例的动态分布与增长规律,选取八部先秦经典文献作为实验语料,包括《孟子》《谷梁传》《公羊传》《晏子春秋》《庄子》《荀子》《国语》《墨子》。⑥ 这八部文献中《孟子》的词例数最少,有 32079 个,《墨子》的词例数最多,有 73788 个。在先秦时期,人们所使用的口语与书面语大体一致,所以这八部经典文献能够比较全面地代表古代汉语的词汇概貌。⑦ 本实验中的语料都是由人工分词处理的,具有很高的标注正确率。

本文的实验方法是:

(1) 首先把文献中的词例按照它们出现的先后顺序分成多个组,第一组包含 1 万个词例,这些词例都位于文献的开头部分;第二组包含第一组,并且按顺序新增 1 万个词例,也就是有 2 万个词例;第三组包含第二组,再按顺序新增 1 万个词例,也就是有 3 万个词例……依次类推,直到最后一组。最后一组包含前一组,新增词例是前一组之后剩余的所有词例,这些词例位于文献的尾部,数量少于或等于 1 万。

(2) 然后把每一组中的词型按照出现频次(即词例数)降序排列,形成一个序列;

(3) 再把每个序列分成两个区,第一区位于序列的前部,第二区位于序列的后部。第一区的词型数占所在序列词型总数的 20%,第二区的词型数占所在序列词型总数的 80%。

(4) 接下来就可以考察文献中词语的动态分布与增长规律。

三 词语分布的二八现象

按照上述实验方法,把每部文献中的词语都分成多个组,再统计各组的"词型数""词例数""例型比(即词例数与词型数之比)"。汇总相关数据,形成表1。

分析表1,发现如下特点:

(1) 各部先秦文献都分别被分成多个组,其中《孟子》《谷梁传》《公羊传》三部文献中的词例数都在

---

① 王崇德:《马太效应的定量表述》,《情报资料工作》1997 年第 4 期。
② 山石:《社会科学中的马太效应》,《上海大学学报(社会科学版)》1987 年第 1 期。
③ 马来平:《科学界的马太效应:范围与限度》,《贵州社会科学》2010 年第 11 期。
④ 曹峰:《论〈老子〉的"天之道"》,《哲学研究》2013 年第 9 期。
⑤ 马创新、陈小荷:《文献中的词语分布、词型等级和风格计算》,《中文信息学报》2017 年第 4 期。
⑥ 陈小荷、冯敏萱、徐润华:《先秦文献信息处理》,世界图书出版公司,2013 年,第 5—8 页。
⑦ 马创新、梁社会、陈小荷:《先秦诸家学派的相关系数与特征词研究》,《中文信息学报》2019 年第 12 期。

3 万至 4 万之间,所以都被分成四个组;《晏子春秋》中有词例数 40630 个,被分为五个组;《庄子》中有词例数 59600 个,被分为六个组;《国语》《荀子》中的词例数都在 6 万至 7 万之间,它们均被分成七个组;《墨子》中有词例数 73788 个,被分为八个组。

（2）各部文献前三组词例数是相同的,第一组词例数都是 1 万,词型数在 1111～1626 之间,例型比在 6.15～9.00 之间;第二组词例数都是 2 万,词型数在 1568～2606 之间,例型比在 7.67～12.76 之间;第三组词例数都是 3 万,词型数在 1927～3256 之间,例型比在 9.21～15.57 之间。

（3）在各部文献中,第二组的词型数多于第一组的词型数,第三组的词型数又是多于第二组的词型数……依次类推,当前组的词型数总是多于它之前一组的词型数;并且第二组的例型比大于第一组的例型比,第三组的例型比又是大于第二组的例型比……依次类推,当前组的例型比一般大于它之前一组的例型比。由此可见,文献词例数的增多是通过两种方式实现的,一是增加文献中的词型数,二是增加原有词型的出现频次。

表 1　各组的"词型数""词例数""例型比"

	第一组			第二组			第三组			第四组		
	词型数	词例数	例型比	词型数	词例数	例型比	词型数	词例数	例型比	词型数	词例数	例型比
孟子	1287	10000	7.77	2018	20000	9.91	2559	30000	11.72	2723	32079	11.78
谷梁传	1111	10000	9.00	1767	20000	11.32	2407	30000	12.46	2645	34565	13.07
公羊传	1117	10000	8.95	1683	20000	11.88	2391	30000	12.55	2821	36167	12.82
晏子春秋	1429	10000	7.00	2133	20000	9.38	2651	30000	11.32	3047	40000	13.13
庄子	1576	10000	6.35	2606	20000	7.67	3256	30000	9.21	3722	40000	10.75
荀子	1624	10000	6.16	2324	20000	8.61	2782	30000	10.78	3181	40000	12.57
国语	1626	10000	6.15	2407	20000	8.31	2904	30000	10.33	3478	40000	11.50
墨子	1187	10000	8.42	1568	20000	12.76	1927	30000	15.57	2288	40000	17.48

接表 1　各组的"词型数""词例数""例型比"

	第五组			第六组			第七组			第八组		
	词型数	词例数	例型比	词型数	词例数	例型比	词型数	词例数	例型比	词型数	词例数	例型比
晏子春秋	3069	40630	13.24									
庄子	4318	50000	11.58	4842	59600	12.31						
国语	4023	50000	12.43	4592	60000	13.07	4787	65612	13.71			
荀子	3634	50000	13.76	3914	60000	15.33	4212	68140	16.18			
墨子	2569	50000	19.46	2872	60000	20.89	3605	70000	19.42	3920	73788	18.82

按照上文介绍的实验方法,我们把文献的各组词型按照出现频次降序排列,再分成两个区,第一区是词型序列前 20％的词型,第二区是词型序列后 80％的词型。统计各组中的"词型数""前 20％词型数""后 80％词型数",汇总相关数据形成表 2。分析表 2,发现如下特点:

（1）各部文献同一组中的词例数相同,但词型数不同,"前 20％词型数""后 80％词型数"也不同。比如:各部文献第一组中"词例数"都是 1 万,第一组"前 20％词型数"在 222～325 之间,"后 80％词型数"在 889～1301 之间。

（2）文献的多个组中"前 20％词型数"和"后 80％词型数"都是逐组递增的,后一组都是多于当前组,"前20%词型数"和"后80%词型数"两者所增加比例相同,但所增加的绝对量差异很大。比如:《孟子》第二组"前20%词型数"是第一组"前20%词型数"的156.8%,第二组"后80%词型数"也是第一组"后80%词型数"的156.8%,两者增加比例是相同的;第二组"前20%词型数"比第一组"前20%词型数"多146个,而第二组"后80%词型数"比第一组"后80%词型数"多585个,两者增加的绝对量差异很大。

表2　各组中的"词型数""前20%词型数""后80%词型数"

	第一组			第二组			第三组			第四组		
	词型数	前20%词型数	后80%词型数	词型数	前20%词型数	后80%词型数	词型数	前20%词型数	后80%词型数	词型数	前20%词型数	后80%词型数
孟子	1287	257	1030	2018	403	1615	2559	511	2048	2723	544	2179
谷梁传	1111	222	889	1767	353	1414	2407	481	1926	2645	529	2116
公羊传	1117	223	894	1683	336	1347	2391	478	1913	2821	564	2257
晏子春秋	1429	285	1144	2133	426	1707	2651	530	2121	3047	609	2438
庄子	1576	315	1261	2606	521	2085	3256	651	2605	3722	744	2978
国语	1626	325	1301	2407	481	1926	2904	580	2324	3478	695	2783
荀子	1624	324	1300	2324	464	1860	2782	556	2226	3181	636	2545
墨子	1187	237	950	1568	313	1255	1927	385	1542	2288	457	1831

接表2　各组中的"词型数""前20%词型数""后80%词型数"

	第五组			第六组			第七组			第八组		
	词型数	前20%词型数	后80%词型数	词型数	前20%词型数	后80%词型数	词型数	前20%词型数	后80%词型数	词型数	前20%词型数	后80%词型数
晏子春秋	3069	613	2456									
庄子	4318	863	3455	4842	968	3874						
国语	4023	804	3219	4592	918	3674	4787	957	3830			
荀子	3634	726	2908	3914	782	3132	4212	842	3370			
墨子	2569	513	2056	2872	574	2298	3605	721	2884	3920	784	3136

统计各组中"前20%词型的出现频次及其与该组词例总量之比"和"后80%词型的出现频次及其与该组词例总量之比",汇总相关数据,形成表3。分析表3,发现如下特点:

(1)各部文献的第一组中,"前20%词型的出现频次(即前20%词型的词例数)"均在8千左右,大约占该组词例总量(1万)的80%,"后80%词型的出现频次"均在2千左右,约占该组词例总数的20%,基本符合"二八定律"。

(2)在表中文献的各个组中,"前20%词型的出现频次"是逐组递增的,即当前组中"前20%词型的词例数"总是少于后一组中"前20%词型的词例数"。并且"前20%词型的出现频次占该组词例总量"之比也是逐组递增的。比如:在《孟子》中,在"前20%词型的出现频次"这项指标上,第一组是7905,第二组是16568,第三组是25727,该项数据是逐组递增的;在"前20%词型出现频次与总量之比"这项指标上,第一组是79.05%,第二组是82.84%,第三组是85.75%,该项数据也是逐组递增的。

(3)在表中文献的各个组中,"后80%词型的出现频次"也是逐组递增的,即当前组中"后80%词型的词例数"总是少于后一组中"后80%词型的词例数"。但是,"后80%词型的出现频次占该组词例总量之比"却是逐组递减的。比如在《孟子》中,在"后 80％词型的出现频次"这项指标上,第一组是 2095,第二组是 3432,第三组是 4273,该项数据是逐组递增的;但在"后 80％词型的出现频次占该组词例总量之比"这项指标上,第一组是 20.95％,第二组是 17.16％,第三组是 14.24％,该项数据却是逐组递减的。

表 3　各组中前后两个分区的词型出现频次及其与词例总量之比

	第一组		第二组		第三组		第四组	
	前20％词型出现频次及其与总量之比	后80％词型出现频次及其与总量之比	前20％词型出现频次及其与总量之比	后80％词型出现频次及其与总量之比	前20％词型出现频次及其与总量之比	后80％词型出现频次及其与总量之比	前20％词型出现频次及其与总量之比	后80％词型出现频次及其与总量之比
孟子	7905,79.05％	2095,20.95％	16568,82.84％	3432,17.16％	25727,85.75％	4273,14.24％	27676,86.27％	4403,13.73％
谷梁传	8025,80.25％	1975,19.75％	16869,84.35％	3131,15.66％	25932,86.44％	4068,13.56％	30107,87.10％	4458,12.90％
公羊传	7941,79.40％	2060,20.60％	16710,83.54％	3292,16.46％	25722,85.73％	4281,14.27％	31323,86.61％	4844,13.39％
晏子春秋	7677,76.77％	2323,23.23％	16394,81.97％	3606,18.03％	25282,84.27％	4718,15.73％	34400,86.00％	5600,14.00％
庄子	8096,80.96％	1904,19.04％	16802,84.01％	3198,15.99％	25793,85.98％	4207,14.02％	34857,87.14％	5143,12.86％
国语	7484,74.84％	2516,25.16％	15922,79.61％	4078,20.39％	24696,82.32％	5304,17.68％	33835,84.59％	6165,15.41％
荀子	7953,79.53％	2047,20.47％	16806,84.03％	3194,15.97％	25942,86.47％	4058,13.53％	35189,87.97％	4811,12.03％
墨子	8038,80.38％	1962,19.62％	16994,84.97％	3006,15.03％	26014,86.71％	3986,13.29％	35054,87.64％	4946,12.37％

接表 3　各组中前后两个分区的词型出现频次及其与词例总量之比

	第五组		第六组		第七组		第八组	
	前20％词型出现频次及其与总量之比	后80％词型出现频次及其与总量之比	前20％词型出现频次及其与总量之比	后80％词型出现频次及其与总量之比	前20％词型出现频次及其与总量之比	后80％词型出现频次及其与总量之比	前20％词型出现频次及其与总量之比	后80％词型出现频次及其与总量之比
晏子春秋	34976,86.08％	5654,13.92％						
庄子	44045,88.09％	5055,11.91％	52885,88.73％	6715,11.27％				
国语	42993,85.99％	7007,14.01％	52204,87.01％	7796,12.99％	57398,87.48％	8214,12.52％		
荀子	44425,88.85％	5575,11.15％	53805,89.68％	6195,10.33％	61411,90.12％	6729,9.88％		
墨子	44158,88.32％	5842,11.68％	53467,89.11％	6533,10.89％	62579,89.40％	7421,10.60％	66144,89.64％	7644,10.36％

四　词语动态增长时的马太效应

为了便于分析和比较,在下文中,我们把每组词型序列中"前20％词型"称为"高频词","后80％词型"称为"中低频词",把各部文献中出现在第一组中的词型统称为"基准词型",并且把"第一组中前20％词型"称为"基准高频词","第一组中后80％词型"称为"基准中低频词"。

统计各部文献每组词型序列"高频词的平均出现频次""中低频词的平均出现频次",以及它们的出现频次之比,汇总相关数据,形成表4。分析表4,发现如下特点:

(1) 在表中文献的各个组中"高频词的平均出现频次"基本上是逐组递增的,即后一组中"高频词的平均出现频次"多于当前组中"高频词的平均出现频次"。比如在《孟子》中,第一组高频词的平均出现频次是30.76次,第二组是41.11次,第三组是50.35次,第四组是50.88次。

(2) 在表中文献的各个组中"中低频词的平均出现频次"相差很小,都在2次左右。比如在《孟子》四个组中,"中低频词的平均出现频次"在2.02~2.13之间;在《墨子》八个组中,"中低频词的平均出现频次"在2.07~2.84之间。

(3) 在表中文献的各个组中,"高频词"与"中低频词"的平均出现频次之比也是逐组递增的。比如在《孟子》中,在"频次之比"这项指标上,第一组是15.15,第二组是19.30,第三组是24.09,第四组是25.19。

上述三点表明,文献中的词例在动态增长时,显著存在马太效应,即高频词的平均出现频次会越来越多,而中低频词的平均出现频次仅有微小变化,并且高频词与中低频词的出现频次差距会变得越来越大。

表4　各组中高频词与中低频词的平均出现频次以及频次之比

	第一组			第二组			第三组			第四组		
	高频词平均出现频次	中低频词平均出现频次	频次之比	高频词平均出现频次	中低频词平均出现频次	频次之比	高频词的平均出现频次	中低频词平均出现频次	频次之比	高频词平均出现频次	中低频词平均出现频次	频次之比
孟子	30.76	2.03	15.15	41.11	2.13	19.30	50.35	2.09	24.09	50.88	2.02	25.19
谷梁传	36.15	2.22	16.28	47.79	2.21	21.62	53.91	2.11	25.55	56.91	2.11	26.97
公羊传	35.61	2.30	15.48	49.73	2.44	20.38	53.81	2.24	24.02	55.53	2.15	25.83
晏子春秋	26.94	2.03	13.27	38.48	2.11	18.24	47.70	2.22	21.49	56.49	2.30	24.56
庄子	25.70	1.51	17.02	32.25	1.53	21.08	39.62	1.61	24.61	46.85	1.73	27.08
国语	23.03	1.93	11.93	33.10	2.12	15.61	42.58	2.28	18.68	48.68	2.22	21.93
荀子	24.55	1.57	15.64	36.22	1.72	21.06	46.66	1.82	25.64	55.33	1.89	29.28
墨子	33.92	2.07	16.39	54.29	2.40	22.62	67.57	2.58	26.19	76.70	2.70	28.41

接表4　各组中高频词与中低频词的平均出现频次以及频次之比

	第五组			第六组			第七组			第八组		
	高频词平均出现频次	中低频词平均出现频次	频次之比	高频词平均出现频次	中低频词平均出现频次	频次之比	高频词的平均出现频次	中低频词平均出现频次	频次之比	高频词平均出现频次	中低频词平均出现频次	频次之比
晏子春秋	56.49	2.30	24.56									
庄子	51.04	1.72	29.67	54.63	1.73	31.59						

（续表）

	第五组			第六组			第七组			第八组		
	高频词平均出现频次	中低频词平均出现频次	频次之比	高频词平均出现频次	中低频词平均出现频次	频次之比	高频词的平均出现频次	中低频词平均出现频次	频次之比	高频词平均出现频次	中低频词平均出现频次	频次之比
国语	53.47	2.18	24.53	56.87	2.12	26.83	59.98	2.14	28.03			
荀子	61.19	1.92	31.87	68.80	1.98	34.75	72.93	2.00	36.47			
墨子	86.08	2.84	30.31	93.15	2.84	32.80	86.79	2.57	33.77	84.37	2.44	34.58

　　统计各部文献的基准高频词（即第一组中的高频词型，排在第一组序列前20％之中的词型）数量、基准高频词在各组高频词中的数量及其与所在组的高频词总数之比、出现在各组高频词中的基准高频词的词例数及其与所在组词例总数之比、出现在各组高频词中的基准高频词占基准高频词总数之比。汇总相关数据，形成表5。分析表5，发现如下特点：

　　（1）基准高频词在其后各组中，有95％以上的可能性依然是高频词，也就是继续位于各组词型序列的前20％之中。比如《孟子》中有基准高频词257个，这些词型有252个出现在第二组高频词中，占基准高频词总数的98.05％；有255个出现在第三组高频词中，占基准高频词总数的99.22％；也有255个出现在第四组高频词中。

　　（2）在表中文献的各组中，"基准高频词在所在组高频词中的数量"与"所在组高频词总数"之比是逐组递减的，"出现在所在组高频词中的基准高频词的词例数"与"所在组词例总数"之比也是逐组递减的，但是它的递减幅度比较小。比如在《墨子》中，在"基准高频词在本组高频词中的数量与高频词总数之比"这项指标上，第二组是72.20％，第三组是59.74％，第四组是50.33％……第八组是30.10％，逐组递减，第八组与第二组相差42.10％。在"出现在本组高频词中的基准高频词的词例数与本组词例总数之比"这项指标上，第二组是78.8％，第三组是76.22％，第四组是73.76％……第八组是67.16％，也是逐组递减，但减幅相对较小，第八组与第二组仅相差11.64％。《墨子》中仅有237个基准高频词，这些高频词的词例数就占据了各组67.16％以上的词例数。

表5　基准高频词在各组中的情况统计

	基准高频词数量	第二组			第三组			第四组		
		基准高频词在本组高频词中的数量及其与本组高频词总数之比	出现在本组高频词中的基准高频词的词例数及其与本组词例总数之比	出现在本组高频词中的基准高频词占基准高频词总数之比	基准高频词在本组高频词中的数量及其与本组高频词总数之比	出现在本组高频词中的基准高频词的词例数及其与本组词例总数之比	出现在本组高频词中的基准高频词占基准高频词总数之比	基准高频词在本组高频词中的数量及其与本组高频词总数之比	出现在本组高频词中的基准高频词的词例数及其与本组词例总数之比	出现在本组高频词中的基准高频词占基准高频词总数之比
孟子	257	252，62.53％	14863，74.32％	98.05％	255，49.90％	22124，73.75％	99.22％	255，46.88％	23626，73.65％	99.22％
谷梁传	222	222，62.89％	15128，75.64％	100％	222，46.15％	21666，72.22％	100％	222，41.97％	24727，71.54％	100％
公羊传	223	217，64.58％	14888，74.43％	97.31％	223，46.65％	21438，71.45％	100％	223，39.54％	25416，70.27％	100％

（续表）

	基准高频词数量	第二组			第三组			第四组		
		基准高频词在本组高频词中的数量及其与本组高频词总数之比	出现在本组高频词中的基准高频词的词例数及其与本组词例总数之比	出现在本组高频词中的基准高频词占基准高频词总数之比	基准高频词在本组高频词中的数量及其与本组高频词总数之比	出现在本组高频词中的基准高频词的词例数及其与本组词例总数之比	出现在本组高频词中的基准高频词占基准高频词总数之比	基准高频词在本组高频词中的数量及其与本组高频词总数之比	出现在本组高频词中的基准高频词的词例数及其与本组词例总数之比	出现在本组高频词中的基准高频词占基准高频词总数之比
晏子春秋	285	281，65.96%	14677，73.39%	98.60%	283，53.40%	21696，72.32%	99.30%	282，46.47%	28770，71.93%	99.30%
庄子	315	315，60.46%	15225，76.13%	100%	313，48.08%	22515，75.05%	99.37%	311，41.80%	29892，74.73%	98.73%
国语	325	319，66.32%	14080，70.40%	98.15%	316，54.48%	20631，68.77%	97.23%	316，45.47%	27225，68.06%	97.23%
荀子	324	319，68.75%	15225，76.13%	98.46%	319，57.37%	22625，75.42%	98.46%	319，50.16%	29786，74.47%	98.46%
墨子	237	226，72.20%	15616，78.8%	95.3%	230，59.74%	22866，76.22%	97.05%	230，50.33%	29503，73.76%	97.05%

接表5　基准高频词在各组中的情况统计

	第五组			第六组			第七组			第八组		
	基准高频词在本组高频词中的数量及其与本组高频词总数之比	出现在本组高频词中的基准高频词的词例数及其与本组词例总数之比	出现在本组高频词中的基准高频词占基准高频词总数之比	基准高频词在本组高频词中的数量及其与本组高频词总数之比	出现在本组高频词中的基准高频词的词例数及其与本组词例总数之比	出现在本组高频词中的基准高频词占基准高频词总数之比	基准高频词在本组高频词中的数量及其与本组高频词总数之比	出现在本组高频词中的基准高频词的词例数及其与本组词例总数之比	出现在本组高频词中的基准高频词占基准高频词总数之比	基准高频词在本组高频词中的数量及其与本组高频词总数之比	出现在本组高频词中的基准高频词的词例数及其与本组词例总数之比	出现在本组高频词中的基准高频词占基准高频词总数之比
晏子春秋	281，45.84%	29182，71.82%	98.60%									
庄子	313，36.27%	37111，74.22%	99.37%	312，2.23%	43498，72.98%	99.05%						
国语	318，39.55%	33867，67.73%	97.85%	321，34.97%	40511，67.52%	98.77%	321，33.54%	44214，67.39%	98.77%			
荀子	320，44.08%	37041，74.08%	98.77%	321，41.05%	44425，74.04%	99.07%	321，38.12%	50195，73.66%	99.07%			
墨子	230，44.83%	36329，72.66%	97.05%	233，40.59%	43241，72.07%	98.31%	236，32.73%	47690，68.13%	99.58%	236，30.10%	49557，67.16%	99.58%

　　统计各部文献中的基准中低频词（即第一组中的中低频词，排在第一组序列后 80% 中的词型）数量、基准中低频词在各组中成为高频词的数量及其与所在组高频词总数之比、在各组成为高频词的基

准中低频词占基准中低频词总数之比。汇总相关数据，形成表6。分析表6，发现如下特点：

（1）在表中文献的各组中，"基准中低频词成为高频词的数量"是逐组递增的，"基准中低频词成为高频词的数量"占"所在组高频词总数"之比也是递增的。比如在《墨子》中，基准中低频词有950个，在"基准中低频词成为高频词的数量"这个指标上，第二组是81，第三组是133，第四组是193……第八组是361。在"基准中低频词成为高频词的数量"占"所在组高频词总数"之比这个指标上，第二组是25.88%，第三组是34.55%，第四组是42.23%……第八组是46.05%。

（2）在表中文献的各组中，"成为高频词的基准中低频词占基准中低频词总数之比"是逐组递增的。比如在《墨子》中，第二组是8.53%，第三组是14.00%，第四组是20.32%……第八组是38.00%。

由此可见，随着文献中词例数目的增多，基准中低频词越来越可能成为高频词，这种变化的概率与词例数目的增多是呈正相关的。

表6　基准中低频词在各组中的情况统计

	基准中低频词数量	第二组		第三组		第四组	
		基准中低频词在本组中成为高频词的数量及其与本组高频词总数之比	在本组成为高频词的基准中低频词占基准中低频词总数之比	基准中低频词在本组中成为高频词的数量及其与本组高频词总数之比	在本组成为高频词的基准中低频词占基准中低频词总数之比	基准中低频词在本组中成为高频词的数量及其与本组高频词总数之比	在本组成为高频词的基准中低频词占基准中低频词总数之比
孟子	1030	139,34.49%	13.50%	225,44.03%	21.84%	244,44.84%	23.69%
谷梁传	889	118,33.43%	13.27%	211,43.87%	23.73%	240,45.37%	27.00%
公羊传	894	99,29.46%	11.07%	205,42.89%	22.93%	259,45.92%	28.97%
晏子春秋	1144	135,31.69%	11.80%	215,40.57%	18.79%	273,44.83%	23.86%
庄子	1261	167,32.05%	13.24%	257,39.48%	20.38%	320,43.01%	25.38%
国语	1301	142,29.52%	10.91%	219,37.76%	16.83%	293,42.16%	22.52%
荀子	1300	132,28.45%	10.15%	204,36.69%	15.69%	253,39.78%	19.46%
墨子	950	81,25.88%	8.53%	133,34.55%	14.00%	193,42.23%	20.32%

接表6　基准中低频词在各组中的情况统计

	第五组		第六组		第七组		第八组	
	基准中低频词在本组中成为高频词的数量及其与本组高频词总数之比	在本组成为高频词的基准中低频词占基准中低频词总数之比	基准中低频词在本组中成为高频词的数量及其与本组高频词总数之比	在本组成为高频词的基准中低频词占基准中低频词总数之比	基准中低频词在本组中成为高频词的数量及其与本组高频词总数之比	在本组成为高频词的基准中低频词占基准中低频词总数之比	基准中低频词在本组中成为高频词的数量及其与本组高频词总数之比	在本组成为高频词的基准中低频词占基准中低频词总数之比
晏子春秋	277,45.19%	24.21%						
庄子	387,44.84%	30.69%	433,44.73%	34.34%				
国语	357,44.40%	27.44%	433,47.17%	33.28%	446,46.60%	34.28%		
荀子	306,42.15%	23.54%	345,44.12%	26.54%	369,43.82%	28.38%		
墨子	222,43.27%	23.37%	263,45.82%	27.68%	339,47.02%	35.68%	361,46.05%	38.00%

统计表中文献各组的新增词型数、新增词型数与基准词型数之比、新增词型的出现频次及其与1万之比。汇总相关数据,形成表7。分析表7,发现如下特点:

(1)各组新增词型数量很大,但它们的出现频次较低,很少成为高频词,表7中新增词型的出现频次与1万之比均在16.58%以下。比如:在《孟子》中,第二组新增词型数是731个,它们共出现1322次,平均每个新增词型出现1.81次。与基准高频词相比,《孟子》中有257个基准高频词,它们在第一组中出现7905次,平均每个高频词出现30.76次;与基准词相比,《孟子》第一组中有1287个基准词,它们共出现了1万次,平均每个基准词出现7.77次。

(2)各组新增词型数是变化不定的,新增词型数与基准词型数之比也是无规律的。比如在《墨子》中,在新增词型数这个指标上,第二组是381个,第三组是359个,第四组是361个……第八组是315个。

表7　新增词型在各组中的情况统计

	第二组			第三组			第四组		
	新增词型数	新增词型数与基准词型数之比	新增词型的出现频次及其与1万之比	新增词型数	新增词型数与基准词型数之比	新增词型的出现频次及其与1万之比	新增词型数	新增词型数与基准词型数之比	新增词型的出现频次及其与1万之比
孟子	731	56.80%	1322,13.22%	541	42.04%	833,8.33%	164	12.74%	205,2.05%
谷梁传	656	59.05%	1242,12.42%	640	57.61%	1136,11.36%	238	21.42%	400,4.00%
公羊传	566	50.67%	1295,12.95%	708	63.38%	1359,13.59%	430	38.50%	734,7.34%
晏子春秋	704	49.27%	1200,12.00%	518	36.25%	826,8.26%	396	27.71%	528,5.28%
庄子	1030	65.36%	1658,16.58%	650	41.24%	912,9.12%	466	29.57%	661,6.61%
国语	781	48.03%	1451,14.51%	497	30.57%	1008,10.08%	574	35.30%	904,9.04%
荀子	700	43.10%	1114,11.14%	458	28.20%	618,6.18%	399	24.57%	541,5.41%
墨子	381	32.10%	821,8.21%	359	30.24%	555,5.55%	361	30.41%	585,5.85%

接表7　新增词型在各组中的情况统计

	第五组			第六组			第七组			第八组		
	新增词型数	新增词型数与基准词型数之比	新增词型的出现频次及其与1万之比	新增词型数	新增词型数与基准词型数之比	新增词型的出现频次及其与1万之比	新增词型数	新增词型数与基准词型数之比	新增词型的出现频次及其与1万之比	新增词型数	新增词型数与基准词型数之比	新增词型的出现频次及其与1万之比
晏子春秋	22	1.54%	24,0.24%									
庄子	596	37.81%	832,8.32%	524	33.25%	682,6.82%						
国语	545	33.52%	907,9.07%	569	34.99%	862,8.62%	195	11.99%	295,2.95%			
荀子	453	27.89%	676,6.76%	280	17.24%	351,3.51%	298	18.35%	445,4.45%			
墨子	281	23.67%	633,6.33%	303	25.53%	587,5.87%	733	61.75%	1434,14.34%	315	26.54%	421,4.21%

结语

通过对实验数据的分析，我们发现如下词语分布与动态增长规律：

（1）词型分布上存在"二八定律"。按照文中提出的实验方法，把文献中的词例按照出现的先后顺序分成多个组，第一组是文献头部的 1 万个词例，之后的每一组包含前一组，再按先后顺序新增一万个词例；然后对每组中的词型按照出现频次（即词例数）降序排列；接下来把词型序列分成前后两个区，前区是序列的前 20% 词型，后区是序列的后 80% 词型。我们发现，各部文献的第一组中，词型序列前 20% 词型的出现频次约占该组词例总数的 80%，后 80% 词型的出现频次约占该组词例总数的 20%，词型分布上显著存在二八现象。在之后的各组中，词型序列"前 20% 词型的词例数"占"所在组词例总数"的比重逐组增加，而"后 80% 词型的词例数"占"所在组词例总数"的比重逐组减少，但也基本符合"二八定律"，因为二八定律中的 20% 和 80% 并非精确数字，它是对不平衡现象的粗略定性，它可以是 30% 和 70%，也可以是 10% 和 90%。

（2）词语动态增长时存在"马太效应"。每部文献的各个组高频词的平均出现频次基本上是逐组递增的，而中低频词的平均出现频次都在 2 次左右，高频词与中低频词的平均出现频次的差距逐组增加，越来越大。基准高频词（即第一组中排在词型序列前 20% 的词型）在其后各组中，有 95% 以上的可能性依然处于各组的高频词行列中，并且它们的出现频次占所在组词例总数的比重很大。基准中低频词在其后各组中，成为各组的高频词的概率逐组增加，各组新增词型的数量很大，但平均出现频次较低，新增词型成为所在组高频词的比率极低。

Pareto Law and Matthew Effects of Words Distribution in the Literature

Ma Chuangxin   Yang Xiaolu   Chen Xiaohe   Liang Shehui

(Linguistic Sciences and Arts School, Jiangsu Normal University, Jiangsu Xuzhou 221009, China; College of International Education, Nanjing University of Aeronautics and Astronautics, Jiangsu Nanjing 211106, China; College of Liberal Arts, Nanjing Normal University, Jiangsu Nanjing 210097, China; International College for Chinese Studies, Nanjing Normal University, Jiangsu Nanjing 210097, China)

Abstract: In order to discover the distribution and growth of words in the literature, the article treats each literature in groups. The first group is 10,000 words in the literature, then each group contains the former group, and then added in order. Ten thousand words are used, and the word types in each group are arranged in descending order of appearance frequency. The study found that the number of words in the first 20% of the lexical sequence of each group accounted for more than 80% of the total number of words in the group, and the number of words in the last 80% of the vocabulary accounted for less than 20% of the total number of words in the group. There is a significant phenomenon in the distribution of morphological forms. The average frequency of occurrence of high frequency words in each group of corpus is basically increasing from group to group, while the average frequency of occurrence of medium and low frequency words is basically unchanged, and the difference in the average frequency of occurrence of high frequency words and medium and low frequency words increases by group. The number of new word types in each group is very large，but the probability of becoming a high-frequency word is extremely low，and there is a "Matthew effect" when the word grows dynamically.

Key words：words；distribution；growth；Pareto law；Matthew effect

[汉字规范与应用研究]

汉字的性质和优点

苏培成

【摘　要】吕叔湘先生按照文字代表语言的方式来分类,认为汉字是语素文字,本文作者同意吕先生的观点。裘锡圭主张"一种文字的性质就是由这种文字所使用的符号的性质决定的",这种看法是不正确的。根据字符的性质确定的是文字的内部结构,不是文字的性质。按照裘锡圭的理论,英文应该是音符文字,可是他同意英文是音素文字,这采用的正是吕先生的观点。汉字的优点主要有:一、可以区分同音语素;二、可以随着汉语的发展而及时调整,始终能完满地记录汉语;三、带有丰富的汉文化;四、具有一定的超越空间和时间的能力。

【关键词】表意文字;语素文字;字符

【作者简介】苏培成,北京大学中文系教授,中国语文现代化学会名誉会长,研究方向为语文现代化和汉字。
（北京　100871）

唐兰先生说:"因为中国的文字是特殊的,在一切进化的民族都用拼音文字的时期,她却独自应用一种本来含有义符的注音文字。"①这里说的"中国的文字"指的就是汉字。汉字和西方流行的拼音文字主要的区别在哪里? 这是文字的性质问题,是汉字学首先要解决的问题。有人认为汉字和拼音文字的区别在于汉字是表意的,拼音文字是表音的。这是把复杂的问题简单化。裘锡圭说:"近代研究世界文字发展史的学者,起初把汉字、圣书字、楔形文字这种类型的文字称为表意文字。这一类型的文字都包含大量表音的成分,把它们简单地称为表意文字,显然是不妥当的。"②裘先生的意见是正确的。在现代汉字里,形声字占全体汉字的 80％以上,每个形声字都包含意符和音符两部分,完全不考虑音符部分,而把汉字定义为表意文字不能准确地反映汉字的本质。

还有一点敬请注意,就是许多人说的表意文字实际内容并不相同。例如,黄伯荣、廖序东说:"世界上的文字基本上可以分为两大类:一类是表音文字(字母文字),一类是表意文字(非字母文字)。""汉字不是直接表示音位或音节的字母,而是用大量表意符号来纪录汉语的词或语素,从而间接代表了词或语素的声音。"③他们说的"表意文字"实际就是我们主张的语素文字,是我们所赞成的。

下面讨论在汉字的性质上,我们和裘锡圭先生意见的分歧。2001 年 8 月书海出版社出版了笔者写的《二十世纪的现代汉字研究》,在这本书中我探讨了汉字的性质。我接受了索绪尔、布龙菲尔德、赵元任、吕叔湘、朱德熙等先生的意见,认为汉字是语素文字。裘锡圭先生在他的《文字学概要》里谈了他对汉字性质的意见,他不同意汉字是语素文字的看法。他认为:"汉字在象形程度较高的早期阶段(大体上可以说是西周以前),基本上是使用意符和音符(严格说应该称为借音符)的一种文字体系;后来随着字形和语音、字义等方面的变化,逐渐演变成为使用意符(主要是义符)、音符和记号的一种文字体系(隶书的形成可以看作这种演变完成的标志)。"④

以上两种看法的不同是由于对确定文字性质所取的标准不同。主张汉字是语素文字的吕叔湘先

---

① 唐兰:《中国文字学》,上海古籍出版社,1979 年,第 2 页。
② 裘锡圭:《文字学概要》,商务印书馆,2013 年,第 9 页。
③ 黄伯荣、廖序东主编:《现代汉语》(上册),甘肃人民出版社,1983 年,第 161 页。
④ 裘锡圭:《文字学概要》,第 15 页。

生说:"世界上的文字,它的形式是多种多样的,但是按照一定的原则来分类,可以分成三类。一类是音素文字,一个字母代表一个音素(又叫做音位)。英语、法语等等所用的拉丁字母(罗马字母),俄语、保加利亚语所用的斯拉夫字母,都是音素文字。第二类是音节文字,一个字母代表一个音节,就是辅音和元音的结合体。日语的字母(假名)、阿拉伯语的字母,都属于这一类。音素文字和音节文字都是拼音文字。拼音文字的字母原则上都是没有意义的,有意义是偶然的例外。第三类文字是语素文字,它的单位是字,不是字母,字是有意义的。汉字是这种文字的代表,也是惟一的代表。汉字以外的文字都只是形和音的结合,只有汉字是形、音、义三结合。"①裘锡圭采用的原则是:"一种文字的性质就是由这种文字所使用的符号的性质决定的。"②"为了使概念明确,下面把文字所使用的符号称为'字符'。""各种文字的字符,大体上可以归纳成三大类,即意符、音符和记号。"③按照裘先生的说法,世界上一切文字都有自己的内部结构,都是由这三种字符构成的。我们认为说汉字是由意符、音符和记号构成的是正确的,可是如果说拼音文字也是这样就不正确,因为拼音文字的最小单位是字母,字母没有自己的内部结构,不是由字符构成的。正如吕叔湘先生说的"拼音文字的字母原则上都是没有意义的",所以说"一种文字的性质就是由这种文字所使用的符号的性质决定的"是不正确的。吕叔湘先生主张"按照文字代表语言的方式来分类"就是要按照文字的基本单位代表的是什么样的语言单位来分类。汉字的基本单位是字,字由字符构成;拼音文字的基本单位是字母,根本用不着字符这个单位。裘先生的大前提不能成立,由这个大前提推导出来的结论也不能成立。

裘先生认为:"语言有语音和语义两个方面,作为语言的符号的文字,也必然既有音又有义。"④这个"文字"指的是什么? 如果是指一个个的汉字,汉字是形、音、义的统一体,不能抛开字形只说"既有音又有义"。如果指的是拼音文字,拼音字的基本单位是字母,只有音没有义。裘先生对于文字性质的论述是模糊的,还需要进一步明确。

裘先生是用什么理由来反对语素文字说的呢? 他说:"像这样撇开字符的性质,仅仅根据文字书写的基本单位所代表的语言成分的性质,来给文字体系定名,也是不妥当的(这里所说的文字书写的基本单位,就是一般所说的字。汉字的笔画可以称为用笔的基本单位)。英文是以词为书写的基本单位的,大家不是并没有把它看作表词文字,而是把它看作音素文字的吗?"⑤裘先生赞成把英文看成是音素文字,正是因为英文的字母代表的是英语的音素,这不正是"根据文字书写的基本单位所代表的语言成分的性质,来给文字体系定名"吗? 裘先生在这里赞成的正是他所反对的观点,他自己把自己也弄糊涂了。

裘锡圭在研究汉字的性质时,还提出了两个层次符号的理论。他说:"文字是语言的符号。作为语言的符号的文字,跟文字本身所使用的符号是不同层次上的东西。例如汉字'花'是汉语里花草之{花}这个词的符号,'艹'(草字头,原作'艸',即古草字)和'化'则是'花'这个字所使用的符号('花'是一个形声字,'艹'是形旁,'化'是声旁)。"⑥这个理论仅适用于汉字型的文字,不适用于拼音文字。与研究文字的性质没有直接的关系。

作为语素文字的汉字有以下的主要优点:

一、汉字不但可以区分不同音的语素,而且可以区分同音而不同意的语素。例如,"衣、乌、于"是不同的语素,使用不同的汉字,而"衣、医、依、铱"是同音而不同意的语素,也使用不同的汉字。而英文

① 吕叔湘:《汉语文的特点和当前的语文问题》,《语文近著》,上海教育出版社,1987年,第142页。
② 裘锡圭:《文字学概要》,第9页。
③ 裘锡圭:《文字学概要》,第10页。
④ 同上注。
⑤ 裘锡圭:《文字学概要》,第16页。
⑥ 裘锡圭:《文字学概要》,第9页。

只能区分不同音的语素,不能区分同音的语素。汉语拼音不是文字,但是带有拼音文字的性质。汉语拼音可以区分不同音的音节,"衣、乌、于"要拼为 yī、wū、yū,但是不能区别同音的音节,"衣、医、依、铱"都拼为 yī。拼音文字如果一定要区分同音的语素,就要增加不表音的字母或改变字母的拼式。汉语里同音而不同意的语素或词都很多,如果改为拼音文字,单靠语境很难把这些同音的语素或词区分开来。例如,"之""支""脂"这三个字,在上古和中古都不同音,所以用了三个不同的汉字,现代变得都同音了,因为用的是汉字,从字形上还可以分辨的清清楚楚。再如,"权利、权力","期中、期终","受权、授权",每组里的两个词都是音同而义不同,用汉字书写有区别,用拼音字书写就难于区别。作为语素文字的汉字适合汉语同音语素或词较多的特点,是记录汉语的适用的文字。

二、汉语随着社会的发展而发展,汉字可以随着汉语的发展而及时调整,始终能完满地记录汉语。这可以从语音、词汇、语法三个方面来分析。在语音方面,汉字里面的表意字不带表音成分,不受语音变化的影响,而形声字里的音符有定型性,可以不随语音的演变而演变。例如"江""河"的音符是"工""可",在造字时音符表音,而随着语音的演变,音符不再表音成为记号,但是定型的汉字"江""河"照旧使用,不受影响。人们通过"长江""黄河"学习"江""河"不感觉困难。另外,还可以用汉语拼音给那些音符不表音的形声字注音,能解决形声字的读音问题。在词汇方面,由古代汉语单音词占优势到现代汉语双音词占优势,用汉字纪录不发生困难。大量的合成词不造新字,例如"科学""民主""和谐""团结""进取"。吸收外来词有时需要增加新字,例如"癌""腺",但是大量音译外来词的用字可以用假借的方式解决,不造新字。例如"坦克""夹克""赛因斯""潘查希拉"。语法方面,中古以后汉语词汇出现了附加式合成词,名词带有"第""老"等前缀,"子""儿""头"的后缀,用汉字纪录不发生困难。语气词增加了"啊""吧""吗""咿"等。使得古老的汉字随着汉语的发展与时俱进,长用长新。为记录汉语很好地服务。今天人类社会进入了信息化时代,汉字已经能适应信息化时代的要求,很好地为记录汉语继续服务。

三、汉字带有丰富的汉文化,拼音文字字母不包含文化成分。唐兰先生说:"真正的形声文字的发生,和社会文化的发展有密切的关系。我们看卜辞里地名和女姓的形声文字特别多,就可以推想到形声文字初起时,也许还在母系社会时期,如传说中所示:炎帝姓姜,黄帝姓姬,黄帝的儿子十四人,倒有十二个姓,一直到虞舜姓姚,因为'釐降二女于妫汭',后来他的子孙就姓'妫',都可以证明中国古代有一度是母系社会。凡是这些部落的领袖都是女人,'井'部落或'子'部落,为了免得人们把它们当做水井或孩子的解释,就都加上一个女旁,以指明这是女性,是他们母亲的姓。此外,牛,羊,马,豕,犬等的专名,以及草,木,我们可以想到是畜牧和农业的社会。至于从金的字,起得很晚,那是铜器很发达以后才有的。从心,从言的字,起得就更晚了。"①

再举几个例字:(1)《说文·石部》:"砮,石可以为矢镞。从石,奴声。《夏书》曰:梁州贡砮丹。"(梁州贡献造箭镞的砮石和丹砂)《春秋国语》曰:"肃慎氏贡楛矢石砮。"(肃慎氏贡献楛木箭和造箭镞的砮石)可见上古时代有用砮石制成的箭头。(2)"彘"字甲骨文作 **↗**。罗振玉《增订殷虚书契考释》:"从豕,身着矢,乃彘字也。彘殆野豕,非射不可得。"这个字反映了古代的田猎生活。(3)"货、财、贷、赠、贵、贱"等与财物有关的字都从贝。《说文·贝部》:"贝,海介虫也。象形。古者货贝而宝龟。"(海中有甲壳的软体动物。象贝壳形。古时候以贝壳为财富,以龟甲为珍宝。)可见中国古代曾用贝壳作为交易的媒介。(4)砲。《玉篇·石部》:"礮。礮石。""礮"也作"砲"。砲石指古代用砲抛射的石头,引申指抛射石头的机器。《陔馀丛考·火炮火枪》:"火炮实起于南宋金元之间。"随着火炮的兴起,"砲"的意符由"石"改为"火"产生了"炮"。意符的改变反映了"砲"这种战车功能的改变。

文化认同是最深层次的认同,是民族团结之根,民族和睦之魂。汉字包含着丰富的汉文化,推行

---

① 唐兰:《中国文字学》,第 97—98 页。

规范汉字可以加强中国民族大家庭的和睦和发展,筑牢中华民族共同体的意识。

四、汉字具有一定的超越空间和时间的能力。朱德熙先生说:"汉字最大的长处就是能够超越空间和时间的限制。古今汉语字音的差别很大,但由于 2000 年来字形相对稳定,没有太大变化,字义的变化比较小,所以先秦两汉的古书今天一般人还能部分看懂。如果古书是用拼音文字写的,现代人就根本无法理解了。有些方言语音差别也很大,彼此不能交谈,可是写成汉字,就能互相了解,道理也是一样的。"①朱先生的话很有分寸,汉字具有一定的超越空间和时间的能力,所以先秦两汉的古书今天一般人还能部分看懂,对于操不同方言彼此不能交谈的人,阅读用汉字写成的文章也只能部分看懂。要想完全读懂古书、听懂方言,还是要下苦功学会古代汉语。

世界上本来就没有十全十美的事情。汉字有许多优点,同时也有不少缺点。例如,字数繁多、结构复杂、难于检索、缺少完备的表音系统等。利害相权,汉字的优点大于缺点,所以汉字还要继续使用下去。至于未来会不会发生变化,还要看有关各种条件才能论定。

The Nature and Merits of Chinese Characters

Su Peicheng

(Department of Chinese Language and Literature, Peking University, Beijing, 100871 China)

Abstract:Lv Shuxiang considers Chinese character as morphemic script according to the way of characters representing languages. We agree with Mr. Lv. It is incorrect that Qiu Xigui has said "the nature of a writing system is determined by the symbols used in it". It is the internal structure of characters but not the nature that is determined by the nature of graphic symbols. According to Mr. Qiu's theory, English should be phonetic script, but he agrees that it is phonemic script on the basis of Mr. Lv's theory. There are four merits of Chinese characters, including of distinguishing morphemes with same pronunciation, adjusting timely as Chinese develops and always recording Chinese fully, containing abundant Chinese culture, and having the ability to transcend spatial and temporal limitations.

Key words:ideographic script;morphemic script;graphic symbols

---

① 朱德熙:《汉语》,载《中国大百科全书·语言文字》,中国大百科全书出版社,1988 年,第 131 页。

部编版小学语文教材用字调查统计分析[*]

徐志学　杨志君　吕晨雨

【摘　要】本文主要调查统计部编版小学语文教材字量、字种、字频和笔画的综合数据,深入分析阅读量、复现字种、字量字种比、频次分布、笔画分布之间的多重关联,多角度揭示、呈现小学语文教材用字的综合特征。

【关键词】小学语文教材;字量;字种;字频;笔画

【作者简介】徐志学,三峡大学文学与传媒学院副教授,研究方向为汉语文字学及其应用。杨志君,女,三峡大学文学与传媒学院硕士研究生。吕晨雨,女,三峡大学文学与传媒学院硕士研究生。(湖北 宜昌　443002)

一　字量调查统计分析

部编版小学语文教材共187831字。其中,一年级10160字,占总字量5.4%;二年级21472字,占总字量11.4%;三年级29094字,占总字量15.5%;四年级39136字,占总字量20.8%;五年级42538字,占总字量22.7%;六年级45431字,占总字量24.2%。一至六年级教材字量逐年级增长,在教材总字量中所占比例也逐年级增长。

教材字量,大体相当于阅读量。教材字量逐年级增长,亦即阅读量逐年级增长。以一年级字量为基数,二年级字量是一年级的2.1倍,三年级字量是一年级的2.9倍,四年级字量是一年级的3.9倍,五年级字量是一年级的4.2倍,六年级字量是一年级的4.5倍。二、三、四年级字量差不多分别是一年级的2、3、4倍,近乎倍速增长,反映了一至四年级阅读量逐年级倍速增长。究其主要原因,则是随着识字量快速增长,阅读量的快速增长是阅读能力和水平提高的必然要求。五、六年级字量增速放缓,没有倍速增长。结合新增字量可以看出,五、六年级新增字增速亦明显放缓。不管是新增字量还是教材字量,累积到一定程度时,就会达到相对饱和程度,以利于熟悉掌握之前所学内容。以学段为单位考察,第一学段字量共31632字,第二学段字量共68230字,第三学段字量共87969字,各学段字量逐学段增长。第二学段字量是第一学段的2.2倍,第三学段是第一学段的2.8倍。可见,虽然五、六年级字量增速放缓,没有倍速增长,但由于基数较大,以学段字量考察,仍近乎倍速增长。

一至六年级字量增长率逐年级下降:二年级增加11312字,增加111.3%;三年级增加7622字,增加35.5%;四年级增加10042字,增加34.5%;五年级增加3402字,增加8.7%;六年级增加2893字,增加6.8%。字量增长以四年级为拐点分为两个阶段:一至三年级,增长量逐年级下降;四年级增长量不降反增,在大幅增长之后,以四年级为拐点,四至六年级,增长量又逐年级下降。四年级之前各年级字量增长率均超过34%,五、六年级字量增长率则低于9%。二年级、四年级字量增长明显,均超过1万余字。

二　字种调查统计分析

1. 各年级字种量

部编版小学语文教材各年级字种量如下:一年级1179字,二年级1881字,三年级2206字,四年

---

　　* 基金项目:国家社科基金后期资助项目"常用字构成分类认知"(编号:20FYYB022)成果之一。

级 2496 字,五年级 2528 字,六年级 2632 字,共 12922 字。各年级字种量逐年级增加,二年级增加 702 字,三年级增加 325 字,四年级增加 290 字,五年级增加 32 字,六年级增加 104 字。

第一学段字种 2046 个,其中现代汉语常用字 1801 字,次常用字有 169 字,非常用字 76 字;第二学段字种 2914 字,其中现代汉语常用字 2249 字,次常用字 436 字,非常用字 229 字;第三学段字种 3145 字,其中现代汉语常用字 2314 字,次常用字 474 字,非常用字 357 字。数据表明,现代汉语常用字、次常用字、非常用字数量逐学段增长,第一学段主要学习常用字,第二、三学段渐及次常用字和非常用字。

2. 教材字种总量及新增字种量调查研究

教材字种总量并非各年级字种量之和。除一年级外,各年级字种量均包含一部分低年级字种量,各年级字种量除去低年级重复字种量即新增字种量。扣除低年级重复字种量后,教材字种总量共 3627 字。其中一年级 1179 字,二年级新增 867 字,三年级新增 586 字,四年级新增 456 字,五年级新增 305 字,六年级新增 234 字。具体数据如下图:

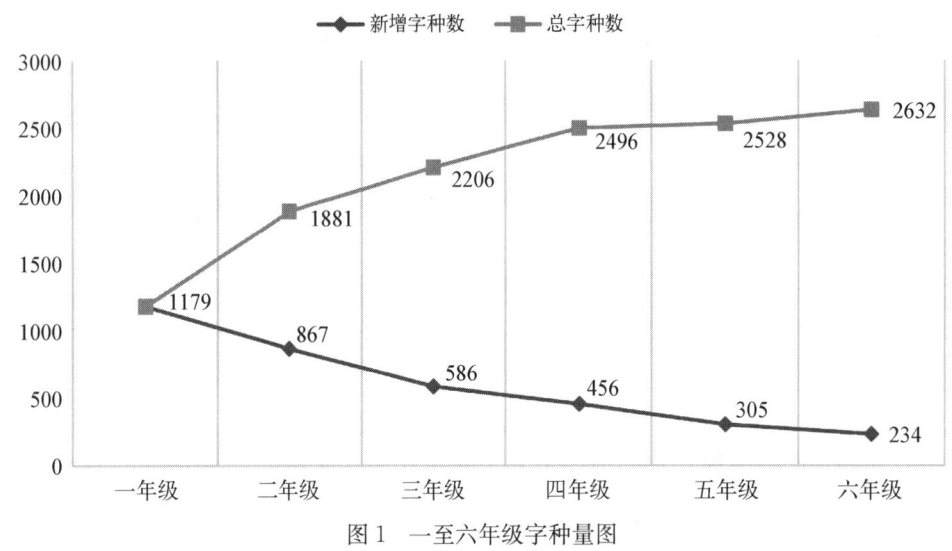

图 1　一至六年级字种量图

一年级字种量 1179 字,占教材字种总量 32.5%,近三分之一。其中《识字表》共 700 字,占一年级字种量 59.4%。虽然一年级字种量占教材字种总量近三分之一,但《识字表》(700 字)占教材字种总量 19.3%,近五分之一,分布大体合理,一定程度上降低了识字难度。一年级字种量有 479 字未作识字要求,占一年级字种量 40.1%,给阅读、理解增加了一定难度,但一定比例未作识字要求的字及早出现,循序渐进,为后面识字提前做好铺垫。《语文课程标准(2011 版)》《识字、写字基本字表》(300 字)中有 9 字没出现在一年级字种中:反关合民票市岁卫桌,占《识字、写字基本字表》(300 字)3%,占一年级《识字表》(700 字)1.3%,占一年级《写字表》(300 字)3%。《识字、写字基本字表》(300 字)与一年级字种及《识字表》《写字表》需要适当调整以相匹配。

二至六年级新增字种量和识字量逐年级下降:二年级新增 867 字,《识字表》900 字;三年级新增 586 字,《识字表》500 字;四年级新增 456 字,《识字表》500 字;五年级新增 305 字,《识字表》400 字;六年级新增 234 字,《识字表》0 字。数据显示,小学《识字表》共 3000 字,主要集中在一至五年级;尤其是一、二年级,占识字总量的 53.3%,超过半数,识字任务较重;三、四、五年级识字量相对均衡,新增字种量与《识字表》字量大体相当。各年级新增字与《识字表》有一部分重合,《识字表》复现了一部分低年级字种中未作识字要求的字,新增字则有一部分未作识字要求,为后面识字提前做好铺垫。六年级没有识字要求,但新增 234 字,同样为后面识字提前做好铺垫。

3. 复现字种及字量字种比

复现字种是各年级教材字种中的低年级教材字种。字种反复出现,有利于复习、巩固所学字词。各年级教材复现字种量逐年级增加,二年级1014字复现,三年级1620字复现,四年级2040字复现,五年级2223字复现,六年级2398字复现。

字量字种比是各年级字量和字种的比例,是反映字种复现可能性的一个重要指标。字量字种比越高,字种复现的可能性就越高。一至六年级字量字种比逐年级上升:一年级字种1179字,字量10160字,字量字种比为8.6;二年级字种1881字,字量21472字,字量字种比为11.4;三年级字种2206字,字量29094字,字量字种比为13.2;四年级字种2496字,字量39136字,字量字种比为15.7;五年级字种2528字,字量42538字,字量字种比为16.8;六年级字种2632字,字量45431字,字量字种比为17.3。

部编版小学语文教材有846字复现于各年级。其中1字未见于《识字表》及《写字表》:枣;5字仅见于《识字表》:尾咚孟腰追;840字并见于《识字表》及《写字表》:我上学了歌太阳当空照花儿对笑小鸟说早你为什么背书包去天不迟到爱习劳动长大要祖国立功识字地人他金木水火土分下日月今古口耳目站如松坐行风弓云雨雪树虫山青秀柳绿桃红语文园加油片两一二三四五六七八九十无数飞入中都见积累鹅唐王曲向白毛浮掌清波和起读子把门开快点进来妈没回谁也就这汉拼音轻跳狗慢跑是踩疼草跟们好话溪流沙鸭猫在黄鸡黑欢喜捉做游戏过桥题道排等号像走错想算乐绕令剪窗刀手拿奶鹊叫只条鱼摇巴抱哦再个胖穿皮朵瓣嘴胡总迎台朋友船帆漂啊接玩伸出双紧握热情的完弯挂蓝河海路家林泥种马灯停交通牌看街规则须记老师教句着外吹吗仔细听哈啦课秋气凉叶从落那高群雁往南会成头尖里闪星江可采何田间东西北季春圆夏谷肚挺冬年之计于晨寸光阴难买找生旁边许多已经色格鲜艳问结吃很兴果它摘留每有感奇怪自言呢画远近声还惊少牛颗堆宝真本作业笔转静乱得明力男独心变升旗飘美丽正望敬礼午晚词运用农其李汗滴知盘餐苦拔公拉呀喊帮忙姑娘影前后常左比短最孔雀写诗给池塘泡能串珠以省彩半哪答方久更面朗时呼玉又端怎扇翅膀脚腾样摆足翻睡颜同柔软底候才亮觉己衣服鞋带够雷希盼宽滩浪涌撒螺捡活印哥弟爸伯爷瓜豆栽乘千始百尺竿步井糟掉爬倒住另直刚碰抬竹料几幅参洞乌喝处但办石法放渐孩吧发满碧全盖待医院工军队解万节童别糖扫房磨腐肉宿初霜降姓张钱周诸官晴眼睛保害事请让病相遇及怕攻重至净透雾电阵暴冰广安舞岸枝岛盛物复莺燕化叮齐争鸣吵闹蜜脸刮唱理瞧忘挖城村主领命乡亲挑战士块刻告诉沿遥京座雄伟场式非壮观新疆夜各梦该床伙伴操却响讲故趣野送熟香温暖因车匹支棵架机展示列品德姿然闻啼遍贵急哭淹死信忽救身谢窝孤单邻居打招纸折绳搭象球板劲轮连序先首母第舟将欲深乎班贴墙哇您替拖洗润她思举低敢勇偏散原微此裹米股咬除装据纪屈提荡眉脖臂腿寻者药赶顶吓迷藏造宫殿食严寒暑朝杨丢体性善所器饭炮现麻差意溜烟易迹宋惜露角躺晶蹲坡沉潮湿闷消息搬轰隆椅牵织女斗戴蛇闭被醒睁趴根激休笼假次擦平些元叹共汽决定位表悔虎注奔灰狼脑袋准敏而论骑坏糊涂冒量灭棉治干湖极逃壁借挣断澡户舍忍求毁实。

846字仅一字未作识、写要求,有6字不见于《义务教育语文课程常用字表一》(2500字):捡竿莺咚趴澡。这些字在小学各年级反复出现,有助于学生不断加深印象,深入理解和掌握这些字的内涵。

三　字频调查统计分析

部编版小学语文教材用字字频最高为6790次,81.6％的字都在50次以下。

1. 单频次字调查统计分析

单频次共521字,占教材字种总数14.4％。一至六年级单频次字分布详情如下:

一年级共3字:馒峤糯,均未见于《识字表》及《写字表》。

二年级共33字。其中14字未见于《识字表》及《写字表》：鹳葚窖铠霭镰螳崽揠勘砺炙酉唄；16字仅见于《识字表》：羚泞赚箕熔煎蜈蚣售咨巷询饲垃圾凼；3字并见于《识字表》及《写字表》：杉屎炒。

三年级共90字。其中64字未见于《识字表》及《写字表》：韦耒吝杞邯洨茱竽郫奚菲菱隋谙豚锃楢滁犀萎戟睦蒿辕褚蔚耄墟蕴憋噘辙噩篙憩鼾礅篾衢呔蟥樾熨稽橄塾廖潋漳滟榄貂愕硝掎婪焐袁柚贰帖贮诧沱；22字仅见于《识字表》：屿旭吏灼诫贸犁档萸屠缆税锚颠瞭巅鹦鲨鹉粪础畅；4字并见于《识字表》及《写字表》：栋鸳鸯崇。

四年级共109字。其中59字未见于《识字表》及《写字表》：戈芍叟殴胤匍哐洄兹茹胥敖捋舫倌匐猝筲湍遁趄蛱楞蓦翘鹏裔嘈潦鞍撮鞘鲲翱瞥鳅黝曦霾汲冶驷笃悍姬钺笕琅衅皓琳埋蛟裕楣嗬镢曛糯；36字仅见于《识字表》：贤宛荤垢炫徉衍倔症徜屡絮揽睫嘹憾懈糠卉妄芊芹芥杠账狡钞眛恕埂椒棠猾赌樟藕；14字并见于《识字表》及《写字表》：劫卒殃钝栓措颅膨臀帅址掐溺蕊。

五年级共128字。其中53字未见于《识字表》及《写字表》：讥羌陂诡恻烨笋耄钲铰绾鏊鸪蔻斯箸撺醇鼗邸卓伧娅栈虻莎罡倏哽掬褰恚硼绫阆牌蜇喑铿寡膃滤腭碉虞暝龈觑瞒霄鳍簪鳜；51字仅见于《识字表》：讳劣丞译坞虬侨秉胚俘玷窈挈窕狝窜揿牦雳痰蓟楷觇踌嫣獐漪膘擒篝爵襄蹰黯霹驯权冽拗烬卿偿馈聍睑谨嗜醛遣瘾；24字并见于《识字表》及《写字表》：仓诣疤殊俺耘庸馅袱雇腕彭舫碟歹权疗凯怡恃狱暇酬榨。

六年级共158字，皆未见于《识字表》及《写字表》：钧侉咤昭姜苴阆裹虐闱恬秕诮迤岷泅狞坳拊券轩岖庑佑伽迂曳朽孕窭凸簿懵擢燮螫噬遽獠撬槲喧薪翡骡锲锹皙鲈鲍焜蛮耆暂掣鸹渭酥扉掺唾晞惆敛娴翮钹眩谅娱钵捅馊娟泡屣畏叛阀宪饵砂栀杼绎陋盂呃怅钊韧句汝吕喑胭柏鸪丸芭夷骋捐婆涩弦绡婵菽烹偃崎逑犬乔渚鄂鹁赐舜逾皖硼搐蜀腥痱梁嗤魁雍辐痊殡镂榭銮徽稷踞镏憬憧磅霓穆臻髁薹蘼馥籁麈鏊壤磙蠹。

数据显示，单频次字量逐年级增长。一年级单频次字最少，六年级单频次字最多，皆未见于《识字表》及《写字表》。一年级单频次字少且未作识、写要求，符合学习认知规律。六年级单频次字最多，大体是六年级字量最多使然。单频次字未作识、写要求，减少识、写困难和负担，契合识记遗忘规律。二至五年级见于《识字表》及《写字表》单频次字逐年级增长，共170字见于《识字表》，其中45字见于《写字表》。这些字在教材中仅出现一次，却作识、写要求，在一定程度上增加了识记困难和负担。

2. 高频次字调查统计分析

50频次以上共668字，占教材字种总数18.4%，具体如下：

500次以上56字：一上的了我是不在来有着地子他小人们个到里这大天就说那看去下时得么过起出你也好要它儿把头多家只和都中又可还花会没水，均并见于《识字表》及《写字表》。

100至499次315字。其中1字仅见于《识字表》：尾；314字并见于《识字表》及《写字表》：二三面见第长道开树很走老样生边为文想后单能畜声从元用月自成山然像年回发妈手什叫她以白前园点对日飞身十候风两方学光心高动吃雨几听语太孩眼亲色进船四气现给知如向于住些明亮海国而啊呢种红快无再事正五门字草行西真阳当问最做外牛跑之己同父火马空打怎河书星经爸笑别石被间放常每青物口才望东清满已吧分路美鸟但许绿远力站果话夜变条王叶处意往吗轻让等所跟次八作松片课比活春觉古相爱女跳画定奶读雪黄脚七落金全带少却师母找六万直黑总将连鱼更流音早因您晚哪重立拿实喜虎百摇情谁便军木干根欢千神虫先圆坐块半新毛细林爬屋诗怕世民巴公秋完睡难指加越其命深故米车死平积首兴衣狗转似布原使各累球紧沙朵本法主嘴睛城响节云安场台群识慢啦穿双静战步歌照窗掉结近机数脸香。

99至50次297字。其中1字未见于《识字表》及《写字表》：枣；1字仅见于《识字表》：追；295字并见于《识字表》及《写字表》：游顶忙座丽形土感记名背洞奇周体位北写离玩鸡乐朝接娘久乡送刻工墙倒枝极句桥界房织告饭并理油张围彩呼角灯客宝表答拉田今渐运呀此入整赶信非江乎底忽员象钱竹队急思泥始刚停班类鹅野热旁度服岸讲喊唐村尽鞋酒吹词露梅英线龙九舞唱者或豆士藏鹊鼠铁部南芦与影缝教敢准祖武闪微院姑爷由化请病敌包号友帽菜留李低阵传且午景随纸飘惊伸伯耳关办棵通笔兔男应管至收岁溪塘期袋断终受利失腿猴该卖夫鲜蓝碗圈钟官买齐皮演街够造息胡挂板诉沉冲件合必习暖提猫桃害观温弯拍划术精摆解梦破柳朋何汉丝代容射段戏趣漂熊校特帮取足论算寒排婆席性忘寻翻端谢量弹珠顾念居具备弟冷目冬认夏哭脑宫突则伙刀鼓晨料店杨纪右贝窝鲁剪盘烟食咕怪狐味志令玉计。

数据表明，50 频次以上 668 字仅 1 字未见于《识字表》及《写字表》，2 字仅见于《识字表》，665 字并见于《识字表》及《写字表》。

3. 教材高频次前 2500 字与《现代汉语常用字表》(2500 字)比较分析

教材字种有 3118 字与《义务教育语文课程常用字表》(3500 字)相同，高频次前 2500 字有 2138 个见于《现代汉语常用字表》(2500 字)，占 2500 常用字 85.52%。其中一年级 1085 字，二年级 633 字，三年级 289 字，四年级 106 字，五年级 23 字，六年级 2 字。教材高频次常用字数量在小学阶段逐年级下降，主要集中在一、二年级，共 1718 字，占教材高频次常用字总数 80.4%，可见第一学段用字较其他两个学段更注重常用性。

教材高频次前 2500 字有 362 字不见于《现代汉语常用字表》(2500 字)，主要集中在第一、二学段，具体分布如下：

一、二年级 157 字。其中 28 字未见于《识字表》及《写字表》：蹚噗蝈嗒穷舷嗦蓑寡傣蹿哆笠獾荬僧妞嚓刨浙莓嗨嗯羿嗖喽羼呱；49 字仅见于《识字表》：驮厢荫脯鹭陀峭涣莉晾梧鹏褂咦糙蘸禹凌凰翔啰酪黏蚜叭潭螃蟹粽咚鲤喵绅蝌蚪蜗瑰甫韩绚炖薇哟喳嘎哩叽奋玫；80 字并见于《识字表》及《写字表》：腻耸蝉吆拂哼祭诺簸寂寞窟窿鸥骏晰襟瀑腮雯妆嘛稚鹤坠洼胧朦榕篷苔愣勃桦啪玲豌曹葫尔捶咧伦坪苟莺萤瓢哎啼藤蚯蚓檐蒲猬哇熬蘑菇翘鹃觅郁陌聊莹籽荆茵邓履嘻枫哦咕偎茸诲拙。

三、四年级 163 字。其中 37 字未见于《识字表》及《写字表》：咔衙帛砭淙萧榛漉潺擎簌橱轼鄹噢讶筏萏桓豁奎籴娲赫玛惟曼涡漩萨颐嚷敦皑喔咯；40 字仅见于《识字表》：翩蜓蔡苇珊瑚瀚进豫哞冀噜梭惚瓷嫦娥溢锥媚揍崛沫瑟绰彬雏埃嘟奢鳞琥渊哺莱俏珀兜喃吱；83 字并见于《识字表》及《写字表》：吻涧谓巍桅蚱嗡澎湃蹭淌喧嗅嘶轴拽跤舔绽篱桩蕾涯拱漾溅褐屈矣缚掷唷焉俐珑秦豹逊曰蝙蝠侯毫吭巫屏魏嵌综巢娶凛媳崩铛躯砸涕姆丫拇乾啸拧瘩裸谐峻疙沮坤眺呵枚缕瞬吟烁瞪幽颇蟋蟀。3 字仅见于《写字表》：恍藻碳。这种未作识字要求而要求书写的情况与先识后写规律不合，作相应调整为善。

五、六年级 42 字。其中 16 字未见于《识字表》及《写字表》：鸿熹渑锵鲸膑闰猹锺郝琪契蝎搪阁弈；13 字仅见于《识字表》：娜栩喻鸵蔓黛纫浒筷璧蔺瑜墩；13 字并见于《识字表》及《写字表》：徊徘迪杭哉胎瞅澄缀绷逛哮毡。

四　笔画调查统计分析

部编版小学语文教材单字共 3627 字，共计 36326 画，单字平均 10 画。其中包含单字最多的是 9 画，共 423 字。单字笔画最少为 1 画，最多为 26 画，1 画至 26 画包含字数分别为：2、17、55、110、149、246、342、409、423、399、360、334、240、166、140、87、60、26、23、18、6、6、5、2、1、1。包含单字较多的笔画主要集中在 4 画至 15 画，均为 100 字以上，共 3318 字，占教材单字总数 91.5%；1 画至 3 画共 74 字，占教材单字总数 2%；16 画至 26 画共 235 字，占教材单字总数 6.5%。具体笔画分布如下图：

图 2 一至六年级单字笔画分布图

1. 多笔画字与频次之间的关系：以 16 画至 26 画 235 字为例

单频次 67 字，其中 50 字未见于《识字表》及《写字表》：衢蠹鹳霾鼗磲糯蟥曦鳜壤熬霭鏖籁簿镰糨曛簪鳍馥蹙懵螳篌碜鼾镢黝鳅薹髁攉燮鳌槭憩篙噩辙瞥翱鲲鞘臻穆霓噬遽；15 字仅见于《识字表》：霹黯巅藕踱瞭糠襄爵鹦颠懈憾瘾簧；2 字并见于《识字表》及《写字表》：臀膨。

2 频次 39 字：其中 21 字未见于《识字表》及《写字表》：鬃蹬靡攒瞻鳌橹瞳瓣霖踱翰磬橛窸瞟霏曜噱鹜璨；10 字仅见于《识字表》：颧髓躁簸镯擅擞鳄檀礁；8 字并见于《识字表》及《写字表》：臂曝橙噪衡擂辫懦。

单频次和 2 频次共 106 字，其中 71 字未见于《识字表》及《写字表》，25 字仅见于《识字表》，10 字并见于《识字表》及《写字表》。单频次字一般不作识字要求，多笔画单频次有 17 字见于《识字表》，更有 2 字见于《写字表》，于识、写而言，颇不合学习认知规律，教材应适当调整选文以增加这些字的频次，从而易于学习认知。多笔画 2 频次见于《识字表》及《写字表》字数稍有增加，亦应适当调整为妥。

3 频次 17 字：其中 8 字未见于《识字表》及《写字表》：簋擦鬓蟮鞠斓缰撼；6 字仅见于《识字表》：嚣徽癌邀薯缴；3 字并见于《识字表》及《写字表》：镶藉薛。

4 频次 14 字：其中 4 字未见于《识字表》及《写字表》：嚷噼擎熹；4 字仅见于《识字表》：鳞薇瀚螃；5 字并见于《识字表》及《写字表》：蹭燥赢骡蹄；1 字仅见于《写字表》：藻。

3、4 频次共 31 字，其中 12 字未见于《识字表》及《写字表》，10 字仅见于《识字表》，8 字并见于《识字表》及《写字表》，识、写要求字均超过未作识、写要求字数。通常情况下，一个字应先识后写。然"藻"字未作识字要求而作写字要求，违反认知规律，当调整《识字表》内容，先识后写。

5 到 10 频次 39 字：其中 4 字未见于《识字表》及《写字表》：獾蹿蹬橱；8 字仅见于《识字表》：橘冀蘸嚼蟹糙黏黛；27 字并见于《识字表》及《写字表》：蹈翼瞬魏瓢篷懒凝雕蘑辨囊魔灌朦篱蕾疆覆辩霸籍攀赠霎瀑襟。

11 到 108 频次 59 字：其中 4 字未见于《识字表》及《写字表》：嚓鼹豁鲸；2 字仅见于《识字表》：鹭璧；53 字并见于《识字表》及《写字表》：霜蟋蟀镜磨耀繁瓣警窟糖避鞭臂操篮嚷澡薄檐簇餐颤鹰融赞巍爆藤穗瞪燃嘴整露藏翻戴蹦醒壁罐瞧器糕螺霞燕激蹄糟擦默。

数据表明，多笔画字频次与字数类似反相关关系：频次越低，字数越多；频次越高，字数越少。频次越低,未见于《识字表》及《写字表》字数越多,见于《识字表》《写字表》字数越少;频次越高,未见于《识字表》及《写字表》字数越少,见于《识字表》《写字表》字数越多,并见于《识字表》及《写字表》字数越多。5 频次以上 98 字,8 字未见于《识字表》及《写字表》,90 字见于《识字表》,80 字见于《写字表》。

2. 一至六年级新增字笔画分布详解

一年级单字共 1179 字,共计 10238 画,单字平均 8.7 画。其中包含单字最多的是 8 画,共 147 字。单字笔画最少为 1 画,最多为 23 画,1 画至 23 画包含字数分别为:1、17、37、62、76、118、119、147、138、117、98、89、53、36、26、18、14、5、4、2、1、0、1。包含单字较多的笔画主要集中在 4 画至 13 画,均为 50 字以上,共 1017 字,占一年级单字总数 86.3%;1 画至 3 画 55 字,占一年级单字总数 4.7%;14 画至 23 画 107 字,占一年级单字总数 9.1%。具体笔画分布如下图:

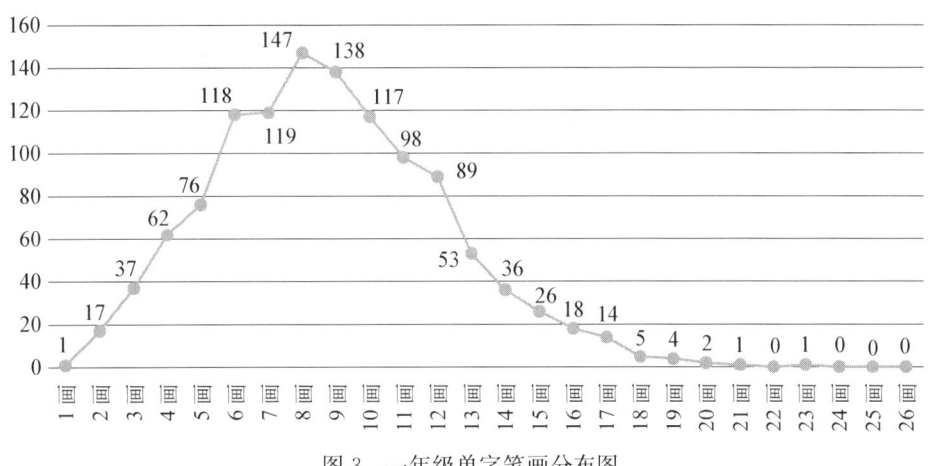

图 3　一年级单字笔画分布图

二年级新增 867 字,共计 8427 画,单字平均 9.7 画。其中包含单字最多的是 9 画,共 113 字。单字笔画最少为 3 画,最多为 22 画,3 画至 22 画包含字数分别为:5、28、38、61、95、107、113、100、81、85、49、40、23、13、8、5、6、7、1、2。包含单字较多的笔画主要集中在 6 画至 14 画,均为 40 字以上,共 731 字,占二年级新增字总数 84.3%;3 画至 5 画 71 字,占新增字总数 8.2%;15 画至 22 画 65 字,占新增字总数 7.5%。具体笔画分布如下图:

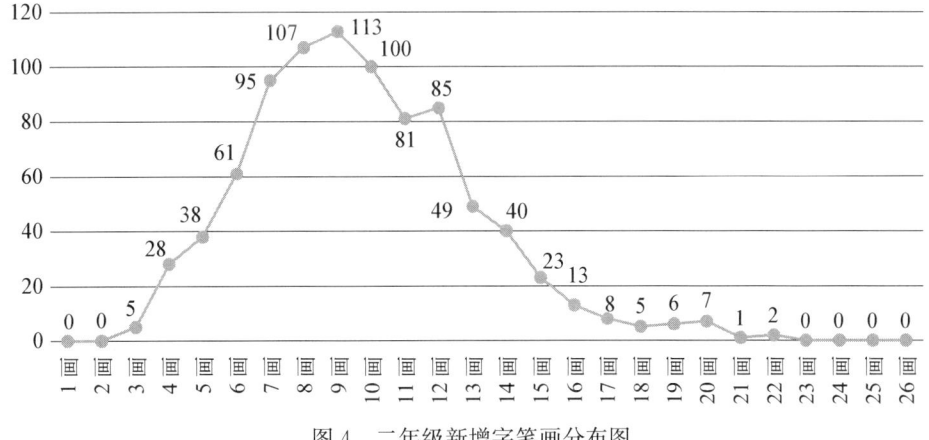

图 4　二年级新增字笔画分布图

三年级新增 586 字,共计 6244 画,单字平均 10.7 画。其中包含单字最多的是 9 画,共 72 字。单字笔画最少为 1 画,最多为 24 画,1 画至 24 画包含字数分别为:1、0、6、11、14、28、51、51、72、69、60、56、43、32、37、25、17、2、6、3、0、0、1、1。包含单字较多的笔画主要集中在 7 画至 15 画,均为 30 字以上,共 471 字,占三年级新增字总数 80.4％;1 画至 6 画 60 字,占新增字总数 10.2％;16 画至 24 画 55 字,占新增字总数 9.4％。具体笔画分布如下图:

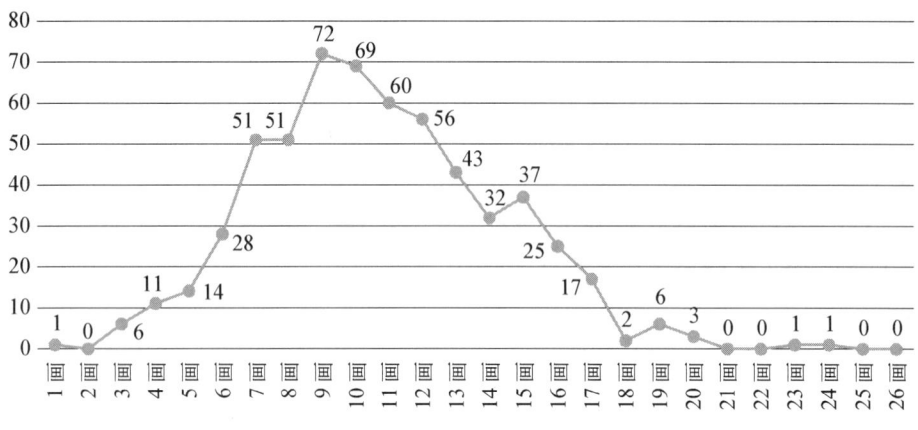

图 5　三年级新增字笔画分布图

四年级新增 456 字,共计 4903 画,单字平均 10.6 画。其中包含单字最多的是 11 画,共 67 字。单字笔画最少为 3 画,最多为 25 画,3 画至 25 画包含字数分别为:3、3、11、19、35、50、46、54、67、49、42、20、21、12、10、3、3、2、1、3、1、0、1。包含单字较多的笔画主要集中在 7 画至 13 画,均为 30 字以上,共 343 字,占四年级新增字总数 75.2％;3 画至 6 画 36 字,占新增字总数 7.9％;14 画至 25 画 77 字,占新增字总数 16.9％。具体笔画分布如下图:

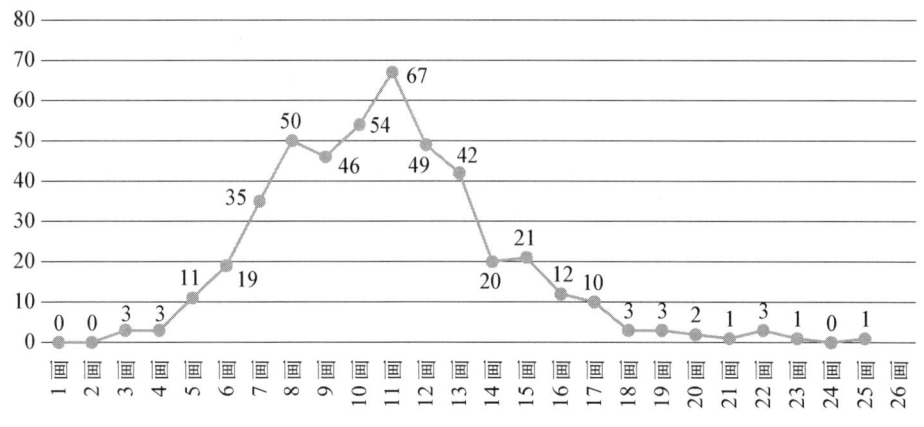

图 6　四年级新增字笔画分布图

五年级新增 305 字,共计 3409 画,单字平均 11.2 画。其中包含单字最多的是 10 画和 12 画,各 34 字。单字笔画最少为 3 画,最多为 26 画,3 画至 26 画包含字数分别为:2、4、5、11、23、32、25、34、28、34、33、28、18、11、5、5、0、1、2、1、2、0、0、1。包含单字较多的笔画主要集中在 7 画至 14 画,均为 20 字以上,共 237 字,占五年级新增字总数 77.7％;3 画至 6 画 22 字,占新增字总数 7.2％;15 画至 26 画 46 字,占新增字总数 15.1％。具体笔画分布如图 7。

六年级新增 234 字,共计 2609 画,单字平均 11.1 画。其中包含单字最多的是 9 画,共 30 字。单字笔画最少为 3 画,最多为 24 画,3 画至 24 画包含字数分别为:1、2、5、9、19、22、30、25、26、21、20、10、15、8、6、6、4、3、1、0、0、1。包含单字较多的笔画主要集中在 7 画至 15 画,均为 10 字以上,共 188 字,占六年级新增字总数 80.3％;3 画至 6 画 17 字,占新增字总数 7.3％;16 画至 24 画 29 字,占新增字总数 12.4％。具体笔画分布如图 8。

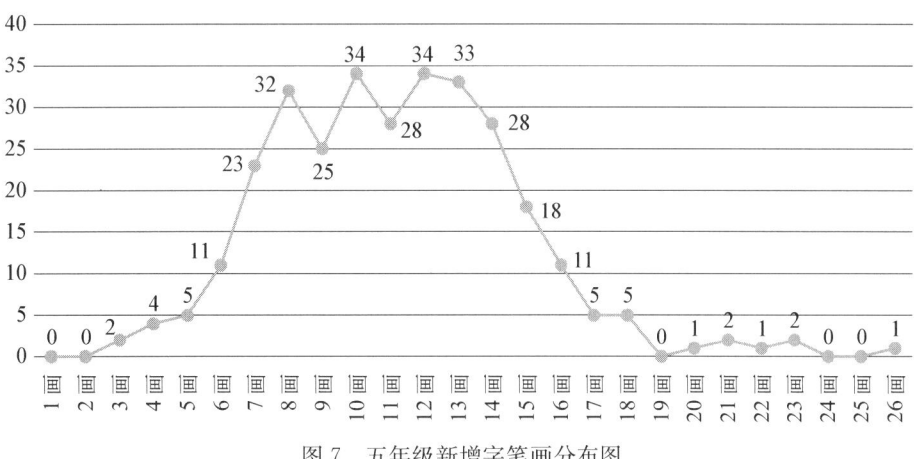

图 7　五年级新增字笔画分布图

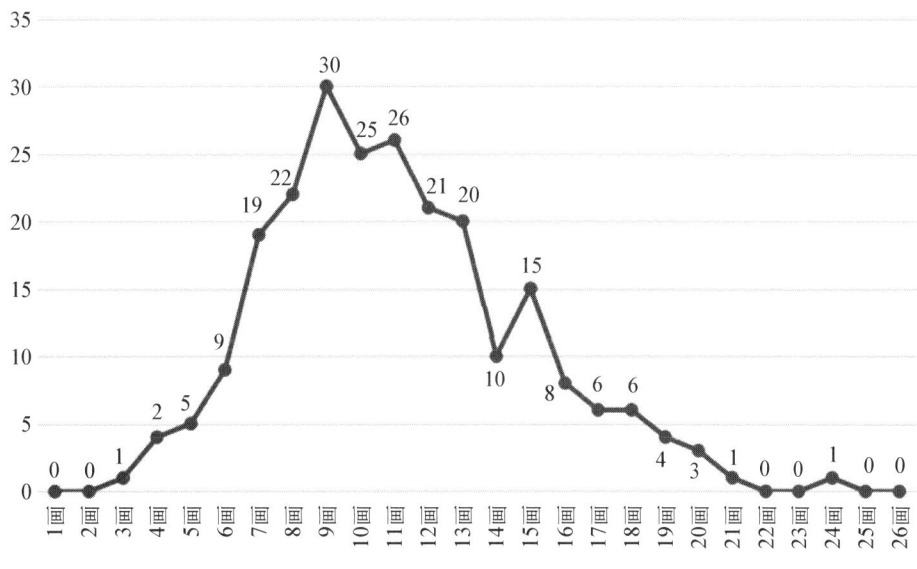

图 8　六年级新增字笔画分布图

【参考文献】

［1］　中华人民共和国教育部.义务教育语文课程标准(2011)[M].北京：北京师范大学出版社,2012.

［2］　周美玲.从复现数、复现率看人教新课标教材教材语言安排——兼谈数据库使用的角度[A].第二届全国教育教材语言专题学术研讨会论文集[C].福建省语言学会,2008：7.

［3］　郭曙纶,李愚中.小学语文教材用字频次与分布的对比分析[A].中国应用语言学会(筹)、教育部语言文字应用研究所.语言文字法制化、规范化、标准化、信息化建设——第七届全国语言文字应用学术研讨会论文集[C].教育部语言文字应用研究所,2011：6.

［4］　王银珠.小学语文统编教材识字教学的优化设计[A].中国教育发展战略学会教育教学创新专业委员会.2020 全国教育教学创新与发展高端论坛会议论文集(卷三)[C].中国教育发展战略学会教育教学创新专业委员会,2020：2.

Investigation and Statistical Analysis of Characters Used in Chinese Textbooks for Primary School Compiled by the Ministry of Education

Xu Zhixue　Yang Zhijun　Lv Chenyu

(College of Literature and Media, China Three Gorges University, Hubei Yichang 443002, China)

Abstract: This paper mainly investigates the comprehensive data of the number of characters, kind of characters, frequency of characters and stroke of the primary school Chinese textbooks compiled by the statistics Department, deeply analyzes the multiple associations among the reading amount, repeated kind of characters, ratio of word size and type of characters, frequency distribution and stroke distribution, and reveals the comprehensive characteristics of the characters used in primary school Chinese textbooks from multiple angles and at a deep level.

Key words: Chinese textbooks for primary school; amount of Chinese characters; word kind; word frequency; strokes

"胡辣汤"名字中"胡辣"用字新解*

史艳锋

【摘　要】胡辣汤是起源于河南及其周边的早餐。我们考证"胡辣"应作"忽喇"解。"胡辣"读"忽喇"音。"忽喇"最早作象声词,是物体翻倒、坍塌、来回摆动或摩擦等产生的声音,明代文献中就有较多使用了。在今中原方言中"忽喇"象声词用法被很好保留下来,还逐渐引申出两种动词用法:① 指带有"忽喇"声音的动作,该动作带有很强的动感和声感;② 指声感减弱的混合动作,突出一种随意性。其中②是在①基础上的进一步引申。"忽喇汤"中"忽喇"系动词②义项,"忽喇汤"即为由多种食材随意混合而成的汤,"忽喇"是汤的制作方式。历史上"忽喇"也写作"忽辣",作为吃食,民间更倾向选择"忽辣汤"的写法。当坊间弄不清"忽辣汤"的造词理据后,便从俗词源角度出发,把"忽辣汤"改写成"胡辣汤"。

【关键词】胡辣汤;分音词;忽喇;造词理据;俗词源

【作者简介】史艳锋,江苏师范大学文学院副教授、硕士生导师,研究方向为汉语方言学、方言文化。(江苏徐州　221116)

　　胡辣汤也写作糊辣汤,胡辣汤是起源于河南及其周边的早餐。今天胡辣汤和烩面俨然代表了中原饮食文化,这就像凉皮、肉夹馍和羊肉泡馍代表了陕西饮食文化一样。不过胡辣汤相较于烩面知名度更高,如今随着人口流动被中原父老带到了全国各地,尤以北舞渡、逍遥镇胡辣汤最富盛名。

　　对于胡辣汤名字的由来,前人主要认为"胡"系姓氏、胡人、胡椒、胡乱,"辣"系味道;也有指出"辣"系辣椒,"胡辣"系人名的。① **胡系姓氏**。传说胡记饭铺掌柜做出一碗热辣辣的汤,治好了明代清官于谦的伤风病,于谦建议以胡姓命名该汤,遂有胡辣汤之称。① ② **胡系胡人**。河南人民政府新闻办公室编写的"逍遥胡辣汤"云,明嘉靖年间,严嵩从北方胡僧手中得到一剂调味秘方,献给皇上,皇帝饮后龙颜大悦,遂封为御汤。此汤以辣为主,又是胡僧献之,遂称胡辣汤。② 巴陵也认为,胡辣汤的"胡"指明其最先出自胡人之手。③ ③ **胡系胡椒**。刘海永认为,胡辣汤的"胡"与加入胡椒有关。清朝建立后,当地百姓不敢说"胡"字,汤看上去又呈糊状,开始称这种汤为"糊辣汤"。④ 邢军纪《一代文宗——韩愈传》说"胡辣汤"系唐时韩愈征淮西返回路上为御寒以胡椒、牛肉等为料做汤发明的⑤,不过我们详细查阅古籍,此处系作者杜撰。④ **胡系"胡乱"之义**。吴涛认为,胡辣汤就是"胡乱辣"的汤,系各种辣味加在一起。⑥ ⑤ **胡辣系人名**。张成基等编写的《面食之乡》说"胡辣"二字系人名"呼乐"念转了。呼乐本系曹操的随军炊官,因病流落壶关,后在城内开设"胡乐汤馆",因汤很受当地群众喜欢,天长日久,群众就把"胡乐汤馆"的汤,干脆叫成"糊辣汤"。⑦ 上述认识中除"胡"系胡椒,"辣"系辣椒或味道有一定依据,为多数人信奉外,其余多系民间传说或属于猜测,缺乏系统论证,可信度不强。

---

　* 本文为国家社科基金项目"中原古都城市圈今官话、晋语的深度调查与语料库建设研究"(编号:21BYY075)的阶段性成果。
　① 张翠华:《沙澧千秋画》,河南人民出版社,2015年,第59页。
　② 河南人民政府新闻办公室编:《河南导游》,五洲传播出版社,2002年,第502页。
　③ 巴陵:《丝绸之路上的味道》,电子科技大学出版社,2018年,第22页。
　④ 刘海永:《一座城的美食风情》,中国书籍出版社,2018年,第96页。
　⑤ 邢军纪:《一代文宗——韩愈传》,作家出版社,2016年,第288—289页。
　⑥ 吴涛:《中原文化概论》,大象出版社,2017年,第358页。
　⑦ 张成基等编著:《面食之乡》,书海出版社,2000年,第296页。

一　胡辣汤名字疑惑源起:"胡辣"与胡椒、辣椒无关

从胡辣汤的用料看,用得最妙的是胡椒,胡辣汤得名一般认为与汤中放入胡椒和辣椒有关,"胡辣"二字系"胡椒、辣椒"词首,也就是说胡辣汤其实是"胡椒辣椒汤"的简称。不过由于河南方言称"辣椒"为"秦椒",所以胡辣汤系"胡椒辣椒汤"的推断不足为信,顶多叫作"胡椒秦椒汤",如果"胡椒、秦椒"按上述理解只取词首进行简化,就是"胡秦汤"了,可是此名并不存在。照此推理,如果"胡"指胡椒,那么"辣"只能是味道,今人马红丽《食林广记》中持此种观点,并认为胡辣汤是由汉代胡辣羹演化而来的①,不过我们并未从汉代古籍中查阅到"胡辣羹"的名字。上述观点均忽略了"胡辣汤"中"胡"读"忽"音的事实,对这些看法我们并不赞同。

下文主要从语言学和命名学角度考证一下"胡辣汤"中"胡辣"二字的由来。

从"胡辣汤"中"胡"字的声调看,"胡"字应该是杜撰写法。"胡"字在今天豫北晋语、中原官话区属于阳平字,孟州、洛阳、西安等地调值分别为 52/53/24,"胡椒"中"胡"也读此调,具体如下:

孟州:阴平 24　阳平 52　上声 55　去声 212　入声 2

洛阳:阴平 24　阳平 53　上声 55　去声 41

西安:阴平 21　阳平 24　上声 53　去声 55

下面我们看看"胡辣汤"在上述各方言中的读音:

河南孟州(晋语)读 xu² la⁰ tʰʌŋ²⁴,前字入声调,中间字轻声,轻声同入声调几乎一致,不易区分。

洛阳、漯河(中原官话)等地两种读音 xu²⁴ la⁰ tʰaŋ²⁴ 和 xu² la⁰ tʰaŋ²⁴,前字读阴平 24,洛阳等地阴平字作前字连调时常出现发不完全只保留调头 2 的情况,因此 24 和 2 均系阴平调值。

西安(中原官话)"肉丸胡辣汤"读作 zₒou⁵⁵ uæ̃²⁴ xu²¹ la⁻²⁴ tʰaŋ⁰,第三字声调依然是阴平调。

这些方言"胡辣汤"中"胡"的声调明显与方言单字调中不同,(排除连调)这说明"胡"并非"胡辣汤"的本字写法,据孟州方言看"胡辣汤"中"胡"本为古清入字(孟州话古清入、次浊入字保留入声读音),而古清入字在中原官话洛阳、漯河、西安等地今读阴平,这完全符合上述三地实际。据此,胡辣汤的名字中"胡"系胡椒粉的传言就不攻自破了。而基于"胡"系胡椒,类推"辣"为辣椒或辣味也显得站不住脚了。"胡辣汤"在坊间刚开始只有读音,没有文字记载,经历长时间后人们甚至连"胡辣汤"名字的造词理据也不清楚了。后来鉴于"胡辣汤"制作过程中要放入胡椒粉,有时也放辣椒,并且"胡辣"的书面读音与"xu²⁴ la⁰/xu² la⁰"等口语读音接近,因此坊间就用了胡椒粉的"胡"和辣椒的"辣"作为胡辣汤的名字写法,具体情况后文分析。至此,我们清楚了"胡辣"二字应该是同音替代字,"胡"系胡椒粉和"辣"系辣椒的说法应该是民间俗词源的附会。俗词源是不科学的词源,其对词的来源关系(造词理据)往往作出通俗但不正确的解释,通常表现为用熟悉的语素或词代替不熟悉的语素或词,并不可信。② 之前,山西泽州、永济、运城、临猗等地县志或文史资料中还有把"胡辣汤"写作"胡拉汤",平陆写作"呼啦汤",民国时 1946 年第 4 期的《大观园周报》有"汤恩伯脚踢虎辣汤"的记载,这些说明"胡辣"显然并非本字,与胡椒、辣椒无关。

其实,宁波一带也有"糊辣",其做法类似于胡辣汤,不过"辣"却不指味道。宁波象山正月十四有吃"糊辣羹"的习俗。"糊辣羹"是用牡砺、虾仁、鱼肉等为主料,加上切成粒的精肉、芋艿、萝卜、蛋、香肠、菜丝等混合炒烩最后加水勾芡而成。"糊辣羹"的由来相传有一段故事。当年,戚继光的军队正在

---

①　参见马红丽:《食林广记》,商务印书馆,2017 年,第 262—264 页。

②　范俊军:《语言中的俗词源现象》,《外国语》1992 年第 5 期。

过节做饭,忽然听报倭寇登陆抢掠,军士不便空着肚子出击,戚继光灵机一动,让伙夫把各种菜肴切碎成粒,下锅同时烧煮,再倒入调好麦粉和薯粉的糊,做成"糊辣",既当饭又当菜,军士食后打败了倭寇。此后每到农历正月十四象山石浦百姓家家吃"糊辣羹"以示纪念。[①] 柴隆说宁波人不嗜辣,没有添辣的习惯,"糊辣"中"辣"用在这里没有实际意思。[②] 有鉴于此,有时"辣"也写作"腊",《宁波方言词典》就有番薯糊辣、肉丝糊腊的写法。[③] 以上事实说明"糊辣羹"就是各类食材一锅烩的羹,这与河南、陕西等地胡辣汤是一致的,也有力佐证了"胡辣汤"中"辣"字既不是"辣椒"也不是"辣的味道"。

二 "胡辣"与象声词"忽喇"读音相同

豫北孟州话"胡辣 xuɯ² la⁰"前字读入声(入声调),后字以 l 开头,符合分音词的特征。分音词就是由一个音节分成两个音节的词,分音后第二个音节一般以 l 为声母,整体形成 C-l 的结构形式。[④] 今天晋语中的分音词,仍保留分音词的早期状态,分音后第一个音节一般读入声或入声调,以晋语孟州话为例:

黑喽　 xuɯ² lou⁰——齁　　　　　 克郎　 kʰuɯ² laŋ⁰——(胸)腔
圪老　 kuɯ² lɔo⁵⁵——搅　　　　　 曲连儿 tɕʰy² lier⁰——圈儿
木拉　 muɯ² la⁰——抹　　　　　　 坷娄　 kuɯ²⁻⁵² lou²¹²——扣

历史上汉语中有不少分音词。"知了"就是"蜩"分音后形成的,只是今天看着不明显罢了。上述"曲连儿"同样见于元曲《高祖还乡》:"一面旗红曲连打着个毕日乌,一面旗白胡阑套住个迎霜兔。"[⑤]这里"胡阑"也是"环"的分音词。

汉语中不少象声词就是分音词,以孟州话为例:

□拉 tʂʰɿ² la⁰——嚓(摩擦声)　　　 圪拉 kuɯ² la⁰——嘎
忽喇 xuɯ² la⁰——哗　　　　　　　　出啦 tʂʰuɯ² la⁰——欻(tʂʰua²,炒菜时声音)

孟州话中象声分音词"忽喇 xuɯ² la⁰"读音与"胡辣汤 xuɯ² la⁰ tʰʌŋ²⁴"中前两字读音完全一致,洛阳话、漯河话古清入字舒化后读阴平,即"忽喇"读"xu²⁴ la⁰","胡辣汤"读"xu²⁴ la⁰ tʰʌŋ²⁴",读快就是"xuɯ² la⁰ tʰʌŋ²⁴"。我们推断胡辣汤名字的由来,与象声词"忽喇"可能有关。

三 历史文献中的"忽喇"与中原方言"忽喇"词义的引申

(一)历史文献中"忽喇"的使用状况。"忽喇"作为象声词,是物体翻倒、坍塌、来回摆动或摩擦等产生的声音,在明代文献中就有较多使用了。如:

忽喇的一声把公案推倒,耳中取出宝贝幌一幌,碗来粗细,一路解数直打出御马监,径至南天门。(明《西游记》第四回)

只见忽喇一声响,里面有斗大的青石头吊将下来。(明《三宝太监下西洋记》卷五)

只听得忽喇一声响,如天崩地塌一般。(明《三宝太监下西洋记》卷五)

只见那鹰儿在半空展翅,忽喇地扑将下来,到把真君脸上挝了一下,挝得血流满面。(明《警

① 郑辉主编:《中国民间故事丛书·浙江宁波·象山卷》,知识产权出版社,2015 年,第 168 页。
② 柴隆:《宁波老味道》,宁波出版社,2016 年,第 175 页。
③ 汤珍珠、陈忠敏、吴新贤:《宁波方言词典》,江苏教育出版社,1997 年,第 132、350 页。
④ 侯精一:《现代晋语的研究》,商务印书馆,1999 年,第 330—331 页。
⑤ 李葆瑞:《关于"胡阑"和"曲连"——〈漫谈汉语中的蒙语借词〉读后》,《中国语文》1979 年第 5 期。

世通言》卷四〇)

也有写作"忽辣"的,只是少一些。如:

　　好呆子,抖擞威风,举钯照门一筑,忽辣的一声,将那石崖连门筑倒了一边。(明《西游记》第六十一回)

　　那道士与大圣战经五六十合,渐觉手软,一时间松了筋节,便解开衣带,忽辣的响一声,脱了皂袍。(明《西游记》第七十三回)

当然,"忽喇喇"在口语中出现时间应该更早。"忽喇喇"与"忽喇"意思一样,也是象声词,元代就已经出现,也写作"忽剌剌""忽辣辣",今人也有写作"忽拉拉"的。如:

　　冬冬冬,不待的三声凯战鼓,忽剌剌两面旗舒,扑腾腾二马相交处,则听的闹垓垓喊震天隅。(元《杂剧·汉高皇濯足气英布》)

　　风逞火势,忽喇喇走万道金蛇;火绕烟迷,赤律律天黄地黑。(明《封神演义》卷四)

　　这一个明晃晃的刀去劈,那一个忽辣辣的箭发疾。(明《红拂记·扶余换主》)

　　忽喇喇似大厦倾,昏惨惨似灯将尽。(清《红楼梦》第五回)

　　有一回,山洪暴发,真叫万马奔腾,刻不容缓,忽拉拉一下子,什么山呀,河呀,村庄呀,道路呀,都没影了。(刘白羽《一个温暖的雪夜》)

我们注意到,作为象声词,虽然"忽喇"写法较多,但绝少发现"胡喇""胡剌""胡辣"的写法,这应该是"忽"为古清入字,而"胡"系古舒声浊声母平声字,二者声调有别所致。

(二)今中原方言中"忽喇"的使用状况。在中原大地,"忽喇"作为象声词的用法被很好保留了下来,洛阳、郑州方言均是,且除了象声词外还产生了动词用法[1],这些用法甚至到了山东单县、平邑等地方言都有。下文我们以河南孟州话为例进行介绍。

孟州话中"忽喇"用法大致分为三类:

I. 象声词。模拟水流声、垮塌声、扫地声、物体间摇动摩擦声、搅拌声等,有时也能用"忽喇喇"。如:

　　水忽喇忽喇流住,他也不关。水**哗哗**地流着,他也不关水。

　　覆棚忽喇着一声掉下来嘞。顶棚**哗**的一声掉下来了。(呼喇也带有时间短的意思)

　　水忽喇喇往下流哩。水正**哗哗**地往下流着。

II. 介于象声词和动词之间。可以理解成象声词,也可以看作是带有"忽喇"声音的动作动词,是象声词向动词的过渡。如:

　　衣裳搁水面忽喇忽喇洗洗。衣服放在水里头**哗哗**洗洗/衣服放在水里头**搓搓**洗洗。(带有很快很紧凑的意思)

III. 动词。① 指带有"忽喇"声音的动作,该动作带有很强的动感和声感。如:

　　给衣裳放洗衣机面忽喇几圈都干净嘞。把衣服放在洗衣机里**转**儿圈就干净了。

　　去给他牌忽喇咾! 去把他的麻将牌**猛地推倒弄乱**!(很快把规则物体弄得凌乱,并发出响声。"忽喇"也可用"搂"替代)

　　用扫帚给树叶儿忽喇到一堆儿。用扫帚把树叶儿**扫**到一堆儿。(带声音扫。"忽喇"也可用"搂"替代)

　　你忽喇忽喇树,枣儿不是就掉嘞?你**摇摇**树,枣不是就掉了吗?(带声音摇)

　　看你摊那长生是啥,都弄一堆儿嘞,给它忽喇开! 看你摊的花生是什么,都在一块儿,把它们**摊开**!(带声音摊。"忽喇"也可用"搂"替代)

　　给那一堆儿荽草忽喇到麻包面! 把那一堆儿玉米籽**用手拨着装**在麻包里边!(带声音装。"忽喇"也可用

---

① 刘宏、赵祎缺:《河南方言词语考释》,河南人民出版社,2012 年,第 121—122 页。

"搅"替代)

　　给黄瓜面酌点盐、醋、蒜、芝麻酱,放到盆面一忽喇。把黄瓜里放点盐、醋、蒜、芝麻酱,放到盆里一**拌**。(有搅拌混合的声音)

②　指声感减弱的混合动作,突出一种随意性。如:

　　水泥给沙俩忽喇到一堆儿拌拌。把水泥和沙子**混合**在一起拌一拌。

我们发现,孟州话"忽喇"作动词时,当动作位移大时也可以将其叫"搅 xuɣ²",但位移小时只能用忽喇 xu² la⁰。"搅"就是"忽喇"的合音,只是固定在了动词用法上。与孟州相邻的温县话可以很明显看到这一过程:忽喇 xuəʔ³² laʔ⁰——搅 xuɑʔ³²。今天山东平邑话把动词"忽喇"读"xu lɣ"也很好证明了孟州话中"搅 xuɣ2"是"忽喇"的合音。

　　至此,我们可以很清晰整理出"忽喇"词义的发展引申过程:

　　胡辣汤中各种食材的混合就是动作声感减弱的混合,这种混合不再像搅拌凉菜一样发出很强的忽喇声音,而只是重点突出由多种食材混合而成。如孟州话:给粉条、面筋、豆腐皮儿、木耳、金针、牛肉疙瘩儿、胡椒粉放到一堆儿一忽喇,胡辣汤就做成了。意思是把粉条、面筋、豆腐皮儿、牛肉疙瘩儿、胡椒粉放到一起一混合,胡辣汤就做成了。

四　制作方式成就汤名:中原大地"忽喇""不翻"同行

　　胡辣汤是把粉条、面筋、豆腐皮儿、木耳、黄花菜、牛肉疙瘩儿、胡椒粉等放在锅里忽喇(很随意地混合)后烹煮而成,所以起名"忽喇汤"。这种"忽喇"很随意,甚至连各家所用的放在锅里混合的食材都不完全一致,因此中原大地形成众多的胡辣汤品种,如淮阳胡辣汤、开封素胡辣汤、南阳胡辣汤、汝州胡辣汤、鲁山胡辣汤、周口胡辣汤、菏泽胡辣汤,而西安肉丸胡辣汤用料就与河南更不相同了。胡辣汤不是精细高档的餐点,而是民间百姓中的地摊饮食,坊间用带有随意色彩的"忽喇"口语来称呼此汤,更接地气,符合老百姓的话语身份。

　　历史上"忽喇"也写作"忽辣",我们在第三节历史文献部分曾介绍过,照此类推"忽喇汤"也写作"忽辣汤"。写作"辣"字更易于让人从俗词源角度进一步与吃食联系起来,同时基于"辣"较"喇"民间书写更常用的原因,坊间更倾向选择使用"忽辣汤"的写法。当坊间把这种放在锅里混合的"忽喇"动作与"忽辣汤"之间的联系无意识隔离起来后,便忘记了"忽辣汤"起初的造词理据。老百姓从俗词源角度出发,会把"辣"音理解成与辣椒相关("辣"音原本是分音词"忽辣"第二音节,之后被人们与辣椒联系起来,进一步固定了"忽辣"中"辣"的书写用字),在此基础上相应类推"忽"音与胡椒相关,把"忽辣汤"最终改写成"胡辣汤"。这就造成了前文"胡辣汤"名字书写用"胡"而读"忽"音的现象。

　　名称因俗词源作用发生用字变化的不少,类似的例子还有徐州的"喝饼子"。"喝饼"本写作"蝎(hē)饼",其最初得名与形状像天牛的幼虫——蝎有关,到了宋代在俗词源影响下据其为一种食物遂改写为"餲饼",而近来就用了老百姓最熟悉的音近字"喝"来代替了"餲"。①

　　以上看出,胡辣汤的得名实际与汤的制作方式有关。其实,洛阳也有一种"不翻汤","不翻汤"的

---

① 史艳锋:《俗词源影响下的"喝饼子"用字变化》,《励耘语言学刊》第二十九辑,中华书局,2018 年,第 258—265 页。

得名与汤内有名为"不翻儿"的小饼有关,而小饼得名"不翻儿"则与其烙制时不用翻动有关,这也是一种从制作方式得名的食物,与胡辣汤有异曲同工之效。豆腐脑、胡辣汤掺在一块今河南称"两掺",更体现出命名与制作方式的相关性。

五 余论:"胡辣"与"和羹"中"和"音关系不大

《尚书·说命下》有"若作和羹,尔惟盐梅"的记载。张海林认为,胡辣汤来源于周代的"和羹",和羹是和味之羹,"和"是味道、原料的组合……现在最有名的和羹是酰汤、胡辣汤、肚肺汤、羊双肠、鸡血汤、苜蓿汤、鱼头汤、鸡蛋汤。[①] 不过这里张先生认为"胡辣汤"属于"和羹"的一种,"和羹"系类名,并未把"和羹"与"胡辣汤"名字直接划等号,也就是说作者并未考证"胡辣"音节是否由"和"音节变来。那么在元代"羹"逐渐为"汤"代替后[②],胡辣汤中"胡辣"有无可能是由"和"演变而来的呢?

从语音上看,"和"属于中古果摄合口一等匣母字,"和"的中古音 * ɣuɑ[③] 如果发生了分音现象,在前一音节声母清化的情况下可能演变成 xuʔ la(忽喇)两个音节,陕北神木方言就有"划 xua⁵³"分音为"忽拉 xuəʔ⁴ la⁵³"的例子[④]。这就是说"胡辣"音节可能由"和"音节分音而来。

如果推断成立,"胡辣"名字就有两大来源:一是近代象声词"忽喇"用作动词,制作方式成就汤名;一是上古时期"和羹"名字中"和"后期分音读"胡辣"。这两种来源表述的造词理据均与"混合"义有关,很可能纠缠在一起。不过,从和羹后世用途看,胡辣汤与之不同。

和羹盛放于铏中,称铏羹,铏是一种容器。[⑤]《周礼·天官》曰,"祭祀供太羹、铏羹。"《唐会要》卷十七祭器议云:"太羹古食也,盛于登。登,古器也。和羹时馔也,盛于铏。铏,时器也。"《元史》卷七六祭祀有"簠簋之实皆四,铏之实和羹五,齐皆以尚酝代之"的记载。《大明会典》卷二〇一云:"(祭祀时)各坛陈设太羹碗一,和羹碗二,毛血盘三,著尊一,牺尊一,山罍、代簠、簋、笾、豆、瓷盘二十八,饮福瓷爵一,酒盅四十。"《清史稿》志五七云:"祭品……登一,太羹;铏二,和羹;簠二,稻、粱;簋二,黍、稷。"《永定县志(康熙本)》卷四也有"祭品:帛一筐,酒三爵,太羹一登,和羹二铏,黍稷二簠,稻粱二簋,笾实八形"的记载。可见"和羹"后世祭祀时用,这是胡辣汤不具备的。

从胡辣汤传承族谱来看,北舞渡胡辣汤起源于 1828 年;豫东逊母口镇马家胡辣汤始于 1850 年;汝南霍记糊辣汤迄今百余年历史;逍遥镇高记胡辣汤目前也仅是传承了十九代。这表明胡辣汤形成于清代,最多是明代。明清时的汤名都有具体名字,实际上在这之前宋代《山林清供》中记载得羹名就是具体的个体名字,如碧涧羹、太守羹、玉糁羹、锦带羹、骊塘羹、白石羹、雪霞羹、鸭脚羹、金玉羹、玉带羹,不似"和羹"系类名(五味调和的羹),大概此时"和羹"一名已经不在日常生活中使用了,"胡辣汤"命名应该与古"和羹"关系不大。

再从语音角度论,我们查阅李荣先生《现代汉语方言大词典》后发现,强调多种蔬菜、粉条等混合的饭菜,且以"和/合"命名的,目前都未出现分音现象,如太原、忻州的"和子饭",万荣、崇明、长沙、南昌、萍乡、黎川的"和菜"、娄底的"合菜"[⑥],这进一步佐证胡辣汤中"胡辣"应与"和"音无关,不是其分音而成的。

① 张海林:《中国豫菜——中国饮食文化寻踪》,中州古籍出版社,2015 年,第 65 页。
② 黄金贵、黄鸿初:《古代文化常识》,商务印书馆,2017 年,第 112—113 页。
③ 郭锡良:《汉字古音手册(增订本)》,商务印书馆,2010 年,第 27 页。
④ 邢向东:《神木方言研究(增订本)》(上册),中华书局,2020 年,第 251 页。
⑤ 王学泰:《我国古代佐餐的主要食品——羹》,《文史知识》1985 年第 1 期。
⑥ 李荣主编:《现代汉语方言大词典》,江苏教育出版社,2002 年,第 1487 页,第 2248—2253 页。

The New Explanation of the Characters "Hula(胡辣)" in the Name of "Hula(胡辣) Soup"

Shi Yanfeng

(Department of Chinese Language and Literature, Jiangsu Normal University,

Jiangsu Xuzhou 221116, China)

Abstract: "Hula(胡辣) soup" is a kind of breakfast originated in Henan Province and its surrounding areas. We have proved that "Hula(胡辣)" should be treated as "Hula(忽喇)". "Hula(胡辣)" sounds like "Hula(忽喇)" which is an onomatopoeic word in the earliest. It's the sound produced by objects overturning, collapsing, swinging and rubbing, which has been widely used in Ming Dynasty literature. In now Zhongyuan(中原) dialects, the usage of "Hula(忽喇)" as onomatopoeia word is well preserved, and two verb sense items had already gradually extended: the first refers to the action with "Hula(忽喇)" sound, the action has a strong sense of movement and sound; and the second refers to the mixed action with weakened sound, highlighting a kind of randomness. The second is the further extension based on the first. The "Hula(忽喇)" in the word "Hula(忽喇) soup" is the second meaning. The "Hula(忽喇) soup" is a kind of soup with various ingredients mixed at will. "Hula(忽喇)" is the way to make soup. In history, "Hula(忽喇)" is also written as "Hula(忽辣)", and as a kind of food, people are more likely to choose the writing form of "Hula(忽辣) soup". When people couldn't find out the reasons for word formation of "Hula (忽辣) soup", they changed "Hula(忽辣) soup" into "Hula(胡辣) soup" from the perspective of folk etymology.

Key words: Hula(胡辣) soup; split word; Hula(忽喇); reasons for word formation; folk etymology

《纳西象形文字谱》太（秤）系字订补*

王 娟

【摘　要】东巴文太本是太（秤）的异体，但在《纳西象形文字谱》中，只见其用于、、三字构件，而未单独收为字头或纳入太字条异体。比较《么些象形文字字典》《纳西语英语百科辞典》相同字条的说解可以看出：字条误释字义、误解字形，、两字条误释声符太之义，试就此分析误因，加以订补。

【关键词】东巴文；异体字；本义；假借；字源

【作者简介】王娟，女，太原师范学院文学院副教授、硕士生导师，研究方向为比较文字学。（山西 晋中 030619）

一　引言

东巴文太（so³³/tɕi¹¹）本义为"秤"或"大秤"，其字形异体纷呈，常见于纳西经书及应用文献，多用作假借或标音符号，故太系字形在东巴文字典、辞典中出现频率颇为可观。方国瑜《纳西象形文字谱》（以下简称《字谱》）作为迄今影响最大的东巴文字典之一，虽列有［1099］"太 tɕi²¹，秤也"，但对其古今音变、异体系统及假借用法忽略，导致下列以太字形充当合体字构件的条目说解牵强：

［方10］：so³³ɤɯ³³，商星也。从省，太（so³³山巅）、（哥巴字）声。此星黎明见之。亦作。

［方44］：so²¹，曙光也，朝也。从日光，太（so²¹山巅）声。

［方97］：so³³，巅也。从山顶折树，山最高处暴风折木也。

比较以上诸条对构件太的释义可知：同一个字符，前二条既作"山巅"，末一条则在字形分析中体现为"折树"，如此前后抵牾，不但牵涉太本身的意义，而且决定着对所释字头的字义及构形说解确否，实有辨正之必要。

二　字条释义解形之误

［方97］："so³³，巅也。从山顶折树，山最高处暴风折木也。"依本条说解，字本义为巅（山顶），从（dʑy²¹山）从太（so³³折树）会意，太亦声。黄思贤先生《〈纳西象形文字谱〉质疑》曾以此条为例，指出同书［184］有" tɕ'ər³³折也，从树折"，"两者字形不合"，从而对该条字形分析提出质疑。所谓"两者字形不合"，即太之本义为"秤"①，之本义为"折"。由该条字形分析将构件太解作"折树"可知，方氏将太字形误认作。《字谱》第四部分《象形文字应用举例》"第二种情况"援引

---

　*　基金项目：本文为国家社科基金"冷门'绝学'和国别史等研究专项"项目"纳西族东巴文字典的整理和研究"（项目号：19VJX082）阶段性成果。

　①　方国瑜不明太、太异体，误以太之本义为"山巅"。方国瑜编撰，和志武参订：《纳西象形文字谱》，云南人民出版社，2005年，第492页。

《人类迁徙记》，其中第四段字释："⺆ci²¹，森林，被砍之木。"①其中反映树木与"折树"义有关联，可为佐证。之所以误认字形，似由☒（秤）与☒（树木）字倾斜（☒）倒伏（☒）之形相似，然而究其根本原因，实乃忽略☒（tɕi²¹ 秤）有古今异读，不明☒为☒之异体所致。

☒字形列为字头始见于洛克《纳西语英语百科辞典》（以下简称《辞典》）[526.3]："☒²sso，高原上的沙沙声。一些东巴说此符号表示枯死的树根，一些东巴则说它是一个挂有重物的秤的图形。应该说，后者的可能性更大一些。"字头☒与[方97]☒之构件☒异体同字，只在书写斜正取势上略有差异。洛克对于本义的判断颇有理据，为李霖灿《么些象形文字字典》（以下简称《字典》）所证实。[李1177]："☒so³³，大秤也。北地一带称大秤曰so³³dɯ¹¹，知此为'秤'之古老读法。观其各种写法，☒、☒、☒皆像'秤'之形，知此说之可征信。"其中"'秤'之古老读法"（so³³dɯ¹¹），恰与同书[1178]"☒ tɕi¹¹，秤也。画秤之形，读秤之今音也"对应，而"秤之今音"（tɕi¹¹）又于[洛185.3]"☒、☒¹gkyi一种秤，量具；称量"得到印证。"各种写法"则揭示出☒、☒、☒同字头☒为一组异体字形。正是基于上述对☒字形本身音义关系及其异体系统的认知，《字典》《辞典》下列字条与[方97]说解迥然有别。

[李146]："☒so³³，场上之山也。么些人称高山之草地曰场，此指场上之山。凡山至一定高度，树木不生，唯有一片草地最宜牧畜，实即高山高原上之牧场也。么些人称此种高山草坪曰场，即象形文之☒字也。有时☒字写入山腹内，作此☒形，意不变。☒字在此作音符之用，☒乃作意符之用，因此字乃指高山草坪上之高山也。"

[洛527.2]："☒²sso，一座高山，但不是那种永久积雪的高山。表示山（¹ngyu）的符号不发音。见变异体（☒）。"

[洛527.3]："☒²sso，一座高山。表示山（¹ngyu）的符号不发音。"

两家说解虽详略不同，但据形索义，近乎确诂。统而观之，☒、☒、☒互为异体，分别从☒/☒（ndzo¹¹/¹ngyu 山），☒/☒（so³³/²sso 秤）声，本义乃"场上之山"，引申作"高山"，与☒同义。②反观《字谱》，"☒ tɕi²¹，秤也"注音tɕi²¹原本等同[李1178]所谓"秤之今音"，可惜方氏疏于考察该字古今异读现象，对东巴经书中频频出现的相关异体字形视而不见，却割裂☒、☒形音义关系，将☒字构件☒（秤）与☒（折）之字形字义相混淆，其据以做出的字形分析及释义势必背离固有的形义关系。同书原本列有表示"巅也"的字条："☒ dʑy²¹k'v³³，山顶。从山，☒（kv³³ 蛋）声。"③又见[李141]："☒ ndzo¹¹kv³³，山顶也，山头也。下画一山，上画一蛋注第二音，合而作'山头'解。有时以☒代☒，作☒，意亦相同。""山顶也"即"巅也"，可见[方97]说解有误。

综上，[方97]释义解形因不明☒/☒古今音变、字形异体而误。依《字谱》说解体例，参之《字典》《辞典》，此条当改作"☒so³³，牧场上之高山也，高峰也。从☒，☒（so³³ 秤）声。又作☒、☒"。又[方1099]"☒tɕi²¹，秤也"条当补又作☒、☒、☒等。

三　☒/☒两字条声符☒/☒释义补之误

[方44]："☒so²¹，曙光也，朝也。从日光，☒（so²¹ 山巅）声。"[方10]："☒so³³ɣw³³，商星也。从☒省，☒（so³³ 山巅）、☒（哥巴字）声。此星黎明见之。亦作☒。"两条声符均注为"山巅"似与前

---

① 方国瑜编撰，和志武参订：《纳西象形文字谱》，云南人民出版社，2005年，第523页。
② 参见[李145]："☒ndzo¹¹ʂwa¹¹，高山也。画一山上加一☒字，☒字音[ʂwa¹¹]，常作'高'解，故两字相合并，遂成为高山之意。"[方100]："☒ dʑy²¹ʂua²¹，高山也。从山，从☒（高ʂua²¹）。又作☒。"
③ 见[方98]。按：☒字本从☒（dʑy²¹山）从☒（kv³³顶端）会意，☒（kv³³蛋）用其假借义，方氏形声之说实误。

文所论[方97]"□ so³³,巅也"有关,而该字条字形分析将构件□解作"折树",与"山巅"不合,且"巅也"乃为字头释义,并非针对构件而言,其破绽显而易见。

□字"山巅"之释又见于《字谱》第四部分《纳西文字应用举例》两处。其一,《前言》论及"凡象形字,除本意的职能外,均可作同音和近音假借"举例:"□,假借作 so²¹ 晨,本意为 so³³ 山巅。"明确将"山巅"视为□的本义。其二,《象形文字应用举例·以字记忆启发音读》所举《人类迁徙记》第二例下字释:"□ so³³ 巅,如山顶折木,这里假借为 mu³³ s̩⁵⁵'晨'的 s̩⁵⁵ 音。"为解释□字的假借用法而追溯其本义为"巅",所谓"如山顶折木",一如[方97]"从山顶折树,山最高处暴风折木也"。

□有"山巅"之义自不足信,而假借表示"早晨"东巴经文常见。据甘露《么些族的洪水故事》假借字表,□的假借义"早上"共出现 4 次。笔者初步调查《纳西东巴古籍译注全集》□字形假借用例,仅第 1 卷表示"早晨"者凡 5 见。上引方氏《人类迁徙记》字释谈及□字假借为"晨",可谓确诂,可惜由于不明其异体系统,当□字单独表词时尚可观境为训,而面对其充当合体字构件的局面则不免郢书燕说。《字典》[李1177]于□之假借义列举甚详:"□ so³³ 大秤也……常借音作'早上',又可作'启明星',亦可作'搓',又可作'剥全皮'及'学习'。"其中"早上"为□之初始假借义,"启明星"则是假借而后引申或再假借。不过,"启明星"一义尚待求证,本文暂不取其说。

[李31]:"□ so¹¹,早上也,以日表示时间,以□字注其音也。此字不容倒置,若将□字置于□上则意思全变,乃指明天也。"此与[方44]□字条对应。参上引[李1177]□"常借音作'早上'",□当为后造本字,即在假借字□基础上加形符□构成形声字。也就是说,"注其音"的□属于本字后造之假借,原本表示"早上"之义,而在后造形声结构中充当声符。依其字源关系而论,[方44]□与[李31]□是一对形符取材不同的异体字,其声符□不释义则已,若为说明字源释义,也只能是"朝也""早上也"之类,而与"山巅"毫无瓜葛。又该条释义"曙光也,朝也",前者实为形符□之义①,不宜同"朝也"并列。

[李62]:"□ so³³ ku¹¹,启明星也。金星之出现于东方者。□乃若喀地域内之写法,与□同,可作"早晨"解。故意亦为早晨之星,与启明星之意亦相当。"此为从□(□早晨)从□(星)的会意字,其中的表义构件□(同□)用假借义。又[洛277.5]:"□ ³k'v² ghügh ²sso² ghügh,傍晚的星星;晨星。"此条实为晚星和晨星的合写,右侧字形□表示晨星,为从□(²ghügh 星)从□(²sso 早晨)的会意字,其中的表义构件□(²sso 早晨)亦用作假借。上述两条内容与[方10]□字条对应。由于编纂者采集字形来源不同,同一个字头往往《字谱》为多音节形声结构,而《字典》《辞典》构形则为会意,这种特定的异体对应关系在一定程度上包涵字源因素。以月份条目为例,《字谱》字头均为双音节形声结构,《字典》《辞典》同一字头则为音节相同的会意结构,而后者在前者字形中又双双充当声符,其字源关系一目了然。如[方71.2]:"□ he²¹ dʒɔ³³,二月也。从月,□(he²¹ 神)、□(dʒɔ²¹ 秤砣)声。"此为从□(he³³ 月份),从□(he²¹ 神)、□(dʒɔ²¹ 秤砣)得声的双音节形声字,而作为声符的□(he²¹ dʒɔ³³)与《字典》《辞典》相应的会意字对应。[李2008]:"□ he¹¹ dʒʌ³³,阴历二月也。以□注第一音,下有一脚示跑意,以跑注末一音。"字头□从□(he¹¹ 神)从□(dʒʌ³³ 跑)②会意。《辞典》则说明该字构意的文化背景。[洛227.7]:"□ ¹hä-²ngyu,阴历年的第二个月。在二月要邀请神,一只脚附在表示神的符号下面表示神从天而降。"由此可知,[方71.2]□的两个声符原本是一个会意结构。其中□(he²¹)表示神,□(dʒɔ²¹)假借作"奔跑、降临"③,□以神降之构意表示"二月"。与此同理,[方10]□与[李62]□及[洛277.5]□既为异体,于是构成字源上的对应关系。□显系从□(ku²¹ 星)省,从□(so³³)、

---

① 参看[方36]:"□ ba²¹,光线也,从日光射。"[李23]:"□ mba¹¹,光芒也,光亮也。"
② □为□之省形。[方633]"□ dʒɔ²¹,跑也。从人双足行。惟行硕一足,跑硕二足,用足力过于行也。又作□。"
③ 参看[李1181]:"□ dʒʌ¹¹ 砝码,戥锤也。象戥锤之形。常作借音之用,用本意时甚少……又常借音作奔跑。"

☒($\gamma\mathrm{uu}^{33}$)得声的双音节形声字,作为其声符的 ☒☒($\mathrm{so}^{33}\ \gamma\mathrm{uu}^{33}$)原本也是一个会意结构,与[李 62]☒及[洛 277.5]☒相对应。其中,表义构件 ☒(so^{33})与[李 62]☒(so^{33}同☒)及[洛 277.5]☒($^2\mathrm{sso}$)同样假借作"早晨"。另一构件 ☒($\gamma\mathrm{uu}^{33}$)与[李 62]☒(kuu^{11}星)及[洛 277.5]☒($^2\mathrm{ghügh}$星)相对应,☒为☒之异体①,☒义为"星宿"。②

又[洛 528.3]☒为晨星和晚星的合写,左侧表示晨星的字形☒($^2\mathrm{sso}$-$^2\mathrm{ghügh}$)从☒(亏月),从☒($^2\mathrm{sso}$-)、☒($^2\mathrm{ghügh}$)得声,与[方 10]☒同为双音节形声结构。作为双音节声符的☒原本也是一个会意结构,与[方 10]☒之☒☒构意相同。洛克针对其中构件☒特别说明:"左边第三个符号(☒)读做$^1\mathrm{sso}$,表示早晨,但在此处为便于发音而读做第二声。"☒"读做$^1\mathrm{sso}$,表示早晨"即假借之义。

综上,《字谱》的字条[44]和[10]将声符(☒ so^{21}/☒ so^{33})之义释作"山巅",皆因忽略假借、不明字源而误。似应依次如下改作:"☒ so^{21},朝也。从日光,☒(so^{21}早晨)声。""☒ $\mathrm{so}^{33}\ \gamma\mathrm{uu}^{33}$,商星也。从☒省,☒($\mathrm{so}^{33}$早晨)、☒(哥巴字,同☒星宿)声。此星黎明见之。亦作☒。"(☒同[洛 277.5]☒,从☒从☒会意。)

四　余论

方国瑜的《字谱》是东巴文学习和研究的必备工具书,筚路蓝缕,功不可没,但其中有不少疏漏,需要和其他几部东巴文字词典参互比较。喻遂生先生曾就编纂东巴文大字典基础工作提出:"深入研究三部字词典,梳理前人对三部字词典的研究和订正,总结三部字词典的历史经验。"③为做好此项工作,我们将上述"三部字词典"以及木琛《纳西象形文字》所收常用字编制成电子版对照表,以便对相同和相关的字条内容比较互补。本文对《字谱》三字条说解的订补,正是利用此表与《字典》《辞典》参互比较的结果。

【参考文献】

[1]　方国瑜编撰,和志武参订.纳西象形文字谱[M].昆明:云南人民出版社,2005.

[2]　李霖灿编著,张琨标音,和才读字.么些象形文字字典[M].台北:文史哲出版社,1972.

[3]　洛克编著,和匠宇译.纳西语英语汉语语汇(第一卷)[M].昆明:云南教育出版社,2004.

[4]　黄思贤.《纳西象形文字谱》质疑[J].中央民族大学学报(哲学社会科学版),2007(5).

[5]　甘露.纳西东巴文假借字研究[D].华东师范大学博士学位论文,2004.

[6]　东巴文化研究所.纳西东巴古籍译注全集·第1卷[M].昆明:云南人民出版社,1999.

[7]　喻遂生.《纳西东巴文大字典》编纂的几个问题[J].辞书研究,2020(5).

---

①　参看[方 1191]:"☒ $\gamma\mathrm{uu}^{33}$,好也。字源难解。又作☒、☒。"

②　参看[李 64]:"☒ $\mathrm{kuu}^{11}\mathrm{uu}^{33}$,好星宿或星宿好也。此字由☒字及☒字合成,☒字常作'好'解,故合此二字可作好星宿及星宿好解也。此字亦见于若喀地域。"

③　喻遂生:《〈纳西东巴文大字典〉编纂的几个问题》,《辞书研究》2020 年第 5 期。

The Corrections and Supplements on 太 (Scales) Series of Characters in *Naxi Pictographs Pedigree*

Wang Juan

(School of Liberal Arts, Taiyuan Normal University, Shanxi Jinzhong 030619, China)

Abstract: The Dongba 太 text is a variant character of 太 (scales), but in the *Naxi Pictographs Pedigree*, it is only used for the three-character components of 太, 太, 太 and is not separately included as a prefix or a variant character of 太. Comparing the explanations of the same notes in *Moxie Pictograph Dictionary* and *Naxi Encyclopedia Dictionary of English*, we can see that: The note misinterprets the meaning of the word 太, misunderstands the shape of the character 太, 太 and 太 the two-character entry misinterprets the meaning of the sound symbol 太. This article tries to analyze the cause of the error and make corrections and supplements.

Key words: Dongba script; variant characters; original meaning; phonetic loan characters; characters source

和文文献中的汉字材料
——以"霏霺"为例

隋源远

【摘　要】本文通过梳理"霺""溦""濊"三字的实例使用情况,讨论了此三字在实际使用过程中字义与字书韵书训诂存在的偏差,指出长期以来被视为正字的"霺"实为"霏微"语境类化后的类化字。同时,运用上代日本和文文献来补填六朝碑刻拓本与宋代刻本之间的实例空白,指出了此类文献作为古代汉字字形演变研究材料的价值。

【关键词】偏旁类化;和文文献;训诂

【作者简介】隋源远,华东师范大学中文系讲师,日本筑波大学文学博士,研究方向为古代日本文学、中日比较文学。(上海　200061)

近年来,域外汉籍的研究成为了学术热点,但在这股热潮中,有一些文本却仍处在相对较为边缘的地位。日本现存最早的和歌总集《万叶集》就是一个例子,虽然收录其中的汉文已经获得了较为广泛的关注,但很少会有人注意到其中的和文文献作为中古汉字研究材料的独特价值。之所以称其为独特,是因为在《万叶集》中保留下来的汉字字形,属于上承六朝至唐代的古抄本系统,因此,对于整体上继承宋刻本系谱的大陆汉字文献材料来说,具有重要的补充性,本文所涉及的"霺"字即是一个典型的例子。

一　"霺"的实例研究

"霺"作为一个较为罕用的汉字,在通行汉语词典中的解释来源于古代的训诂资料。"霺"《说文》未收,"溦"《说文》收,释为"小雨也,从水、微。省声,无非切"。而"霺"字则直到《集韵》才被提及——"溦濊霺,《说文》小雨也。或作濊,霺",此后"霺"字先后出现在《类篇》《龙龛手鉴》《五音集韵》《古今韵会举要》等字书、韵书中。参看表1便可明确,其中《类篇》《五音集韵》《古今韵会举要》的训诂和《集韵》的解释系出一脉。唯有《龙龛手鉴》的"霺,俗音眉,正作徽"情况特殊[①]。但在古代字书中有"溦"和"徽(霉)"异体一说存在,因此《龙龛手鉴》的释义仍然可以归结至"溦""霺"异体之说。《龙龛手鉴》中"溦"字未收,"徽"字收。同书卷一"徽"字的训诂为"正微,今音眉,草生水垂兒,或作徽。徽薿,垢腐兒"(图1)。这里作为"徽"正字的"微",其实就是"溦",关于这一点将在下一节中具体讨论。《龙龛手鉴》为"徽"给出了两条训诂,其中"草生水垂兒"的训诂当与《尔雅·释水》的"水草交为湄"有关,该句在《经典释文》卷二十九中注作"湄,本或作溦","溦犹微";另一个训诂"徽薿,垢腐兒"则与《重修广韵》的"徽,徽黱,垢腐貌"有所关联,其训诂与《玄应音义》卷十五"生溦"注引《通俗文》的"物伤湿曰溦"基本同义,朱骏声《说文通训定声》也指出了两字的假借关系。因此《龙龛手鉴》对"霺"的解释虽然属于别系,但我们仍能整理出一条由"溦"为起点,经由"微""湄""徽"最后到达"霺"的训诂线索。据此可知,在古代字书中"霺"同"溦"的观点基本一致,而《集韵》则是现今通行词典解释最早可以追溯到的字书。

[①]　"徽",《四部丛刊续编》景宋本,高丽大藏本皆作此字。

表 1　字书中"霺"字的训诂

书　　名	训　　诂
《集韵》	溦㵟霺,《説文》小雨也。或作㵟,霺。
《类篇》	霺,無非切。小雨也。
《五音集韵》	溦,涹溦,小雨也。㵟,霺同上。
《古今韵会举要》	溦,《説文》,涹溦,小雨也。
《龙龛手鉴》	霺,俗音眉,正作黴。

然而如果整理"霺""㵟","溦"在古代文献中的使用实例便会发现,字书中的这一训诂并不能够在实际实例中得到验证。

"霺"字现存最早的实例出现在北周碑刻《张满泽妻郝氏墓志》的拓本中①,原文为"松杨萧飔、野雾霏霺"(图 2)。

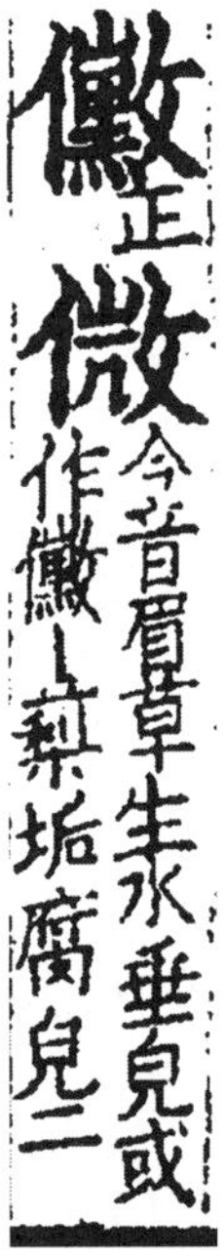

图 1　《龙龛手鉴》高丽大藏本

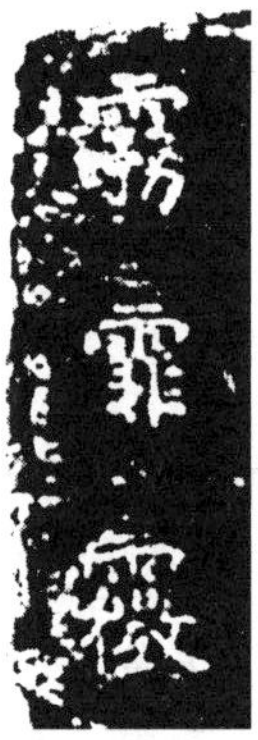

图 2　《张满泽妻郝氏墓志》"霏霺"的拓片部分

这里出现的"霏霺"一词非常容易让人联想到另一个词"霏微"。作为人们所熟知的汉语词汇,"霏微"虽然在后代较多地被用来描写雨雪飘扬的景象,但是在南北朝时代的实例中,也可以找到类似《张满泽妻郝氏墓志》引文的用来形容云雾缭绕的例子,梁王僧孺《侍宴诗》:"散漫轻烟转,霏微商雲散。"(《艺文类聚》卷三十九·燕会)便是一例。在《汉语大词典订补》的"霏微"条中也新增了"迷蒙"这一解释,并将王僧孺的例子收入。② 据此来看,将"野雾霏霺"释作"野雾霏微"在词义上是没有问题的。如果采用《集韵》等字书中"小雨""细雨"的训诂,那么这里的"野雾霏霺"则很难解释。

经过调查笔者发现,"霏霺"一词在后代"霺"字的使用实例中十分常见。现存用例经过整理,大致

① 北京图书馆金石组编:《北京图书馆藏中国历代石刻拓本汇编》(第八册),中州古籍出版社,1989 年,第 167 页。

② 汉语大词典编纂处编:《汉语大词典订补》,上海辞书出版社,2010 年。

可以划分为两大类。即以"霏薇"形式出现的情况和以"霏薇"以外形式出现的情况。其中,第一类共搜得十八例(表2),第二类共搜得七例(表3)。

表 2　"霏薇"实例一览

实　　　例	出　　　处
松杨萧飋、野雾霏薇	(北周)《张满泽妻郝氏墓志》拓本
福岩直上看天柱,楼殿霏薇倚翠空。	(宋)《南岳总胜集》(宋刻本)卷中,《天柱禅寺》
拂钓清风细丽,飘蓑暑雨霏薇。	(宋)《吴郡志》(择是居丛书景宋刻本)卷十八夹注,(唐)皮日休《胥口即事》
春风骤入、花飞微而雪下。一作霏薇晴烟四敛,叶布满而云密。	(宋)《文苑英华》卷一百四十四,唐无名氏《海上孤槎赋》
霏薇本无着,积叠巧相因。	(宋)苏辙《栾城集》(《四部丛刊》景明嘉靖蜀藩活字本)卷六,《雪中呈范景仁侍郎》
霏薇雨雾之飘散,晃朗白虹之下坠。	(宋)薛季宣《浪语集》(清文渊阁《四库全书》补配清文津阁《四库全书》本)卷三《雁荡山赋》
霏薇散秋毫,虚檐水鸣琴。	(宋)薛季宣《浪语集》(清文渊阁《四库全书》补配清文津阁《四库全书》本)卷六《春雨》
甘泽霏薇,则曰此观音雨也。	(宋)阳枋《字溪集》(清文渊阁《四库全书》本)卷十二《有宋朝散大夫字溪先生阳公行状》
岂宜真汹涌,止可略霏薇。	(元)方回《桐江续集》(清文渊阁《四库全书》本)卷十八《十九日甲戌晴己卯晚又雨二首》(其一)
鸟飞杳霭苍茫外,人在霏薇空翠中。	(元)房祺《河汾诸老诗集》(《四部丛刊》景元钞本)卷四《西崑叠巘》
潏霅黪黫,潦漭霏薇。	(明)何白《汲古堂集》(明万历刻本)卷二十五《灵雨颂有序》
泛百川之濆洞,霖九旬之霏薇。	(明)林章《林初文诗文全集》(明天启四年刻崇祯印本)《秋征赋》
只见霏霏薇薇,雾气渐生。	(明)罗贯中《平妖传》(明墨憨斋本)第九回《冷公子初试魔人符蛋和尚二盗袁公法》
山容黯淡云霏薇,岩前老树枝披离。	(明)骆文盛《骆两溪集》(明万历刻武康四先生集本)卷三《题画》
铜池晓散霏薇雨,碧殿晴开缥缈烟。	(明)骆文盛《骆两溪集》(明万历刻武康四先生集本)卷七《宫柳》
俄而霏薇雾拥,滴沥风搓。	(明)张凤翼《句注山房集》(明刻本)卷一《喜雨赋》
缥缈琼楼紫雾回,霏薇银界丹霞护。	(明)张凤翼《句注山房集》(明刻本)卷四《题五老图寿阎立吾宪使》
缥缈红云环雉尾,霏薇绛雪护龙姿。	(明)张凤翼《句注山房集》(明刻本)卷八《万寿圣节》

表 3　"霏薇"以外的"薇"字实例

实　　　例	书　　　名
仰横空之暧曃兮,日飞薇余靡乐。	(宋)薛季宣《浪语集》(清文渊阁《四库全书》补配清文津阁《四库全书》本)卷一,《春霖赋》
一飞薇丹,从项头起肿光。	(明)杨清叟《仙传外科集验方》(明正统道藏本)卷十一,《治诸杂证品》
始而霋薇,佐以霏霤	(清)张廷玉《皇清文颖》(清文渊阁《四库全书》本)卷四十四
朱薇镶白旗	(清)史澄《广州府志》(清光绪五年刊本)卷四十五

（续表）

实　　例	书　　名
一汝霺子见宋史卷二百二十六	（清）汪辉祖《九史同姓名略》（清广雅书局丛书本）卷五十七
赵崇霺	（清）汪辉祖《九史同姓名略》（清广雅书局丛书本）卷五十七
赵若霺	（清）汪辉祖《九史同姓名略》（清广雅书局丛书本）卷六十八
朱霺	（清）杨钟羲《雪桥诗话》（民国求恕斋丛书本）三集卷十一

　　从表二来看，"霏霺"多用于雨雪云雾等水气现象的描写中，其词义与"霏微"并无任何显著差异。试举苏辙《雪中呈范景仁侍郎》中的"霏霺本无着，积叠巧相因"为例，这是一句咏雪的对仗，"霏霺"在这里用来形容雪花纷纷落下的样貌，词义与"霏微"相同，显然无法用"小雨"来解释。

　　再来看"霏霺"以外的"霺"的实例（表3）。在这七例中，有四例皆是人名，且时代皆为清末，所剩三例则皆与"霏霺"有关。薛季宣《浪语集》以及杨清叟《仙传外科集验方》中所出现的"飞霺"可以看作是"霏微"的特殊表记。表一《文苑英华》"春风骤入、花飞微而雪下"的异文注"一作霏霺"可为旁证，而《皇清文颖》所收陆菜《喜雨赋》的例子则可以看作是将"霏霺"拆分后与新造字重组的例子，因此也可划归为"霏霺"的衍生例。也就是说，除字书与人名之外，"霺"在古籍中所有现存实例均无一例外地指向"霏霺"这个词。至此我们基本可以判断，"霺"是一个依附于"霏霺"，而几乎没有独立使用例的特殊汉字。"霏霺"与"霏微"在词义上并无明显差异，在构造上也极其相似，因此两者的关系也显然不能够用同义词、近义词来解释。笔者认为，长期以来被视为正字的"霺"实为"微"的"偏旁类化字"。

　　对于偏旁类化现象，毛远明等人有着系统而详尽的研究。[①]对于类化现象和类化字，毛远明的定义如下：文字受自身形体或者相邻文字结构的影响，以及受使用环境中相关词汇语义的沾染，在思维类推作用下，产生的非理性形体类推，增加或者改变其中一个字的构件或偏旁，这种现象称文字类化，由类化产生的文字，称类化字。[②]按照毛远明对偏旁类化字的分类，这里的"霺"可以被划入"因受前字形旁影响而添加偏旁"的部类，也就是说"霏微"中的"微"受到前字"霏"偏旁的影响增加了雨字头而变成了"霺"。这一现象大量出现于六朝时代，而这一时代特征，与书籍的抄写文化有着密切的关联。相较于可以一次性生产大量同一版本的印刷术，手抄本在抄写的过程中更容易出现字体的变形和异化，然而由于时代久远，唐代以前的抄本多难以传世，因此我们思考当代的偏旁类化现象必须较多地依赖传存数量尚可的碑刻资料。众所周知，敦煌文书中也可以找到不少的类化字[③]，可见偏旁类化是普遍存在于抄本文化中的一种汉字字形异化现象。

　　然而，在毛远明的《汉魏六朝碑刻校注》[④]中，虽然对该墓志中的"霏霺"进行了单独的注释，但是却并未提及其中的偏旁类化；而在毛远明的另一本著作《汉魏六朝碑刻异体字典》中，"霺"也被作为正字收入[⑤]，这也许是受到了自《集韵》以来，各种韵书、字书长期将"霺"作为正字收入的影响。但是通过表2、表3的整理我们可以发现，作为一个几乎只出现在"霏霺"这一词组中的特殊汉字，"霺"的使用特点完全吻合一般类化字依附于类化现象而无法独立使用的特点，因此基本可以断定其作为类化字的性质。

---

　　① 在这方面的代表研究著作有陆明君：《魏晋南北朝碑别字研究》，文化艺术出版社，2009 年；毛远明：《汉魏六朝碑刻异体字研究》，商务印书馆，2012 年。

　　② 毛远明：《汉字形旁类化研究》，《西南师范大学学报（人文社会科学版）》2006 年第 6 期，第 173—177 页。

　　③ 张涌泉：《敦煌文书类化字研究》，《敦煌研究》1995 年第 4 期，第 71—79 页。

　　④ 毛远明编著：《汉魏六朝碑刻校注》（第十册），线装书局，2008 年，第 299 页。

　　⑤ 毛远明：《汉魏六朝碑刻异体字典》（下），中华书局，2014 年，第 920—921 页。

值得注意的是,在第一类实例中,虽然自晚唐之后在时代上具有较好的延续性,但在北周和晚唐之间存在一个较长的空白期,而这一真空,恰好可以用日本古代的诗歌总集《万叶集》来填补。《万叶集》成书于天平宝字三年(759)之后,是日本现存最早的和歌总集。其和歌皆采用汉字进行表记,而这套表记结合音假名和意训两种方法,其中意训部分的用词几乎都来自于汉籍,如"秋露"(训为"akitsuyu"),"今朝"(训为"kesa")等。而"霏薇"这一表记,则先后出现在《万叶集》卷三、卷九、卷十的七首和歌表记中。试举第十卷卷首歌(1812)[①]为例:"久方之天芳山此夕霞霏薇春立下"。根据左注可知,这首作品采自《柿本人麻吕歌集》,而这部散佚歌集的创作年代一般被认为是 7 世纪末的持统朝时期。这里的"霞霏薇"日语训为"kasumi/tanabiku","霞(kasumi)"指薄雾,而"霏薇(tanabiku)"则指雾气拖曳缭绕的状态,因此"霞霏薇"在语义上与王僧孺《侍宴诗》中的"霏微商云散"有相通之处,当属采撷自汉籍的表现无疑。在《万叶集》中,还可以找到一些偏旁类化字的实例,如多次出现的"恟怜"(415、761、1050、1409、1417、1756、2594)[②]。这个一度被认为是日本歌人自创的表记后来被发现出现在敦煌文书《百鸟名》(S.3835)以及传入日本的唐传奇《游仙窟》的后世刻本中,这个例子也从一个侧面说明《万叶集》中所包含的丰富的唐抄本要素。由于《万叶集》的实例填补了六朝至晚唐之间的空白期,因此可以判断,在古代作为"霏微"偏旁类化的"霏薇"的使用是具有持续性的。这里需要注意的是,在宋代以后刻本中,"霏薇"多出现在与原作者稿本关系密切的别集之中,从这个角度来说,我们也可以推测偏旁类化之所以能够在校订的过程中得到保留,与其底本的特质也不无关系。北周和晚唐之间出现的"霏薇"实例的空白,也很有可能与宋人刻书过程中,对唐抄本的字形进行修订有所关联,虽然这一推测已无从考证,但我们可以从保留了"薇"字的宋人别集中找到类似的修订例。薛季宣《浪语集》所收《雁荡山赋》的"霏薇雨雾之飘散,晃朗白虹之下坠",在《历代赋汇》《佩文韵府》中都以"霏微雨雾之飘散,晃朗白虹之下坠"的形式被收入,这清晰地反映了两个词之间的可修订关联。

有趣的是,这些在诗文中使用"霏薇"的诗人,也不乏在其他作品中使用"霏微"的情况(表 4)。这种在同一文献中出现类化字所构成的词与原词并存的现象也可以说是"霏薇"在古代文献中所表现出的使用特点。对比这些作家所使用的"霏微"与"霏薇"的实例便可发现,两者之间并无明显的语义差别,而这也再次印证了笔者对"霏微"与"霏薇"关系的猜测。

表 4　别集中所出现的"霏微","霏薇"并用现象

实　　例	出　　处
霏微雪阵散,颠倒玉山舞。	(宋)苏辙《栾城集》(《四部丛刊》景明嘉靖蜀藩活字本)卷十,《南康阻风游东寺》
无堪一百五,春雨作霏微。	(宋)薛季宣《浪语集》(清文渊阁《四库全书》补配清文津阁《四库全书》本)卷五,《寒食二首》(其二)
忧民闵旱,霏微虽沐于屯膏; 白佛熏香,霶霈愿霈于解雨。	(宋)阳枋《字溪集》(清文渊阁《四库全书》本)卷九《三宣引咎》
江行初见雪中梅,梅雨霏微棹始回。	(元)方回《桐江续集》(清文渊阁《四库全书》本)卷四《过湖口望庐山》
江树霏微欲上潮,江楼帆影去心摇。	(明)何白《汲古堂集》(明万历刻本)卷十八《送沈广文计偕北上》
霏微城郭千家雨,迤逦桑麻四野阴。	(明)骆文盛《骆两溪集》(明万历刻武康四先生集本)卷七《春日登道场山楼》
福星洊莅汾阴道,灵雨霏微漉枯槁。	(明)张凤翼《句注山房集》(明刻本)卷四,《长铗篇送董云泉二府晋守柳州》

----

① 括号内数字为《万叶集》和歌编号。
② 括号内一系列数字均为《万叶集》和歌编号。

从"霏霺"的实际使用倾向来看,它较多地被用于与两个形旁相同的字所组成的词的对偶中,如"汹湧""黝黮""澒洞""缥缈""滴沥"等,从这一特征来看,其在六朝以降的作品中被持续使用的原因之一或可归结为作者对对偶表现在文字结构对称性上的追求。

综上所述,"霺"在古代文献中的实际使用特点为作为"霏微"偏旁类化现象产物的"霏霺",从现存的文献来看,并没有符合字书训诂的例子。

二 "溦"与"瀓"的实例研究

为了证明笔者的观点,这里再来看一下在《集韵》中被归为"霺"字异体字的"溦"与"瀓"的实际使用情况。

"瀓"字的实例较少,其中并没有出现"霏瀓"的构词,而"溦"字的实例中则可以找到两例"霏溦",即明人刘永之《五月四日饮何氏西轩》的"霏溦澹烟合,萧条疏雨来"(《刘仲修先生诗文集》卷二)和清人李继白《王阮亭入吴诗序》的"雨雪霏溦,烟岚如滴"(《望古斋集》卷十)。然而通过比较"溦"字的其他用例便会发现,这两例本属"微"与"溦"之间的汉字关联,而并非"溦"与"霺"异体的产物。

作为早在《说文解字》中就出现的文字,"溦"虽然频繁出现在各种韵书、字书之中,但实际的使用例却不足六十条。通过对这些用例的整理,笔者发现其字义大致可以划分为三类,除了第一类之外,都可以归入《汉语大字典》《汉语大词典》对"溦"的解释中。

第一类是"微"的讹误例。"氵"和"彳"的讹混在六朝时期颇为常见。北魏《元袭墓志》有"洞六艺之精微"其中的"微"字形为 。元抄本《金华黄先生文集》中的《乡贡进士项君墓志铭》(卷三十一续藁二十八)有"著周兴衰,厥有溦意",此处的"溦意"即"微意"。元代的《群书通要》和《书林外集》中也可以找到同样的例子。明代以后,此类实例数量增多,这里不再一一举例。从数量上而言,这类讹误几乎占据了"溦"字实例的半壁江山。"微"与"溦"的频繁讹混也引起了晚清学者的注意,王鸣盛《蛾术编》中有一篇《任意更改减省移徙》,篇中列举了"歃""飲"及"和""咊"等例子来讨论汉字中所存在的任意更改、移动偏旁的现象,而在同篇连鹤寿的夹注中,连认为"此条所举甚略,今稍为推之广之",在其补充的例子中就有"微之改为溦"。这一现象产生的原因,可以从两字的形旁在书写时所存在易混淆性上来思考,也就是张涌泉俗字研究中所提到的"意符形近换用"①。

第二类是符合《说文解字》"溦"字训诂"小雨"的实例,这类实例绝大部分都以复音词"浚溦"的形式出现。活跃于万历、天启年间的文人吴之甲的别集《静㟼集》中出现了二例:"赖此浚溦雨,遂令秋夕妍"(卷一《秋夕听雨》)、"至今番走送浚溦之雨与滂沱之涕"(卷十《候盛座师》),而在此之前,我们则很难找到符合《说文解字》训诂的实例。之后"浚溦"又出现在晚明诗人朱芾煌的《文嘻堂诗集》中。进入清代,各种文集中共检得十一例"浚溦"。"浚溦"一词最早出现在《玉篇》零卷(原本系)中,从出现时期上来看,诗文集中"浚溦"的实例要远远晚于字书中的"浚溦",因此很有可能"浚溦"一词在《玉篇》成书之后逐渐被文人所弃用,仅倚靠字书的系谱而得以传存至明,之后重获一小部分文人的发掘使用,也就是说,明清两代诗文集中出现的"浚溦",多半就是作者直接从字书中采摘而来的"新词",而"浚溦"在诗文中的复活也使得《说文解字》的古训重新焕发了生机。

第三类用例,是以《尔雅》中的"谷者,溦"为源头的实例,数量极少。清人邵晋涵的《南江诗文钞》中有"东淀则混混同同,通溦漾壑"是其中一例,而其训诂学的代表作恰好就是《尔雅正义》,因此我们有充分的理由相信,这也是一则采摘古训的实例。

作为一个出现在《说文解字》中的汉字,"溦"字实例的出现却要远远晚于"霺",从上面这些例子来

---

① 张涌泉:《汉语俗字研究(增订本)》,商务印书馆,2010 年,第 53 页。

看，今日所见符合字书训诂的"溦"字实例，皆为直接采自字书训诂的后世用法。

最后，我们再来看一下"溦"字的使用情况，该字在诗文集中的用例数量不多，清代以前诗文集中仅能检得四例，又可划为三类，情况与"溦"字十分相似。

第一类是"微"字的讹写。文渊阁《四库全书》本《庾开府集笺注》卷八《周上柱国齐王宪神道碑》中有"邛笮畏威，溦庐仰德"，这里的"溦庐"即"微卢"，为古代国名，在《史记》《魏书》都出现过，"溦庐仰德"四字，在《四部丛刊》景明屠隆本《庾子山集》，明刻本《文苑英华》中都作"微卢仰德"，因此"溦卢"当为讹写。

第二类共两例，其源头可以追溯至《尔雅·释水》的"水草交为湄"，该句在《经典释文》卷二十九中注作"湄，或本作溦"，可知当时有"水草交为溦"的抄本存在。《四部丛刊》景宋本《刘梦得文集》卷九《吏隐亭述》中的"溦明峭絶，霍靡葱蒨"是最早的实例，作为出现于宋刻本中的唐代的实例，具有重要的参考价值。另一个实例为明人张光孝《与郭氏》的"惟鸿惟雁两两于飞，惟藻惟蘋①与与于溦"（明刻本《左华丙子集》卷一）。

第三类用例是表示"小雨"的"溦"，最早的实例为南宋薛季宣《闷成》的首联"春鸟弄轻溦，凝阴满院飞"（《浪语集》卷五），这里的"轻溦"意为"轻雨，小雨"。这也是"小雨"训极为罕见的，以"浚溦"以外的形式出现的例子。

清代之后"溦"字的用例稍有增加，在《蕡舫诗集》《虬峰文集》《復初斋外集》《知足斋集》中出现了"浚溦"的实例，而作为"微"误写的"溦"则有《张清恪公年谱》所记载的《咏竹诗》"莫轻丛筱绿阴溦，逬筍方抽嫩玉枝"。此外，还存在一些基于第一类和第二类之间，难以确切定夺的例子。成书于清代雍正年间的《浙江通志》收录有明人宋濂的《东阳十孝子赞》，其中《晋许孜》中有一句"秋霜凝凝，春雨溦溦"。这里的"春雨溦溦"在词义上与"春雨微微"并无差别，但也不排除将"溦"的训诂以名词活用的方式使用的可能性，但无论是那种情况，"溦溦"都很有可能是作者为构成与"凝凝"的对偶的刻意选择。类似的例子还有《蓼斋集》卷二十三《春寒》的"珠柱未调弦湿湿，云屏欲匝雨溦溦"。

除了上述分类的用例以外，"溦"和"溦"的实例中还存在个别无法找到根据的特殊用法，例如在晚清汪士铎《汪梅村先生集》卷五的《招魂》中，有"溦来可追，既往不讥"，这里的"溦来"当为未来之意，不知为何改"未"为"溦"。

结论

通过对"溦"和"溦"字的具体考察，其在实际使用过程中与"薇"字的差别已经十分清晰。"薇"实际用法为"霏微"语境类化字，而"溦"除了"微"的讹误之外，则有小雨、山谷两种字义，至于通"霉（黴）"的用例则不曾检获。显然，"溦""溦""薇"三字异体的解释是经不起实例检验的。

笔者认为，"薇"与"溦""溦"相通的解释之所以会在《集韵》中出现，一个可能的原因是三者的形旁"雨"和"氵"之间具有表意的共通性。然而由于"薇"实例的罕见性，因此《类篇》在撰述这两个字的异体关系时是否经过实际考证是一个存疑的问题，而之后的字书则很可能是直接沿袭了《类篇》的训诂。另一方面，在实际使用的过程中，并没有出现以字书为根据的混用的现象，而由于缺乏实例的支撑，记录于字书中的"溦"字的训诂也极少会被使用，这些特征从一方面反映了古代字书在部分生僻字的解释上缺乏实例考察的问题，另一方面也反映了古代文人在实际创作过程中重视实例的基本态度。

在这个例子中，继承了中国唐抄本文化的《万叶集》成为了联结六朝拓片和宋刻本的宝贵抄本遗

---

① "蘋"，底本作"頻"。

存,而这一领域仍有待国内学者进一步的发掘,相信随着关注度的提高,日本和文文献作为汉字学研究对象的价值,也将被更多地发掘出来。

【参考文献】

［1］ 佐竹昭广,木下正俊,小岛宪之编.万叶集·本文篇(补订版)[M].东京:墙书房,1989.

［2］ 陆明君.魏晋南北朝碑别字研究[M].北京:文化艺术出版社,2009.

［3］ 毛远明.汉魏六朝碑刻校注[M].北京:线装书局,2008.

［4］ 张涌泉.汉语俗字研究(增订本)[M].北京:商务印书馆,2010.

［5］ 毛远明.汉魏六朝碑刻异体字研究[M].北京:商务印书馆,2012.

［6］ 毛远明.汉魏六朝碑刻异体字典[M].北京:中华书局,2014.

［7］ 张涌泉.敦煌文书类化字研究[J].敦煌研究,1995(04):71-79.

［8］ 毛远明.汉字形旁类化研究[J].西南师范大学学报(人文社会科学版),2006(06):173-177.

［9］ 虞万里.《汉语大词典》编纂琐忆[J].辞书研究,2012(02):10-15.

［10］ 隋源远."霏霺(たなびく)"新考[J].上代文学,2016(01):55-68.

Chinese Materials in Japanese Classical Texts
— Taking "Feiwei" as an Example

Sui Yuanyuan

(Department of Chinese Language and Literature, East China Normal University,

Shanghai, 200061, China)

Abstract: This paper discusses the deviations of "霺", "溦", "溦" from the ancient dictionaries and actual use. It points out that the word "霏霺", which has been regarded as the correct word for a long time, is actually a classical character after the contextualization of "霏霺". At the same time, the use of Chinese Characters in Ancient Japanese text fill in the gap between the age of handwriting and the age of printing. The value of such documents as materials for the study of the evolution of ancient Chinese characters is pointed out.

Key words: contextualization; Japanese text; exegesis

玛雅文字的原始性特征

郑飞洲　高云峰

【摘　要】本文通过比较的方法从玛雅文字的符号形态、数字符号系统与形声表示法等三个方面分析玛雅文字的原始性特征：（1）从早期的语段文字到相对成熟的图谱符号，玛雅文字在其符号形态上都充满了图画性特征，文字的记词方式不够发达成熟。（2）玛雅文字的数字符号多用来记录日期、历法周期等，计数单位虽已出现，数字符号系统也能反映一定的数量关系，但所用的指示性符号及复杂的象征性图谱，是其原始性特征的体现。（3）玛雅文字形声表示法有合文、标声及标类等情况，其中合文、以纯指示符号标类，是文字原始性的表征。玛雅文字形声字的意符和音符存在同时表音和表意的现象，各形声字的音义往往由各构字字符的音义简单相加而成；音符还存在表音功能不全、不止一个等现象。所有这些显著特征都从不同角度反映了玛雅文字形声字的发展水平较其他意音文字原始。

【关键词】玛雅文字；原始性特征；图画性；数字符号；形声

【作者简介】郑飞洲，女，上海交通大学人文学院副教授，研究方向为比较文字学；高云峰，东华大学国际文化交流学院讲师，研究方向为历史语言学及语音学。（上海　200030；上海　200051）

玛雅（Maya）①文字是中美洲唯一一种成熟的自源文字，创制时间大致在公元前最后几个世纪，使用时间约 1600 年左右，不及苏美尔楔形文字和埃及圣书字使用时间的一半，但"（玛雅字）跟汉字、古埃及字、古苏美尔字等，属于同一类型。这一类型的各种文字虽然在外形上彼此迥然不同，可是它们的基本结构是相同的，都是结合运用表意和表音等方法，有意符、音符、定符（部首）等三类符号"②。可见，就其结构而言，玛雅文字的发展水平并不滞后于楔形文字和圣书字。

玛雅人拥有美洲原住民中最为发达的文字体系。16 世纪初西班牙殖民者的破坏活动导致现今玛雅古文字材料只剩下仅见的几件古代抄本③、考古遗址所发现的碑碣铭文等石刻、建筑壁画，以及陶器与骨、玉、贝等各种材质制作的饰物之上的刻画。本文根据目前所掌握的有限材料，对玛雅文字状况作一蠡测，揭橥其数点原始性特征。

一　玛雅文字的图画性特征

不论在古抄本中还是在碑碣壁画上，玛雅文字与表示事物的图形常常是一起出现的，并且图形与文字之间还存在一定的关联。

图 1 是《德莱斯顿古抄本》第 74 页的样张摹本。手稿页眉上绘有许多玛雅文字图谱，由于年代久远，有些字迹已难以辨认。通过对其下一组画的解读可以了解这些文字的内容。这组画由几个图形连缀而成，包括一个身上标有金星、天、太阳和月亮等天象符号、长着两只鹿蹄的鳄鱼，鳄鱼嘴里喷出一股水柱；

---

①　Maya，是古代中美洲印第安人的一个族群，中文译名有玛雅、马雅、马亚等。古代玛雅人生活在中美洲的尤卡坦（Yucatan，在现在的墨西哥）半岛，以及墨西哥的恰帕斯（Chiapas）地区、危地马拉（Guatemale）、伯利兹（Belize）、萨尔瓦多（Salvador）边界地区和洪都拉斯（Honduras）西部。玛雅人创造了本民族独特的文字体系，也开启了至今仍令世人着迷的高度文明。

②　周有光：《世界文字发展史》，上海教育出版社，1997 年，第 172 页。

③　玛雅人曾写有几千部书，但仅有三部幸存至今，分别收藏在西班牙、法国和德国的图书馆，并以收藏地点命名为马德里（Madrid）写本、巴黎（Paris）写本和德莱斯顿（Dresden）写本。

一个头上顶着蛇的兽面人物,手中捧着一个倒转的水罐,水正从罐中流出;一个蹲踞着的兽面人物,手持双枪和一条长棍,头顶一只鸟。这组画中的每一个图形都有象征意义。从总体上看,这组画是在向人们讲述一个洪水毁灭世界的故事。其中鳄鱼象征天魔,天魔的大嘴巴里,雨像瀑布似地往下泻落。标志太阳和月亮的方框下也流出水柱。顶着蛇的怪物是一位年老的女神,她倒转一只水罐,同样把水倒向世界。蹲踞在下面顶着鸟的神,是地府的阴王之一,鸟即象征阴王,显然因为洪水泛滥,他正在悲鸣。①

这里所看到的一些图形可能与当时玛雅绘画中所用的图形并无区别,但有两个方面的证据可以证明它是早期文字的遗物:一,这些图形的组合传达了一些连贯性的信息。手稿中的图形具有特殊的功能,它与手稿页眉的文字完美组合将洪水毁灭世界的故事完整地叙述出来。"早期文字与原始图画二者间一个常见的区别性特征:文字往往不是一个个孤立的形象,而是具有叙述性或连贯性的。"②上述抄本中的图形也具备了这一特征。因此,它不同于一般的图画艺术,它是文字。二,象征性符号的运用。手稿用鳄鱼象征天魔,用蛇和鸟分别象征女神和阴王。这些生物形象已为玛雅人所熟悉,是玛雅文化中经常出现的代表神圣权力的特定的符号。这些符号与表示天象的金星、天、太阳和月亮等象形符号同时使用,共同记录流传于玛雅民间的大洪水故事。

以上两个事实,不仅是玛雅文字在早期阶段表现出的特征,也是所有自源意音文字早期阶段的共同特点。这一阶段的文字一般采用若干图形的组合记录语段的内容,"一种自发产生的文字,其萌芽、发生阶段,都经历过语段文字的阶段"③。这是就文字记录语言的方式而言。从文字的符号体态来看,它们都要经历图画文字阶段,也就是说,这一阶段文字的外在形式,即文字给人的直观形象就像是图画。

埃及古文字文献中,也有许多图画文字性质的铭文,如著名的纳尔迈石板浮雕(图 2)就有大量写实的和象征性的图形:鹰象征法老;鹰爪抓住一根穿过人两唇的绳子,象征法老牵着他征服的国家的俘虏;俘虏身上的六根纸莎草茎表示被俘人数为 6000 人;一个有波浪线的长方形象征被征服的国家靠近大海,鱼叉表示被征服的国家的名称,因为它与"鱼叉"的读音(Wᶜ)相同。④ 显然,浮雕将一些象征性的图形组合在一起表达一个完整的信息,它也是具有图画文字性质的铭文。值得注意的是,以"鱼叉"图形表示被征服国家的名称,实际是一种记音写词方式。类似方式在古埃及铭文中经常可以见到,说明此时埃及文字已经处在较为发达的阶段了。

"一般较为原始的早期文字,只有'记意写词方式'而没有'意音写词方式'和'记音写词方式'。……某些较为发达的早期文字,已经开始兼备了上述三种写词方式。"⑤纳尔迈石板浮雕铭文反映了这一阶段埃及文字的状况。当然,埃及文字即便已经采用了记音写词方式,其字形也并未脱离图画的特点。与之相对照,上述玛雅手稿中的文字并未有记音写词方式,但以图形表意的特征却与埃及文字如出一辙,其中不仅有对自然的直接模仿,如"天""日"等,更有玛雅人想象的事物形象,如"天魔""女神""阴王"等,这些都凸显了玛雅文字的图画性特点。

研究者喜欢把玛雅人写在古抄本上或刻在石头上的图画性符号叫做图谱。这些图谱多呈方形,如同微型镜框一般,图 1 古抄本页眉上的图谱就是带有图画性质的玛雅文字。再如基里瓜石碑⑥侧面的铭文(图 3),由一些直行的图谱组成,上半部铭文图形生动完整,下半部简省规范。尽管至今仍无人能完整破译这些极具图形特点的铭文,但它却清楚地向世人展示了成熟的玛雅文字真正的形态。

① 图 1 的解读参考 Claude Baudez & Sydney Picasso 著,马振骋译:《马雅古城——湮没在森林里的奇迹》,上海书店出版社,1998 年,第 105 页。
② 王元鹿:《普通文字学概论》,贵州人民出版社,1996 年,第 86—87 页。
③ 王元鹿:《汉古文字与纳西东巴文字比较研究》,华东师范大学出版社,1988 年,第 134 页。
④ B·A·伊斯特林:《文字的产生和发展》,北京大学出版社,1987 年,第 107 页。
⑤ 王元鹿:《普通文字学概论》,第 110—111 页。
⑥ 基里瓜(Quirigua),在危地马拉东部,玛雅古城遗址所在,至今仍保留有玛雅古典时期的石碑、方柱等。

从抄本中的象征性图画到相对成熟的刻在石头上的图谱符号,玛雅文字都以其鲜明的图画性特征展现在世人眼前。略有不同的是,抄本上的象征性图形大多描画事物的完整形象,而石碑上的铭文则突出事物的局部特征,尤其喜欢描画人或动物的头或嘴脸的形象。早期的玛雅文字脱胎于原始图画,象征性图形的运用,为玛雅文字的发展提供了土壤,成熟的玛雅文字仍保留有明显的图画性特征,保留了事物具有突出特征的形状体貌。从符号表达语词方面看,早期的玛雅文字还不能完整地记录语言,但通过图形符号之间的组合关系可以了解其所要表达的整体信息。

二　玛雅文字的数字符号系统

在玛雅文字文献中,数字符号的运用相当普遍。玛雅人的数字写法主要采用两种形式:以一横杠或竖杠(▭)表示"五",以一点(●)表示"一"。这与其他民族早期文字的数字表示法本质是相同的,都以抽象的指示符号表示数字,仅在符号形体上有所差异。特别之处在于,玛雅文字的数字符号总是和表示日期、历法周期的图谱组合在一起使用。

以"96图谱石匾"(图4)为例,石匾铭文详细记述了帕伦克四位国王的世系。其中近半数的字都是有关历法的记载[1],而且石匾铭文中的数字与图谱紧密结合为一个整体进行表意,数字符号一般在字形的左边,右边就是一个与该数字相对应的表示日期名称的图谱。

这种数字表示方式在莱顿(Leyde)石牌背面的铭文中表现得更加清楚。如图5所示,石牌背面共11行铭文,除第一个"序图"[2]外,紧接着的五个铭文分别是记录玛雅民族大小周期的数字,最后四行每行各有两字,除个别的数字符号外,多数为记录国王及其活动的文字符号。下面以b至f等五个图谱为例,分析玛雅人记录数字的方式:

b左边的数字表示8(一横表示5,三点表示3,两数相加为8),旁边是象征"卡年"的鸟。[3]

c是数字14和象征"巴克年"的鸟头。

d是数字3和象征"年"的神像——一个龙鱼图谱(描绘一条鱼咬住龙尾巴的形象)。

在玛雅历法中,1巴克年相当于400年,1卡年等于20年。玛雅历法还规定一年为360天。这里b、c、d三个图谱组合,就可以算出玛雅历法从零年开始到当时的年份。

e表示1月。"月"的标志是一只蛤蟆鬼怪。

f为12日。"日"的标志是一只啼猴。

玛雅历法中一月是20天。e、f组合表示这一年已度过了一月又12天。

至此表示数字的指示符号与图谱完美组合,将一个周期已经历过的日子全部罗列出来。结合开头的序图和最后的几行图谱,莱顿石牌所要传达的信息就是:"雅克斯金"的守护神登位,从零年以来度过了8个巴克年、14个卡年、3个年、1个月和12天,这一天是佐尔金历的艾勃日,第五位黑夜国王在位,那一天是亚勃历中的雅克斯金月。[4]

这一组铭文的分析,让人们见识到了古代玛雅人发达的历法系统以及科学的算术方法,同时也展

---

[1]　Claude Baudez & Sydney Picasso 著,马振骋译:《马雅古城——湮没在森林里的奇迹》,第147页。

[2]　a是全组的"序图",表示一个周期中某一个日子的来临。由于玛雅文字的日期由一个数字和代表一个日子名称的图谱组合而成,当一个数字与同一个日名再度相遇时即为一个新的周期的开始。该序图的符号是一面鼓,念tun,即"年"。鼓上是太阳神的头像。太阳神是"雅克斯金"月份的守护神。图谱旁边的字母为笔者所加。下同。

[3]　据解读者分析,b、c中的"巴克年"和"卡年"的图谱放错了,这里本应是表示"巴克年"的鸟头形象,即c中的图谱,而c中数字后才应是这里"卡年"的鸟头图谱。估计是两个图形太过相像以致出错,解读时应该将其换过来。

[4]　图谱的释读根据琳达·谢尔和玛丽·密勒的《国王的血统》(1986年),转录自 Claude Baudez & Sydney Picasso 著,马振骋译:《马雅古城——湮没在森林里的奇迹》,第150—153页。

示了玛雅人在数字表示方式上的独特风格,即以数字加象征性图形表示不同周期的年、月、日。也许对现代人来说,使用现今国际通用的阿拉伯数字更简便也更容易让人理解,但在各民族文明发展初期,在数字和文字符号均不发达的早期阶段,玛雅人所使用的计数方式,着实令人叹服。从文字记录语言的角度而言,这种数字表示法实际上是以整体的形式,在反映数的同时也表达数与量的关系。而这里所谓的"量",就是一些象征性图形符号所表示的历法周期。与图 1 抄本上的象征性图形相比,这里的符号相对简省规范,多用象征物的头部或其侧面形象来与数字符号组合构成方形结构。铭文中也出现个别记音写词方式,如 a 中的"年"用音同为 tun 的"鼓"来表示。这说明玛雅文字在发展过程中已使用表音符号进行构字,这在文字的产生和发展过程中是有规律可循的,但玛雅文字数字符号在记录历法周期时表现出的独特性,即使在世界各民族文字的早期形态中也是不多见的。

在文明的起源上与玛雅文字或多或少存在渊源关系的阿兹特克文字,也保存着一些古老的计数方式。以阿兹特克人儿童教本中的一页图片为例(图 6),图中出现了表示年龄的数字符号。据分析,图片上部的 11 个圆圈表示 11 岁,下部的 15 个圆圈表示 15 岁。这是用指示符号直接表示数字。而在阿兹特克关于墨西哥历史的一页手稿(图 7)①中,表示数字的方法却颇为原始。如"六个部落"画出六个象征部落的图像(详图片上排最左侧);"28 年"即画出 28 个象征不同的"年"的正方形符号(详图片下排最右侧)。很显然,这里采用了罗列计算物图形的办法来计数。

比较两种文字材料可以发现,玛雅文字与阿兹特克文字都有用抽象的指示符号表示数字的习惯,也都存在以象形图谱记录历史的情况,但阿兹特克文字的数字表示法远不如玛雅文字发达。玛雅文字中已出现计数单位"五",而阿兹特克文字却仍是一个一个地计数,计算的数量有相对具体、可以描画的神庙或人物(如酋长、祭司),也有相对抽象、只能以象征性图形表意的部落、年等。尤其是"年"的符号,与玛雅文字表示历法的象征性图谱有异曲同工之妙。

与玛雅文明一样,阿兹特克文明同属于美洲古代三大文明之一②,其文字的形成和发展与玛雅文字是否存在继承关系虽不得而知,但较之阿兹特克的数字表示方法,玛雅文字利用计数单位与表示日期、历法等的图谱相结合的方式略为先进,计算上也更为方便。但从莱顿石牌的历法图谱来看,玛雅数字符号系统中的象征性图谱一点都不比阿兹特克文字简单。首先是其图谱所象征的历法周期名称繁多,相当复杂;其次,各种历法周期图谱中的事物形体颇为相似,不容易分辨。如此繁复而形似的图谱自然与玛雅人精通历法有关。当然,就文字产生和发展角度而言,两种文字在记录数字乃至数量关系时所使用的指示性符号和象征性图谱,都不同程度地透露出其原始性特征。

三 玛雅文字的形声表示法

王元鹿先生在探讨汉古文字形声字的形成问题时指出,其形成途径主要有三条:一是"合文",即记录一个词组或一个合成词的两个字,在书写过程中逐渐变为一个字。二是"标声",即为了使一个象形字区别于另一个与之形同或形近的字,就给该象形字加上一个声符,从而使其转化为新造形声字的意符。三是"标类",即为了使一个意义经过引伸的字或假借字区别于原字,就在原字的基础上加一个

---

① B·A·伊斯特林曾对该页手稿作过解释,据他推测手稿所记录的内容为:最初阿兹特克人住在岛上,分为六个部落,由一个共同的神庙、一位酋长和一位祭司(岛的下方有两个人形)把几个部落联合起来。后来他们乘船到对岸并且在一年内(带表示年的符号的四角形表示)抵达(足迹符号表示)圣山,他们带来了祭品,进行祈祷(举向天空的符号)。然后,他们又分成八个部落,在四位祭司带领下向一块富饶的地方进发,这个地方树木粗大,一人双手都合抱不了。在长时间会议之后,四个部落留在这个地方,其他四个部落(足迹指出)又在祭司的带领下继续前进,翻过了大山。整个行程延续了 28 年(28 个正方形符号)。(详 B·A·伊斯特林:《文字的产生和发展》,第 115 页)

② 另一个是 11 世纪至 16 世纪南美洲安第斯山脉地区发展起来的印加文明。

意符,原字就转化为新造形声字的声符。^① 这三种形声字的形成途径,在玛雅文字中都能找到。

1. 合文

"处女""石女"作⬚^②(zac ch'up),由⬚(zac,白色,隐含"处子"之意)和⬚(ch'up,女人)^③组合而成。

"新田"作⬚(yax col,指未烧而种的地),由⬚(yax,新,绿色)和⬚(col,田地)组合而成。

在玛雅文字中,以合文方式构成的形声字有两个明显的特点:一,从字形结构看,构成形声字的两个字符原本都可单独成字,分别用来记录不同的词语(见括号内说明),在使用过程中两个字符逐渐组合成一个字。二,两个字符在合成新字的过程中,往往同时发挥其表音和表意功能。如"处女""石女"的读音是"白色"和"女人"两个音的相加,其意义也是"白色"和"女人"会合的结果;"新田"的字形、字音同样是两个构字字符形、音的简单相加,字义也由两个字符的意义组合而成。

但也有例外,如"啄木鸟",玛雅文字作⬚,读为 yaxum。从字形看,它是由⬚(鸟,像鸟形)和⬚(yax,像树叶形状,以树叶代替树)合文表意,但其读音的构成方式却有所不同。"yax 只表读音的一半",周有光先生称此现象为"形声字的表音功能不全"。^④ 由此,⬚不单以意符的身份构字,也同时具有表音功能。⬚只表示"啄木鸟"部分的读音和意义,另一部分意义来自⬚。那么读音"-um"又是怎么来的? 是否与⬚有关,yaxum 是否就是⬚和⬚两个字符读音的组合,由于无法确知⬚的读音,因此也不能轻易断定。^⑤

从"处女""新田"等字的构成情况可以确定,玛雅文字形声字中至少有一部分经历了一个由合文演变的过程。由合文构成的形声字,各构字字符往往同时表音又表意,有的字符表音不全或部分表音。

2. 标声

由标声构成的形声字在玛雅文字中较为普遍,这与玛雅文字有着比较发达的音符有关。与其他意音文字一样,玛雅文字的音符来源于最初的表意符号。从原则上说,玛雅文字中的每一个表意符号都有可能被借用为音符而进入构字过程中。

分析玛雅文字由标声构成的形声字可以发现,标声往往是为了区别形同或形近字,如:

"神"作⬚(vay),意符为⬚,是一个象形符号,像兽类的嘴脸,表示"神"的图腾。⬚(vay,网)是它的音符。

"蚂蚁"作⬚(vayah),意符与"神"字的意符同,读音由⬚(vay,网)和⬚(ah,腰带)共同表示。

在玛雅文字中,以兽类头脸形状表意的现象大量存在,而且其形状往往相差无几,容易混淆。"神"和"蚂蚁"两字的意符一致,如果没有音符的区别,就很难分清两字。因此在象形符号上添加音符是区别形同或形近字的主要手段之一。

"女人"作⬚(ch'up),像人脸的侧影,加音符⬚(chup,像流体)。

"脸"作⬚(kin),像脸形,加音符⬚(kin,日,时)。

"女人"和"脸"两字都以人脸的侧影为意符,形体相近,但加了⬚和⬚两个音符之后,两字无论在读音上还是意义上都有了区别。

从以上标声形成的形声字中还可看出,玛雅文字音符的表音功能是比较复杂的。有的形声字与音符的读音完全相同,如"神"与音符"网"的读音及"脸"与音符"日、时"的读音;有些形声字与音符的

---

①　王元鹿:《汉古文字与纳西东巴文字比较研究》,第 105—106 页。该段引用中的"声符"也叫声旁或音符,是指汉字形声字中表音的字符。本文统一作"音符"。

②　文中所举玛雅字及其意义均出自周有光:《世界文字发展史》,第 179—192 页。

③　⬚(ch'up,女人)本身也是个形声字(详见"标声"下所举例),在⬚中,它仅作为字符参与构字。

④　周有光:《世界文字发展史》,第 174 页。

⑤　玛雅文字"啄木鸟"另有一字形作⬚,由两个相同音符⬚(ku)连缀而成,简省后读作 kuk。

读音相近,如"女人"读作 ch'up,其音符 ⬙ 读作 chup;有些形声字的音符不止一个,如"蚂蚁"就有"网(vay)"和"腰带(ah)"两个音符,组合后共同表示"蚂蚁(vayah)"的读音,音节数也不止一个。

3. 标类

在玛雅文字中,有一类形声字是在原字的基础上加定符构成新字,这就是标类。① 原字在所构成的新字中,多充当音符。如:

"新月"作 ▦(yax),表示月份名。以 ▦(yax,新)为音符,加定符 ▦(季,时)构成形声字。

"燃烧"作 ▦(toc),借 ▦(toc,战争,字像矛头)表示音符,加定符 ▦(火)以限定其意义类别。

"鹿"作 ▦(che),借 ▦(che,像紧握的拳头)表示音符,加指示符号 ∪∪∪ 构成新字,并与 ▦(che,像紧握的拳头)相区别。

"符号""宣告""顺序"作 ▦(nuc),以 ∽(nuc,像虫)作音符,加指示符号方框虚线以区别同音的 ∽(nuc,像虫)字。

这些由标类构成的形声字,其音符原可独立成字,具有表词功能。加上定符后,原字变成一个表音符号,但受玛雅文字形声字音符功能复杂性的影响,原字在构成新字的过程中,也存在不单纯表音的情况,如音符 ▦(yax,新)在构成"新月(yax)"时就发挥一定的表意作用,加定符 ▦(季,时)后,构成的新字就很好地与 ▦(yax,新)区别开来。定符 ▦(季,时)在这里不表音,但却限定了 ▦(yax,新月)的词义。就现有材料看,这种标类现象并不多见,更多的是原字被借用后,仅作音符,起表音作用,其意义与新形声字毫无联系。如上面的"鹿""符号"等字。

玛雅文字由标类构成的形声字,受定符功能的影响自然地分成两种类别:一是加象形符号表示字形所记录的词义类别或范畴,如"新月""燃烧"等字;一是加纯指示符号以区别同音词,如"鹿"中的 ∪∪∪,"符号"中的方框虚线等,均属于纯指示符号。

除以上三类形声字外,玛雅文字中还有结合两种构字手段以构成形声字的现象。如"雨季"作 ▦(kin ak),就兼用了合文和标类两种方式。首先是 ▦(kin,时期,季节)和 ▦(ak,下雨)合文表示"雨季",后又加指示符号 ∪∪∪ 标类以定型。当然,这样的造字手段相对繁复,在玛雅文字中也甚为少见。

通过以上分析可知,玛雅文字中的形声字虽然与汉古文字形声字一样,采用合文、标声、标类三种方式构成新字,但其发育程度远不如汉古文字。

尽管研究表明"合文"确实是汉古文字形声字创制的一条蹊径,但从现有材料看,甲骨文中的"合文"是极为个别的,而且"合文"构成的形声字,其音节也已逐渐向单音节转化。② 而在玛雅文字中,"合文"现象相对普遍。由"合文"构成的形声字往往不止一个音节。"合文就是形声字的前驱。"③玛雅文字由"合文"构成的形声字在数量和读音上的特点,证明其在形声字发展水平上尚不如汉字发达。

通过标声手段构成的形声字为区别形同和形近字提供了便利,但玛雅文字音符的表音功能相对复杂。有些形声字的音符可以完全表音,即形声字的读音与音符完全相同;有些形声字的读音与音符相近;有些形声字的音符不止一个,由这些音符构成的形声字,其音节也不止一个。

通过标类构成的形声字,除了以象形性的定符限定原字的意义类别或范畴外,还出现以纯指示符号为定符的做法。加上定符后,原字即成为音符。有部分音符在构成新字的过程中,仍发挥一定的表意功能。以纯指示符号标类,是文字较为原始的表征。"指事文字原来是记号,是抽象的,不是实物的图画。这些记号可能在文字未兴以前,早就有了,在文字发生时,同时作为文字的一部分。"④唐兰先生

① 周有光先生认为,玛雅文字"定符数目不多。它的功能是说明词义属于哪个类别,或者区分同音异义词,或者跟别的符号配合,发生定型的作用"。(周有光:《世界文字发展史》,第175页)

② 王元鹿:《汉古文字与纳西东巴文字比较研究》,第110页。

③ 唐兰:《中国文字学》,上海古籍出版社,1979年,第96页。

④ 唐兰:《中国文字学》,第70页。

的论断为玛雅文字中的这一标类现象所反映的原始性特征下了一个合理的注脚。以上种种事实证明，玛雅文字形声字虽与汉字在基本结构上有类似之处，但整体发展水平却仍不如汉字发达。

四　小结

根据本文的介绍和分析，我们对玛雅文字的原始性特征作一简单的总结：

1. 玛雅文字经历过语段文字阶段。这主要表现为文字的使用与一些象征性图形的组合。文字具有明显的图画性特征，一些图形的组合所传达的连贯性信息也远远超出了符号本身的表意内涵，显示了玛雅文字在记词上的不发达、不成熟。

2. 玛雅文字的数字符号多用来表示数字、日期和历法周期等。尽管已出现计数单位，也能反映一定的数量关系，但其使用的指示性符号和象征性图谱仍显示玛雅文字古老及原始的一面。

3. 玛雅文字的形声表示法出现较多合文及以纯指示符号标类等较为原始的手段，而且构成形声字的各部分音义界限不清晰，存在同时表音和表意现象。形声字的形音义常常是由各构字字符形音义简单相加而成。就玛雅文字形声字的音符而言，其表音功能也比较复杂，有两个音符共同表音、音符表音不完全、音符兼有表意功能等情况，这些都证明玛雅文字的发展水平远不如其他意音文字。

"玛雅文的创始，比西亚的钉头字和北非的埃及圣书字晚 3500 年，比东亚的汉字晚 1500 年。在发展水平上玛雅字远远不如它们。"[1]不可否认，玛雅文字有与埃及圣书字、苏美尔楔形文字相同的结构类型，但从对玛雅文字的符号体态、数字符号系统以及形声表示法等的分析中不难看出玛雅文字的原始性特征。与其他成熟的意音文字相比，玛雅文字相对落后。玛雅文字原始性特征的分析对人类文字发展史、古今文字的比较和研究等都具有特殊的意义。

【附录】

图1　《德累斯顿古抄本》
　　　样张摹本

图2　纳尔迈石板浮雕反面

图3　基里瓜石碑

---

① 　周有光：《世界字母简史》，上海教育出版社，1990 年，第 119 页。

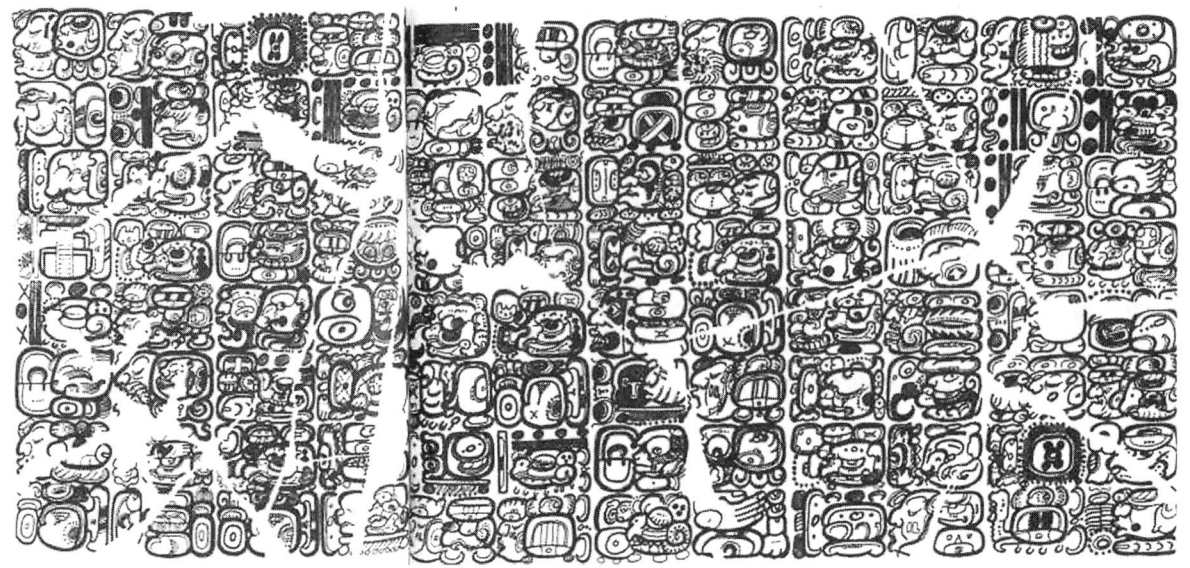

图4　96图谱石匾

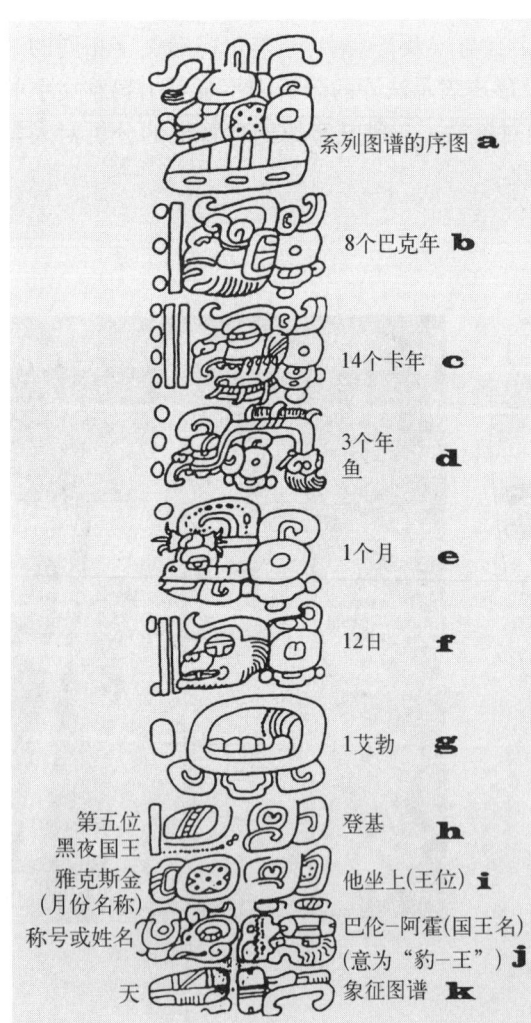

图5　莱顿石牌背面图谱说明

系列图谱的序图 **a**

8个巴克年 **b**

14个卡年 **c**

3个年鱼 **d**

1个月 **e**

12日 **f**

1艾勃 **g**

第五位黑夜国王
雅克斯金（月份名称）
称号或姓名

登基 **h**

他坐上（王位）**i**

巴伦-阿霍（国王名）
（意为"豹-王"）**j**

天　象征图谱 **k**

图6　阿兹特克人儿童教本中的一页

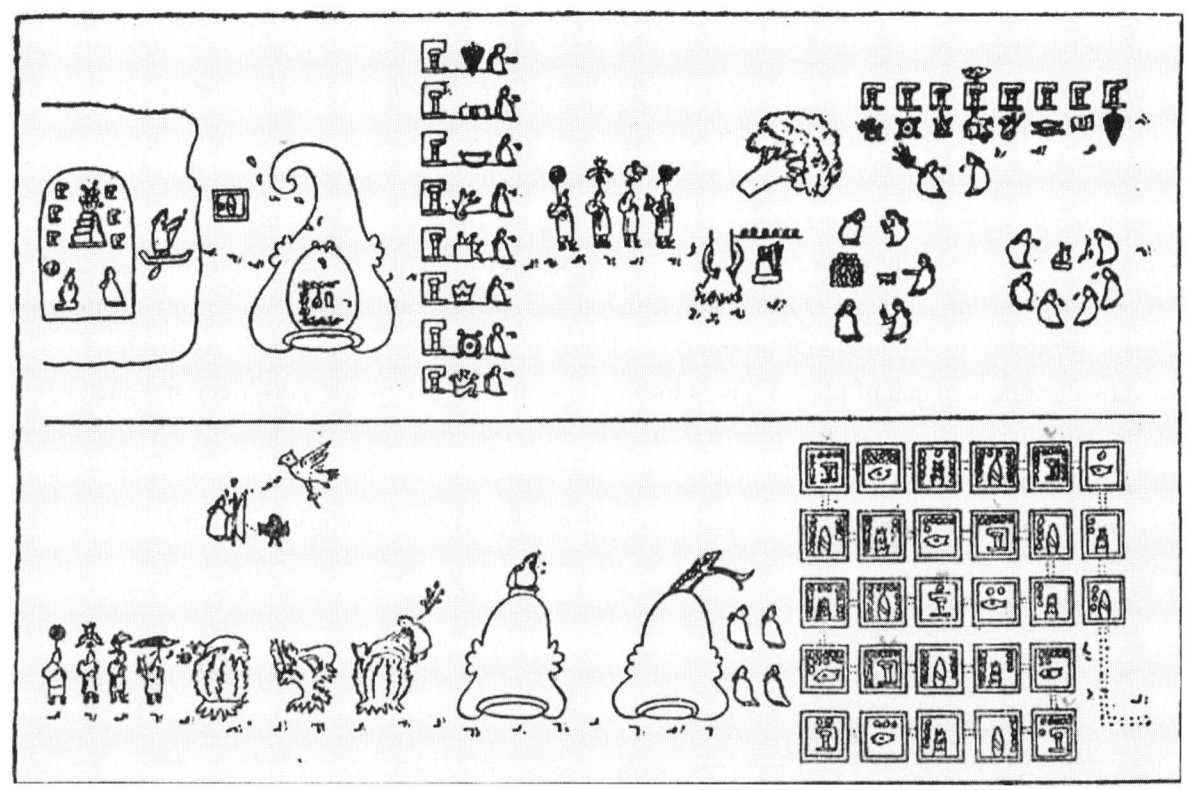

图7　关于墨西哥历史的阿兹特克手稿

【参考文献】

[1]　周有光.世界文字发展史[M].上海：上海教育出版社,1997.

[2]　Claude Baudez & Sydney Picasso 著,马振骋译.马雅古城——湮没在森林里的奇迹[M].上海：上海书店出版社,1998.

[3]　王元鹿.普通文字学概论[M].贵阳：贵州人民出版社,1996.

[4]　王元鹿.汉古文字与纳西东巴文字比较研究[M].上海：华东师范大学出版社,1988.

[5]　В·А·伊斯特林.文字的产生和发展[M].北京：北京大学出版社,1987.

[6]　唐兰.中国文字学[M].上海：上海古籍出版社,1979.

[7]　周有光.世界字母简史[M].上海：上海教育出版社,1990.

The Primitive Characteristics of Mayan Script

Zheng Feizhou　Gao Yunfeng

（School of Humanities，Shanghai Jiao Tong University，Shanghai 200030，China；

School of International Cultural Exchange，Donghua University，Shanghai 200051，China）

Abstract：This article analyzes the primitive characteristics of Mayan script comparing with others from symbol form，numeric symbol system，and pictophonetic representation：1）From the early text-writing to the relatively mature graphic symbols，pictorial features in the symbolic forms are everywhere, and the way of recording words is not fully developed and mature. 2) Numeric symbols are mostly used to record numbers, dates and calendar periods, etc. Although counting units have emerged, and the numeric symbol system can also reflect certain quantitative relations, but the indicative symbols and complex symbolic graphs are the embodiment of primitive characteristics. 3) The pictophonetic representation of the Mayan script includes text-combining, sound-indicating and meaning-classifying, among which text-combining and meaning-classifying with pure indicator symbols are the signs of the originality of the text. The salient features of the pictophonetic characters of Mayan script include: 1) The sound and meaning of each pictophonetic character are often composed by simply adding with sound and meaning of ideogram and phonogram in each character, 2) The sound-indicating function of phonogram is incomplete, and 3) There are more than one phonogram within one character, etc. All of these reflect from different angles that the level of development of the pictophonetic characters in Mayan script is more primitive than other meaning-phonetic ones.

Key words: Mayan script; Mayan characters; primitive characteristics; pictoriality; numeric symbols; pictophones

本刊启事

一、本刊主办单位和办刊宗旨

1. 本刊由中华人民共和国教育部主管,教育部人文社会科学重点研究基地华东师范大学中国文字研究与应用中心、华东师范大学语言文字工作委员会主办。作为中心的专业学术辑刊,本刊严格遵循教育部关于重点研究机构创办学术刊物的法规,包括专业学术规范。

2. 本刊以为文字学及相关领域研究者提供良好服务、推动以汉字为核心的表意文字体系学科建设、及时发布海内外学人的重要研究成果和建立高水平学术交流平台为宗旨,以此推动中国文字本体研究和跨学科研究的繁荣发展。

二、本刊专业学术规范要求

来稿应严格遵守中华人民共和国《著作权法》《专利法》等国家有关法律、法规、社会公德及学术道德规范,要坚持科学真理、尊重科学规律、崇尚严谨求实的学风,恪守职业道德,维护科学诚信,应当遵守下述基本学术道德规范:

1. 必须尊重知识产权,充分尊重他人已经获得的研究成果;引用他人成果时如实注明出处;所引用部分不能构成引用人作品的主要部分或实质部分;从他人作品转引第三人成果时,如实注明转引出处。

2. 稿件要求原创,不得存在学术不端行为,如抄袭、侵吞、剽窃、篡改、编造或伪造歪曲研究客观事实以及其他违背学术活动公序良俗的行为。若查证存在学术不端行为,则投稿人自负法律责任,且本刊三年内不再受理嫌疑人投稿事宜。

3. 稿件切勿一稿多投。若查实故意为之,则投稿人将被列入不良信用名单。

4. 不得侵犯他人署名权;不得冒用或滥用署名,如未经被署名人同意而署其姓名等行为。

5. 不得利用科研活动谋取不正当利益。

三、本刊学术范畴

为及时充分反映文字学及相关领域的最新研究成果,本刊从 2007 年开始改为一年两辑。主要栏目包括:古文字研究、中古汉字研究、现代汉字研究、汉字数字化研究、汉字规范与应用研究、文字理论研究、古代语料文献研究、各类少数民族文字研究、海外汉字研究、对外汉字汉语教学研究。其中"汉字规范与应用研究"专栏由华东师范大学语言文字工作委员会主办。

四、稿件格式

1. 稿件用 WORD 排版,正文用五号宋体,简体横排。引述出土文献资料时,如无特殊需要,一律采用通行文字。

2. 凡文档中不能正常显示的古文字字形、少数民族文字、造字,均做成 JPG 图片格式插入。图片像素要求不低于 600 DPI,大小高低适中,能够直接排印。

3. 注释采用脚注形式,每页重新编号。号码格式为①②③……,文字小五号宋体。

4. 注释格式:

(1) 发表在学术期刊上的论文依次为作者、论文名、刊物名与年份、期号。如：

　　吴艳红：《明代流刑考》，《历史研究》2001 年第 6 期。

(2) 发表于学术辑刊的论文依次为作者、论文名、学术辑刊名、出版社、出版年、页码。如：

　　吴振武：《战国货币铭文中的"刀"》，《古文字研究》第十辑，中华书局，1983 年，第 N 页。

(3) 发表在报纸上的论文依次为作者、论文名、报纸名与年月日、第 N 版。如：

　　崔乐泉：《行气玉铭——两千多年前的"导引"论述》，《中国文物报》1991 年 9 月 8 日，第 2 版。

(4) 发表于个人文集或纪念文集中的论文依次为作者、论文名、论文集名、出版社、出版年、页码。如：

　　裘锡圭：《释"弘""强"》，《古文字论集》，中华书局，1992 年，第 N 页。

(5) 发表在学术会议上的论文依次为作者、论文名、会议名称、会议所在城市（或主办单位）与举办年份。如：

　　林沄：《新版〈金文编〉正文部分释字商榷》，中国古文字研究会第八次年会论文，江苏太仓，1990 年。

(6) 学位论文依次为作者、论文名、学位类型（硕士或博士）、所在学校与发表年份、页码。如：

　　刘钊：《古文字构形研究》，博士学位论文，吉林大学，1991 年，第 N 页。

(7) 发表在网络上的论文依次为作者、论文名、网站名与发表年月日。同一网站多次出现时，只在第一次注出网址，其后省略网址。如：

　　李天虹：《〈郑子家丧〉补释》，简帛网 2009 年 1 月 12 日（http：//www.bsm.org.cn/show_article.php?id＝967）。

(8) 专著依次为作者、书名、出版社、出版年、页码。如：

　　龚鹏程：《汉代思潮》，商务印书馆，2005 年，第 N 页。

　　若作者为外国籍，用〔　〕标明国籍。如：

　　〔日〕下中邦彦：《书道全集（1）》，平凡社，1954 年，第 N 页。

(9) 后注同前注时采用简略形式，若是书籍，则只出作者名、论文名或书名、页码。如：

　　裘锡圭：《释"弘""强"》，第 N 页。

　　龚鹏程：《汉代思潮》，第 N 页。

　　若是期刊，则只出作者名、论文名。如：

　　吴艳红：《明代流刑考》。

(10) 一条注同时引用两篇以上的文献时，中间用分号间隔。如：

　　吴艳红：《明代流刑考》，《历史研究》2001 年第 6 期；龚鹏程：《汉代思潮》，商务印书馆，2005 年，第 N 页。

(11) 同书编者或著者有两个或三个时用顿号隔开；超过三个时只取第一编者或著者，其后加"等"字。

(12) 页码用"第 N 页"表示；引用的内容不止一页而又不连贯时，页码之间用顿号隔开；引用的内容不止一页而内容连贯时，首页与尾页之间用"—"表示。

5. 来稿通过电子邮件发送 WORD 文本；若文中有造字，请同时附送 PDF 文本。另外，须寄送纸质文本。

6. 本刊实行匿名审稿制，请在来稿中另纸写明作者姓名（女性加"女"）、论文题目、单位、职称（在读而未获博士学位者一律标"博士生"）、研究方向、详细地址、邮政编码以及电子邮箱、手机号。

本刊评审专家库由世界范围内汉字学领域专家组成。审稿处理意见一般有如下三种：（1）直接刊用；（2）修改刊用；（3）不宜刊用。

7. 来稿一律不退,请作者自留底稿。自收到纸质投稿起三个月内,编辑部会与作者联系。作者在规定时间内若未收到编辑部信函,可自行处理稿件,本刊不寄送书面退稿通知。来稿一经发表,寄送当期《中国文字研究》两册和电子版抽印文本。

8. 本刊拥有首发权,凡已在网络或纸质出版物上发表过的论文本刊一概不予采用。在学术会议上以非纲要形式公开发表的论文,原则上亦不予采用。本刊已加入知网、万方、维普等网络发布系统,若作者不同意在上述网络平台发布,应事先声明。

五、来稿请寄

中国上海市东川路 500 号

华东师范大学文史哲楼中文系收转《中国文字研究》编辑部

邮政编码:200241

电子邮箱:zgwzyjsh@sina.com

网站地址:http://wenzi.ecnu.edu.cn/

《中国文字研究》编辑委员会

图书在版编目（CIP）数据

中国文字研究.第三十四辑／臧克和主编.—上海：
华东师范大学出版社，2021
ISBN 978－7－5760－2172－1

Ⅰ.①中… Ⅱ.①臧… Ⅲ.①汉字－文字学－文集
Ⅳ.H12－53

中国版本图书馆 CIP 数据核字(2021)第 203387 号

中国文字研究(第三十四辑)

教育部人文社会科学重点研究基地
华东师范大学中国文字研究与应用中心　　主办
华东师范大学语言文字工作委员会

主　　编　臧克和
责任编辑　时润民
特约审读　齐晓峰
责任校对　时东明
装帧设计　刘怡霖

出版发行　华东师范大学出版社
社　　址　上海市中山北路 3663 号　邮编 200062
网　　址　www.ecnupress.com.cn
电　　话　021－60821666　行政传真 021－62572105
客服电话　021－62865537　门市(邮购)电话 021－62869887
地　　址　上海市中山北路 3663 号华东师范大学校内先锋路口
网　　店　http://hdsdcbs.tmall.com

印 刷 者　上海昌鑫龙印务有限公司
开　　本　889×1194　16 开
印　　张　15.25
字　　数　392 千字
版　　次　2021 年 12 月第 1 版
印　　次　2021 年 12 月第 1 次
书　　号　ISBN 978－7－5760－2172－1
定　　价　66.00 元

出 版 人　王　焰